무역영어

이태희 지음

이프레스

머리말

국제통상학에서 중요한 영역으로 자리 잡고 있는 무역영어(English in Trade)는 경영학에서 요구하는 Business English와 다소 차이가 존재한다. 비즈니스 영어를 위한 시험으로 토익의 경우는 경영분야에서 전공 영어의 역량을 평가할 수 있는 좋은 도구로 자리매김하였으며 다양한 분야에서 기준이 되고 있다. 반면, 국제통상학분야에서는 무역실무와 관련한 영어 역량은 무역영어로 평가되어진다. 의사결정의 학문인 경영학과 달리 무역학에서는 무역의 흐름 가운데 소유권(대금결제) 및 물품 자체의 이전과 관련한 국제거래에서 발생하는 국제관습과 규칙 그리고 무역서류들의 이해와 작성 그리고 의사결정에 있어 필요한 영어가 무역영어의 핵심이다. 이에 무역영어는 통상학 분야의 전문적 영어이며 무역학의 국제성을 증명하는 한편 비즈니스 영어와 달리 국제법규와 무역실무의 전문용어와 실제를 반영하고 있기 때문에 학문적으로도 의미가 있다.

하지만 국제통상학 전공자나 비전공자의 경우 무역학이라는 특수한 영역에 대한 선입관으로 쉽게 접근하기 힘든 실정이다. 특히 영어에 대한 자신감 부족, 어려운 전공지식에 대한 두려움 등으로 무역영어에 대한 막연한 어려움이 존재한다. 이미 시중에는 무역영어를 위해 다양한 저서들이 존재한다. 다만 무역영어를 학습하는 목적과 방법 그리고 그 결과의 활용에 대해 해석과 설명은 차이가 있다. 실제로 무역영어의 경우 대부분 객관식형의 자격증을 취득하는데 그 초점이 맞추어져 있어서 무역영어가 가지고 있는 본래의 목적을 최대한 활용하지 못하고 있다. 이에 본 서에서는 이러한 무역영어에 대해 선입견과 두려움을 극복할 수 있는 체계적인 구성과 비전공자도 쉽게 접근할 수 있고 이해할 수 있는 구성과 내용으로 구성하였다. 특히 최근

무역환경변화 추세를 반영하여 전공심화에 의미가 있는 내용으로 실무적 활용이 가능한 내용과 함께 무역영어 전문자격증 취득에도 도움이 되도록 무역영어 전공서를 완성하고자한다.

본 서의 구성은 무역영어 영작, 해석, 그리고 실무분야의 핵심적인 지식에 기초하여 실제 발생할 수 있는 상황해결을 위해 과거 무역영어 영역별로 기출제된 문제를 중심으로 해당 키워드의 지식 함양에 초점을 두었다. 학습내용의 경우 무역실무분야의 주요 필수 이슈를 중심으로 단편적 지식이 아닌 포괄적 접근이 특징적이다. 해당 저서의 경우 전공 영역에 대한 심화를 통한 전문성 확보와 함께 실질적으로 취업에 도움이 되는 무역영어 자격증을 취득하는데 큰 도움이 될 것으로 사료된다. 동일한 시각이 아닌 귀납적 방법으로 무역영어의 전체 영역에 대한 이해를 도모하는 방식으로 실효성 있는 지식습득이 가능하며, 실무에서도 유익한 실무사전의 역할을 할 것으로 예상한다. 무엇보다 무역영어에 대한 전문성 확보는 무역영어 자격증뿐만 아니라, 관세사(국가공인자격) 자격 취득의 가능성을 타진할 수 있는 계기가 될 수 있기 때문에 처음 무역영어를 접하는 독자에게 무역학의 입문서로 큰 의미가 있을 것으로 사료된다.

2024년 6월

이태희

차례

머리말 3

PART 01
무역계약

1. 무역계약의 개요 14
2. 무역의 절차 15
    1) 무역계약 성립 전 절차 16
    2) 무역계약 성립 후 절차 18
3. 무역계약의 특징 20
    1) 유상계약(remunerative contract) 20
    2) 쌍무계약(bilateral contract) 20
    3) 낙성계약(consensual contract) 21
    4) 불요식계약(informal contract) 21
4. 무역계약서 21
    1) 매도확약서(sales note) 22
    2) 각서(memorandum) 22
    3) 일반거래조건협정서(Agreement of General Terms and Conditions of Business) 23
5. 청약 33
    1) 청약의 종류 34
    2) 청약의 효력 35
    3) 청약의 취소 36
    4) 청약의 소멸 37
6. 주문(Order) 37
7. 승낙 38
    1) 승낙 38
    2) 승낙의 효력발생 39
    3) 승낙의 취소와 철회 39
    4) 계약을 성립시키지 못하는 승낙 39
8. 무역서류 40
    1) 주요무역서류 41

2) 운송서류(transportation document) 41
3) 선적서류(shipping document) 42
4) 상업송장(commercial invoice) 42
5) 원산지 증명 43

9. 계약의 좌절 45
1) Frustration의 국가별 기준 45
2) Frustration의 성립 46
3) Frustration 성립의 취소 47
4) Frustration에 대한 대비방안 47

PART 02
국제물품매매계약에 관한 UN 협약

1. CISG 개요 및 특징 64
1) CISG의 개요 64
2) CISG의 특징 64
3) CISG의 구성 66

2. CISG 적용범위 69
1) CISG 협약의 적용제외(제2조) 69
2) CISG 특정계약의 제외(제3조) 70
3) CISG 적용범위(제4조) 71

3. 계약의 성립 71
1) 청약의 요건(제14조) 71
2) 청약의 효력(제15조) 72
3) 청약의 철회(제16조) 72
4) 청약의 효력상실(제17조) 72
5) 청약에 대한 동의 표시의 방법 및 시기(제18조) 73
6) 변경된 승낙(제19조) 73
7) 승낙기간(제20조) 74
8) 연착된 승낙의 예외(제21조) 75
9) 승낙의 회수(제22조) 75
10) 계약의 성립시점(제23조) 75
11) 도달의 정의(제24조) 76

4. 물품의 매매 76
1) 매도인의 의무 77
2) CISG 매수인의 의무 79
3) CISG 매도인과 매수인의 계약위반에 대한 구제 80
4) 면책 82

PART 03
인코텀즈

1. 인코텀즈의 의의 98
2. Incoterms® 2020 98
1) 인코텀즈 2020의 개요 98
2) 인코텀즈 2020와 물품거래 99
3) 인코텀즈 2020의 서문 99
4) 인코텀즈 2020의 분류 101
5) 인코텀즈의 매도인과 매수인 107
6) 인코텀즈의의 장소표기 108
3. Incoterms® 2010 109
1) 인코텀즈 2010의 개요 109
2) 인코텀즈 2010 요약 110
4. Incoterms® 2010에서 2020으로의 변경사항 114
1) DAT의 DPU로 변경 114
2) CIP 조건의 부보 범위 확대 115
3) FCA조건에서 운송인의 본선 적재 표기 선하증권 발행 115
4) 본인의 운송수단의 사용 115
5) 조달의 개념 확대 116
6) 운송과 통관 조항에서의 보안관련 의무 삽입 116
7) 사용자를 위한 설명문의 보강 116
8) 개별 조건 내 조항 순서 변경 117
9) 인코텀즈 2010과 2020의 매도인과 매수인의 책임 117
5. 인코텀즈의 비교 117
1) 인코텀즈 2020, FAS와 FOB의 비교 117
2) 인코텀즈 2020 C조건 118
3) 인코텀즈 2020 요약표 119

PART 04
대금결제

1. 추심(collection) 140
1) 추심결제의 당사자 140
2) 추심결제방식의 종류 141
3) 추심별 비교 142
2. 어음 143
1) 어음의 구분 143
2) 어음에서 지급인 144
3) 어음법 144
4) 환어음(bill of exchange) 144

3. 송금(T/T) 147
1) 송금결제방식((T/T, Telegraphic Transfer) 147
2) 송금결제의 시기별 종류 148
4. 청산계정 151
1) 청산계정(Open Account, O/A)의 특징 151
2) 청산계정의 준거규칙(URBPO750) 152
5. 팩토링 152
1) 팩토링(Factoring) 152
2) 팩토링 결제방식의 장점 153
3) 수출 팩토링 153
6. 신용외상판매(credit facilities) 154
1) 신용한도(Credit line) 154
2) 회전신용장(Revolving Letter of Credit) 154
3) 기간대출(Term loan) 155
4) 당좌인출(Overdraft) 155
5) 무역금융(Trade credit) 155
6) 신용장(Letter of credit) 155
7. 수표 156
1) 수표 156
2) 수표의 요건 156
3) 수표의 종류 156

PART 05

신용장

1. 신용장의 개요 176
1) 신용장의 개념 176
2) 신용장의 기능 177
3) 신용장 거래과정 179
2. 신용장의 당사자 180
1) 기본 당사자 180
2) 기타 당사자 181
3. 신용장 대금결제의 원칙 183
1) 독립성의 원칙 183
2) 추상성의 원칙 185
4. 신용장의 결제 종류 186
1) 신용장의 매입과 지급 186
2) 신용장 종류별 지급확약문언 187
5. 신용장의 종류 188
1) 신용장의 종류 188

2) 특수목적 신용장 191
3) 신용장에서 양도은행 193
4) 양도가능 여부 193

6. 신용장에 대한 규칙 196
1) 국제표준은행관행(International Standard Banking Practice, ISBP 745) 196
2) UCP 600 198
3) ICC 청구보증통일규칙(URDG 758) 199
4) 보증신용장통일규칙(ISP98) 199

7. 청구보증서와 보증신용장 200
1) 청구보증서(Demand Guarantee) 200
2) 보증신용장(Standby L/C) 200
3) 화환신용장과 보증신용장의 차이점 201
4) 보증의 독립성 및 추상성 201
5) 보증신용장과 청구보증서의 차이점 201
6) 보증신용장통일규칙(ISP98)과 청구보증통일규칙(URDG758) 비교분석 202
7) 개설의뢰인과 지시당사자의 구분 여부 203
8) 보증신용장통일규칙(ISP98)과 청구보증통일규칙(URDG758)의 적용 205

8. 국내외 거래용도 205
1) 원신용장(master L/C, original L/C, prime L/C) 205
2) 내국신용장(local, secondary, subsidiary, domestic L/C) 205
3) 내국신용장(Local L/C)과 구매확인서(Approval of Purchase) 206

9. 포페이팅 208

PART 06

신용장통일규칙

1. UCP600 234
1) UCP600의 의의 234
2) UCP500과 UCP600의 차이점 234
3) 미국통일상법전(UCC)에서 신용장 237
4) eUCP(전자신용장통일규칙) 238
5) UCP 600의 구성 239

2. UCP 주요조항 240
1) UCP의 적용 240
2) 신용장에서 사용되는 용어 240
3) 신용장 해석 242
4) 신용장 개설은행의 의무 243
5) 신용장 조건변경의 통지 244
6) 신용장 조건변경 245
7) 신용장 서류심사기준 246
8) 일치하는 제시 248

9) 상업송장 248
10) 선하증권 249
11) 비유통 해상화물운송장(UCP600 제21조) 250
12) 용선계약부 선하증권 252
13) 보험서류와 부보범위 253
14) 분할청구 또는 분할선적 255
15) 할부청구 또는 할부선적 255
16) 전송과 번역에 대한 면책 257
17) 양도가능신용장(UCP600, 제38조) 258

PART 07
국제운송

1. 해상운송 286
1) 정기선(Liner) 286
2) 부정기선(tramper) 287
2. 해상운송계약의 종류 287
1) 개품운송계약(affreightment in a general ship) 287
2) 용선운송계약(contract by charter party) 288
3) 용선비의 구성 291
4) 정기선 운임 292
5) 부정기선운임(Tramper Shipping Rate) 295
3. 선박의 종류 300
1) 화물선 300
2) 여객선 300
3) LASH(Lighter Aboard Ship) 301
4) 특수선 301
4. 컨테이너 운송 302
1) 컨테이너의 운송의 시작 302
2) 컨테이너 코드표준(B.I.C Codes, ISO 6346) 302
3) CSC 플레이트 305
4) 컨테이너운송의 장단점 307
5) 컨테이너 화물의 구분(FCL / LCL) 308
5. 국제 운송관련 조약 308
1) 국제항공관련조약 308
2) 국제해운관련조약 310
3) 국제 육상운송조약 312
6. 해운동맹 313
1) 해운동맹의 개요 313
2) 해운동맹의 장단점 및 운영 314
3) 해운동맹 운임제 315

4) 동맹선사 간 협정 316
5) 해운동맹의 화주 유인책 317

7. 항공운송 318
1) 항공화물운임요율 318

8. 복합운송 319
1) 국제물류주선업자의 구분 319
2) 복합운송인의 책임체계 320
3) 국제복합운송경로 321

9. 물품의 화인(Shipping Marks) 324

PART 08
선하증권

1. 선하증권(Bill of Lading, B/L) 340
1) 선하증권의 의미와 기능 340
2) 선하증권 기재사항 341
3) 배서(Endorsement)와 소지인 342
4) 선하증권 준거법 344
5) 선하증권의 기명과 지시 345
6) 수입화물의 선취 346
7) 선하증권의 종류 348
8) 부지약관(unknown clauses)과 무사고선하증권 353

PART 09
적하보험

1. 무역보험 372
1) 보험계약의 원칙 372
2) 보험계약의 당사자 373
3) 보험서류 374
4) 보험기간 377
5) 보험금액(Insured amount) 379

2. 해상손해 382
1) 해상손해의 구분과 위험의 정의 382
2) 해상보험계약 384
3) 협회적하약관(Institute Cargo Clause) 388

3. 공동해손 394
1) 공동해손(General Average) 394
2) 해손정산인(Average Adjuster) 395

4. 분손과 전손 395
1) 분손(partial loss) 395
2) 전손(Total Loss) 396
5. 위부와 대위(abandonment and subrogation) 398
1) 위부(abandonment) 398
2) 대위(subrogation) 398

PART 10

무역클레임

1. 무역클레임(Trade Claim)의 개념 418
1) 컴플레인(Complaint)과 클레임(Claim)의 차이 418
2) 무역클레임(Trade Claim)의 의의 418
2. 클레임 제기절차 419
1) 클레임 당사자의 확정 419
2) 클레임의 통지의무 419
3) 클레임 제기기간 420
4) 클레임의 청구 420
5) 클레임을 입증하는 증빙서류 420
3. 무역클레임의 해결방법 421
1) 클레임 제기 형태 421
2) 클레임 해결 형태 421
3) 클레임 해결방법 422
4. 대안적 분쟁해결 방법(Alternative Dispute Resolution, ADR) 423
1) 알선(intermediation) 423
2) 조정(conciliation=mediation) 423
3) 중재(arbitration) 425

참고문헌 439

Trade English

PART 01

무역계약

1. 무역계약의 개요

무역계약은 국제적으로 이행되는 물품매매계약을 의미한다. 여기서 계약이란 일정한 채권관계의 발생을 목적으로 하는 당사자 간의 서로 대립되는 의사표시의 합치에 의하여 성립되는 법률행위이다. 따라서 물품매매계약은 물품을 대상으로 일정한 채권관계를 발생할 목적으로 당사자 간의 대치되는 의사의 합의에 의해 성립되는 계약이라고 할 수 있다. 주요 국가마다 물품매매계약에 대해서 정의하고 있다. 영국의 물품매매법(Sale of Goods Act, SGA)에서는 물품매매계약은 매도인이 금전의 대가를 받고 매수인에게 물품의 소유권을 이전하거나 하기로 약정하는 계약이라고 정의하고 있다. 미국은 통일상법전(Uniform Commercial Code, UCC)에서 매매는 대가를 받고 매도인으로부터 매수인에게 권리를 이전하는 것이라고 정의하고 있다. 우리나라에서는 민법 제563조에서 매매는 당사자 일방이 재산권을 상대방에게 이전할 것을 약정하고 상대방이 그 대금을 지급할 것을 약정함으로써 그 효력이 생긴다고 정의하고 있다.

각 나라마다 자국에서 정의하는 물품매매계약에 대한 정의는 결과적으로 같은 의미를 띄고 있다. 이에 여러 국가 간 발생하는 물품매매계약에 대해 국제법으로 규정한 것이 바로 국제물품매매계약에 관한 국제법(United Nations Convention on Contracts for the International Sale of Goods, 1980)이라고 할 수 있다. 약칭 CISG(1980)이 바로 이에 해당한다. CISG(1980)은 UN의 국제무역법위원회(UNCITRAL)이 제정하였으며 1988년부터 세계적으로 적용되었다. 우리나라의 경우 2005년부터 이 협약의 적용을 받고 있다. CISG(1980)은 계약의 성립부터 총칙, 매도인과 매수인의 의무, 위험이전, 매도인과 매수인의 의무에 대한 공통규정 등에 관해 규정하고 있다. CISG(1980) 외에도 국제 무역에서 필요한 준거법들은 꾸준하게 제정되고 있다.

한편 무역계약을 적용하고 해석하기 위해서는 법원(source of law)이 필요하다. 이러한 무역계약의 법원 가운데 가장 중요한 것은 바로 당사자의 약정이다. 무역거래는 개인 간의 문제이므로 사법의 분야에서 이루어지기 때문에 계약자유의 원칙이 기본적으로 적용된다. 따라서 당사자 간 합의된 내용은 법원 가운데 가장 우선 적용되며 사람들이 제정하거나 경험적 사실에 의거하여 형성된 실정법(조약, 상관습법)보다 우선 적용된다. 당사자의 약정 외에 무역계약의 법적 근거가 될 수 있는 것은 국제무역계약법, 무역클레임의 해결에 관한 법, 당사국의 국내매매법, 상관행, 성문화되지 않은 상관습법, 조리 등이 있다.

무역계약의 법원은 실무적 의미에서는 준거법이라고 할 수 있다. 준거법은 무역계약의 성립과 효력 등 제반 법률관계에 적용에 필요한 법이다. 이러한 준거법은 대부분의 국가에서는 주관주의에 입각하여 당사자의 합의에 의하여 지정하고 있다. 하지만 행위지법, 계약지법을 준거법으로 하는 국가도 있으며, 반대로 이행지법을 준거법으로 한다는 국가도 존재한다.

〈표 1-1〉 계약의 당사자[1)]

구분	수출자	수입자
무역거래	수출업자 exporter	수입업자 importer
매매계약	매도인 seller	매수인 buyer
신용장	수익자 beneficiary	개설의뢰인 applicant
추심	추심의뢰인 principal	지급인 drawee
선하증권	화주 shipper, 송화인consignor	수화인 consignee
환어음	발행인 drawer	지급인 drawee

2. 무역의 절차

무역은 크게 그 흐름에 있어 무역계약이 성립되기 전과 후로 구분될 수 있다. 절차나 단계가 정형화되어 있는 것은 아니지만, 무역을 처음 시작한다고 가정한다면 무역을 진행함에 있어 공통적으로 고민해야 할 부분과 함께 통상의 절차를 따르게 된다. 따라서 무역의 전체 흐름에 대해 앞서 언급한 것처럼 무역계약을 체결하는 시점을 기준으로 전과 후로 구분하여 접근한다면 단계별로 보다 명확하게 무역을 진행할 수 있다. 아울러 거래 시기와 함께 수출자, 수입자의 관점을 구분하여 전체적인 무역

1) URC 기준, 추심관계 당사자는 추심의뢰인(principal), 추심의뢰은행(remitting bank), 추심은행(collecting bank, 제시은행(presenting bank)이며, 지급인은 당사자에 포함시키지 않는다. 반면 신용장거래에서는 발행은행, 발행의뢰인, 수익자가 당사자이다.

의 흐름을 파악해야 한다.

1) 무역계약 성립 전 절차

무역계약이 성립하기까지의 단계를 보면, 먼저 사업자등록증과 무역업고유번호(선택사항)를 보유한 매도인(수출자)의 주요 활동은 거래권유 전 다음과 같이 구분할 수 있다. 1단계 무역품목선정, 2단계 해외시장조사, 3단계 목적시장 선정, 4단계 거래처 선정이다. 수출을 위한 품목을 선정하고 해외시장조사를 이행하여 구체적으로 목표시장에서 거래처를 선정하는 과정은 매우 광범위하며 포괄적이다. 한국은행, 한국무역투자진흥공사, 한국무역협회, 대한상공회의소, 품복별 주요 협회, 해외민간네트워크 등 다양한 기관을 통하여 품목에 적합한 해외시장과 구매자를 확보할 수 있다. 오늘날 우리나라의 경우 국가차원에서의 해외무역관뿐만 아니라 지방자치단체에서 해외무역관을 운영하고 있다. 또한 산업별, 품목별로 다수의 전시회, 박람회가 개최되어 이를 통한 매도인과 매수인의 리스트를 확보할 수 있다.

5단계는 거래의 권유이다. 구매자의 리스트가 확보되면 본격적으로 거래를 권유하는 단계이다. 수출자의 거래권유 또는 거래제의는 일반적으로 거래권유장(circular letter)을 통해 이루어진다. 오늘날 인터넷을 통한 전자메일의 보편화로 거래권유장 역시 과거 팜플렛이나 일방적인 우편이 아니라 거래처 선정 과정에서 확보된 거래처 명단을 대상으로 전자메일을 통해 이루어진다. 하지만 매도인(수출자)이 거래의 유인에 해당하는 거래권유장을 잠재적 거래처에 발송한 이후 매수인(수입자)이 거래권유에 대한 아무런 반응이 없다면 무역은 더 이상 이루어질 수 없게 된다.

매수인(수입자)이 매도인(수출자)의 거래권유장에 대해 처음으로 반응하는 단계가 바로 매수인의 문의 또는 요청에 의한 거래조회(business inquiry)이다. 6단계 거래조회 단계를 거치면, 7단계 거래조회에 대해 매도인(수출자)의 회신(reply to inquiry)이 이루어진다. 이와 동시에 8단계 매도인(수출자)은 매수인(수입자)의 신용조사를 진행한다. 그리고 9단계 매도인(수출자)는 매수인(수입자)에게 청약한다.

청약은 일반적으로 반대청약을 통해 최종 확정청약으로 진행되기까지 매도인(수출자)과 매수인(수입자)이 협상하는 과정으로 무역대상에 대한 거래조건(당사자 및 서명, 계약확정문언, 체결일/품질, 수량, 가격, 포장/선적, 결제, 보험/불가항력조항, 클레임조항, 중재조항/준거법 등)에 대한 합의를 이루는 과정이다. 최종적으로 합의가 이루어지게 되면 이 시점이 바로 10단계 매수인의 승낙으로 무역계약이 성립하는 단계가 된다. 즉, 매도인의 청약(selling offer)에 대한 매수인의 승낙(acceptance)으로 계약이 체결된 경우이다. 반대로 매수인(수입자)이 매도인(수출자)을 발굴하여 거래를 청약(buying offer)하는 것은 주문(order)이 되며, 이 경우 매도인의 청약서(offer sheet)가 바로 계약서로 사용될 수 있듯이 매도인의 주문승낙(acknowledgement)으로 주문서가 계약서를 대체할 수 있다. 이 경우 사용되는 것이 바로 견적송장(proforma invoice, P/I)이다. 견적송장은 매수인(수입자)의 주문에 매도인이 확인한다는 의미로 견적송장을 작성 및 서명하게 되면 이 역시 계약서의 효력을 갖게 된다. 무역계약의 특성으로는 10단계 매도인(수출자)의 청약에 대한 매수인(수입자)의 승낙은 무역계약의 성립을 의미하지만, 무역계약이 선물거래를 기반하고 있기 때문에 합의 내용은 문서화할 필요가 있다. 계약 성립 이후 무역계약을 이행하는 데 있어 당사자 간 합의 내용을 최대한 성실하고 정확하게 이행하여 클레임이 발생하지 않기 위해서는 문서화된 계약서를 활용하는 것이 가장 현명하다. 참고로 계약서는 편지식과 표준식으로 구분하는데, 편지식은 당사자가 2명일 경우 활용되며, 표준식은 계약당사자의 수가 많은 경우 활용된다.

〈표 1-2〉 무역계약 체결이전 단계

단계	당사자	내용
1단계	매도인(seller)	무역품목선정
2단계	매도인(seller)	해외시장조사
3단계	매도인(buyer)	목적시장선정
4단계	매도인(seller)	거래처선정
5단계	매도인(seller)	거래권유
6단계	매수인(buyer)	거래조회
7단계	매도인(seller)	회신
8단계	매도인(seller)/매수인(buyer)	상호신용조사
9단계	매도인(seller)/매수인(buyer)	청약(반대청약)
10단계	매수인(buyer)	승낙(계약성립)

2) 무역계약 성립 후 절차

계약의 성립 이후 매도인(수출자)의 경우 계약을 체결의 대상이 된 물품을 수출하기 위한 활동과 함께 대금수령을 위한 활동을 전개하며, 매수인(수입자)의 경우 무역계약의 반대급부로 대금결제와 함께 수입물품의 수령을 위한 활동을 전개한다. 무역계약 성립 후 절차는 은행의 신용을 이용한 대금결제인 신용장(매입방식)을 기초로 설명한다. 만약 신용장을 이용하지 않을 경우에는 무역의 절차가 상당부분 간소화 된다.

먼저 1단계에서 매수인(수입자)의 경우 수입물품의 승인절차를 거쳐야 한다. HS(harmonized commodity description and coding system)[2] 코드를 확인하여 관련 법령 등에 기초하여 품목별 수출입요령에 따라 수입승인을 진행한다. 특히 수입물품에 관한 통합공고를 확인하여 수입물품에 제한이 없는지 확인해야 한다. 수입승인은 수입승인신청서(import license)를 통해 진행한다. 참고로 수입승인은 대외무역법상 수출입공고(수출입 금지 및 제한)의 제한품목을 승인품목이라고 한다. 대외무역법에서는 기본적으로 수입자유화원칙(제10조)을 추구하지만, 한편으로 산업통상자원부장관은 헌법에 따라 체결·공포된 조약과 일반적으로 승인된 국제법규에 따른 의무의 이행, 생물자원의 보호, 교역상대국과의 경제협력 증진, 국방상 원활한 물자 수급, 과학기술의 발전 등을 위해 필요하다고 인정한 경우 물품의 수입을 제한하거나 금지할 수 있다는 수입의 제한(제11조)에 관해서도 기술하고 있다. 다만, 원료, 시설, 기재(機材) 등 외화획득을 위해 사용되는 물품 등을 수입하는 경우 이 물품이 수입제한품목이라 할지라도 별도의 제한 없이 수입을 승인할 수 있다. 이러한 수입이 제한된 물품을 수입하기 위해서 승인을 받는 것이다. 승인품목의 경우 당해물품을 관장하는 기관에서 승인을 받아 수출입 통관을 진행 할 때 세관에 이를 제시하여야 한다.

매수인(수입자)의 수입승인신청 이후 2단계에서는 매수인(수입자)과 매도인(수출자)이 상호 체결한 무역계약에서 대금결제 수단으로 신용장을 이용하는 경우 매수인(수입자)이 신용장을 신청하는 단계이다. 매수인(수입자)은 신용장개설은행과의 은행거래약정 및 담보관계에 있어야 한다. 아울러 신용장개설에는 수수료가 발생하며, 즉

2) HS 코드란 국제통일상품분류체계에 관한 국제협약(The International Convention on the Harmonized Commodity Dex-scription and Coding System, HS 협약)에 따라 수출입 물품에 부여되는 상품분류 코드이다.

시지급이 아닌 후지급의 경우 이자도 발생한다.

3단계에서는 매수인(수입자)이 신청하여 신용장개설은행이 발행한 신용장이 매도인(수출자)의 현지은행을 통하여 전달된다. 이때 신용장의 내도라는 표현과 함께 이를 알리는 은행이 통지은행이 된다. 매도인(수출자)은 무역계약 체결 내용과 신용장의 내용일 완전히 일치하는지의 여부를 확인해야 한다. 무엇보다 신용장의 선적기한과 유통기한의 확인이 필수적이며, 서류제시기간 역시 확인해야 한다.

〈표 1-3〉 무역계약 체결이후 단계

단계	당사자	내용
1단계	매수인(buyer)	수입승인
2단계	매수인(buyer)	수입신용장 개설 및 통지
3단계	매도인(seller)	신용장 내도 및 확인
4단계	매도인(seller)	수출승인
5단계	매도인(seller)	수출물품확보(조달, 생산등)
6단계	매도인(seller)	운송, 보험계약체결
7단계	매도인(seller)	수출신고 및 통관
8단계	매도인(seller)	선적
9단계	매수인(buyer)	대금결제 및 물품인수
10단계	매수인(buyer)	수입신고 및 통관

4단계에서는 매도인(수출자)이 수출승인을 이행하는 단계이며, 수출승인신청서를 통해 진행한다. 이를 위해 수출 물품이 승인품목인지의 여부를 품목별 수출입요령을 통해 확인해야 한다. 요건확인대상은 통합공고 및 전략물자공고를 통해 진행한다.

5단계에서는 매도인(수출자)이 무역계약에 기초하여 대상 물품을 조달하거나 생산하여 선적을 준비하는 단계이다. 이 경우 수출물품과 관련하여 내국신용장과 함께 외화획득용원료 및 물품 등에 관한 구매확인서가 사용된다.

6단계에서는 가격조건(특히 인코텀즈)에 따라 운송계약과 보험계약을 책임당사자가 체결한다. 본 단계에서는 매도인(수출자)이 운송과 보험계약에 책임이 있는 경우 운송 및 보험계약을 매도인(수출자)이 체결하여 무역계약에 맞게 서류를 준비한다. 여기서 운송서류(선하증권 등)과 보험서류(보험증권 등)을 확보할 수 있다.

7단계에서는 매도인(수출자)이 수출신고와 함께 통관을 진행한다. 수출의 경우 일반적으로 수입신고보다 용이하게 수출신고를 진행할 수 있다. 이 과정에서 수출신고필증을 확보할 수 있다.

8단계에서는 체결된 운송계약을 기반으로 선적을 진행하여 운송계약의 증빙자료에 해당하는 선하증권 또는 운송장을 확보한다.

9단계에서는 신용장의 경우 신용장의 지급, 인수, 그리고 매입 가운데 해당하는 경우에 맞게 대금수령 및 대금결제를 진행한다. 대금결제를 통해 교환된 서류를 기반으로 매수인(수입자)은 화물을 인수한다.

마지막으로 10단계에서 매수인(수입자)은 인수된 화물이 보세구역을 통과할 수 있도록 수입신고와 관세납부를 이행하여 통관절차를 진행한다.

3. 무역계약의 특징

1) 유상계약(remunerative contract)

유상계약은 매도인이 계약내용을 이행하는 것에 대하여 상대 당사자인 매수인이 반대급부로 경제적 대가의 지급을 수반하는 약인(consideration)에 의한 계약을 의미한다. 원칙적으로 반대급부에 해당하는 경제적 대가의 지급을 수반하는 약인은 국제적으로 통용되고 있는 지급수단을 의미하지만, 물물교환과 같은 실물 역시 가능하다. 아울러 우리나라에서 규정하고 있는 특정거래 가운데 무환수출입의 경우에도 유상계약으로 보고 있다. 이러한 맥락에서 유상계약과 반대되는 계약은 무상계약이 된다.

2) 쌍무계약(bilateral contract)

쌍무계약은 계약에 대해 당사자 모두가 각각 상대방에 대하여 대가적 의미를 지니는 채무를 부담하게 되는 계약을 말한다. 무역계약의 당사자를 보면 매도인의 경우 물품을 선적하여 수출해야 하는 의무가 있으며, 매수인의 경우 이에 대한 반대급부로 대금지급을 해야 하는 의무가 있다. 즉 무역계약의 당사자는 모두가 준거법에 따라 법률적관계가 있으며, 이러한 의무가 쌍방에 있기 때문에 쌍무계약이라고 할 수 있다. 한편 일방적인 의무부담으로 체결되는 계약은 편무계약이다.

3) 낙성계약(consensual contract)

낙성계약은 계약 당사자 간의 계약체결에 대한 의사표시의 합치 즉 합의만으로 성립되는 계약이다. 무역계약은 매매당사자의 일방의 거래제의에 대하여 상대방이 이를 승낙하기만 하면 거래목적물이 당장 존재하지 않더라도 계약이 성립된다. 이러한 낙성계약은 합의계약이라고도 하며, 요물계약과 구별된다. 요물계약은 합의와 함께 물건의 인도, 소유권의 이전과 같은 법률사실이 없으면 성립되지 않는 계약이다.

4) 불요식계약(informal contract)

불요식계약은 계약 성립을 위해 특정의 방식을 요구하지 않는 계약이다. 무역계약은 반드시 서면에 의한 체결이 요구되지 않는다. 여기서 특정의 방식은 계약서를 작성할 때 필요한 법정기재사항을 의미하므로 불요식 계약의 경우 계약서를 작성할 때에 법정기재사항을 설정하지 않아도 된다. 아울러 구두청약(oral offer) 역시 상대방인 승낙하면 계약이 성립된다. 참고로 선하증권의 경우 만약 헤이그규칙을 따른다고 한다면 헤이그규칙에서 정하고 있는 내용을 반드시 선하증권에 표기해야하므로 선하증권은 요식계약이 된다.

4. 무역계약서

무역계약 성립의 경우 무역계약의 흐름에서 당사자 일방의 거래제의에 대하여 상대방이 수락하면 성립한다. 즉, 합의가 되는 시점이 무역계약이 성립하는 시기이다. 무역계약은 그 특징에서 알 수 있듯이 불요식계약이므로 계약에서 발생하는 청약과 승낙 및 그에 관련된 여러 가지 의사표시, 계약 등의 법률행위에 대해 서면화할 필요는 없다. 하지만 미래에 발생할지 모르는 분쟁을 대비하여 서면화하는 것이 상호 간의 분쟁을 피할 수 있는 방법이라고 할 수 있다. 다시 말해 무역계약은 불요식계약으로 다양한 방법으로 합의되지만, 실무에서는 당사자 간의 합의내용에 대한 확인과 향후 분쟁소지 예방을 위해서 몇 가지의 무역계약서류를 이용한다. 이때 거래 합의에 사용되는 서식은 낙성계약에 대한 확인차원의 서류이므로 반드시 사용되어야하는 서식은 아니다. 즉, 거래의 속성에 따라 다양한 서식이 무역계약서의 성격을 가질 수 있으며, 이를 기반으로 정형화된 계약서를 작성할 수 있다. 일반적으로 무역거래에서는 매도확약서, 구매확약서, 오퍼장, 정형계약서, 일반무역조건협정서 등이 사용된다.

1) 매도확약서(sales note)

매도계약서(주문승낙서)는 매매계약이 성립하였을 때에 계약내용의 확인을 위하여 매도인(수출자)이 작성하는 서류로 매수인(수입자)에게 발송하여 확인을 요구한다. 일반적으로 매도확약서는 오퍼장(selling offer)으로 불린다.

일방이 발행한 오퍼장에 상대방이 서명할 경우 무역계약서로서의 역할을 한다. 오퍼장은 계약을 체결시킬 목적으로 청약자가 피청약자에게 계약의 일정조건을 기재한 후 확정적으로 의사를 표시하는 확정청약서이다. 매도인이 발행한 확정청약서에 매수인이 승낙의 의사표시를 서명하거나, 매수인이 발행한 확정청약서에 매도인이 승낙의 의사표시를 서명함으로써 이러한 서명된 확정청약서는 무역계약서로 이용된다.

한편, 구매확약서(purchase note)는 구매자가 청약을 할 때 사용하는 서식으로 buyng offer가 된다. 매입확인서는 매매계약이 성립하였을 때에 계약내용의 확인을 위하여 매수인(수입자)이 작성하는 서류이다.

2) 각서(memorandum)

무역계약은 통상 협상과정을 거쳐서 의향서(Letter of Intent) 또는 양해각서(Memorandum of Understanding)을 통한 당사자들이 이해한 사항을 주고받은 후 계약서의 초안을 작성하여 검토 후 계약을 체결한다. 이 과정에서 의향서나 양해각서는 법적 구속력은 없다. 하지만 이 자체로 당사자 상호가 동의한다면 계약서로 사용할 수 있다.

3) 일반거래조건협정서(Agreement of General Terms and Conditions of Business)

무역거래는 이국간의 미이행조건부 매매이기 때문에 쌍방 간 관습상의 상이점을 조정해 놓을 필요가 있다. 일반거래조건협정서는 법률과 관습이 서로 다른 국가들 간의 무역거래를 신속하게하기 위하여 작성하는 것으로, 일반협정서(general agreement) 또는 거래협정서, MOA(memorandum of agree)라고도 한다. 따라서 당사자 간에 거래관계의 개설에 합의가 이루어진 후 또는 청약과 승낙이 이루어진 후 장래의 거래를 보다 신속하게 그리고 오해나 분쟁을 방지하기 위해서 당사자 간의 장기적인 거래 또는 당해 계약에 적용될 일반거래조건에 관해 협정을 하게 되는데, 이를 일반거래조건협정이라 한다.

이 협정서에는 매매계약의 기본조건인 품질, 수량, 가격, 인도, 결제 및 보험 등 여섯 가지 조건의 기초적인 협의 이외에 거래형태, 거래방법 내지는 절차, 그리고 분쟁이 생겼을 경우의 해결방법 등을 포함하고 있다. 즉, 구체적으로 약정해야 하는 사항들은 제외하고 어느 경우에도 공통적으로 적용되는 사항들을 다룬다. 거래의 기본조건, 상품에 관한 기초조건, 매매계약에 관한 조건, 무역분쟁의 해결에 관한 조건 등을 주된 내용으로 한다. 상품명 · 단가 · 수량 · 금액 등 구체적인 사항들은 매도확약서(sales note)나 구매확약서(purchase note) 등 개별계약서로 명시한다.

일반적으로 일반거래조건협정서는 동일한 당사자가 동일한 물품을 반복적으로 거래하는 포괄계약에 주로 이용된다. 포괄계약은 무역거래를 체결하는 과정에서 있어서 동일한 당사자 간에 동일한 물품을 계속 반복적으로 거래하기 때문에 체결하는 계약으로 일반적인 거래조건에 대한 포괄적인 합의를 담은 계약서를 작성하며, 필요할 때마다 선적을 하는 방식의 무역계약 형태이다.

무역계약을 체결하기 위한 일반거래조건협정서에 포함되어야 할 조건으로 거래형태, 견본, 품질, 수량, 가격, 확정청약, 주문, 포장, 결제, 선적, 해상보험, 선적통지, 화인, 불가항력, 선적지연, 클레임, 중재, 재판관할, 거래조건, 준거법의 조항에 각 당사자 간 합의하여 해당거래에 적합한 내용으로 작성하여 체결할 수 있다.

일반적인 구성은 표제, 전문, 본문, 말미로 구성된다. 먼저 표제는 법적 효과를 가지고 있는 것은 아니지만 계약을 한 번에 파악하기 쉽도록 하는 것이다. 전문에는 일반적으로 계약체결일자, 계약체결지, 당사자, 주소, 당사자의 약칭 등을 표시한다. 필요에 따라 설명조항 및 약인을 추가하기도 한다. 보통 설명 조항에 있어서는 당사자가 계약 체결에 이른 경위나 당사자의 목적, 즉 주된 계약의 주된 내용의 개요를 기재하는 것이 관례이다. 원칙적으로 설명 조항에 기재된 내용은 특별한 법적 효력을 갖지 아니하며, 따라서 계약내용에 영향을 미치지 아니한다. 설명조항(WHEREAS Clause) 다음에 관행으로서 대가의 존재를 확인하는 이른바 약인(約因)을 기재하는 것이 보통이다. 영미법상 약인이란 계약 당사자로 하여금 계약을 체결케 하는 동기, 유인 즉 계약의 원인으로서 당사자 일방에 발생하는 권리, 이익, 이득 또는 상대방이 부담하는 손실, 손해, 책임 등을 말한다. 영미법에서는 요식계약(Formal Contract) 이외의 계약(Simple Contract)에서는 약인이 존재하지 않으면 계약이 성립하지 아니한다.

전문 이후 본문에서는 계약서에 사용되는 용어의 정의와 함께 주된 계약내용 및 당사자의 권리의무와 함께 주요 조항으로 구성된다. 마지막으로 말미에서는 본문에 관한 기술이 끝난 다음 계약성립을 확인한다는 내용/계약서의 실질적 효력범위를 확정한다는 의미에서 중요/정당한 권한이 있는 대표자로 하여금 이 계약의 체결을 위하여 작성 · 서명하게 하였음을 표시하는 것이 일반적이다. 말미문언 뒤에는 계약내용을 보완하는 첨부서류 등으로 계약내용을 보조하는데 첨부서류 등은 본 계약의 일부가 되거나, 참고목적이나 관계서류로 계약조항의 일부로 포함되며, 법적효력을 가진다.

(1) 일반거래조건협정서 구성

영비법에 기초한 일반거래조건협정서의 계약서 구성은 다음과 같다.

〈표 1-4〉 일반거래조건협정서 구성

(1) 표제(Title) (2) 전문(Nonoperative Part, Heading) - 계약체결 일자(date) - 계약의 당사자(parties) - 계약 체결지(place) - 설명조항(recitals, whereas clause) - 약인 문구(considering wording)

(3) 본문(Operative Part, body)
- 정의조항(definition)
- 주된 계약내용/계약당사자의 권리 의무
- 계약자체의 관리(housekeeping clause)
  * 계약기간/계약의 효력발생(period of agreement, duration, term)
  * 계약의 종료(termination)
  * 계약의 양도/수정/변경
  * 불가항력(force majeure)
  * 중재(arbitration)
  * 준거법(applicable law, governing law)
  * 재판관할(jurisdiction)
  * 통지(notice)방법
  * 다른 계약과의 관계(integration)
    즉, 완전합의조항(entire agreement)
  * 기타 조항

(5) 최부
- 말미문언(termination clauses)
- 서명/날인(signature, seal, attest)
- 첨부문서(annex, appendix, attachment, exhibit)

(2) 주요 조항

① 계약위반으로 인한 해제를 대비하는 조항

가. 이행보증(performance guarantees)조항

계약위반으로 인한 해제를 대비한 조항으로 국제계약의 이행을 사전에 확보하여 계약 체결을 원활히 하기 위해 은행 등 금융기관이 발행한 보증서('Letter of Guarantee 보증장', 'Stand-by Letter of Credit 보증신용장', 'Performance Bond, 계약이행보증금') 등이 사용된다.

나. 손해배상액의 예정(liquidated damages, penalty clause)조항

계약위반으로 인한 해제를 대비한 조항으로 계약 불이행/지연으로 발생할 손해액을 미리 예정하여 약정하는 조항이다. 계약불이행/지연 사실만 증명하면 손해발생 원인이나 손해액의 범위의 입증 없이 손해 예정액을 청구할 수 있는 약정이다.

다. 분리가능조항(severability clause)

계약내용의 일부가 어떤 사유로 실효/무효화 하더라도 그 계약 전체가 실효/무효로 되는 것은 아니라, 다른 조항은 계속적으로 유효하다는 조항이다. 다만 계약조항의 중요한 부분이 실효가 되는 때에는 계약전부가 실효되는 경우가 있음을 유의해야 한다.

② 계약의 양도를 대비하는 조항

가. 계약양도(Assignment clause)

제3자에 대한 계약의 양도제한을 설정하는 조항으로 영미계약법상 계약상의 권리/의무는 당사자의 의사/법률규정에 따라 일정한 조건하에 제3자에게 양도할 수 있다. 따라서 계약양도를 금지하려고 하는 때에는 그 뜻을 계약상에 명기해 두어야 한다.

③ 면책 등을 위한 조항

가. 불가항력(Force Majeure clause)

당사자의 책임으로 돌릴 수 없는 사유에 의해 사정이 현저하게 달라진 때에 계약조건 대로의 내용을 그대로 인정할 수 없기 때문에 계약을 소멸시킨다는 내용이다. 매매당사자의 귀책사유가 아닌 불가항력으로 인하여 계약내용을 이행하지 못한 경우에는 이를 계약불이행으로 보지 않고 그 당사자는 면책된다는 것과 불가항력의 정의 또는 예시 및 면책 받기 위하여 그 당사자가 해야 하는 조치 등을 그 내용으로 한다. 매도자는 천재지변, 화재, 폭발, 파업, 직장폐쇄, 폭동, 소요, 동원령 선포, 전쟁 위협/존재, 봉쇄, 출항금지, 선박의 징발, 유행병, 본 계약 발효 이후의 관련 법령 개정, 수출입 허가 등 기타 매도자가 적절히 통제할 수 없는 원인에 의한 인도의 불이행이나 지연에 대하여 책임지지 아니한다.

나. 사정변경조항(hardship clause) 또는 이행가혹조항

계약체결 당시에는 예기하지 못했던 경제적 또는 정치적 사태가 계약체결 후에 발생하여, 계약대로의 이행이 불가능하지는 않으나 현저하게 상업적으로 곤란해져 계약의 본질적 변경이 불가피해 진 경우에는 당사자는 계약내용의 변경을 요구할 수

있고 그때에는 상대방은 반드시 이에 응해야 한다는 조항이다. 이와 같은 경우 채무이행이 불가능하지는 않으므로 채무이행을 바로 면제 받는 것은 아니지만, 본래의 채무이행을 강제하게 되면 채무자로서는 큰 부담이 되고, 계약의 衡平(fairness)이란 관점에서 부당하다. 또한 만약 이러한 경우에도 면책을 인정하지 않는다면 계약당사자는 계약체결 후 불확실한 사정변경에 따른 위험을 부담하지 않으려 함으로써 계약의 체결을 주저하게 될 것이다. 따라서 양당사자 간에 있어서 사정변경에 따르는 위험을 고려하면서 현시점에서의 원활한 거래성립을 도모하기 위한 방법으로 생겨난 것이 사정변경조항이다.

다. 지연이행조항(delayed performance clause)

불가항력조항과 밀접한 관계에 있는 조항으로 불가항력에 의하여 계약이행이 이루어 지지 못한 경우에는 그 이행기를 며칠간 연장한다는 것이다. 논의되어야할 부분은 연장 기간 동안의 계약내용의 이행과 연장된 기간 이후 계약내용 이행을 인정할 것인가이다. 또한 연장 후에도 어떠한 사정으로 계약이행이 불가능한 경우까지 약정하는 조항이다.

라. 보상조항(indemnification clause)

어느 일방의 계약불이행이나 제3자에 대한 의무불이행으로 인한 손해에 대하여 배상할 것을 규정하는 조항이다. 경우에 따라서는 계약불이행에 따른 직접적인 피해뿐만 아니라 그 불이행에 따른 기대이익의 상실 등 간접피해까지 배상하도록 규정하는 배도 있다. 계약위반 내지 계약불이행에 대한 손해배상을 규정으로 CISG에서는 본질적 계약위반에 대한 매도인과 매수자의 권리와 의무를 통해 보상의 정도를 파악할 수 있다.

마. 비포기조항(non-waiver clause)

계약 당사자의 일방이 일시적으로 계약조건 또는 계약상의 어떤 조항에 대한 이행청구를 하지 않았다 하더라도 이를 이유로 그 후의 동일 조항에 대해 이행청구권을 포기한 것으로 간주하거나 박탈할 수 없다는 조항이다. 영미법에서 당사자의 종전

행위 혹은 말과 상반되는 주장을 하거나 부인을 하지 못하도록 법으로 금지하고 있는 원칙을 "금반언의 원칙(estoppel by representation)"이라고 한다. 영미법에서는 해당 법리가 법영역에서 널리 적용되고 있기 때문에, 무역계약에서 특정조항에 대한 이행청구를 하지 않았다는 의미가 그 후에도 이행청구권을 포기한 것으로 간주될 수 있기 때문에 명확하게 비포기조항을 삽입할 필요가 있다.

바. 면책승인조항(Releases clause)

계약만료 때 향후 어떤 법적 소송도 제기하지 않겠다는 약속으로 서구기업 사이에 일반화되어 있는 조항으로 계약서와는 별도로 계약해지 시 상대방으로부터 면책승인서를 받아 두는 것도 안전을 도모할 수 있다.

사. 신축조항(escalation clause)

신축조항은 가격조정조항으로 플랜트(산업설비)나 선박, 대형 기계류처럼 공정에 장기간이 소요되는 물품의 경우 각종 원부자재의 가격상승에 대응할 수 있도록 가격의 변경(조정)을 허용하기 위한 조항이다.

아. 주권면제특권포기조항(Waiver of Sovereign Immunity)

국가는 주권 행사보유권자를 이유로 타국의 소송에 응소하지 않을 권리가 있으며, 국가 자신이 부담하는 채권 또는 책임을 일방적으로 면제시킬 수 있는 특권이 있다. 따라서 국가 또는 정부기관과 체결하는 국가계약(state contract)의 경우에는 이러한 주권면제특권을 포기하고 완전히 사인과 동일한 지위에서 채무 및 책임을 부담하고 소송당사자가 되겠다는 것을 약정하는 주권면제포기조항을 명시해둘 필요가 있다.

자. 완전합의(Entire Agreement clause, 다른 계약과의 관계)

계약체결의 이전단계에서의 그 계약과 관련된 의견교환/합의/약속 등은 정식으로 체결된 계약의 내용에 완전히 흡수 통합되어 소멸하였으므로 그것과 계약내용이 상치되더라도 과거의 것을 주장할 수 없고 오직 정식으로 체결된 계약내용만이 유효하다는 조항이다.

④ **분쟁해결조항(Settlement of Disputes)**

가. 분쟁조항(claim clause)

클레임의 제기절차와 방법 등을 정하는 조항이다.

나. 준거법(Governing Law; Applicable Law, proper law)

계약의 성립/이행/해석을 어느 나라 법에 따를 것인지를 정하는 조항으로 국제사법상 당사자자치의 원칙(principle of party autonomy)에 따라 외국적 요소를 갖는 법률관계에 적용될 준거법을 당사자가 스스로 정할 수 있다. 따라서 당사자 합의로 준거법은 자유롭게 선택할 수 있기 때문에 계약과 관련이 없는 나라의 법률을 준거법으로 지정할 수도 있다.

다. 재판관할(Jurisdiction)

계약서에 중재조항이 없는 경우 재판에 의해 분쟁을 해결할 때 재판관할을 정하는 조항이다. 재판관할 또는 관할권은 재판을 어느 법원에서 할 것인가를 정하는 것을 의미한다. 계약서상에 무역분쟁과 관련하여 조정이나 중재를 합의한 경우라도 조정과 중재의 범위 외의 분쟁사항은 재판으로 진행할 수 있다. 이러한 경우 중재랑 달리 소송에 의한 판결을 타국에서 집행하기 위해서는 그 국가의 사법권(주권)에 의한 심사가 필요하다. 그리고 소송으로 판결이 나서 집행하기 위해서는 해당 법원의 관할범위여야하기 때문에 통상 피소자의 국가의 관할법원을 재판관할로 지정한다.

라. 중재조항(arbitration clause)

계약상의 분쟁을, 국가재판소의 재판에 의하지 않고, 중재판정에 의하여 해결하기로 하는 당사자 간의 합의를 기재한 조항이다. 중재조항에서는 중재장소와 중재관할을 명확하게 해야 분쟁관할 문제가 발생하지 않는다. 이외 중재에 회부될 사항, 중재기관, 중재절차 등을 명기한다. 중재판정은 뉴욕협약에 의해 다른 가입국에서의 강제집행이 가능하며, 해당 중재기관이 권장하는 중재조항을 계약서에 기재하는 것이 안전하고 확실하다. 참고로 뉴욕협약은 2024년 3월 기준 172개국(UN 193개국 중 169개국)이 가입하고 있다.

⑤ 특별 의무부여 조항

가. 권리침해조항(infrigement clause)

매수인이 제공한 규격에 따라 매도인이 물품을 생산하여 매수인에게 인도한 경우에는 그 생산으로 인하여 제3자의 산업재산권(산업소유권) 내지 지적재산권(지적소유권)을 침해하게 된 경우에는 그로 인한 모든 책임은 매수인이 부담하며 매도인에게는 아무런 피해를 주어서는 안 된다는 조항이다. 반대로 상표도용과 같은 지적소유권의 침해가 발생되거나 모조품이 인도된 경우에는 매수인이 예상치 못한 손해를 입을 수 있다. 이러한 경우에 대비하기 위하여 매도인이 모든 책임을 지고 매수인에게는 아무런 피해도 주지 않도록 해야 한다는 조항을 계약에 포함시키기도 한다.

⑥ 제조물 배상책임(product liability clause)

제조/판매된 물품이 소비자나 기타의 제3자의 신체 또는 재산에 손상 또는 손해를 발생시킨 경우에 그 제조자/수출자/수입자/판매 내지 유통자/원자재나 부품의 생산자 등 여러 사람에게 제조물배상책임(product liability, P/L)을 물을 수 있는 바, 이러한 책임을 매도인과 매수인 가운데 누구가 부담할 것인가를 약정하는 조항을 말한다.

⑦ 비밀유지조항(secrecy clause, confidentiality clause)

거래 과정에서 알게 된 비밀정보를 누설하거나 도용해서는 안 된다는 조항(모든 계약에 명시될 필요가 있음)이다. 비밀은 기술적 지식, know-how, 자료, 영업비밀 그리고 재무상태, 제조공정, 원부자재, 제품의 규격과 디자인, 제조, 판매 등에 관련된 기타의 정보를 의미하여, 그 포괄범위가 방대하다.

⑧ 담보책임배제조항(warranty disclaimer clause)

담보는 명시담보와 묵시담보로 구분하는데 먼저 명시적 담보책임(express warranty)은 인도된 물품이 계약시 제시되었던 물품설명서, 샘플, 광고 등에 일치하지 않는 경우에 발생하는 책임이다. 묵시적 담보책임(implied warranty)는 상품성의 담보책임, 특정용도 적합의 담보책임, 특허권불침해사실의 담보 등을 내용으로 하는 책임이다.

⑨ **통지(Notice)**

당사자 간의 의사표시, 보고, 협조요구 등이 당사자의 의무로 규정되거나 계약상 효력발생의 전제조건으로 약정되거나, 그 외에도 당사자 간 상호 통지할 필요성이 많으므로 계약당사자 간에 실시할 통신 연락의 장소, 방법, 효력발생시기에 관하여 명시해 두는 조항이다.

다음은 일반거래조건협정서의 조항에 맞게 작성된 예시이다.

〈표 1-5〉 일반거래조건협정서 예시

This agreement entered into between the ABC CO., INC., Shanghai, China.(hereinafter called the buyer), and the KEIMYUNG CO., INC., Daegu, Korea. (hereinafter called to as the seller) witness as follows;

본 협정서는 중국 상하이 소재의 ABC상사(이하 매수인이라 칭함)와 한국 대구 소재 계명상사(주)(이하 매도인이라 칭함)와의 사이에 체결된 것으로서 다음과 같이 협정한다.

(1) BUSINESS : Both sellers and buyer act as principals and not as agents.

(1) 거래형태 : 거래는 매매당사자 모두 본인 대 본인으로 하며 대리인으로 하는 것이 아니다.

(2) SAMPLES : In case shipment samples be required, the seller shall forward them to the buyer prior to shipment. The seller is to supply the buyer with the sample free of charge.

(2) 견본 : 매도인은 매수인에게 무료로 견본을 제공한다. 선적품의 견본이 필요할 때에는 매도인은 그와 같은 견본을 선적전에 매수인에게 송부하도록 한다.

(3) QUALITY : The quality of the goods to be shipped should be about equal to the sample on which an order is given.

(3) 품질 : 선적상품의 품질은 발주의 기초가 된 견본과 대체로 일치해야 한다.

(4) QUANTITY : Weight and quantity determined by the seller, as set forth in shipping documents, shall be final.

(4) 수량 : 중량 및 수량은 운송서류에 기재된 것으로 한다

(5) PRICES : Unless otherwise specified, prices are to be quoted in U.S. Dollars on C.I.F Shanghai, China. basis.

(5) 가격 : 가격은 별도로 정한 경우를 제외하고는 CIF Shanghai, China. 조건으로 미달러로 견적한다.

(6) FIRM OFFERS : All firm offers are to remain effective for three days including the day cabled. Sundays and national holidays shall not be counted as days.

(6) 확정청약 : 모든 확정청약은 타전일을 포함하여 3일간 유효한 것으로 한다. 다만 일요일과 국경일은 제외된다.

(7) ORDERS : Except in cases where firm offers are accepted all orders are to be subject to the seller's final confirmation.

(7) 주문 : 확정Offer를 인수한 경우 이외의 모든 주문은 매도인의 최종확인을 필요로 한다.

(8) PACKING : Wooden case packing for export is to be carried out, each case bearing the mark ABC with port mark, running case numbers, and the country of origin.

(8) 포장 : 수출용 목재상자로 포장하고 각 상자에는 화인으로서 ABC 마크, 도착항 표시, 상자 일련번호 및 원산지를 기입해야 한다.

(9) PAYMENT : Draft is to be drawn at 30d/s for the full invoice amount under Irrevocable Letter of Credit which should be opened in favor of seller immediately documents attached, namely, Bill of Lading, Insurance Policy, Commercial Invoice and other documents which each contract requires.

(9) 결제 : 환어음은 매매계약체결 직후에 매도인을 수익자로 하여 개설되는 취소불능신용장에 의거하여 송장금액에 대하여 일람 후 30일불로 발행한다. 또한 운송서류 일체, 즉 선하증권, 보험증권, 상업송장 및 매매계약에서 요구하는 기타 서류를 첨부한다.

(10) SHIPMENT : Shipment is to be made within the time stipulated in each offer. The date of Bill of Lading shall be taken as conclusive proof of the day of shipment. Unless expressly agreed upon, the port of shipment shall be at the seller's option.

(10) 선적 : 선적은 각 계약에서 정해진 기일 이내에 한다. 선하증권의 발행일을 선적일로 간주하고 별도 합의가 없는 한 선적항은 매도인이 임의로 선택한다.

(11) MARINE INSURANCE : All shipments shall be covered on All Risks including War Risks and S.R.C.C. for the invoice amount plus 10 (ten) percent. All policies shall be made out in U.S.Dollar and claims payable in Shanghai.

(11) 해상보험 : 모든 선적품은 송장금액의 110%를 보험금액으로 하여 전쟁위험과 파업위험을 특약한 전위험 담보조건으로 부보한다. 모든 보험증권에 금액표시는 미국달러화로 표시하고 상하이지급으로 작성한다.

(12) SHIPPING NOTICE : Shipment effected against the contract of sale shall be immediately noticed by fax.

(12) 선적통지 : 매매계약에 의해 행한 선적은 즉시 팩스로 통보한다.

(13) MARKING : All Shipments shall be s arranged otherwise.

(13) 화인 : 모든 선적화물에는 약정한 대로 화인을 표시한다.

(14) FORCE MAJEURE : The seller shall not be responsible for the delay in shipment due to force majeure, including mobilization, war, strikes, riots, civil commotion, hostilities, blockade, requisition of vessels, prohibition of export, fires, floods, earthquakes, tempest and any other contingencies, which prevent shipment within the stipulated period. In the event of any of the aforesaid causes arising, documents proving its occurrence or existence shall be sent by the seller to the buyer without delay.

(14) 불가항력 : 매도인은 불가항력으로 인한 선적지연에 대하여 책임을 지지 않는다. 불가항력에는 동원, 전쟁, 파업, 폭동, 소요, 적대행위, 봉쇄, 선박의 징발, 수출금지, 화재, 홍수, 지진, 폭풍우 및 그 밖에 지정기일까지 선적을 불가능하게 하는 우발적인 사고를 포함한다. 이상과 같은 사유가 발생한 경우에는 매도인은 그와 같은 사유의 발생이나 존재를 증명하는 서류를 지체없이 매수인에게 송부한다.

(15) DELAYED SHIPMENT : In all cases of force majeure provided in the Article No. 11 the period of shipment stipulated shall be extended for a period of twenty one (21) days. In case shipment within the extended period should still be prevented by a continuance of the causes mentioned in the Article No.11 or the consequences of any of them, it shall be at the buyer's option either to allow the shipment of late goods or to cancel the order by giving the Sellers the notice of cancellation by cable.

(15) 선적지연 : 제14조에 열거한 모든 불가항력인 경우에는 선적기일이 21일간 연장된다. 연장된 선적기일까지도 제14조의 사유가 계속되거나 또는 그 결과로서 선적이 불가능할 경우에 매수인은 선적지연을 허락하거나 또는 전보로 매도인에게 취소통지를 함으로써 주문을 취소할 수 있는 선택권을 가진다.

(16) CLAIMS : Claims, if any, shall be submitted by cable within fourteen (14) days after arrival of goods at destination. Certificates by recognized surveyors shall be sent by mail without delay.

(16) 클레임 : 클레임은 상품이 목적지에 도착한 후 14일 이내에 타전한다. 그리고 지체없이 신용있는 감정인의 증명서를 우송한다.

(17) ARBITRATION : All claims which cannot be amicably settled between sellers and buyers shall be finally settled by arbitration in Seoul, Korea in accordance with the Commercial Arbitration Rules of the Korea Commercial Arbitration Board and under the Laws of Korea.
(17) 중재 : 매매당사자 간에 원만한 해결이 되지 않는 모든 클레임은 대한민국 서울특별시에서 대한상사중재원의 상사중재규칙 및 대한민국법에 따라 중재에 의하여 최종적으로 해결한다.
(18) JURISDICTION : The award rendered by the arbitrator shall be final and binding upon both parties concerned.
(18) 재판관할 : 중재인의 판정은 최종적인 것으로 당사자 쌍방에 대하여 구속력을 가진다.
(19) TRADE TERMS : Unless specially stated, the interpretation of trade terms under this contract shall be governed and interpreted by the Incoterms 2020.
(19) 거래조건 : 별도로 정한 경우를 제외하고는 이 계약의 거래조건의 해석은 최신 Incoterms 2020에 준거한다.
(20) GOVERNING LAWS : This agreement shall be governed as to all matters including validity, construction, and performance under and by United Nations Convention on Contracts for the International Sale of Goods(1980).
(20) 준거법 : 본 계약의 유효성, 성립 및 이행에 관한 모든 사항에 대하여 유엔국제물품매매협약(1980)에 준거한다.

5. 청약

청약이란 매매거래의 조건을 구체적으로 상대방에게 제시하면서 그러한 조건으로 물품을 판매 또는 구매하겠다는 제의를 의미하며, 피청약자의 승낙이 있으면 계약을 체결하겠다는 의사표시이다. 무역계약은 불요식계약의 속성이 있다. 따라서 서면이든 구두든 의사표시를 하여 계약이 성립되지만, 계약 이후 발생할 수 있는 분쟁에 대비하기 위하여 서면으로 작성하는 것이 일반적이다.

〈표 I-6〉 청약의 기준

CISG 제14조(청약의 기준)
(1) 1인 이상의 특정한 자에게 통지된 계약체결의 제의는 그것이 충분히 확정적이고 또한 승낙이 있을 경우에 구속된다고 하는 청약자의 의사를 표시하고 있는 경우에는 청약으로 된다. 어떠한 제의가 물품(goods)을 표시하고, 또한 그 수량(quantity)과 대금(price)을 명시적 또는 묵시적으로 지정하거나 또는 이를 결정하는 규정을 두고 있는 경우에는 이 제의는 충분히 확정적인 것으로 한다.
(2) 1인 이상의 특정한 자에게 통지된 것 이외의 어떠한 제의는 그 제의를 행한 자가 반대의 의사를 명확히 표시하지 아니하는 한, 이는 단순히 청약을 행하기 위한 유인으로만 본다.

청약서에는 보통 청약자(offeror)와 피청약자(offeree)의 상호와 주소가 기재되며 이외 연락처 등이 청약서 머리말로 표시된다. 그리고 물품에 대한 명세 즉 품명, 규격, 소재, 용도 등 품질과 관련한 내용이 기재된다. 또한 수량, 단가, 금액과 함께 기타 매매조건(선적, 보험, 화인 등)이 표시되며, 발행일자와 유효기간(승낙기간) 그리고 서명이 포함된다.

1) 청약의 종류

청약은 발행주체에 따라 일반적으로 매도인이 이행하는 판매청약(selling offer)을 의미하며, 반대되는 개념은 매수인이 발행하는 매수 또는 구매청약(buying offer)으로 주문(order)이 된다.

구속력에 따른 청약은 확정청약(firm offer)과 불확정청약(free offer)이 있다. 확정청약은 일단 발행되어 법률상 효력이 발생되면 당사자는 이에 구속되어 그 유효기간 내에는 그 내용을 변경하거나 취소할 수 없는 청약이 된다. 무역계약 당사자가 청약과 승낙을 통해 합의된 청약서는 확정청약인 것이다. 반대로 불확정청약은 구속력이 없으며, 단순한 제안의 성격이다. 따라서 피청약자가 승낙을 하여도 무역계약은 성립하지 않는다. 하지만 피청약자가 승낙 한 이후 청약자의 최종확인(offeror's final confirmation)이 있으면 계약이 성립된다.

보통 확정청약은 유효(승낙)기간이 제시되어 있지만, 불확정청약은 기간이 제시되어 있지 않다. 하지만 유효기간이 표시되어 있더라도 청약의 조건 변경이 가능하다는 표현이 있다면 불확정 청약이 된다. 반대로 유효기간이 없더라도 확정적인 표현(firm, irrevocable)이 있다면 확정청약이 된다.

이외 불확정청약의 성격을 가지고 있지만, 그렇게 볼 수 없는 특수한 확정청약이 존재한다. 먼저 무확약청약(offer without engagement)은 제시된 거래조건 가운데 특히 가격이 언제든지 사전통고 없이도 변경될 수 있음을 나타내는 유동적 조항이 포함된 청약이다. 불확정청약처럼 인지되지만, 이를 승낙하면 청약자의 최종확인 없이 그것만으로 계약이 성립하도록 되어 있다. 특히 가격변동이 심한 물품에 대해 사용된다. 재고잔류조건청약(offer subject to being unsold)은 청약이 승낙되었지만 물품의 재고가 있어야만 계약이 성립한다는 청약으로 선착순판매조건청약(offer subject to prior sale)이라고도 한다. 점검후구매조건청약(offer on approval)은 청약과 함께 물품을 송부하여 피청약자가 이를 점검해 본 후 구매할 의사가 있다면 대금을 지급하고 아니면 반품하도록 하는 청약이다. 반품허용조건청약(sffer on sale or return)은 청약과 함께 대량의 물품을 송부하여 피청약자가 이를 판매하며, 판매되지 않은 물품은 반품이 허용되도록 하는 청약이다. 확인조건부청약(subject to confirmation offer)은 피청약자가 승낙을 하여도 그것만으로 계약이 성립하는 것이 아니며, 청약자의 최종 확인이 있어야 계약이 성립되는 청약이다. 확인조건부청약은 불확정청약과 유사해 보이지만, 유효기간이 존재하며, 제시된 매매조건이 임의로 변경 또는 취소불가능하다는 점에서 확정청약의 성격을 가지고 있다.

한편 반대청약(counter offer)은 피청약자가 청약의 내용 일부를 변경해서 원래의 청약자에게 반대로 청약을 하는 것이다. 반대청약을 하게 되면 원래의 청약자와 피청약자가 바뀌게 된다. 따라서 원 청약은 법률상 효력을 상실하게 된다. 피청약자가 청약의 내용을 부가(addition)하거나, 제한(limitation) 또는 변경(modification)을 한 후 승낙한 경우에는 원청약서가 아닌 반대청약을 구성하게 되는 것이다.

2) 청약의 효력

청약의 효력발생 시점은 청약의 성립, 철회 그리고 변경 또는 취소와 관련되어 매우 중요한 사안이다. 비엔나협약에서는 도달주의를 채택하고 있는데, 여기서 도달한다는 것은 피청약자에게 청약서가 전달되는 것을 의미한다. 전달되는 방법은 구두 또는 기타의 방법으로 직접 상대방에게 전달하는 것, 상대방의 영업소나 우편주소 또는 그러한 곳이 없는 경우에는 상주주소로 전달되는 것을 말한다. 대륙법, 영미법, 우리나라 민법 등 대부분의 국가에서는 도달주의를 채택하고 있다.

참고로 표백주의, 발신주의, 도달주의, 요지주의 등의 효력발생시기가 있다. 표백주의는 의사표시가 그 표의자가 그 내용을 명백히 표시한 때로부터 발생한다는 것으로 이러한 견해는 의사표시를 했는지의 여하를 밝힐 수 있는 객관적 입증수단이 없기 때문에 매매거래에서는 채택되지 않고 있다. 발신주의는 의사표시가 상대방에게 발송된 때로부터 효력이 발생한다는 견해이다. 도달주의는 의사표시가 상대방에게 전달(도달)된 때로부터 효력이 발생한다는 견해이다. 요지주의는 상대방이 의사표시의 내용을 알게 된 때로부터 효력이 발생한다는 견해이다. 이는 표백주의와 유사하게 상대방이 의사표시를 알았다는 것을 객관적으로 증명하기 힘들기 때문에 매매거래에서 채택하지 않고 있다.

3) 청약의 취소

청약의 취소와 관련하여 비엔나협약에서 청약은 유효기간이 정해져 있거나 기타 방법으로 취소불능임이 표시된 경우에는 청약의 취소가 불가능하다. 그리고 유효기간이 설정되어 있지 않거나 취소불능임이 표시되지 않은 경우에는, 상대방이 승낙의 의사를 발송하기 전에 청약자의 청약취소의 의사가 먼저 상대방에게 도달한 때에 한하여 취소가 가능하다.

참고로 의사표시를 실효시키는 행위에는 철회와 취소가 있다. 철회(withdraw)는 어떤 의사표시의 효력이 발생되기 전에 또는 그 의사표시로 인하여 당사자 사이에 권리의무가 발생되기 전에 그 표의자가 임의로 그 효력을 발생하지 못하게 하는 것이다. 반면, 취소(revocation, cancellation)는 의사표시의 효력이 발생된 후에 일정한 취소원인에 의하여 그것을 소급적으로 실효시키는 행위이다. 우리나라 민법에서는 취소의 원인으로 행위무능력자, 착오로 인한 의사표시, 사기나 강박에 의한 의사표시를 그 원인으로 인정하고 있다.

〈표 1-7〉 청약의 취소와 거절

CISG 제16조(청약의 취소) (1) 계약이 체결되기까지는 청약은 취소될 수 있다. 다만, 이 경우에 취소의 통지는 피청약자가 승낙을 발송하기 전에 피청약자에게 도달하여야 한다. (2) 그러나 다음과 같은 경우에 청약은 취소될 수 없다. (a) 청약이 승낙을 위한 지정된 기간을 명시하거나 또는 기타의 방법으로 그것이 철회불능(irrevocable)임을 표시하고 있는 경우, 또는 (b) 피청약자가 청약을 취소불능이라고 신뢰하는 것이 합리적이고, 또 피청약자가 그 청약을 신뢰하여 행동한 경우.
CISG 제 17조(청약의 거절) 청약은 그것이 취소불능한 것이라도 어떠한 거절의 통지가 청약자에게 도달한 때에는 그 효력이 상실된다.

4) 청약의 소멸

청약의 효력 소멸원인은 첫째, 청약의 거절, 둘째, 청약의 철회와 취소, 셋째, 유효기간의 경과가 있다. 청약의 거절은 피청약자가 청약을 거절한 경우로 그 청약은 효력을 잃게 된다. 청약의 거절은 거절통지가 청약자에게 전달되었을 경우이다. 한편 청약을 받고도 침묵하거나 아무런 행위도 하지 않는 것은 청약의 승낙으로 보지 않는다. 따라서 유효기간의 경과로 청약의 효력은 상실하게 된다. 청약의 철회와 취소는 앞서 언급한 것과 같다. 유효기간의 경과는 청약에 유효기간 또는 승낙기간이 설정된 경우이며 그 기간이 경과될 때까지 아무런 반응이 없다면 그 청약은 효력을 상실하게 된다. 우리나라 민법에서 승낙기간을 정하지 않은 계약의 청약은 청약자가 상당한 기간 내에 승낙의 통지를 받지 못한 때 그 효력을 잃는다고 정하고 있다. 한편 유효기간이 명시된 경우(예를 들어, This offer shall remain effective until August 10, 2019)에는 큰 문제가 없지만, 유효기간 산정이 애매한 경우(예를 들어, This offer shall valid for 10 days)에는 기산일을 산정하는 방법이 있다. 우편의 경우 청약서에 표시된 날이며, 표시된 날이 없는 경우에는 우편봉투의 표시된 날로부터 산정한다. 전자메일의 경우에는 발송일을 기준으로 한다. 동시적 통신수단의 경우 피청약자에게 도달한 때부터 산정한다. 아울러 일수계산에서 공휴일, 휴무일도 일수 계산에 포함된다. 하지만 유효기간의 만료일이 청약자의 영업소의 소재지에서 공휴일이나 휴무일일 경우에는 다음 최초 영업일로 연장된다.

6. 주문(Order)

무역거래에 있어 일반적으로 수출을 중심으로 전개되기 때문에 적용되는 청약은 selling offer이며 일반적으로 offer라고 한다. 하지만 매도인 중심이 아닌 매수인의 관점에서 필요한 물품거래를 제안할 때는 buying offer이며 이를 주문(order)라고 한다. 매수인의 청약에는 견적송장(proforma invoice), 구매주문서(purchase order)을 사용한다.

일반적으로 물품매도확약서 즉 매도인 중심의 청약을 표현할 때는 “We make a

firm offer for ~ / We offer you firm for ~"를 사용할 수 있다. 반면, 매수인의 청약으로는 "We would like to make an order ~ / Place an order~", "Our pricing is xxx for minimum 100 or more~" 등으로 표현할 수 있다.

그리고 주문의 형태는 최초주문, 시험주문, 재주문, 소량주문, 대량주문 등으로 구분할 수 있다. 최초주문(Initial order)은 거래가 성립한 후에 시행하는 첫 주문을 의미한다. 시험주문(Trial Order)은 대량주문을 하기 전 제품품질을 측정하기 위한 목적으로 소량의 제품을 주문하여 현지 시장에서 판매 가능 유무를 알아보기 위해 하는 주문을 의미한다. 재주문(Repeat Order)은 최초주문 이후에 계속해서 이루어지는 주문을 의미한다. 소량주문(Small Order)은 대량주문이 아닌 소량의 주문을 의미한다. 대량주문(Large/Heavy/Substantial/Bulk/Considerable Order)은 주문량이 다소 많아 보통이 경우에 매수인이 수량 할인(Quantity discount)을 요구하는 경우도 있다.

7. 승낙

1) 승낙

승낙은 청약의 내용에 동의하여 계약을 성립시키겠다는 의사표시이다. 대부분의 경우 청약에 대한 상대방의 승낙으로 무역계약은 성립된다.

〈표 1-8〉 승낙의 시기 및 방법

CISG 제18조(승낙의 시기 및 방법)

(1) 청약에 대한 동의를 표시하는 피청약자의 진술 또는 기타의 행위는 이를 승낙으로 한다. 침묵(silence) 또는 부작위(inactivity) 그 자체는 승낙으로 되지 아니한다.

(2) 청약에 대한 승낙은 동의의 의사표시가 청약자에게 도달한 때에 그 효력이 발생한다. 승낙은 동의의 의사표시가 청약자가 지정한 기간 내에 도달하지 아니하거나, 또는 어떠한 기간도 지정되지 아니한 때에는 청약자가 사용한 통신수단의 신속성을 포함하여 거래의 사정을 충분히 고려한 상당한 기간내에 도달하지 아니한 경우에는 그 효력이 발생하지 아니한다. 구두의 청약은 별도의 사정이 없는 한 즉시 승낙되어야 한다.

(3) 그러나 청약의 규정에 의하거나 또는 당사자 간에 확립된 관습 또는 관행의 결과에 따라, 피청약자가 청약자에게 아무런 통지 없이 물품의 발송이나 대금의 지급에 관한 행위를 이행함으로써 동의의 의사표시를 할 수 있는 경우에, 승낙은 그 행위가 이행된 때에 그 효력이 발생한다. 다만 그 행위는 전항에 규정된 기간 내에 이행된 경우에 한한다.

2) 승낙의 효력발생

승낙의 효력발생 시기는 각국의 민법이나 매매법에서는 원칙적으로 도달주의를 취하고 있다.

〈표 1-9〉 승낙의 효력발생

통신수단 \ 준거법			한국법	일본법	영국법	미국법	독일법 CISG
의사표시의 일반원칙			도달주의	도달주의	도달주의	도달주의	도달주의
승낙의 의사 표시	대화자간	대면	도달주의	도달주의	도달주의	도달주의	도달주의
		전화	도달주의	도달주의	도달주의	발신주의	도달주의
		텔렉스	도달주의	도달주의	도달주의	도달주의	도달주의
		EDI(e-mail)	도달주의	도달주의	도달주의	도달주의	도달주의
	격지자간	우편	발신주의	발신주의	발신주의	발신주의	도달주의
		전보	발신주의	발신주의	발신주의	발신주의	도달주의

3) 승낙의 취소와 철회

승낙도 청약과 마찬가지로 철회할 수 있다. 하지만 취소는 불가능하다. 청약에 대한 승낙은 계약의 성립을 의미하기 때문이다. 즉 승낙은 목적달성 이후 소멸된다. 대신 승낙의 철회는 인정되지만, 그것은 어디까지나 승낙의 효력발생시기에 있어 도달주의를 취하는 경우에만 가능하며, 발신주의를 취하는 경우에는 불가능하다.

따라서 동시적 통신수단(대화자 간)의 승낙인 경우에는 철회가 인정되지만, 격지자간의 통신수단에 의한 승낙의 경우에는 철회가 불가능하다. 한편 비엔나협약에서는 통신수단 여하를 불문하고 승낙의 철회를 허용하고 있다. 하지만 비엔나협약에서도 승낙보다 그 승낙철회의 의사가 청약자에게 도달된 경우 또는 승낙과 동시에 그 승낙철회의 의사가 청약자에게 도달된 경우에만 승낙은 철회된다.

4) 계약을 성립시키지 못하는 승낙

계약을 성립시키지 못하는 승낙은 조건부승낙(conditional acceptance), 일부승낙(partial acceptance), 지연승낙(delay of acceptance), 변경승낙(modified acceptance),

침묵 또는 무행위에 의한 승낙(acceptance by silence or inactivity), 반대청약 후 원청약의 승낙 등이 있다.

조건부승낙은 피청약자가 원청약에 대해 일부 청약내용을 변경하거나 추가하는 것이다. 일부승낙은 청약의 내용 중 일부만을 승낙하는 것이다. 지연승낙은 청약에 대한 승낙의 의사표시가 정해진 기간을 경과하는 것이다. 변경승낙은 청약의 내용을 변경해서 승낙하는 것이다. 침묵 또는 무행위에 의한 승낙은 피청약자가 청약자의 청약에 대해 아무런 행위나 회신을 하지 않고 침묵하는 것이다. 반대청약 후 원청약의 승낙은 청약에 대한 반대청약을 발송하였다가 이를 번복하여 원래의 청약을 승낙하는 것이다.

〈표 1-10〉 승낙 기간의 해석

CISG 제20조(승낙기간의 해석)

(1) 전보 또는 서신에서 청약자가 지정한 승낙의 기간은 전보가 발신을 위하여 교부된 때로부터, 또는 서신에 표시된 일자로부터, 또는 그러한 일자가 표시되지 아니한 경우에는 봉투에 표시된 일자로부터 기산된다. 전화, 텔렉스 또는 기타의 동시적 통신수단에 의하여 청약자가 지정한 승낙의 기간은 청약이 피청약자에게 도달한 때로부터 기산된다.

(2) 승낙의 기간 중에 들어 있는 공휴일 또는 비영업일은 그 기간의 계산에 산입된다. 그러나 기간의 말일이 청약자의 영업소에서의 공휴일 또는 비영업일에 해당하는 이유로 승낙의 통지가 기간의 말일에 청약자의 주소에 전달될 수 없는 경우에는, 승낙의 기간은 이에 이어지는 최초의 영업일까지 연장된다.

CISG 제21조(지연된 승낙)

(1) 지연된 승낙은 그럼에도 불구하고 청약자가 지체없이 구두로 피청약자에게 유효하다는 취지를 통지하거나 또는 그러한 취지의 통지를 발송한 경우에는, 이는 승낙으로서의 효력을 갖는다.

(2) 지연된 승낙이 포함되어 있는 서신 또는 기타의 서면상으로, 이것이 통상적으로 전달된 경우라면 적시에 청약자에게 도달할 수 있었던 사정에서 발송되었다는 사실을 나타내고 있는 경우에는, 그 지연된 승낙은 승낙으로서의 효력을 갖는다. 다만, 청약자가 지체없이 피청약자에게 청약이 효력을 상실한 것으로 본다는 취지를 구두로 통지하거나 또는 그러한 취지의 통지를 발송하지 아니하여야 한다.

8. 무역서류

무역은 상역과 물역으로 구성되며, 이 가운데 상역은 소유권을 이전함을 의미하고 물역은 물품의 실질적 이동을 의미한다. 소유권의 이전은 서류로 이전되며 물품의 이동은 운송을 통한다. 따라서 소유권의 이전에 따르는 무역서류는 매우 중요하며,

수출에 필요한 대표 서류를 무역서류라고 한다. 무역서류 중에서 선적서류는 화물의 선적 및 선적과 관련된 여러 사실(포장, 원산지, 검사 중량 및 용적 등)을 증명하는 서류로서 수출상이 수입상에게 제공하는 서류이다. 이외 거래의 증명과 보험계약의 증명 그리고 대금결제와 관련한 서류를 통틀어 무역서류라고 한다. 주요 무역서류는 상업송장, 포장명세서, 원산지 증명서, 선하증권, 보험증권 등이 있다.

1) 주요무역서류

- 상업송장(Commercial Invoice) : 물품을 거래할 때 발송인이 수하인에게 보내는 거래상품명세서로 대금청구의 역할을 하는 동시에 매입자에게는 매입명세서가 되어 과세부과에 대한 근거 자료로 사용된다. 송장에는 상품의 이름, 수량, 단가 등 다양한 정보가 정확하게 표시되어 있다.
- 포장명세서(Packing List) : 선적화물의 포장 및 포장 단위별 명세(순중량, 총중량, 용적, 화인, 포장개수 등)를 기재한 상업송장의 보조서류로 수출상이 수입상 앞으로 작성하는 서류
- 원산지증명서(Certificate of Origin) : 수출품이 우리나라에서 재배, 사육, 제조 또는 가공된 것임을 증명하는 문서
- 선하증권(Bill of Laing) : 해상 운송인이 발행하는 운송서류, 해상운송계약에 따른 운송물의 수령 또는 선적을 증명
- 보험증권(Insurance Policy) : CIF나 CIP 조건의 경우에 수출상은 적하물품에 대한 보험가입하고 이에 대한 증빙 서류를 구비해야 한다. 보통 보험증권(Insurance Policy), 보험증명서(Insurance Certificate), 보험확정통지서 또는 보험확인서(Declaration under an open cover)의 서류가 신용장 상에서 요구되며 수리가능한 보험서류이다.

2) 운송서류(transportation document)

운송서류란 운송인이 화주로부터 운송될 물품을 인수하고 그 사실을 증빙하기 위하여 발행하는 서류를 말한다. 운송방법에 따라 해상운송에서 발행되는 선하증권 및

해상화물운송장, 항공운송의 항공화물운송장 및 항공화물수탁증 그리고 복합운송증권 등 각각의 운송방법별로 특징을 가지는 운송서류들이 사용된다. 운송서류는 물품의 운송을 운송인에게 의뢰한 후 선적서류를 구비하고 환어음을 발행하여 이를 은행을 통하여 대금을 회수하는 화환취결의 대금지급의 담보 역할을 하는 서류로 상업송장 및 보험서류와 함께 필수 무역서류가 된다.

3) 선적서류(shipping document)

선적서류란 매도인이 매매계약에 따라 의무를 이행하고 매수인에게 대금의 지급을 청구하기 위하여 매수인에게 직접 또는 은행을 통해 송부하는 서류를 통칭하는 용어이다. 운송인이 운송물품을 수취 또는 운송수단에 적재한 후에 입수하는 운송서류는 물론 매도인이 선적한 물품이 계약상의 명세와 일치한다는 것을 나타낸 상업송장과 운송 중 물품의 멸실 이나 손상에 대비하여 보험을 부보 한 증거로서 보험자에 의하여 발행되는 보험서류가 대표적이다. 선하증권은 운송인이 송하인에게 발행하는 해상운송의 증거서류로 실무에서는 B/L(BILL OF LADING)이라는 용어로 통칭한다.

4) 상업송장(commercial invoice)

물품을 거래할 때 발송인이 수하인에게 보내는 거래상품명세서로 대금청구의 역할을 하는 동시에 매입자에겐 매입명세서가 되어 과세 부과에 대한 근거 자료로 사용된다. 송장에는 상품의 이름, 수량, 단가 등 다양한 정보가 정확하게 표시되어 있다.

- 송장 양식

(1) SHIPPER / EXPORTER : 수출자정보

(2) BUYER / IMPORTER : 수입자정보

(3) CONSIGNEE : 수하인(운송된 물품을 인도받을 사람)

(4) PRT OF LOADING : 출항지 / 선적항

(5) FINAL DESTINATION : 최종 목적지

(6) CARRIER : 화물 실은 선박명과 항차

(7) SAILING ON OR ABOUT : 출항일

(8) NO. & DATE OF INVOICE : 송장번호 & 발행일

(9) NO, & DATE OF L/C : 신용장번호 & 발행일

(10) NOTIFY PARTY : 통지처

(11) REMARKS : 기타 참고사항

(12) MARKS & NO, OF PKGS : SHIPPING MARK 기재

(13) DESCRIPTION OF GOODS : 상품명세

(14) Q'TY : 수량

(15) NUIT PRICE : 제품단가

(16) AMOUNY : 총금액

(17) 전화번호

(18) 수출자의 서명

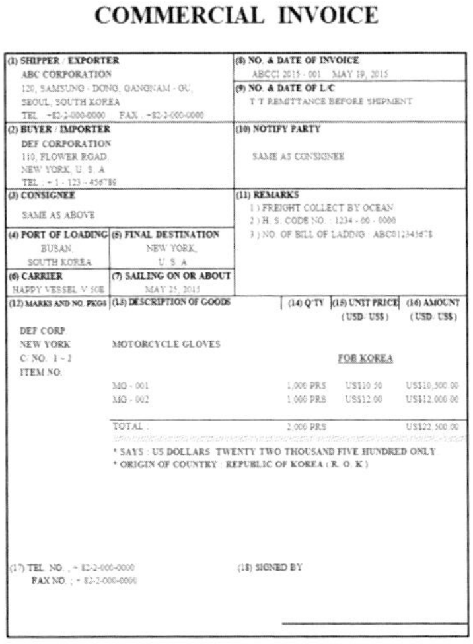

COMMERCIAL INVOICE

(1) SHIPPER / EXPORTER
ABC CORPORATION
120, SAMSUNG - DONG, GANGNAM - GU,
SEOUL, SOUTH KOREA
TEL : +82-2-000-0000 FAX : +82-2-000-0000

(8) NO. & DATE OF INVOICE
ABCCI 2015 - 001 MAY 19, 2015

(9) NO. & DATE OF L/C
T/T REMITTANCE BEFORE SHIPMENT

(2) BUYER / IMPORTER
DEF CORPORATION
110, FLOWER ROAD,
NEW YORK, U. S. A
TEL : + 1 - 123 - 456789

(10) NOTIFY PARTY
SAME AS CONSIGNEE

(3) CONSIGNEE
SAME AS ABOVE

(11) REMARKS
1) FREIGHT COLLECT BY OCEAN
2) H. S. CODE NO. : 1234 - 00 - 0000
3) NO. OF BILL OF LADING : ABC012345678

(4) PORT OF LOADING
BUSAN,
SOUTH KOREA

(5) FINAL DESTINATION
NEW YORK,
U. S. A

(6) CARRIER
HAPPY VESSEL V 50E

(7) SAILING ON OR ABOUT
MAY 25, 2015

(12) MARKS AND NO. PKGS	(13) DESCRIPTION OF GOODS	(14) Q'TY	(15) UNIT PRICE (USD/US$)	(16) AMOUNT (USD/US$)
DEF CORP. NEW YORK C/NO. 1 ~ 2 ITEM NO.	MOTORCYCLE GLOVES		FOB KOREA	
	MG - 001	1,000 PRS	US$10.50	US$10,500.00
	MG - 002	1,000 PRS	US$12.00	US$12,000.00
	TOTAL :	2,000 PRS		US$22,500.00

* SAYS : US DOLLARS TWENTY TWO THOUSAND FIVE HUNDRED ONLY
* ORIGIN OF COUNTRY : REPUBLIC OF KOREA (R. O. K)

(17) TEL. NO. : + 82-2-000-0000
FAX NO. : + 82-2-000-0000

(18) SIGNED BY

5) 원산지 증명

원산지란 물품의 국적을 의미한다. 원산지란 당해 물품이 채취 · 생산 · 제조 · 가공된 지역을 말하며, 자본투자국 · 디자인 수행국 · 기술의 제공국 · 상표의 소유국과는 별도의 개념이다. 원산지는 일반적으로 정치적 실체를 가진 국가를 의미하나 독립석 국가가 아닌 지역도 원사지가 될 수 있다.

> ※ Hong Kong, Macao, Guam, Samoa Islands 등 독립된 관세영역이나 자치권을 행사하는 특별구역은 원산지가 될 수 있음. 반면, EU, NAFTA, ASEAN 등 지역·경제적 연합체 등은 원산지로 인정하지 않음(원산지제도 운영에 관한고시 제8조)

(1) 원산지 표시 대상물품과 방법

- 수입한 물품이 원산지 표시 대상인지와 표시 방법 확인(원산지 표시 대상물품, 표

시방법은 다음과 같다.)

대상 물품	표시 방법
• 대외무역관리규정 [별표8]에 게기 된 수입물품 • 전체 수입품목의 약 55% • HS 4단위 품목기준 총 1,224개 중 674개(공산품 501개, 농수산물 173개)	• 당해 물품에 아래 어느 하나의 방식에 따라 한글, 한자, 영문으로 표시 – "원산지 : 국명", "국명 산(産)", "Made in 국명", "Product of 국명", "Made by 제조자의 회사명, 주소, 국명", "Country of Origin : 국명" • 최종구매자가 용이하게 판독할 수 있는 크기의 활자체로 정상적인 구매과정에서 발견하기 쉬운 위치에 표시 • 인쇄, 등사, 낙인, 주조, 식각, 박음질 또는 이와 유사한 방식

(2) 원산지 판정기준

• 원산지 판정기준은 완전생산기준과 실질적 변형 기준이 있다.

완전생산기준	실질적 변형 기준
• 수입물품 전부가 1개 국가에서 채취 또는 생산된 경우 • 해당 물품 생산국을 원산지로 하는 기준 – 주로 농산물, 광산물, 어획물 등	• 수입물품의 생산·제조·가공 과정이 2개국 이상의 국가가 관련된 경우 • "실질적 변형"이 발생한 나라를 원산지로 인정 – 세번변경기준[HS 6단위] 원칙이며 예외적으로 • 일부품목은 부가가치기준 또는 가공공정기준 적용 – 다만, 단순 가공활동을 수행한 국가는 원산지 불인정 • 대외무역관리규정 제85조 및 별표9 참조

(3) 원산지 표시위반

• 원산지 표시 위반 유형과 위반 시 제재 조치는 다음과 같다.

- 원산지 표시 위반 유형(통관·유통단계)

> • 원산지를 거짓으로 표시하거나 최종소비자로 하여금 원산지 오인토록 표시하는 행위
> • 원산지 표시를 손상 또는 변경하는 행위
> • 원산지 표시를 하지 아니하는 행위
> • 대외무역법상 표시방법을 위반하는 행위

• 원산지 표시 위반 시 제재 조치

구분	제재 조치	내용
통관 단계	통관 제재 및 시정 명령	• 상기 원산지 표시 위반 유형 해당 ※ 위반 사항이 경미한 경우, 이를 보완·정정한 후 통관 허용

<table>
<tr><td>유통 단계</td><td>보세 구역 반입 명령</td><td>• 수입신고 수리된 후 3개월 이내 물품으로서
– 상기 원산지표시 위반 유형 해당
– 수출입신고수리 당시와 다르게 표시되어 있는 경우
※ 시정조치를 취한 후 반출 허용</td></tr>
<tr><td>통관 및 유통 단계</td><td>과징금 부과
(최대 3억원)</td><td>
<table>
<tr><th>위반 유형</th><th>1차</th><th>2차</th><th>3차</th></tr>
<tr><td>허위, 손상 변경</td><td>– (통관단계) 시정명령
– (유통단계)
• 미판매분 : 시정명령
• 판매분 :
과징금(30%경감)</td><td rowspan="4">시정
명령
과징금</td><td rowspan="2">시장 명령
과징금
(50% 가중)</td></tr>
<tr><td>오인 표시</td><td rowspan="3">시정 명령</td></tr>
<tr><td>표시 방법 위반</td><td rowspan="2">시정명령
과징금
(30% 가중)</td></tr>
<tr><td>미표시</td></tr>
</table>
</td></tr>
<tr><td>통관 및 유통단계</td><td>고발 송치 의뢰
(징역 5년,
벌금 1억원 이하)</td><td>• 원산지를 허위로 표시하거나 손상·변경한 경우
• 원산지제도 운영에 관한 고시 별표 5의 제2호에 해당하는 오인 표시를 하는 경우
• 고의로 원산지를 미표시하였거나 제2호 외의 오인표시를 하였다고 판단할 만한 객관적인 자료가 있는 경우
• 세관장의 원산지표시 보완·정정의 시정명령을 따르지 아니한 경우
• 원산지증명서 및 관계서류를 거짓이나 그 밖에 부정한 방법으로 작성하거나 제출한 경우</td></tr>
<tr><td>유통단계</td><td>과태료
(최대 1천만원)</td><td>• 원산지표시 단속의 검사를 거부, 방해 또는 기피한 경우</td></tr>
</table>

9. 계약의 좌절

Frustration은 계약의 좌절 또는 이행불능이라는 뜻을 함축하고 있다. 따라서 국어로 명확하게 표현하는데 어려움이 있어 Frustration을 프러스트레이션이라고 용어를 그대로 사용한다. 적법한 절차에 따라 무역계약이 체결되어 성립되지만 매매당사자의 예견할 수 없는 사유가 발생하여 계약에 따른 목적을 달성시킬 수 없는 경우가 발생하기도 한다.

1) Frustration의 국가별 기준

영국법에서는 당사자의 고의나 과실 없이 발생한 후발적 사정으로 계약이 취소됨으로 당사자가 추구한 계약목적이 좌절되는 것을 뜻한다. 미국 통일상법전(UCC)에 의하면, 우발적 사건이 발생하여 위험을 당사자의 합의나 관습에 의해 부담하지 않고 우발적인 사건의 발생이 그 이행상 비현실성이 있어야한다. 비엔나 협약에서는 당사자의 의무불이행이 본인의 지배를 벗어나는 장해로 기인한 의무불이행은 면책된다. 한국 민법에서는 물리적 불능에 한하지 않고 거래관념을 판단기준으로 채무자의 고의 또는 과실이 없이 불이행되는 경우로 규정한다.

2) Frustration의 성립

무역거래에서 실제로 Frustration 성립되고 인정되어 계약이 소멸되는 경우는 다음과 같다.

(1) 당사자의 사망

계약에서 한 당사자가 사망하여 영원히 특정 목적을 이행하지 못하는 경우 계약은 소멸한다.

(2) 목적물의 멸실

목적물의 실질적 멸실 또는 손상되는 경우로 선주의 과실이 아닌 폭발사고와 같은 이유로 선적이 불이행 되는 경우가 된다.

(3) 후발적 위법

계약성립 이후 계약이행이 소멸되는 경우이다. 전쟁, 법의 변경, 정부의 수출입 금지조치, 수출입허가제나 할당제 등의 제한조치가 실행되는 경우이다.

(4) 사정의 본질적 변화

주변사정이 예상과 달리 진행되어 변화함으로 묵시적 계약내용을 합리적으로 판단할 때 계약의 기초가 상실되거나 당사자가 원래 체결한 것과 다른 새로운 계약으로 변경될 경우에 해당한다. 선박의 나포, 당사자의 파산 등이 있다.

3) Frustration 성립의 취소

Frustration의 성립이 취소되는 경우는 스스로 이행불능을 자초한 경우, 계약서 상 명시적 규정이 존재할 경우, 위험을 예측가능한 경우, 단기간의 이행불능, 이행의 비용증가, 한당사자의 의도된 목적달성 불능, 다른 대안이 존재할 경우이다.

4) Frustration에 대한 대비방안

Frustration에 대한 대비방안으로 무역계약시 불가항력조항(Force Majeure Clause), 하드십조항(Hardship Clause)을 삽입하여 대비하는 것이 바람직하다.

(1) 불가항력조항(Force Majeure Clause)

당사자의 책임으로 돌릴 수 없는 사유에 의해 사정이 현저하게 달라진 때에 계약조건 대로의 내용을 그대로 인정할 수 없기 때문에 계약을 소멸시킨다는 내용이다. 불가항력의 사유가 발생할 경우 계약이행이 불가능하다는 점에서는 Frustration와 같지만, Frustration는 계약 자체를 소멸시키는 반면 불가항력조항이 발생할 경우 불이행에 따른 면책을 인정한다. 매매계약서 상 발생가능한 불가항력의 사태에 대해 법률적인 용어로 구체적으로 열거한다. 예를 들어 매도자는 천재지변, 화재, 폭발, 파업, 직장폐쇄, 폭동, 소요, 동원령 선포, 전쟁 위협/존재, 봉쇄, 출항금지, 선박의 징발, 유행병, 본 계약 빌효 이후의 관련 법령 개정, 수출입 허가 등 기타 매도자가 적절히 통제할 수 없는 원인에 의한 인도의 불이행이나 지연에 대하여 책임지지 아니한다는 문구를 표기한다. 그러나 모두 열거하는 것은 어렵기에 Any cause beyond the control of the parties(기타 당사자가 지배할 수 없는 모든 사유)와 같은 문구를 추가한다.

(2) 하드십조항(Hardship Clause)

장기계약의 rudd 매매계약이 체결된 후 환경적, 정치적, 경제적 사정의 변화로 계약이행이 곤란한 경우가 발생할 수 있다. 하지만 Frustration의 성립으로 인한 계약소멸은 원하지 않고 계약이행을 하고 싶은 경우 설정한다. 계약대로의 이행이 불가능하지는 않으나 현저하게 상업적으로 곤란해져 계약의 본질적 변경이 불가피해 진 경우에는 당사자는 계약내용의 변경을 요구할 수 있고 그때에는 상대방은 반드시 이에 응해야 한다는 조항이다. 가격조정, 기간의 연장, 기타의 변경과 같이 양당사자 간에 있어서 사정변경에 따르는 위험을 고려하면서 현시점에서의 원활한 거래성립을 도모하기 위한 방법으로 생겨난 것이 hardship 조항이다.

실전문제

01. 청약의 효력이 소멸되는 경우가 아닌 것은?

① 피청약자의 청약거절
② 유효기간 경과
③ 당사자의 사망
④ 청약조건의 조회

정답 ④

- 청약조건에 대한 단순문의 또는 조회는 청약의 효력에 영향을 미치지 않는다. 청약의 효력이 발생하려면 계약체결의 제안이 구체적이고 확정적으로 승낙시 구속된다는 청약자의 의사표시가 있는 경우에 청약이 된다.
- 청약의 효력이 소멸되는 원인으로는 청약의 철회, 청약의 취소, 반대청약, 청약거절, 유효기간 내 승낙통지가 청약자에게 도달하지 않은 경우 상당기간 경과하여 발생하는 청약실효, 피청약자나 청약자 어느 일방이 사망했을 경우가 있다.

02. 청약의 유인에 대한 설명으로 옳지 않은 것은?

① 피청약자가 승낙하여도 청약자의 확인이 있어야 계약이 성립한다.
② 청약자는 피청약자의 승낙만으로는 구속되지 않으려는 의도를 가진다.
③ 불특정인, 불특정집단을 대상으로 이루어진다.
④ Sub-con Offer와는 전혀 다른 성격을 지닌다.

정답 ④

- Sub-con Offer는 조건부 청약에 해당하며 최종확인 조건부 청약으로 피청약자가 승낙하더라도 청약자의 최종확인이 있어야 계약이 성립된다. 피청약자의 승낙이 offer에 해당하게 된다.
- offer subject to our confirmation '단순 offer에 따른 계약의 승낙은 당사의 확인을 요한다'를 의미하는 용어. 가령 상대방에서 이쪽의 offer를 승낙한다는 회답이 있어도 그것에 대한 이쪽의 최종적인 확인통고가 없는 한 거래가 성립되지 않는다는 조건이다.

03. 다음 조건부 청약(Conditional Offer) 중 성격이 다른 것을 고르시오.

① 예약불능청약(Offer without engagement)
② 통지 없이 가격변동 조건부 청약(Offer subject to change without notice)
③ 시황변동조건부 청약(Offer subject to market fluctuation)
④ 승인부 청약(Offer on approval)

정답 ④

• 무확약청약=예약불능청약, 확인조건부청약, 통지없이 가격변동 조건부 청약, 시황변동조건부 청약은 승낙이 있기 전에 청약자가 청약조건을 변경할 수 있다. 그러나 승인부청약은 별도의 표시가 있는 경우가 아니면 확정청약으로 간주한다. 따라서 조건부청약 중 성격이 다른 것은 승인부 청약이 된다.

04. 다음 중 설명이 틀린 것을 고르시오.

① 한국 등 대륙법 국가에서 확정청약은 유효기간 내에 철회가 불가능하다.
② 영미법 상 청약이 날인증서로 되어 있는 경우 철회가 불가능하다.
③ 영미법 상 피청약자가 약인을 제공한 경우 철회가 불가능하다.
④ UCC 상 청약의 유효기간이 3개월이 초과하는 경우에도 청약의 철회가 불가능할 수 있다.

정답 ④

• UCC 미국통일상법전에서 청약은 원칙적으로 취소가능한 것으로 본다. 청약이 서명된 서면에 의한 경우, 상인이 한 청약인 경우, 청약의 유효기간이 3개월 이내인 경우에는 취소불능으로 본다. 또는 기간을 명시하지 않은 경우 3개월을 초과하지 않는 합리적인 기간 동안 청약은 확정적이게 된다.

05. 청약 등에 대한 내용 설명으로 옳지 않은 것은?

① 주문서도 청약으로 볼 수 있으나 확인(confirmation)이나 승인(acknowledgement)이 있어야 계약이 성립된다.
② 청약조건을 실질적으로 변동시키는 것은 대금지급 변경, 분쟁해결 변경, 인도조건의 조회 등이다.
③ Cross offer는 동일한 조건으로 매도청약과 매수청약이 동시에 이루어지는 것으로 영미법에서는 계약이 성립되지 않는다.
④ 조건부청약은 청약자의 최종확인이 있어야 계약이 성립되며 서브콘 오퍼라고도 한다.

정답 ②

• 인도조건의 조회는 청약조건을 실질적으로 변동시키는 요인으로 볼 수 없다.

06. Frustration에 대한 설명으로 옳은 것은?

① Frustration의 성립요건은 계약목적물의 물리적 멸실, 후발적 위법 등이며 계약목적물의 상업적 멸실은 해당되지 않는다.
② Frustration은 신의성실의 원칙에서의 사정변경의 원칙과 관련이 있다.
③ 주요공급원의 예기치 못한 폐쇄는 Frustration에 해당되지만 농작물의 흉작, 불작황은 해당되지 않는다.
④ Frustration의 성립은 즉각 소급하여 계약을 소멸시키고 양당사자의 의무를 면제한다.

정답 ②

- 계약목적물의 물리적, 상업적 멸실 모두 해당된다.
- 성립요건 중 사정의 본질적 변화에 해당하는 요소는 공급원의 예기치 못한 폐쇄, 농산물의 흉작 또는 불작황, 계약당사자의 사망 또는 중명 등이 있다.
- 성립할 경우 계약이 소멸되지만 불가항력조항이 적용되면 당사자 간 계약불이행에 따른 면책이 인정된다.

07. Which of the following has a different purpose of replying from the others?

> We would appreciate it if you would inform us of their financial standing and reputation. Any information provided by you will be treated as strictly confidential, and expenses will be paid by us upon receipt of your bill.
> Your prompt reply will be much appreciated.

① The company is respected through the industry.

② Their accounts were not always settled on time.

③ As far as our information goes, they are punctually meeting their commitments.

④ They always meet their obligations to our satisfaction and their latest financial statements show a healthy condition.

해석

07. Which of the following has a different purpose of replying from the others? (다음 중 회신의 목적이 다른 것과 다른 것은 무엇입니까?)

> We would appreciate it if you would inform us of their financial standing and reputation. (그들의 재정 상태와 명성을 알려주시면 감사하겠습니다.) Any information provided by you will be treated as strictly confidential, and expenses will be paid by us upon receipt of your bill. (당신에 의해 제공되는 어떠한 정보든 기밀로 다루어질 것이며, 비용은 청구서에 따라 우리가 부담할 것입니다.) Your prompt reply will be much appreciated. (신속한 답변을 주시면 대단히 감사하겠습니다.)

① The company is respected through the industry. (업계에서 존경받는 기업이다.)

② Their accounts were not always settled on time. (그들의 계좌는 항상 제때 결제되지 않았다.)

③ As far as our information goes, they are punctually meeting their commitments. (우리가 아는 한, 그들은 약속을 정확하게 지키고 있다.)

④ They always meet their obligations to our satisfaction and their latest financial statements show a healthy condition. (그들은 항상 책임을 완수하여 우리를 만족시키며, 그들의 최근의 재무제표는 양호한 상태이다.)

정답 ②

- 질문은 아래의 지문에 대해 응답한 답변 중 다른 보기들과 다른 내용이 무엇인지를 선택하는 것이다. 아래의 지문 내용으로 유추하면 특정기업(수입업체 또는 수출업체)의 신용을 조사하기 위한 내용이다. 보기에서 두 번째의 경우 해당 기업의 신용조사에서 부정적인 반응을 보이고 있다. 나머지는 모두 해당 기업의 신용평가에 대해 긍정적인 응답을 하고 있다.

08. What is the purpose of the following correspondence?

> Dear Mr. Mike,
> We have organized a series of online coaching clinic for middle schools' table tennis coaches this winter. For the virtual training, we would like to provide all registered participants with a tablet PC for interactive real-time communication.
> I saw a catalogue with my colleague showing your company's ranges of tablets. We are planning to make an order for more than 1,000 sets at a time. Is there a discount package available for a bulk purchase? I will also like to know the minimum price if we order for 15 or more desktop PCs with webcam.

① Request for Proposal(RFP)
② Request for Quotation(RFQ)
③ Purchase Order
④ Firm Offer

해석

08. What is the purpose of the following correspondence?(다음 회신의 목적은 무엇인가?)

> Dear Mr. Mike, (친애하는 마이크씨에게,)
> We have organized a series of online coaching clinic for middle schools' table tennis coaches this winter. (당사는 이번 겨울에 중학교 탁구부 코치들을 위한 온라인 코칭 강좌를 마련했습니다.) For the virtual training, we would like to provide all registered participants with a tablet PC for interactive real-time communication. (가상훈련의 경우, 등록한 참가자에게 실시간으로 상호작용하며 소통하기 위한 태블릿PC를 제공할 것입니다.)
> I saw a catalogue with my colleague showing your company's ranges of tablets. (동료와 함께 귀사의 태블릿 제품군을 보여주는 카탈로그를 보았습니다.) We are planning to make an order for more than 1,000 sets at a time. (당사는 한 번에

1,000개 이상의 주문을 하려고 계획 중입니다.) Is there a discount package available for a bulk purchase? (대량 구매에 대한 할인 패키지가 있을까요?) I will also like to know the minimum price if we order for 15 or more desktop PCs with webcam. (그리고 15개 혹은 그 이상 개수의 웹캠이 달린 데스크탑 컴퓨터를 주문했을 때의 최소 가격을 알고 싶습니다.)

① Request for Proposal(RFP) (제안요청)
② Request for Quotation(RFQ) (견적요청)
③ Purchase Order (구매주문서)
④ Firm Offer (확정청약)

정답 ②

• 서신의 내용에서 작성자는 상대방의 카탈로그를 보고 대량 구매 및 할인에 관한 문의를 하고 있고, 마지막 문장에서는 minimum price를 알고 싶다고 한 부분에서 견적 요청이라는 것을 유추할 수 있다.

09. Which of the followings has a different meaning with others?

① We will give you a special discount if you order by May 12.
② You will be given a special discount if you take order until May 12.
③ If you order on or before May 12, you will get a special discount.
④ A special discount is available for your order being received on or before May

해석

09. Which of the followings has a different meaning with others? (아래의 보기 중 다른 의미를 가진 하나는 무엇인가?)

① We will give you a special discount if you order by May 12. (귀사에서 5월 12일까지 주문을 준다면 당사는 특별할인을 제공하겠습니다.)
② You will be given a special discount if you take order until May 12. (귀사에서 5월 12일까지 주문을 받는다면 특별할인을 받게될 것입니다.)
③ If you order on or before May 12, you will get a special discount. (만약 귀사에서 5월12일 전까지 주문을 주신다면, 특별할인을 받게될 것입니다.)
④ A special discount is available for your order being received on or before May 12. (특별할인은 5월12일 또는 그 이전의 귀사의 주문에 대해 특별할인이 가능합니다.)

정답 ②

• take order은 주문을 받는다는 뜻으로 귀사에서 당사에게 주문을 한다면 할인혜택을 제공하겠다는 당사의 입장에서 하는 말로, 주문을 한다의 order, Place an order, make order, order purchase이 사용되어야 같은 의미를 가질 수 있다.

※ Read the following and answer the questions.

> Dear Mrs Johnson
> Thank you for your letter inquiring for electric heaters. I am pleased to enclose (a)<u>a copy of our latest illustrated catalogue.</u>
> You may be particularly interested in our newest heater, the FX21 model. Without any increase in fuel consumption, it gives out 15% (b)<u>more heat than earlier models.</u> You will find (c)<u>details of our terms in the price list</u> printed on the inside front cover of the catalogue.
> Perhaps you would consider (   ) to (d)<u>provide you of an opportunity</u> test its to efficiency. At the same time this would enable you to see for yourself the high quality of material. If you have any questions, please contact me on 6234917.

10. Which is MOST suitable for the blank?

① taking an order
② placing a volume order
③ placing a trial order
④ to place an initial order

해석

※ Read the following and answer the questions. (지문을 읽고 문제에 답하시오.)

> Dear Mrs Johnson
> Thank you for your letter inquiring for electric heaters. (귀사의 전기히터에 대한 문의에 감사드립니다.) I am pleased to enclose (a)<u>a copy of our latest illustrated catalogue.</u> (당사는 가장 최근의 삽화카달로그의 복사본을 동봉하여 보내드립니다.)
> You may be particularly interested in our newest heater, the FX21 model. (귀사에서 아마 당사의 가장 신상품 히터인 모델 FX21에 특히 관심을 가질 수 있습니다.) Without any increase in fuel consumption, it gives out 15% (b)<u>more heat than earlier models.</u> (어떠한 연료의 증가 없이 다른 예전 모델에 비해 15% 더 많은 열을 방출합니다.) You will find (c)<u>details of our terms in the price list</u> printed on the inside front cover of the catalogue. (귀사에서는 세부 조항에 대해서 카달로그 커버 앞의 안쪽에 인쇄된 가격표 안에서 찾아보실 수 있습니다.)
> Perhaps you would consider (placing a trial order) to (d)<u>provide you of an opportunity</u> test its to efficiency. (이미 귀사에서는 효율성을 시험하기 위한 기회를 제공하는 시험주문에 대한 발주를 고려할 수도 있습니다.) At the same time this would

enable you to see for yourself the high quality of material. (동시에 이것은 귀사에서 높은 품질의 재료가 사용되었음을 확인하실 수 있으실 것입니다.) If you have any questions, please contact me on 6234917. (만약 추가적인 질문이 있다면 6234917로 연락해주시기 바랍니다.)

10. Which is MOST suitable for the blank? (어느 것이 빈칸에 가장 알맞은가?)

① taking an order (주문을 발주 받는다)
② placing a volume order (대량 주문을 발주한다)
③ placing a trial order (시험주문을 발주한다)
④ to place an initial order (첫 주문을 발주한다)

정답 ③

• 해당 서신에서 전기히터의 효율성을 시험하기 위한 기회를 제공한다는 의미의 trial order (시험주문)이 빈칸에 오는 것이 문맥상 알맞다. 따라서 placing a trial order (시험주문을 발주한다)가 정답이 된다.

11. 아래 글상자는 무역계약에서 국제상관습의 의의에 관한 설명이다. 공란에 들어갈 내용을 바르게 연결한 것은?

(ⓐ)의 (ⓑ)은 극히 간결한 형태로 표현되고 있음에도 불구하고, 대량의 무역거래가 신속·안전하게 이행되는 것은 수백 년에 걸쳐서 형성된 (ⓒ)이란 형태의 (ⓓ)에 의하여 (ⓐ)을 보완하여 왔기 때문이다.

	ⓐ	ⓑ	ⓒ	ⓓ
①	ⓐ 국제상관습	ⓑ 명시조항	ⓒ 무역계약	ⓓ 묵시조항
②	ⓐ 국제상관습	ⓑ 묵시조항	ⓒ 무역계약	ⓓ 명시조항
③	ⓐ 무역계약	ⓑ 묵시조항	ⓒ 국제상관습	ⓓ 명시조항
④	ⓐ 무역계약	ⓑ 명시조항	ⓒ 국제상관습	ⓓ 묵시조항

정답 ④

• 무역계약의 명시소항은 극히 간결한 형태로 표현되고 있음에도 불구하고, 대량의 무역거래가 신속안전하게 이행되는 것은 수백 년에 걸쳐서 형성된 국제상관습이란 형태의 묵시조항에 의해 무역계약을 보완하여 왔기 때문이다.
• 묵시조항은 상관습에 따라 계약내용을 보완하게 되며 명시조항으로 간단히 표시할 수 있게 된다. 간결한 명시조항으로 이루어진 계약내용을 묵시적으로 합의한 것이 된다.

[12~13] Read the following and answer the questions

I recently purchased from your catalog OEM Toner Cartridge No. 123 for USD74.99 per piece, which was advertised to be 20 percent below the normal

price. I received the toner cartridge two days later and felt completely satisfied with my purchase.
While looking through the Sunday edition of THE BOSTON GLOBE yesterday, I noticed the same toner cartridge selling for USD64.99 at Global Computer Outlet.
You say you won't be undersold on any merchandise.
If that's true, I'd appreciate a refund of USD( ) since we bought 100,000 cartridges. Thank you.
Sncerely,
Skip Simmons

12. What is MOST suitable for the blank?

① 10
② 1,000,000
③ 100,000
④ 6,499,000

13. Which is MOST likely to be enclosed in this letter?

① writer's first inquiry letter
② a copy of invoice and Global Computer Outlet's advertisement
③ a copy of catalog
④ a copy of price list which Simmons sent

해석

[12~13] Read the following and answer the questions (다음을 읽고 질문에 답하십시오)

I recently purchased from your catalog OEM Toner Cartridge No. 123 for USD74.99 per piece, which was advertised to be 20 percent below the normal price. (저는 최근에 귀사의 카탈로그 OEM 토너에서 구입했습니다. 카트리지 번호 123은 개당 74.99달러이며, 정상 가격보다 20퍼센트나 낮다고 광고했습니다.)
I received the toner cartridge two days later and felt completely satisfied with my purchase. (이틀 후에 토너 카트리지를 받고 해당 구매에 매우 만족했습니다.)
While looking through the Sunday edition of THE BOSTON GLOBE yesterday, I noticed the same toner cartridge selling for USD64.99 at Global Computer Outlet. (어제 일요일 신문 THE BOSTON GLOBE을 보면 와중에, Global Computer 아울렛에서 동일한 토너가 USD64.99에 판매되고 있다는 사실을 발견했습니다.)
You say you won't be undersold on any merchandise. (당신은 어떤 상품도 그 이하

의 가격으로 판매되지 않을 것이락 했습니다.)
If that's true, I'd appreciate a refund of USD(1,000,000) since we bought 100,000 cartridges. Thank you. (그 말이 사실이였다면, 제가 100,000개의 카트리지를 구매한 것에 대해 1,000,000달러를 환불해주시면 고맙겠습니다. 감사합니다.)
Sncerely,
Skip Simmons

12. What is MOST suitable for the blank? (어떤 것이 빈칸에 들어갈 숫자로 가장 적합한가?)

① 10
② 1,000,000
③ 100,000
④ 6,499,000

정답 ②

• 이 서신을 작성한 구매자는 카탈로그를 보고 카트리지를 최저가인 74.99달러에 총 100,000개를 구매했는데 아울렛에서 64.99달러에 판매하고 있다는 사실을 알고 총구매한 수량 100,000개를 개당 차액인 10달러의 금액인 1,000,000달러를 환불받기 희망하고 있다.

13. Which is MOST likely to be enclosed in this letter? (편지에 동봉될 가능성이 가장 높은 서류는 무엇인가?)

① writer's first inquiry letter (글쓴이의 첫 거래문의 서신)
② a copy of invoice and Global Computer Outlet's advertisement (송장과 Global Computer Outlet's의 광고사본)
③ a copy of catalog (카탈로그의 사본)
④ a copy of price list which Simmons sent (Simmons이 발송한 정가표의 사본)

정답 ②

• 이 서신은 최근 토너 카트리지를 정상가(USD74.99)에 구입한 사람이 다른 업체(Global Computer Outlet)에서 동일한 토너 카트리지가 구입한 업체(OEM 123번)보다 싸게 판매되고 있음을 깨닫고 환불을 요청하는 내용이다. 그러므로 이 편지에는 자사보다 20% 낮은 가격에 판매되고 있는 광고와 관련된 서류를 함께 동봉하여 이 내용을 사실임을 증명(Global Computer Outlet's advertisement)하는 것이 가장 가능성이 높다고 본다.(a copy of invoice and Global Computer Outlet's advertisement .) 즉 서신 발신자의 매매계약의 조건을 정당하게 이행했다는 송장(invoice)와 관련된 광고사본이 동봉될 가능성이 높다.

14. What is "This" in the sentences?

This should be located in a conspicuous place to tell the purchases where the product was produced. This is used to clearly indicate to the ultimate purchaser of a product where it is made.

① Packaging
② Country of origin marking
③ Carton number marking
④ Handling caution marking

해석

14. What is "This" in the sentences? (문장에서 "이것"은 무엇인가?)

This should be located in a conspicuous place to tell the purchases where the product was produced. (이것은 제품이 어디에서 생산되었는지 구매자에게 알려 주기 위해 눈에 띄는 장소에 위치되어야 한다.) This is used to clearly indicate to the ultimate purchaser of a product where it is made. (이것은 제품이 어디에서 제조되었는지 최종 구매자에게 명확하게 표시하기 위해 사용된다.)

① Packaging (포장)
② Country of origin marking (원산지 표시)
③ Carton number marking (상자 번호 표시)
④ Handling caution marking (취급 주의 표시)

정답 ②

- 포장, 상자 번호, 취급 주의 문구로는 생산지 및 제조지를 알 수 없다. 또한 생산지 및 제조지는 원산지를 의미한다. 따라서 구매자에게 어디에서 생산, 제조되었는지를 알려 주기 위한 "this"는 ② Country of origin marking 원산지 표시이다.

[15-17] Please read the following letter and answer each question.

(A) We have instructed our bank, Korea Exchange Bank, Seoul to open an irrevocable letter of credit for USD22,000.00 (twenty two thousand US dollars) to cover the shipment (CIF London). The credit is (a) until 10 June 2020. (B) Bill of Lading (3 copies) Invoice CIF London (2 copies)

AR Insurance Policy for USD24,000.00 (twenty four thousand US dollars)
(C) We are placing the attached order for 12 (twelve) C3001 computers in your proforma invoice No.548.
(D) You will receive confirmation from our bank's agents, HSBC London, and you can draw on them at 60 (sixty) days after sight for the full amount of invoice. When submitting our draft, please enclose the following documents.
Please fax or email us as soon as you have arranged (b).

15. Put the sentences (A)~(D) in the correct order.

① (D)-(B)-(A)-(C)
② (C)-(A)-(D)-(B)
③ (D)-(C)-(B)-(A)
④ (B)-(A)-(C)-(D)

16. Which word is Not suitable for (a)?

① invalid
② in force
③ effective
④ available

17. Which word is most suitable for (b)?

① shipment
② insurance
③ negotiation
④ invoice

해석

[15-17] Please read the following letter and answer each question. (서신을 읽고 각 문제에 답하시오.)

(A) We have instructed our bank, Korea Exchange Bank, Seoul to open an irrevocable letter of credit for USD22,000.00 (twenty two thousand US dollars) to cover the shipment (CIF London). The credit is (invalid) until 10 June 2020. (당사는 당사의 거래은행인 서울의 한국외환은행에서 USD22,000상당의(CIF 런던)선적에 대한

취소불능의 신용장을 개설했습니다. 신용장은 2020년 6월 10일까지 유효합니다.)
(B) Bill of Lading (3 copies) (선하증권 (3부))
Invoice CIF London (2 copies) (CIF 런던 송장 (2부))
AR Insurance Policy for USD24,000.00 (twenty four thousand US dollars) (USD24,000의 전위험 보험증권)
(C) We are placing the attached order for 12 (twelve) C3001 computers in your proforma invoice No.548. (당사는 견적송장 번호.548에서 12대의 C3001컴퓨터에 대한 주문을 첨부합니다.)
(D) You will receive confirmation from our bank's agents, HSBC London, and you can draw on them at 60 (sixty) days after sight for the full amount of invoice. (귀사는 당사의 은행대리인인 런던의 HSBC에서 확인받을 것이며, 일람 후 60일로 송장총액에 대해 환어음을 발행할 수 있습니다.) When submitting our draft, please enclose the following documents. (당사의 환어음을 제시할 때, 다음과 같은 서류를 동봉해주십시오.)
Please fax or email us as soon as you have arranged (shipment). (선적이 준비되는 대로 최대한 빠르게 당사에 팩스나 이메일로 보내주십시오.)

15. Put the sentences (A)~(D) in the correct order. (제시된 문장 (A)~(D)를 올바른 순서로 나열하시오.)

① (D)-(B)-(A)-(C)
② (C)-(A)-(D)-(B)
③ (D)-(C)-(B)-(A)
④ (B)-(A)-(C)-(D)

정답 ②

• 문맥상 올바른 순서로 재배열하면 아래와 같다.
(C) We are placing the attached order for 12 (twelve) C3001 computers in your proforma invoice No.548. (당사는 견적송장 번호.548에서 12대의 C3001컴퓨터에 대한 주문을 첨부합니다.)
(A) We have instructed our bank, Korea Exchange Bank, Seoul to open an irrevocable letter of credit for USD22,000.00 (twenty two thousand US dollars) to cover the shipment (CIF London). The credit is (invalid) until 10 June 2020. (당사는 당사의 거래은행인 서울의 한국외환은행에서 USD22,000상당의(CIF 런던)선적에 대한 취소불능의 신용장을 개설했습니다. 신용장은 2020년 6월 10일까지 유효합니다.)
(D) You will receive confirmation from our bank's agents, HSBC London, and you can draw on them at 60 (sixty) days after sight for the full amount of invoice. (귀사는 당사의 은행대리인인 런던의 HSBC에서 확인받을 것이며, 일람 후 60일로 송장총액에 대해 환어음을 발행할 수 있습니다.) When submitting our draft, please enclose the following documents. (당사의 환어음을 제시할 때, 다음과 같은 서류를 동봉해주십시오.)
(B) Bill of Lading (3 copies) (선하증권 (3부))

Invoice CIF London (2 copies) (CIF 런던 송장 (2부))
AR Insurance Policy for USD24,000.00 (twenty four thousand US dollars) (USD24,000의 전위험 보험증권)
Please fax or email us as soon as you have arranged (shipment). (선적이 준비되는 대로 최대한 빠르게 당사에 팩스나 이메일로 보내주십시오.)

16. Which word is Not suitable for (a)? (빈칸(a)에 적합하지 않은 단어는 무엇인가?)

① invalid (무효한)
② in force (현행의)
③ effective (유효한)
④ available (이용할 수 있는)

정답 ①

• 빈칸에 들어갈 단어로 적합하지 않은 것은 다른 것과 다른 의미를 가진 invalid 무효한이다. 신용장의 개설을 알리는 서신으로 2020년 6월 10일까지는 유효하다는 내용이 포함되어야 한다.

17. Which word is most suitable for (b)? (빈칸 (b)에 들어갈 단어로 가장 적합한 것은 무엇인가?)

① shipment (선적)
② insurance (보험)
③ negotiation (매입)
④ invoice (송장)

정답 ①

• 서신의 내용에서 당사인 매수인은, 귀사인 매도인에게 선적이 완료되고 준비할 수 있는 서류를 나열하면서 신용장의 개설을 알리고 있다. 따라서 빈칸에는 shipment(선적)이 알맞다.

Trade English

PART 02

국제물품매매계약에 관한 UN 협약

1. CISG 개요 및 특징

1) CISG의 개요

국제물품매매계약에 관한 UN협약(United Nations Convention on Contract for International Sale of Goods, CISG)은 UN국제상거래법위원회(UN Commission on International Trade Law, UNCITRAL)가 작성하고 비엔나에서 개최된 유엔 외교회의에서 만장일치로 채택되어 1988년 1월 1일부로 발효된 국제물품매매법의 통일을 위한 국제연합협약이다. CISG는 상이한 체약국에 영업소를 두고 있는 당사자 간의 국제물품매매거래에 있어 계약의 성립 및 계약으로부터의 매도인과 매수인의 권리와 의무를 규정하고 있다.

참고로 CISG가 탄생하기 전에는 사법통일국제협회(The International Institute for the Unification of Private law, UNIDROIT)에서 1900년 초반에 국제물품매매에 관한 통일법 협약(ULIS, 1964)과 국제물품매매계약의 성립에 관한 통일법 협약(ULF, 1964)의 초안으로 1964년 헤이그에서 채택된 바 있다. 하지만 헤이그협약은 참석국가 및 적용범위의 한계로 세계적인 통일법으로 자리 잡지 못하였다. 이에 UNCITRAL은 ULIS와 ULF의 초안을 통합하여 CISG를 탄생시켰다.

2) CISG의 특징

(1) 영미법과 대륙법의 조화

각국의 법률의 상위를 조정하고 국제거래의 특성을 고려하여 유럽의 대륙법과 영미법계의 절충을 통해 제정되었다.

(2) 포괄적 법체계

비엔나 협약은 일부 국가의 매매법에서 중요사항을 발췌해서 제정한 것이 아니라 국제적 상거래 관습을 반영하여 포괄적인 법체계를 구성하고 있다.

(3) 국제매매의 적용

제1조에서 비엔나 협약이 적용되기 위해서는 계약당사자가 상이한 국가에 영업소를 가지고 있을 것을 규정하므로 통일법의 적용대상을 국제매매에 한정한다.

(4) 당사자 자치의 원칙 존중

당사자 자치의 원칙을 존중하여 매매당사자의 합의에 따라 비엔나 협약의 전부 또는 일부의 적용을 배제하는 것을 허용한다. 그리고 당사국 중 CISG 체약국이 없거나 하나의 국가만 체약국인 경우에 준거법에 의해 CISG 적용이 가능하다.

(5) 소유권 이전에 관한 규정 없음

매매목적물이 소유권을 이전하여야 한다는 원칙은 있으나 이전의 방법 및 시기에 대해서는 각국의 법률에 맡기고 있다. 즉 CISG는 매매계약의 성립 및 그 계약으로부터 발생하는 매도인과 매수인의 권리의무만을 규율한다. 별도의 명시규정이 있는 경우를 제외하고, CISG는 특히 다음과 관련이 없다.

① 계약이나 그 조항 또는 관행의 유효성

② 매매된 물품의 소유권에 관하여 계약이 미치는 효력

(6) 계약유지의 원칙

성립된 계약과 관련하여 가급적 소멸을 방지하고 계약이 이행될 수 있도록 매도인의 하자보완권을 인정한다.

(7) 고의 과실 여부 무관

손해 배상 문제와 관련하여 계약 불이행 시 당사자의 고의 과실 여부를 불문한다.

(8) 적용대상의 제한

서비스나 지적재산권의 매매에는 적용되지 않으며, 제2조에따라 다음의 매매에도 적용되지 않는다.

① 개인용·가족용 또는 가정용으로 구입된 물품의 매매. 다만, 매도인이 계약체

결 전이나 그 체결시에 물품이 그와 같은 용도로 구입된 사실을 알지 못하였고, 알았어야 했던 것도 아닌 경우에는 그러하지 아니하다.

② 경매에 의한 매매

③ 강제집행 그 밖의 법령에 의한 매매

④ 주식, 지분, 투자증권, 유통증권 또는 통화의 매매

⑤ 선박, 소선(小船), 부선(浮船), 또는 항공기의 매매

⑥ 전기의 매매

3) CISG의 구성

CISG는 제1편 적용범위와 총칙, 제2편 계약의 성립, 제3편 물품의 매매, 제4편 최종규정으로 101개의 조항으로 구성되어있다. 제1편 적용범위 및 총칙에서는 적용범위(1~6조), 총칙(7~13조), 제2편 계약의 성립부분에서는 청약(14~17조), 승낙(18~22조), 계약의 성립시기(23~24조)에 대해 규정하고 있으며, 제3편 물품의 매매는 총칙(25~29조), 매도인의 의무와 구제(30~52조), 매수인의 의무(53~65조), 위험의 이전(66~70조), 매도인과 매수인 의무에 공통되는 규정(71~88조)로 구성되어 있다. 마지막으로 제4편 최종규정에서는 협약의 수탁부터 협의의 폐기(89~101조)로 구성되어 있다.

〈표 2-1〉 CISG의 구성

구분	조항 및 내용	
제1편 적용범위와 총칙 (13개)	제1장 적용범위	제1조 적용의 기본원칙 제2조 협약의 적용제외* 제3조 특정계약의 제외* 제4조 적용범위* 제5조 사망 등의 적용제외 제6조 계약에 의한 적용배제
	제2장 총칙	제7조 협약의 해석원칙 제8조 당사자 진술이나 행위 해석 제9조 관습과 관행의 구속력 제10조 영업소의 정의 제11조 계약의 형식 제12조 계약형식의 국내요건 제13조 서면의 정의

<table>
<tr><td rowspan="11">제2편
계약의 성립
(11개)</td><td colspan="2" rowspan="11"></td><td>제14조 청약의 기준</td></tr>
<tr><td>제15조 청약의 효력발생</td></tr>
<tr><td>제16조 청약의 취소</td></tr>
<tr><td>제17조 청약의 거절</td></tr>
<tr><td>제18조 승낙의 시기 및 방법</td></tr>
<tr><td>제19조 변경된 승낙의 효력</td></tr>
<tr><td>제20조 승낙기간의 해석</td></tr>
<tr><td>제21조 지연된 승낙</td></tr>
<tr><td>제22조 승낙의 철회</td></tr>
<tr><td>제23조 계약의 성립시기</td></tr>
<tr><td>제24조 도달의 정의</td></tr>
<tr><td rowspan="32">제3편
물품의 매매
(64개)</td><td colspan="2" rowspan="5">제1장
총칙</td><td>제25조 본질적 위반의 정의</td></tr>
<tr><td>제26조 계약해제의 통지</td></tr>
<tr><td>제27조 통신상의 지연과 오류</td></tr>
<tr><td>제28조 특정이행과 국내법</td></tr>
<tr><td>제29조 계약변경 또는 합의종류</td></tr>
<tr><td rowspan="23">제2장
매도인의
의무</td><td></td><td>제30조 매도인의 의무요약</td></tr>
<tr><td rowspan="4">제1절
물품의 인도 및
서류교부</td><td>제31조 인도의 장소</td></tr>
<tr><td>제32조 선적수배의 의무</td></tr>
<tr><td>제33조 인도의 시기</td></tr>
<tr><td>제34조 서류인도의무</td></tr>
<tr><td rowspan="10">제2절
물품의 일치성
및 제3자
청구권</td><td>제35조 물품의 계약 적합성</td></tr>
<tr><td>제36조 일치성의 결정시점</td></tr>
<tr><td>제37조 인도만기 전의 보완권</td></tr>
<tr><td>제38조 물품의 검사기간</td></tr>
<tr><td>제39조 불일치의 통지시기</td></tr>
<tr><td>제40조 매도인의 악의</td></tr>
<tr><td>제41조 제3자의 청구권</td></tr>
<tr><td>제42조 제3자의 지적소유권</td></tr>
<tr><td>제43조 제3자의 권리에 대한 통지</td></tr>
<tr><td>제44조 통지 불이행의 정당한 이유</td></tr>
<tr><td rowspan="8">제3절
매도인의
계약위반에
대한 구제</td><td>제45조 매수인의 구제방법</td></tr>
<tr><td>제46조 매수인의 이행청구권</td></tr>
<tr><td>제47조 이행부가기간의 통지</td></tr>
<tr><td>제48조 인도기일 후의 보완</td></tr>
<tr><td>제49조 매수인의 계약해제권</td></tr>
<tr><td>제50조 대금의 감액</td></tr>
<tr><td>제51조 물품일부의 불일치</td></tr>
<tr><td>제52조 기일 전의 인도 및 초과수량</td></tr>
<tr><td rowspan="4">제3장
매수인의
의무</td><td></td><td>제53조 매수인의 의무요약</td></tr>
<tr><td rowspan="3">제1절
대금의 지급</td><td>제54조 대금지급을 위한 조치</td></tr>
<tr><td>제55조 대금이 불확정된 계약</td></tr>
<tr><td>제56조 순중량에 의한 결정</td></tr>
</table>

			제57조 대금지급의 장소 제58조 대금지급의 시기 제59조 대금지급시기제2절 인도의 수령
		제2절 인도의 수령	제60조 인도수령의 의무
		제3절 매수인의 계약위반에 대한 구제	제61조 매도인의 구제방법 제62조 매도인의 이행청구권 제63조 이행추가기간의 통지 제64조 매도인의 계약해제권 제65조 물품명세의 확정권
	제4장 위험의 이전		제66조 위험부담의 일반원칙 제67조 운송조항부 계약품의 위험 제68조 운송 중 매매물품의 위험 제69조 기타 경우의 위험 제70조 매도인의 계약위반시의 위험
	제5장 매도인과 매수인의 의무에 공통되는 규정	제1절 이행기일 전의 계약위반과 분할이행계약	제71조 이행의 정지 제72조 이행기일 전의 계약해제 제73조 분할이행계약의 해제
		제2절 손해배상액	제74조 손해배상액산정의 원칙 제75조 대체거래시의 손해배상액 제76조 시가에 기초한 손해배상액 제77조 손해경감의 의무
		제3절 이자	제78조 연체금액의 이자
		제4절 면책	제79조 손해배상책임의 면제 제80조 자신의 귀책사유와 계약불이행
		제5절 해제의 효과	제81조 계약의무의 소멸과 반환청구 제82조 물품반환이 불가능한 경우 제83조 기타의 구제방법 제84조 이익의 반환
		제6절 물품의 보존	제85조 매도인의 보존의무 제86조 매수인의 보존의무 제87조 제3자 창고에의 기탁 제88조 물품의 매각
제4편 최종규정			제89조 협약의 수탁자 제90조 타협정과의 관계 제91조 서명과 협약의 채택 제92조 일부규정의 채택 제93조 연방국가의 채택 제94조 관련법이 있는 국가의 채택 제95조 제1조 제1항 b호의 배제 제96조 계약형식요건의 유보

			제97조 협약에 관한 선언절차 제98조 유보의 금지 제99조 협약의 발효 제100조 계약에 대한 적용일 제101조 협약의 폐기

2. CISG 적용범위

CISG의 1조에서 6조는 CISG 적용범위에 대해 기술하고 있다.

1) CISG 협약의 적용제외(제2조)

CISG 제1조에서는 국제매매에만 적용한다고 명시하고 있다. 여기서 국제의 개념은 서로다른 국가에 영업소를 가진 당사자를 의미하며 물품이 거래되는 장소나 협상의 장소는 무관하다. 즉 매도인과 매수인은 상이한 국가에 자신의 영업소가 있어야 한다.

제1조에 기초하여 제2조에서는 CISG가 적용되지 않는 매매를 규정하고 있다. 적용되지 않는 매매의 경우 매매의 대상이 CISG 제1조에서 규정하는 영역을 명확하게 만족시키지 못하기 때문이다. 예를들어 경매의 경우 낙찰 이후 매수인을 정확하게 규정하기 어렵다. 그리고 선박의 경우 선급제도가 있어 국가마다 등록제도의 차이가 있다는 문제가 발생하게 된다.

〈표 2-2〉 CISG 제2조

This Convention does not apply to sales:

(a) of goods bought for personal, family or household use, unless the seller, at any time before or at the conclusion of the contract, neither knew nor ought to have known that the goods were bought for any such use;

(b) by auction;

(c) on execution or otherwise by authority of law;

(d) of stocks, shares, investment securities, negotiable instruments or money;

(e) of ships, vessels, hovercraft or aircraft;

(f) of electricity.

이 협약은 다음의 매매에는 적용되지 아니한다.

(가) 개인용·가족용 또는 가정용으로 구입된 물품의 매매. 다만, 매도인이 계약체결 전이나 그 체결시에 물품이 그와 같은 용도로 구입된 사실을 알지 못하였고, 알았어야 했던 것도 아닌 경우에는 그러하지 아니하다.

(나) 경매에 의한 매매

(다) 강제집행 그 밖의 법령에 의한 매매

(라) 주식, 지분, 투자증권, 유통증권 또는 통화의 매매

(마) 선박, 소선(小船), 부선(浮船), 또는 항공기의 매매

(바) 전기의 매매

2) CISG 특정계약의 제외(제3조)

CISG 제3조의 경우 물품의 제조 및 생산 후 공급은 매매로 보지만, 물품의 주문자가 생산에 필요한 재료의 중요한 부분을 공급하는 경우 이는 CISG에서 매매로 보지 않는다. 이러한 경우는 물품의 매매가 아니라 가공을 목적하고 있기 때문에 용역의 범주로 판단되어 물품의 매매라는 기본원칙을 위배하기 때문이다. 이와 같은 맥락으로 서비스가 주를 이루는 계약 역시 CISG 적용에서 제외된다.

〈표 2-3〉 CISG 제3조

(1) Contracts for the supply of goods to be manufactured or produced are to be considered sales unless the party who orders the goods undertakes to supply a substantial part of the materials necessary for such manufacture or production.

(2) This Convention does not apply to contracts in which the preponderant part of the obligations of the party who furnishes the goods consists in the supply of labour or other services.

(1) 물품을 제조 또는 생산하여 공급하는 계약은 이를 매매로 본다. 다만, 물품을 주문한 당사자가 그 제조 또는 생산에 필요한 재료의 중요한 부분을 공급하는 경우에는 그러하지 아니하다.

(2) 이 협약은 물품을 공급하는 당사자의 의무의 주된 부분이 노무 그 밖의 서비스의 공급에 있는 계약에는 적용되지 아니한다.

3) CISG 적용범위(제4조)

〈표 2-4〉 CISG 제4조

This Convention governs only the formation of the contract of sale and the rights and obligations of the seller and the buyer arising from such a contract. In particular, except as otherwise expressly provided in this Convention, it is not concerned with:
(a) the validity of the contract or of any of its provisions or of any usage;
(b) the effect which the contract may have on the property in the goods sold.

본 협약은 매매계약의 성립과 매매계약에서 발생하는 매도인과 매수인의 권리와 의무만을 규율한다. 특히 본 협약에서 별도의 명시적인 규정이 있는 경우를 제외하고, 본 협약은 다음과 같은 경우와는 관련이 없다.
(a) 계약이나 그 계약조항 또는 관습의 유효성
(b) 계약이 매각된 물품의 소유권에 대하여 미치는 효과

3. 계약의 성립

CISG의 14조부터 24조는 CISG에서 정의하는 계약의 성립에 대해 기술하고 있다.

1) 청약의 요건(제14조)

〈표 2-5〉 CISG 제14조

(1) A proposal for concluding a contract addressed to one or more specific persons constitutes an offer if it is sufficiently definite and indicates the intention of the offeror to be bound in case of acceptance. A proposal is sufficiently definite if it indicates the goods and expressly or implicitly fixes or makes provision for determining the quantity and the price.
(2) A proposal other than one addressed to one or more specific persons is to be considered merely as an invitation to make offers, unless the contrary is clearly indicated by the person making the proposal.
(1) 1인 또는 그 이상의 특정인에 대한 계약체결의 제안은 충분히 확정적이고, 승낙시 그에 구속된다는 청약자의 의사가 표시되어 있는 경우에 청약이 된다. 제안이 물품을 표시하고, 명시적 또는 묵시적으로 수량과 대금을 지정하거나 그 결정을 위한 조항을 두고 있는 경우에, 그 제안은 충분히 확정적인 것으로 한다.
(2) 불특정 다수인에 대한 제안은 제안자가 반대 의사를 명확히 표시하지 아니하는 한, 단지 청약의 유인으로 본다.

2) 청약의 효력(제15조)

〈표 2-6〉 CISG 제15조

(1) An offer becomes effective when it reaches the offeree.
(2) An offer, even if it is irrevocable, may be withdrawn if the withdrawal reaches the offeree before or at the same time as the offer.

(1) 청약은 상대방에게 도달한 때에 효력이 발생한다.
(2) 청약은 철회될 수 없는 것이더라도, 회수의 의사표시가 청약의 도달 전 또는 그와 동시에 상대방에게 도달하는 경우에는 회수될 수 있다.

3) 청약의 철회(제16조)

〈표 2-7〉 CISG 제16조

(1) Until a contract is concluded an offer may be revoked if the revocation reaches the offeree before he has dispatched an acceptance.
(2) However, an offer cannot be revoked:
(a) if it indicates, whether by stating a fixed time for acceptance or otherwise, that it is irrevocable; or
(b) if it was reasonable for the offeree to rely on the offer as being irrevocable and the offeree has acted in reliance on the offer.

(1) 청약은 계약이 체결되기까지는 철회될 수 있다. 다만, 상대방이 승낙의 통지를 발송하기 전에 철회의 의사표시가 상대방에게 도달되어야 한다.
(2) 그러나 다음의 경우에는 청약은 철회될 수 없다.
(가) 승낙기간의 지정 그 밖의 방법으로 청약이 철회될 수 없음이 청약에 표시되어 있는 경우, 또는
(나) 상대방이 청약이 철회될 수 없음을 신뢰하는 것이 합리적이고, 상대방이 그 청약을 신뢰하여 행동한 경우

4) 청약의 효력상실(제17조)

〈표 2-8〉 CISG 제17조

An offer, even if it is irrevocable, is terminated when a rejection reaches the offeror.

청약은 철회될 수 없는 것이더라도, 거절의 의사표시가 청약자에게 도달한 때에는 효력을 상실한다.

5) 청약에 대한 동의 표시의 방법 및 시기(제18조)

〈표 2-9〉 CISG 제18조

(1) A statement made by or other conduct of the offeree indicating assent to an offer is an acceptance. Silence or inactivity does not in itself amount to acceptance.
(2) An acceptance of an offer becomes effective at the moment the indication of assent reaches the offeror. An acceptance is not effective if the indication of assent does not reach the offeror within the time he has fixed or, if no time is fixed, within a reasonable time, due account being taken of the circumstances of the transaction, including the rapidity of the means of communication employed by the offeror. An oral offer must be accepted immediately unless the circumstances indicate otherwise.
(3) However, if, by virtue of the offer or as a result of practices which the parties have established between themselves or of usage, the offeree may indicate assent by performing an act, such as one relating to the dispatch of the goods or payment of the price, without notice to the offeror, the acceptance is effective at the moment the act is performed, provided that the act is performed within the period of time laid down in the preceding paragraph.

(1) 청약에 대한 동의를 표시하는 상대방의 진술 그 밖의 행위는 승낙이 된다. 침묵 또는 부작위는 그 자체만으로 승낙이 되지 아니한다.
(2) 청약에 대한 승낙은 동의의 의사표시가 청약자에게 도달하는 시점에 효력이 발생한다. 동의의 의사표시가 청약자가 지정한 기간 내에, 기간의 지정이 없는 경우에는 청약자가 사용한 통신수단의 신속성 등 거래의 상황을 적절히 고려하여 합리적인 기간 내에 도달하지 아니하는 때에는, 승낙은 효력이 발생하지 아니한다. 구두의 청약은 특별한 사정이 없는 한 즉시 승낙되어야 한다.
(3) 청약에 의하여 또는 당사자 간에 확립된 관례나 관행의 결과로 상대방이 청약자에 대한 통지없이, 물품의 발송이나 대금지급과 같은 행위를 함으로써 동의를 표시할 수 있는 경우에는, 승낙은 그 행위가 이루어진 시점에 효력이 발생한다. 다만, 그 행위는 제2항에서 정한 기간 내에 이루어져야 한다.

6) 변경된 승낙(제19조)

〈표 2-10〉 CISG 제19조

(1) A reply to an offer which purports to be an acceptance but contains additions, limitations or other modifications is a rejection of the offer and constitutes a counteroffer.
(2) However, a reply to an offer which purports to be an acceptance but contains additional or different terms which do not materially alter the terms of the offer constitutes an acceptance, unless the offeror, without undue delay, objects orally to the discrepancy or dispatches a notice to that effect. If he does not so object, the terms of the contract are the terms of the offer with the modifications contained in the acceptance.
(3) Additional or different terms relating, among other things, to the price, payment, quality and quantity of the goods, place and time of delivery, extent of one party's liability to the other

or the settlement of disputes are considered to alter the terms of the offer materially.

(1) 승낙을 의도하고 있으나, 부가, 제한 그 밖의 변경을 포함하는 청약에 대한 응답 은 청약에 대한 거절이면서 또한 새로운 청약이 된다.
(2) 승낙을 의도하고 있고, 청약의 조건을 실질적으로 변경하지 아니하는 부가적 조건 또는 상이한 조건을 포함하는 청약에 대한 응답은 승낙이 된다. 다만, 청약자가 부당한 지체없이 그 상위(相違)에 구두로 이의를 제기하거나 그러한 취지의 통지를 발송하는 경우에는 그러하지 아니하다. 청약자가 이의를 제기하지 아니하는 경우에는 승낙에 포함된 변경이 가하여진 청약 조건이 계약 조건이 된다.
(3) 특히 대금, 대금지급, 물품의 품질과 수량, 인도의 장소와 시기, 당사자 일방의 상대방에 대한 책임범위 또는 분쟁해결에 관한 부가적 조건 또는 상이한 조건은 청약 조건을 실질적으로 변경하는 것으로 본다.

7) 승낙기간(제20조)

〈표 2-11〉 CISG 제20조

(1) A period of time of acceptance fixed by the offeror in a telegram or a letter begins to run from the moment the telegram is handed in for dispatch or from the date shown on the letter or, if no such date is shown, from the date shown on the envelope. A period of time for acceptance fixed by the offeror by telephone, telex or other means of instantaneous communication, begins to run from the moment that the offer reaches the offeree.
(2) Official holidays or non-business days occurring during the period for acceptance are included in calculating the period. However, if a notice of acceptance cannot be delivered at the address of the offeror on the last day of the period because that day falls on an official holiday or a non-business day at the place of business of the offeror, the period is extended until the first business day which follows.

(1) 청약자가 전보 또는 서신에서 지정한 승낙기간은 전보가 발송을 위하여 교부된 시점 또는 서신에 표시되어 있는 일자, 서신에 일자가 표시되지 아니한 경우에는 봉투에 표시된 일자로부터 기산한다. 청약자가 전화, 텔렉스 그 밖의 同時的 통신수단에 의하여 지정한 승낙기간은 청약이 상대방에게 도달한 시점으로부터 기산한다.
(2) 승낙기간중의 공휴일 또는 비영업일은 기간의 계산에 산입한다. 다만, 기간의 말일이 청약자의 영업소 소재지의 공휴일 또는 비영업일에 해당하여 승낙의 통지가 기간의 말일에 청약자에게 도달될 수 없는 경우에는, 기간은 그 다음의 최초 영업일까지 연장된다.

8) 연착된 승낙의 예외(제21조)

〈표 2-12〉 CISG 제21조

(1) A late acceptance is nevertheless effective as an acceptance if without delay the offeror orally so informs the offeree or dispatches a notice to that effect.
(2) If a letter or other writing containing a late acceptance shows that it has been sent in such circumstances that if its transmission had been normal it would have reached the offeror in due time, the late acceptance is effective as an acceptance unless, without delay, the offeror orally informs the offeree that he considers his offer as having lapsed or dispatches a notice to that effect.

(1) 연착된 승낙은 청약자가 상대방에게 지체 없이 승낙으로서 효력을 가진다는 취지를 구두로 통고하거나 그러한 취지의 통지를 발송하는 경우에는 승낙으로서의 효력이 있다.
(2) 연착된 승낙이 포함된 서신 그 밖의 서면에 의하여, 전달이 정상적이었다면 기간 내에 청약자에게 도달되었을 상황에서 승낙이 발송되었다고 인정되는 경우에는, 그 연착된 승낙은 승낙으로서의 효력이 있다. 다만, 청약자가 상대방에게 지체 없이 청약이 실효되었다는 취지를 구두로 통고하거나 그러한 취지의 통지를 발송하는 경우에는 그러하지 아니하다.

9) 승낙의 회수(제22조)

〈표 2-13〉 CISG 제22조

An acceptance may be withdrawn if the withdrawal reaches the offeror before or at the same time as the acceptance would have become effective.

승낙은 그 효력이 발생하기 전 또는 그와 동시에 회수의 의사표시가 청약자에게 도달하는 경우에는 회수될 수 있나.

10) 계약의 성립시점(제23조)

〈표 2-14〉 CISG 제23조

(1) An offer becomes effective when it reaches the offeree.
(2) An offer, even if it is irrevocable, may be withdrawn if the withdrawal reaches the offeree before or at the same time as the offer.

계약은 청약에 대한 승낙이 이 협약에 따라 효력을 발생하는 시점에 성립된다.

11) 도달의 정의(제24조)

〈표 2-15〉 CISG 제 24조

For the purposes of this Part of the Convention, an offer, declaration of acceptance or any other indication of intention "reaches" the addressee when it is made orally to him or delivered by any other means to him personally, to his place of business or mailing address or, if he does not have a place of business or mailing address, to his habitual residence. 이 협약 제2편의 적용상, 청약, 승낙 그 밖의 의사표시는 상대방에게 구두로 통고된 때 또는 그 밖의 방법으로 상대방 본인, 상대방의 영업소나 우편주소에 전달된 때, 상대방이 영업소나 우편주소를 가지지 아니한 경우에는 그의 상거소에 전달된 때에 상대방에게 "도달"된다.

4. 물품의 매매

CISG는 물품의 매매를 목적으로 매도인과 매수인의 의무를 각각 규정하고 있으며 개별적용부분과 공통적용부분으로 구분하여 기술하고 있다. 의무와 함께 CISG는 매도인과 매수인의 권리구제를 규정하고 있는데 특히 본질적 계약위반에 대해 매도인, 매수인의 권리구제를 각각 규정하고 있다.

매도인의 권리구제로는 특정이행청구권, 추가기간지정권, 계약해제권, 손해배상청구권, 물품명세확정권이 있다. 매수인의 권리구제로는 특정이행청구권, 추가기간지정권, 계약해제권, 손해배상청구권, 대체품인도청구권, 하자보완청구권, 대금감액권, 조기인도 및 양초과분거절권이 있다. 이 가운데 특정이행청구권, 추가기간지정권, 계약해제권, 손해배상청구권은 매도인, 매수인 둘다 사용할 수 있는 권리다. 또한 손해배상청구권은 다른 구제권과 함께 사용할 수 있는 것이 큰 특징이며, 물품명세확정권은 다른 구제권과 다르게 매수인이 유일하게 권리를 행사할 수 없다.

〈표 2-16〉 매도인과 매수인의 구제

구제권	매수인	매도인
특정이행청구권	0	0
추가기간지정권	0	0
계약해제권	0	0

손해배상청구권	0	0
물품명세확정권	X	0
대체품인도청구권	0	X
하자보완청구권	0	X
대금감액권	0	X
조기인도 및 양초과분거절권	0	X

1) 매도인의 의무

CISG 물품의 매매에서 매도인의 의무(30~52조)는 다음과 같다.

(1) CISG 제38조

물품에 대한 매수인의 검사의무를 정하여 매도인의 책임을 면제하고 매도인을 보호하기 위한 규정에 해당한다. 그러나 검사의무는 독자적인 의무가 아니라 단지 39조의 부적합통지에 영향을 미칠 뿐이다. 즉, 매수인이 물품의 검사를 하지 않은 경우에는 만약 검사를 하였더라면 발견했을 부적합을 발견하지 못하여 매도인에게 통지하지 않은 데 대해서만 책임이 있게 된다. 따라서 검사를 하지 않았더라도 부적합통지만 제대로 했다면 검사를 하지 않은 것은 문제가 되지 않는다.

〈표 2-17〉 CISG 제38조

(1) The buyer must examine the goods, or cause them to be examined, within as short a period as is practicable in the circumstances.
(2) If the contract involves carriage of the goods, examination may be deferred until after the goods have arrived at their destination.
(3) If the goods are redirected in transit or redispatched by the buyer without a reasonable opportunity for examination by him and at the time of the conclusion of the contract the seller knew or ought to have known of the possibility of such redirection or redispatch, examination may be deferred until after the goods have arrived at the new destination.

(1) 매수인은 그 상황에서 실행 가능한 단기간 내에 물품을 검사하거나 검사하게 하여야 한다.
(2) 계약에 물품의 운송이 포함되는 경우에는, 검사는 물품이 목적지에 도착한 후까지 연기될 수 있다.
(3) 매수인이 검사할 합리적인 기회를 가지지 못한 채 운송 중에 물품의 목적지를 변경하거나 물품을 전송(轉送)하고, 매도인이 계약 체결시에 그 변경 또는 전송의 가능성을 알았거나 알 수 있었던 경우에는, 검사는 물품이 새로운 목적지에 도착한 후까지 연기될 수 있다.

(2) CISG 第39條

계약에 부적합한 물품에 대한 매수인의 부적합통지의무를 다루고 있으며, 매도인을 보호하는 규정이다. 발견할 수 있는 부적합인 경우에는 그로부터 합리적인 기간 내에(제1항), 발견할 수 없는 부적합인 경우에도 물품을 넘겨받은 후 2년 내에(제2항) 부적합통지가 없으면 매수인은 물품부적합에 기해 주장할 수 있는 권리를 상실한다. 그러나 이 규정은 임의규정이므로 당사자 간의 합의에 의해 그 기간을 단축하거나 연장할 수 있다.

〈표 2-18〉 CISG 第39條

(1) The buyer loses the right to rely on a lack of conformity of the goods if he does not give notice to the seller specifying the nature of the lack of conformity within a reasonable time after he has discovered it or ought to have discovered it.

(2) In any event, the buyer loses the right to rely on a lack of conformity of the goods if he does not give the seller notice thereof at the latest within a period of two years from the date on which the goods were actually handed over to the buyer, unless this time-limit is inconsistent with a contractual period of guarantee.

(1) 매수인이 물품의 부적합을 발견하였거나 발견할 수 있었던 때로부터 합리적인 기간 내에 매도인에게 그 부적합한 성질을 특정하여 통지하지 아니한 경우에는, 매수인은 물품의 부적합을 주장할 권리를 상실한다.

(2) 매수인은 물품이 매수인에게 현실로 교부된 날부터 늦어도 2년 내에 매도인에게 제1항의 통지를 하지 아니한 경우에는, 물품의 부적합을 주장할 권리를 상실한다. 다만, 이 기간제한이 계약상의 보증기간과 양립하지 아니하는 경우에는 그러하지 아니하다.

(3) CISG 第40條

매수인의 검사 및 하자통지의무를 정한 제38조와 제39조의 예외를 정하고 있다. 매도인이 물품의 부적합을 알았거나 모를 수 없었을 때에는 매수인이 제때에 부적합통지를 하지 않아 권리를 상실했다는 주장을 매도인이 할 수 없다. 여기서 매도인의 악의는 물품의 인도시가 기준이 되며, 모를 수 없었을 때란 중과실로 모른 경우를 의미한다.

〈표 2-19〉 CISG 第40条

The seller is not entitled to rely on the provisions of articles 38 and 39 if the lack of conformity relates to facts of which he knew or could not have been unaware and which he did not disclose to the buyer.
물품의 부적합이 매도인이 알았거나 모를 수 없었던 사실에 관한 것이고, 매도인이 매수인에게 이를 밝히지 아니한 경우에는, 매도인은 제38조와 제39조를 원용할 수 없다.

2) CISG 매수인의 의무

CISG 물품의 매매에서 매수인의 의무(53~65조)는 다음과 같다.

(1) CISG 제53조

매수인의 의무요약에 관한 내용이다. 매수인은 계약 및 이 협약에 의하여 요구된 바에 따라 물품의 대금을 지급하고 물품의 인도를 수령하여야 한다.

(2) CISG 제54조

매수인의 대금지급의 의무는 지급을 가능하게 하기 위한 계약 또는 어떠한 법률 및 규정에 따라 요구되는 그러한 조치를 취하고 또 그러한 절차를 준수하는 것을 포함한다.

(3) CISG 제55조

대금이 불확정된 계약에 관한 규정으로 계약이 유효하게 성립되었으나, 그 대금을 명시적 또는 묵시석으로 지정하지 아니하거나 또는 이를 결정하기 위한 조항을 두지 아니한 경우에는, 당사자는 반대의 어떠한 의사표시가 없는 한 계약 체결 시에 관련 거래와 유사한 사정 하에서 매각되는 동종의 물품에 대하여 일반적으로 청구되는 대금을 묵시적으로 참조한 것으로 본다.

(4) CISG 제56조

순중량에 의한 결정에 대한 조항이으로 대금이 물품의 중량에 따라 지정되는 경우에 이에 의혹이 있을 때에는, 그 대금은 순중량에 의하여 결정되어야 한다.

(5) CISG 제57조

① 매수인이 기타 어느 특정한 장소에서 대금을 지급하여야 할 의무가 없는 경우에는, 매수인은 다음과 같은 장소에서 매도인에게 이를 지급하여야 한다.

(a) 매도인의 영업소, 또는

(b) 지급이 물품 또는 서류의 교부와 상환으로 이루어져야 하는 경우에는, 그 교부가 행하여지는 장소.

② 매도인은 계약 체결 후에 그 영업소를 변경함으로 인하여 야기된 지급의 부수적인 비용의 모든 증가액을 부담하여야 한다.

3) CISG 매도인과 매수인의 계약위반에 대한 구제

CISG에서는 매도인과 매수인의 계약위반에 대한 구제수단을 각각 규정하고 있다. 매도인의 계약위반에 대해 매수인이 구할 수 있는 구제는 제45조~제52조까지 규정하고 있다. 매수인의 계약위반에 대해 매도인이 구할 수 있는 구제는 제61조~제65조까지 규정하고 있다.

(1) CISG 매도인의 계약위반에 대한 구제

〈표 2-20〉 CISG 매도인의 계약위반에 대한 구제

제45조	매수인은 제46-52조에 명시된 권리의 행사와 제74-77조에 명시된 손해배상의 청구를 할 수 있다.
제46조	매수인은 대체품의 인도를 청구할 수 있다.
제47조	매수인은 합리적인 추가기간을 설정할 수 있다.
제48조	매수인은 자신의 비용으로 의무의 불이행을 보완할 수 있으며 이에 대한 손해배상을 할 권리를 갖는다.
제49조	매수인은 계약의 해제권을 가질 수 있다.
제50조	매수인은 물품에 대한 대금의 감액을 할 수 있다.
제51조	매수인은 본질적 계약위반에 해당하는 경우 계약 전체를 해지할 수 있다.
제52조	매수인은 물품의 초과분을 수령하거나 거절할 수 있다.

(2) CISG 매수인의 계약위반에 대한 구제

〈표 2-21〉 CISG 매수인의 계약위반에 대한 구제

제61조	매도인은 제62-65조에 명시된 권리의 행사와 제74-77조에 명시된 손해배상의 청구를 할 수 있다.
제62조	매도인은 특정이행의 청구권을 행사할 수 있다.
제63조	매도인은 합리적인 추가기간을 정할 수 있다.
제64조	매도인은 계약의 해제권을 가질 수 있다.
제65조	매도인은 물품명세를 지정할 수 있다.

(3) 매도인의 계약해제권

〈표 2-22〉 매도인의 계약해제권 CISG 제64조

(1) The seller may declare the contract avoided:

(a) if the failure by the buyer to perform any of his obligations under the contract or this Convention amounts to a fundamental breach of contract; or

(b) if the buyer does not, within the additional period of time fixed by the seller in accordance with paragraph (1) of article 63, perform his obligation to pay the price or take delivery of the goods, or if he declares that he will not do so within the period so fixed.

(2) However, in cases where the buyer has paid the price, the seller loses the right to declare the contract avoided unless he does so:

(a) in respect of late performance by the buyer, before the seller has become aware that performance has been rendered; or

(b) in respect of any breach other than late performance by the buyer, within a reasonable time:

(i) after the seller knew or ought to have known of the breach; or

(ii) after the expiration of any additional period of time fixed by the seller in accordance with paragraph (1) of article 63, or after the buyer has declared that he will not perform his obligations within such an additional period.

(1) 매도인은 다음의 경우에 계약을 해제할 수 있다.

(a) 계약 또는 이 협약에 따라 매수인의 의무 불이행이 본질적 계약위반으로 되는 경우

(b) 매수인이 제63조 제1항에 따라 매도인이 정한 부가기간 내에 대금지급 또는 물품수령 의무를 이행하지 아니하거나 그 기간내에 그러한 의무를 이행하지 아니하겠다고 선언한 경우

(2) 그러나 매수인이 대금을 지급했을 경우 매도인은 다음의 기간 내에 계약을 해제하지 않는 한 계약해제권을 상실한다.

(a) 매수인의 이행지체와 관련하여, 매도인이 이행이 이루어진 것을 알기 전

(b) 매수인의 이행지체 이외의 위반과 관련하여, 다음의 시기로 부터 합리적인 기간 내

(i) 매도인이 그 위반을 알았거나 또는 알 수 있었던 때

(ii) 제63조 1항에 따라 매도인이 정한 추가기간이 경과한 때, 또는 매도인이 추가기간 내 의무를 이행하지 않겠다고 선언한 때

4) 면책

CISG에서 매도인과 매수인에게 공통되는 규정 중 79조와 80조는 면책에 대해 기술하고 있다.

〈표 2-23〉 CISG 제79조

(1) A party is not liable for a failure to perform any of his obligations if he proves that the failure was due to an impediment beyond his control and that he could not reasonably be expected to have taken the impediment into account at the time of the conclusion of the contract or to have avoided or overcome it or its consequences.

(2) If the party's failure is due to the failure by a third person whom he has engaged to perform the whole or a part of the contract, that party is exempt from liability only if :

(a) he is exempt under the preceding paragraph; and

(b) the person whom he has so engaged would be so exempt if the provisions of that paragraph were applied to him.

(3) The exemption provided by this article has effect for the period during which the impediment exists.

(4) The party who fails to perform must give notice to the other party of the impediment and its effect on his ability to perform. If the notice is not received by the other party within a reasonable time after the party who fails to perform knew or ought to have known of the impediment, he is liable for damages resulting from such nonreceipt.

(5) Nothing in this article prevents either party from exercising any right other than to claim damages under this Convention.

(1) 당사자는 그 의무의 불이행이 자신이 통제할 수 없는 장애에 기인하였다는 것과 계약 체결시에 그 장애를 고려하거나 또는 그 장애나 그로 인한 결과를 회피하거나 극복하는 것이 합리적으로 기대될 수 없었다는 것을 증명하는 경우에는, 그 의무불이행에 대하여 책임이 없다.

(2) 당사자의 불이행이 계약의 전부 또는 일부의 이행을 위하여 사용한 제3자의 불이행으로 인한 경우에는, 그 당사자는 다음의 경우에 한하여 그 책임을 면한다.

(가) 당사자가 제1항의 규정에 의하여 면책되고, 또한

(나) 당사자가 사용한 제3자도 그에게 제1항이 적용된다면 면책되는 경우

(3) 이 조에 규정된 면책은 장애가 존재하는 기간 동안에 효력을 가진다.

(4) 불이행 당사자는 장애가 존재한다는 것과 그 장애가 자신의 이행능력에 미치는 영향을 상대방에게 통지하여야 한다. 불이행 당사자가 장애를 알았거나 알았어야 했던 때로부터 합리적인 기간 내에 상대방이 그 통지를 수령하지 못한 경우에는, 불이행 당사자는 불수령으로 인한 손해에 대하여 책임이 있다.

(5) 이 조는 어느 당사자가 이 협약에 따라 손해배상 청구권 이외의 권리를 행사하는 것을 방해하지 아니한다.

〈표 2-24〉 CISG 第80조

A party may not rely on a failure of the other party to perform, to the extent that such failure was caused by the first party's act or omission
당사자는 상대방의 불이행이 자신의 작위 또는 부작위에 기인하는 한, 상대방의 불이행을 주장할 수 없다.

실전문제

01. Select the best answer suitable for the blank.

> We are (A) of being able to send you the (B) by the end of this week. We shall do (C) in our power to see that such an irregularity is not (D).

	(A)	(B)	(C)	(D)
①	convinced	substitute	all	replace
②	convinced	substitution	all	replace
③	confident	substitution	everything	replaced
④	confident	substitute	everything	replaced

해석

01. Select the best answer suitable for the blank.(빈칸에 알맞은 정답을 고르시오.)

> We are (A confident) of being able to send you the (B substitute)by the end of this week. (우리는 당신에게 대체품을 이번 주가 끝나기 전까지 보내주는 것을 확신합니다.) We shall do (C everything) in our power to see that such an irregularity is not (D repeated). (우리는 이러한 하자품이 다시는 반복되지 않도록 모든 최선을 다할 것입니다.)

	(A)	(B)	(C)	(D)
①	convinced (납득시키다)	substitute (대체하다)	all (모두)	replace (교환하다)
②	convinced (납득시키다)	substitution (대체)	all (모두)	replace (교환하다)
③	confident (확신한다)	substitution (대체)	everything (모든 것을)	replaced (교환되다)
④	confident (확신한다)	substitute (대체물)	everything (모든 것을)	repeated (반복되는)

정답 ④

- 위 문제에서는 매도인의 의무 위반에 따른 매수인의 구제 방법 中 하자보완청구권에 대한 내용이다. 매수인은 물품이 계약과 일치하지 아니한 경우에는 매수인은 모든 사정으로 보아 불합리하지 아니 하는 한, 매도인에게 하자에 대한 보완을 청구할 수 있다. 하자보완은 하자통지와 함께 또는 그 후 합리적인 기간 내에 행해져야 한다.
- (A)는 당신에게 어떤 것을 보내줄 확신이 있다는 뜻의 단어가 들어가야 자연스러운 문장이 되므로 "~을 확신하는" 을 뜻하는 confident of가 숙어로 사용되고 있으며, (B)에 들어갈 substitution과 substitute는 둘 다 대체품을 뜻한다. (C)는 하자품이 다시 반복되지 않도록 우리의 모든 힘을 쏟겠다는 뜻이 들어가야 자연스럽기 때문에 everything이 사용되었다. (D)에는 하자품이 다시는 반복되지 않겠다는 뜻이 들어가야 자연스러우므로 repeated이 사용되었다. 대신하다의 뜻인 replace는 어울리지 않다.

02. Which is NOT correct in accordance with CISG?

① An offer becomes effective when it reaches the offeree.

② An offer, even if it is irrevocable, may be withdrawn if the withdrawal reaches the oferee before or at the same time as the offer.

③ A statement made by or other conduct of the offeree indicating assent to an offer is an acceptance.

④ Silence or inactivity in itself amounts to acceptance.

해석

02. NOT cor. Which isrect in accordance with CISG? (다음 중 CISG에 따라 옳지 않은 것은?)

① An offer becomes effective when it reaches the offeree. (청약은 피청약자에게 도달한 때 효력이 발생한다.)

② An offer, even if it is irrevocable, may be withdrawn if the withdrawal reaches the offeree before or at the same time as the offer. (청약은 취소될 수 없는 것이더라도, 철회의 의사표시가 청약의 도달 전 또는 동시에 상대방에게 도달하는 경우에는 철회할 수 있다.)

③ A statement made by or other conduct of the offeree indicating assent to an offer is an acceptance. (청약에 대한 동의를 표시하는 피청약자의 진술 또는 그 밖의 행위는 승낙이 된다.)

④ Silence or inactivity in itself amounts to acceptance. (침묵 또는 부작위는 그 자체만으로 승낙이 된다.)

정답 ④

- CISG 제18조에는 Silence or inactivity does not in itself amount to acceptance. 침묵 또는 부작위는 그 자체만으로 승낙이 되지 아니한다고 명시되어 있습니다.

03. Chose what is NOT correct 1) ~ 3).

According to CISG provision, the seller may declare the contract avoided; 1) _____________ 2) _____________ 3) _____________

① If the failure by the buyer to perform any of his obligations under the contract or this Convention amounts to a fundamental breach of contract.

② If the buyer does not, within the additional period of time fixed by the seller, perform his obligation to pay the price.

③ If the buyer does not, within the additional period of time fixed by the buyer, perform his obligation to deliver the goods.

④ If the buyer declares that the buyer will not perform his obligation to pay the price or take delivery of the goods within the period within the additional period of time fixed by the seller.

해석

03. Chose what is NOT correct 1)~3). (1)~3)에 들어갈 것으로 옳지 않은 것을 고르시오.)

> According to CISG provision, the seller may declare the contract avoided; (CISG에 따르면, 매도인은 다음과 같은 경우 계약의 해제를 선언할 수 있다.)
> 1) If the failure by the buyer to perform any of his obligations under the contract or this Convention amounts to a fundamental breach of contract. (계약 또는 이 협약에 따라 매수인의 의무 불이행이 본질적 계약위반으로 되는 경우)
> 2) If the buyer does not, within the additional period of time fixed by the seller, perform his obligation to pay the price. (매도인이 정한 부가기간 내에 대금지급을 하지 않거나 기간 내에 그러한 의무를 이행하지 아니하겠다고 선언한 경우)
> 3) If the buyer declares that the buyer will not perform his obligation to pay the price or take delivery of the goods within the period within the additional period of time fixed by the seller. (매도인이 정한 부가기간 내에 매수인이 대금지급 또는 물품수령 의무를 이행하지 않겠다고 선언한 경우)

① If the failure by the buyer to perform any of his obligations under the contract or this Convention amounts to a fundamental breach of contract. (계약 또는 이 협약에 따라 매수인의 의무 불이행이 본질적 계약위반으로 되는 경우)

② If the buyer does not, within the additional period of time fixed by the seller, perform his obligation to pay the price. (매수인이 매도인 측에서 정한 부가기간 내에 대금지급을 하지 않거나 기간 내에 그러한 의무를 이행하지 아니하겠다고 선언한 경우)

③ If the buyer does not, within the additional period of time fixed by the buyer, perform his obligation to deliver the goods. (매수인이 정한 부가기간 내에 매수인이 물품인도 의무를 이행하지 않은 경우)

④ If the buyer declares that the buyer will not perform his obligation to pay the price or take delivery of the goods within the period within the additional period of time fixed by the seller. (매도인이 정한 부가기간 내에 매수인이 대금지급 또는 물품수령 의무를 이행하지 않겠다고 선언한 경우)

정답 ③

- CISG 제 64조에 따라 매도인은 계약해제권을 가지고 있다.
- (a) if the failure by the buyer to perform any of his obligations under the contract or this Convention amounts to a fundamental breach of contract; or (매수인의 의무불이행이 본질적 계약위반에 해당하는 경우)
- (b) if the buyer does not, within the additional period of time fixed by the seller in accordance with paragraph (1) of article 63, perform his obligation to pay the price or take delivery of the goods, or if he declares that he will not do so within the period so fixed. (매도인이 정한 부가기간 내에 대금지급 또는 물품수령 의무를 이행하지 아니하거나 그 기간 내에 그러한 의무를 이행하지 아니하겠다고 선언한 경우)
- (ii) after the expiration of any additional period of time fixed by the seller in accordance with paragraph (1) of article 63, or after the buyer has declared that he will not perform his obligations within such an additional period. (매도인이 정한 추가기간이 경과한 때, 또는 매도인이 부가기간 내 의무를 이행하지 않겠다고 선언한 때)
- 매도인이 정한 부가기간 내 의무를 이행하지 않았을 경우 매도인은 계약해제권을 가지고 있다. 따라서 매수인이 정한 부가기간을 나타내는 ③은 옳지 않은 문장이다.

04. 대금이 물품의 중량에 의하여 지정되는 경우, 의혹이 있을 때 대금은 무엇에 의해 결정되는가?

① 총중량

② 순중량

③ 순순중량

④ 정미중량

정답 ②

- 물품의 대금이 물품의 중량에 의해 정해지는 경우에 CISG 매수인의 의무 가운데 「제56조 순중량에 의한 결정」의 규정을 적용한다. 해당 규정에 따르면 중량에 의해 대금을 결정함에 있어 의심스러운 경우에는 순중량에 의해 대금이 결정된다. 순중량은 총중량에서 포장무게를 뺀 것이며, 해당 규정은 해석규정으로 당사자의 의사나 관행, 관례가 없는 경우에 적용된다.

05. 국제물품메매계약에 관한 UN협약(CISG, 1980)상 계약위빈에 따른 손해배상책임과 면책에 대한 내용으로 옳지 않은 것은?

① 매도인이 매수인으로 부터 공급받은 원자재를 이용하여 물품을 제조하여 공급하기로 한 계약에서 원자재의 하자로 인하여 물품이 계약에 불일치하는 경우에는 매도인은 면책된다.

② 계약당사자가 계약체결 시 예견하지 못한 장해가 발생하여 계약의 이행이 불가능해지는 경우에 의무위반 당사자는 면책된다.

③ 면책은 양당사자가 모두 주장할 수 있으며 모든 의무에 적용이 된다.

④ 계약불이행 당사자는 계약체결 시 예견하지 못한 장해가 존속하는 기간 동안

손해배상책임으로부터 면제되며 그 장해가 제거된다 하더라도 그 당사자의 의무가 부활되는 것은 아니다.

정답 ④

• 보기①은 제80조에 근거하여 당사자(매수인)은 상대방(매도인)의 불이행이 자신(매수인)의 작위 또는 부작위에 기인한 것이기에 매도인은 면책이 된다. ②는 제79조 1항에 근거하여 계약 체결시에 예견하지 못한 장해의 발생으로 면책이 된다. ③은 제79조 5항에 근거하여 어느 당사자가 이 협약에 따라 손해배상 청구권 이외의 권리를 행사하는 것을 방해하지 아니한다에 근거하여 면책은 양당사자 모두 주장가능하며 모든 의무에 적용된다. 한편, ④는 제79조 3항에서 언급하는 것처럼 규정된 면책은 장애가 존재하는 기간 동안에 효력을 가지며 장애가 제거되면 의무가 부활한다.

06. 매도인의 계약위반에 따른 매수인의 권리구제수단으로 옳지 않은 것은?

① 물품명세의 확정
② 추가기간의 지정
③ 대체품 인도청구
④ 대금감액청구

정답 ①

• CISG에서 매수인의 계약위반에 대한 매도인이 행사할 수 있는 권리 중 물품명세확정은 매도인만이 행사할 수 있는 권리에 해당한다. 이 외에도 매도인이 행사할 수 있는 권리에는 특정이행청구권, 추가기간지정권, 계약해제권, 손해배상청구권이 있다. 매수인이 행사할 수 있는 계약위반에 대한 구제는 특정이행청구권, 추가기간지정권, 계약해제권, 손해배상청구권, 대체품인도청구권, 하자보완청구권, 대금감액권, 조기인도 및 양초과분거절권이 있다.

07. UN 국제물품매매에 관한 협약(CISG)의 적용 대상인 것은?

① sales of goods bought for personal, family and household use
② sales by auction
③ sales of ships, vessels, hovercraft or aircraft
④ contracts for the supply of goods to be produced

정답 ④

• CISG협약 제 2조에서 정의하는 매매에 적용되지 아니하는 대상에는 1. 개인용, 가족용으로 구입된 물품, 2.경매에 의한 매매, 3. 강제집행 또는 그 밖의 법령에 의한 매매, 4. 주식, 투자 유통증권 또는 통화의 매매, 5.선박 또는 항공기의 매매, 전기의 매매가 있다. CISG협약 제 3조 1항에 의해 "Contracts for the supply of goods to be manufactured or produced" 물품을 제조 또는 생산하여 공급하는 계약에 대해서 매매로 인정하고 있다.

08. 매도인이 계약을 위반했을 때 매수인의 권리구제 방법으로 볼 수 없는 것은?

① 매도인이 계약을 이행하지 않는 경우에 매수인은 원칙적으로 계약대로의 이행을 청구할 수 있다.

② 매수인은 매도인의 의무이행을 위하여 합리적인 추가 기간을 지정할 수 있다.

③ 계약상 매도인이 합의된 기일 내에 물품의 명세를 확정하지 아니한 때에는 매수인이 물품 명세를 확정할 수 있다.

④ 물품이 계약에 부적합한 경우에 모든 상황에 비추어 불합리하지 않는 한, 매수인은 매도인에 대하여 하자 보완을 청구할 수 있다.

정답 ③

• CISG에서 매수인의 계약위반에 대한 매도인이 행사할 수 있는 권리 중 물품명세확정은 매도인만이 행사할 수 있는 권리에 해당한다. 이 외에도 매도인이 행사할 수 있는 권리에는 특정이행청구권, 추가기간지정권, 계약해제권, 손해배상청구권이 있다. 매수인이 행사할 수 있는 계약위반에 대한 구제는 특정이행청구권, 추가기간지정권, 계약해제권, 손해배상청구권, 대체품인도청구권, 하자보완청구권, 대금감액권, 조기인도 및 양초과분거절권이 있다.

09. CISG 상 유효한 승낙으로 간주되는 것은?

① 침묵에 의한 승낙

② 청약에 대해 동의의 의사를 표시하는 피청약자의 행위

③ 무행위(inactivity)에 의한 승낙

④ 동일한 거래조건을 담은 교차 청약(cross offer)

정답 ②

• 청약에 대한 동의를 표시하는 피청약자의 진술 또는 행위는 승낙으로 간주된다. 침묵, 부작위, 반대청약은 승낙으로 간주할 수 없다. 교차청약에 대한 규정은 CISG상 규정하고 있지 않으며 이에 대한 승낙이 유효한지 CISG를 기준으로 판단할 수 없다.

10. Which of the following clauses is NOT appropriate for describing the obligations of the seller and the buyer as for the Dispute Resolution?

① The parties hereto will use their reasonable best efforts to resolve any dispute hereunder through good faith negotiations.

② A party hereto must submit a written notice to any other party to whom such dispute pertains, and any such dispute that cannot be resolved within thirty (30) calendar days of receipt of such notice (or such other period to which the parties may agree) will be submitted to an arbitrator selected by mutual agreement of the parties.

③ The decision of the arbitrator or arbitrators, or of a majority thereof, as the case may be, made in writing will be final and binding upon the parties hereto as to the questions submitted, and the parties will abide by and comply with such decision.

④ If any term or other provision of this Agreement is invalid, illegal or incapable of being enforced by any law or public policy, all other terms and provisions of this Agreement shall nevertheless remain in full force and effect so long as the economic or legal substance of the transactions contemplated hereby is not affected in any manner materially adverse to any party.

해석

10. Which of the following clauses is NOT appropriate for describing the obligations of the seller and the buyer as for the Dispute Resolution?(다음 중 분쟁 해결과 관련하여 판매자와 구매자의 의무를 설명하는 데 적절하지 않은 조항은 무엇입니까?)

① The parties hereto will use their reasonable best efforts to resolve any dispute hereunder through good faith negotiations. (당사자들은 선의의 협상을 통해 본 계약에 따른 분쟁을 해결하기 위해 합리적인 최선의 노력을 기울일 것입니다.)

② A party hereto must submit a written notice to any other party to whom such dispute pertains, and any such dispute that cannot be resolved within thirty (30) calendar days of receipt of such notice (or such other period to which the parties may agree) will be submitted to an arbitrator selected by mutual agreement of the parties. (당사자는 이러한 분쟁이 관련된 다른 당사자에게 서면 통지서를 제출해야 하며, 이러한 통보를 받은 후 30일(또는 당사자가 동의할 수 있는 기타 기간) 이내에 해결할 수 없는 분쟁은 당사자의 상호 합의에 의해 선택된 중재자에게 제출됩니다.)

③ The decision of the arbitrator or arbitrators, or of a majority thereof, as the case may be, made in writing will be final and binding upon the parties hereto as to the questions submitted, and the parties will abide by and comply with such decision. (중재자 또는 중재자의 결정 또는 대다수의 결정은 서면으로 제출되는 질문에 대해 당사자에게 최종적이고 구속력이 있으며 당사자는 이러한 결정을 준수할 것이다.)

④ If any term or other provision of this Agreement is invalid, illegal or incapable of being enforced by any law or public policy, all other terms and provisions of this Agreement shall nevertheless remain in full force and effect so long as the economic or legal substance of the transactions contemplated hereby is not affected in any manner materially adverse to any party. (본 계약의 어떤 조항이나 다른 조항이 무효이거나, 불법이거나, 법률이나 공공정책에 의해 시행될 수 없는 경우, 그럼에도 불구하고 본 계약의 다른 모든 조항과 조항은 여기에서 고려된 거래의 경제적 또는 법적 실체가 어떤 당사자에게도 실질적으로 불리한 방식으로 영향을 미치지 않는 한 완전한 효력과 영향을 유지한다.)

- resolve: 해결하다
- pertain: 관련되다(to), 존재하다; 적용되다
- bind: 구속되다
- abide by: 준수하다
- comply with: 준수하다, 지키다
- provision: 조항; 공급; 준비
- incapable of : 할 수 없는
- enforce: 집행하다
- substance: 핵심, 요지; 물질
- contemplate: 고려하다; 심사숙고하다
- materially: 실질적으로, 구체적으로
- adverse: 부정적인; 불리한

정답 ④

- 무역분쟁해결조건은 크게 클레임조항, 중재조항, 재판관할조항, 준거법조항이 있으며, 이에 대해서는 당사자(매도인과 매수인)과 관련되어있다. 이외 가분성조항, 불가항력조항, 완전합의조항 등은 기타조건으로 당사자에게 적용되는 것은 아니다.

11. Followings are the clauses frequently used for a sales contract. Which of the following clauses LEAST represent 'Entire Agreement' between the seller and the buyer?

① This Agreement together with the Plan supersedes any and all other prior understandings and agreements, either oral or in writing, between the parties with respect to the subject matter hereof and constitutes the sole and only agreement between the parties with respect to the said subject matter.

② This Agreement alone fully and completely expresses the agreement of the parties relating to the subject matter hereof. There are no other courses of dealing, understanding, agreements, representations or warranties, written or oral, except as set forth herein.

③ The failure of any party to require the performance of any term or obligation of this Agreement, or the waiver by any party of any breach of this Agreement, shall not prevent any subsequent enforcement of such term or obligation or be deemed a waiver of any subsequent breach.

④ This Agreement is intended by the parties as a final expression of their agreement and intended to be a complete and exclusive statement of the agreement and understanding of the parties hereto in respect of the subject matter contained herein.

해석

11. Followings are the clauses frequently used for a sales contract. Which of the following clauses LEAST represent 'Entire Agreement' between the seller and the buyer? **(매매계약 시 자주 사용하는 조항은 다음과 같습니다. 다음 중 판매자와 구매자 사이의 '완전합의'를 가장 잘 나타내지 못하는 조항은 무엇입니까?)**

① This Agreement together with the Plan supersedes any and all other prior understandings and agreements, either oral or in writing, between the parties with respect to the subject matter hereof and constitutes the sole and only agreement between the parties with respect to the said subject matter. (본 계약과 함께 본 계약은 구두 또는 서면으로 당사자들 간의 모든 다른 사전 이해와 합의를 대체하며, 상기 주제와 관련하여 당사자 간의 유일하고 유일한 합의를 구성합니다.)

② This Agreement alone fully and completely expresses the agreement of the parties relating to the subject matter hereof. There are no other courses of dealing, understanding, agreements, representations or warranties, written or oral, except as set forth herein. (본 계약 단독은 본 계약의 주제와 관련된 당사자들의 합의를 완전하고 충분하게 표현합니다. 여기에 명시된 경우를 제외하고 서면 또는 구두로 거래, 이해, 합의, 진술 또는 보증을 수행하는 다른 과정은 없습니다.)

③ The failure of any party to require the performance of any term or obligation of this Agreement, or the waiver by any party of any breach of this Agreement, shall not prevent any subsequent enforcement of such term or obligation or be deemed a waiver of any subsequent breach. (당사자가 본 계약의 조건이나 의무의 이행을 요구하지 않거나 본 계약의 위반에 대한 당사자의 포기가 해당 조건이나 의무의 후속적 시행을 방해하거나 후속 위반의 포기로 간주되지 않습니다.)

④ This Agreement is intended by the parties as a final expression of their agreement and intended to be a complete and exclusive statement of the agreement and understanding of the parties hereto in respect of the subject matter contained herein. (본 계약은 당사자들에 의해 계약의 최종적인 표현으로 의도되며, 본 계약에 포함된 주제와 관련하여 당사자들에 대한 완전하고 배타적인 진술로 의도됩니다.)

- breach : 위반; 파괴; 깨뜨림
- deem : ~로 간주하다
- supersede : ~에 대신하다
- exclusive : 배타적인; 독립적인
- hereto : 여기에, 이 문서에
- herein : 여기에, 이 속에
- hereof : 이것의, 이문서의
- waiver : 권리의 포기
- enforcement : 집행, 시행; 강요
- subsequent : 후속의, 다음의
- with respect to : ~에 관하여

정답 ③

- 보기3번은 권리불포기조항(Non-Waiver Clause)에 해당한다. 권리불포기조항은 국제물품 매매계약에서 권리의 포기조항은 상대방의 계약위반에 대하여 침묵할 경우 권리의 포기(waiver)로 간주되지 않는다는 것이다.
- 보기1번에서는 사전 이해와 합의를 대체한다는 완전합의조항의 내용을 파악할 수 있으며, 보기2번에서도 해당 계약서에 명시된 경우를 제외하고는 계약을 증명하지 못함을 기술하고 있다. 보기4번에서도 계약의 최종적인 표현으로 배타적인 진술임을 기술하고 있어 보기3번을 제외하고는 모두 완전합의조항에 해당하는 설명이다.

12. The following statement is a part of contract. What kind of clause is it?

If any provision of this Agreement is subsequently held invalid or unenforceable by any court or authority agent, such invalidity or unenforceability shall in no way affect the validity or enforceability of any other provisions thereof.

① Non-waiver clause
② Infringement clause
③ Assignment clause
④ Severability clause

해석

12. The following statement is a part of contract. What kind of clause is it? (다음 문장은 계약의 일부입니다. 어떤 조항인가요?)

If any provision of this Agreement is subsequently held invalid or unenforceable by any court or authority agent, such invalidity or unenforceability shall in no way affect the validity or enforceability of any other provisions thereof. (본 계약의 어떤 조항이 이후에 법원 또는 당국 대리인에 의해 무효 또는 집행 불가능하다고 간주되는 경우, 그러한 무효 또는 집행 불가능성은 다른 조항의 유효성 또는 집행 가능성에 어떠한 영향도 미치지 않습니다.)

① Non-waiver clause (권리불포기조항)
② Infringement clause (권리침해조항)
③ Assignment clause (양도제한규정)
④ Severability clause (분리가능조항)

정답 ④

- 분리가능성(Severability)는 양 당사자 간 체결된 어느 한 조항이 무효가 되어도 해당조항을 계약서 전체의 다른조항과 분리해서 법률에 대한 효과를 판단해야 한다는 것을 의미한다. 즉 어떤 조항이 계약서의 다른 조항에 영향을 미치지 않는다는 것이다.

- Non-waiver Clause (권리불포기조항) : 어떤 조항에 의한 이행 청구를 안 했다고 해도 이 행청구권을 포기한 것이 아님
- Infringement Clause (권리침해조항) : 매수인이 제공한 규격으로 생산된 제품이 제3자의 산업재산권이나 지적재산권 침해시 매수인의 책임
- Assignment (양도제한규정) : 제3자에 대한 계약 양도 금지

[13~14] Read the following and answer.

As we wrote you previously about the delays in the delivery of your order, the situation is still the same, the trade union strike is on-going. We apologize for this occurrence, but there is not much that we can do to (   ) this, as it is out of our hands. We again apologize and regret the delay in delivery of your order. Yours faithfully,

13. What situation is excused in the above letter?

① late payment
② force majeure
③ non payment
④ early delivery

14. Fill in the blank with suitable word.

① rectify
② examine
③ arrange
④ file

해석

[13~14] Read the following and answer. (지문을 읽고 답하시오.)

As we wrote you previously about the delays in the delivery of your order, the situation is still the same, the trade union strike is on-going. (당사에서 이전에 귀사의 주문에 대한 배송지연에 대한 서신과 같이 상황은 여전히 그대로이며, 노조파업이 진행중입니다.) We apologize for this occurrence, but there is not much that we can do to (rectify) this, as it is out of our hands. (당사는 이런 일이 발생한 것에 대해 사과드리지만, 당사의 입장에서 할 수 있는 일이 없으며 저희 손을 떠난 일입니다.) We again apologize and regret the delay in delivery of your order. (다시 한번 귀사의 주문이 지연되어 사과드립니다.) Yours faithfully,

13. What situation is excused in the above letter? (서신에서 설명되는 상황은 무엇인가?)

① late payment (대금지급의 지연)
② force majeure (불가항력)
③ non payment (대금지급의 거절)
④ early delivery (빠른 배송)

정답 ②

- trade union strike(노동조합의 파업)이 아직도 on-going(진행중)이라는 사실을 알리는 서신의 내용으로 서신의 당사에서도 해결할 수 없는 문제를 알리는 불가항력의 상황을 서술하고 있다.

〈표 2-25〉 UCP 600, 36조 불가항력

[Article 36] Force Majeure	[제36조] 불가항력
A bank assumes no liability or responsibility for the consequences arising out of the interruption of its business by Acts of God, riots, civil commotions, insurrections, wars, acts of terrorism, or by any strikes or lockouts or any other causes beyond its control. A bank will not, upon resumption of its business, honour or negotiate under a credit that expired during such interruption of its business	은행은 천재지변, 폭동, 소요, 반란, 전쟁, 테러행위 또는 어떤 파업 또는 직장폐쇄 또는 자신의 통제 밖에 있는 원인에 의한 영업의 중단으로부터 발생하는 결과에 대하여 어떠한 책임도 지지 않는다. 은행은 자신의 영업이 중단된 동안에 만료된 신용장 하에서는 결제(honour) 또는 매입을 하지 않는다.

14. Fill in the blank with suitable word. (빈칸의 단어로 알맞은 것을 고르시오.)

① rectify (바로잡다)
② examine (조사하다)
③ arrange (준비하다)
④ file (보관하다)

정답 ①

- 노동조합의 파업문제가 아직 해결되지 않고 진행 중이기 때문에 빈칸 앞의 문장인 not much that we can do to 할 수 있는 것이 많이 없다는 것에 대해 rectify (바로잡다)가 들어가 해당 문제는 진행 중에 있어서 바로잡을 수 없다는 문장이 문맥상 알맞다.

Trade English

PART 03

인코텀즈

1. 인코텀즈의 의의

국제물품매매계약은 매도인과 매수인의 의무(Obligation)와 권리(Claim)로 이루어지며, 계약서 작성은 그 의무와 권리의 문서화(Documentation), 즉 문서화된 증거를 남기는 행위이다. 계약체결에서 이행 완료의 단계까지의 수많은 과정에서 이 모든 것을 문서상 나열하는 것은 다소 소모적인 부담이 있다. 당사자들은 인도 방법, 수출입통관, 위험 및 비용의 부담인과 그 부담시기 등에 관한 관습을 FOB나 CIF와 같은 간단한 부호(약어)로 표시하여 계약에 삽입하는 것으로 과정을 단순 현실화하였다. 이러한 약어로 표시한 부호를 정형거래조건이라고 한다. 해상무역(See trade)의 중심이었던 영국을 필두로 FOB를 비롯한 각각의 정형거래조건들은 국제무역에 활발하게 활용되어왔다. 그러나 언어와 문화가 다른 국가와의 거래에서는 동일한 부호(약어)를 서로 다른 해석을 하는 경우가 종종 발생해 분쟁이 잦아져 ICC(국제상업회의소, International Chamber of Commerce)는 정형거래조건의 해석을 통일시키는 작업에 착수하였다. ICC가 해석의 불확실성을 해소하기 위하여 1920년대부터 추진한 무역거래조건들의 해석에 관한 국제적인 표준규칙을 '인코텀즈(Incoterms)'라고 한다. 인코텀즈(Incoterms)는 1936년에 제정된 후, 그 시대의 무역상 관행과 환경의 변화에 따라 1953년, 1967년, 1976년, 1980년, 1990년, 2000년, 2010년, 그리고 2020년에 이르기까지 추가 및 개정을 거듭하였다.

2. Incoterms® 2020

1) 인코텀즈 2020의 개요

정형거래조건이란 국제물품매매거래에 요구되는 매도인과 매수인의 이무를 정형화한 상관행으로서 무역거래에 사용되는 조건들을 말한다. Incoterms는 International Commercial Terms의 약칭으로 국내 및 국제정형거래조건의 사용에 관한 국제상업회의소(International Chamber of Commerce, ICC) 규칙이다.

Incoterms는 무역계약의 내용을 구성하는 정형거래조건에 대한 표준화된 거래규칙을 말한다. Incoterms는 국제상업회의소가 1936년 처음 제정한 이래 Incoterms 2020으로의 개정을 포함하여 총 8차례 개정이 이루어졌다.

2) 인코텀즈 2020와 물품거래

Incoterms는 유형의 물품인도계약에 한하여 적용되고 서비스, 기술, 전자매체를 통한 무체물 전송 등 무형의 매매거래에는 적용되지 않는다. Incoterms는 매매당사자에게 부과되는 각종 의무 중 주로 물품인도와 관계된 위험이전, 비용부담, 이외에도 수출 및 수입의 통관의무, 운송 및 보험계약 체결의무 등을 규정하고 있다. 현재 시행되고 있는 Incoterms 2020은 강행규정이 아니므로 당사자들이 이를 적용하기로 합의한 경우에만 적용된다. 현재 Incoterms 2020이 사용되고 있으나, Incoterms 2010과 같은 이전 규칙이 더 현실적이고 명확하다고 생각할 경우 이전 버전의 규칙을 사용할 수 있으며 이를 준거문구로 명확히 기재해야 한다.

3) 인코텀즈 2020의 서문

서문의 주요내용은 네 가지로 나타낼 수 있는데 1. 적용사항과 미적용사항, 인코텀즈 규칙의 편입 방법에 대한 설명, 2. 인코텀즈 규칙의 기초사항의 제시(매도인, 매수인의 기본적 역할과 책임, 인도, 위험, 인코텀즈 규칙과 계약의 관계), 3. 특정 매매계약에 적합한 인코텀즈 규칙의 선택방법, 4. 인코텀즈 2010과 2020의 주요 변경사항이다.

〈표 3-1〉 Incoterms 2020 Introduction

1. Incoterms 2020 Introduction	인코텀즈 2020 서문
The purpose of the text of this Introduction is fourfold: This introduction explains what the Incoterms® 2020 rules do and do NOT do and how they are best incorporated. It sets out the important fundamentals of the Incoterms® rules : the basic roles and responsibilities of seller and buyer, delivery, risk, and the relationship between the Incoterms® rules and the contracts surrounding a	본 서문의 목적은 네가지로 이루어져 있다: 인코텀즈 2020 규칙(Incoterms® 2020 rules)의 적용사항과 미적용사항, 그리고 인코텀즈 규칙의 편입(계약에 편입)방법 설명. 다음과 같은 인코텀즈 규칙의 기초사항(important fundamentals) 제시 : 매도인과 매수인의 기본적 역할과 책임, 인도, 위험, 그리고 인코텀즈규칙과 계약의 관계

typical contract of sale for export/import and also, where appropriate, for domestic sales. The text explains how best to choose the right Incoterms® rule for the particular sale contract; and sets out the central changes between Incoterms® 2010 and Incoterms® 2020.	특정 매매계약에 적합한 인코텀즈 규칙의 선택방법 설명. 인코텀즈 2010과 인코텀즈 2020 간 주요 변경사항 제시.

〈표 3-2〉 I. WHAT THE INCOTERMS® RULES DO (인코텀즈가 규정하는 것)

WHAT THE INCOTERMS® RULES DO	인코텀즈가 규정하는 것
4. The Incoterms® rules explain a set of eleven of the most commonly-used three-letter trade terms, e.g. CIF, DAP, etc., reflecting business-to-business practice in contracts for the sale and purchase of goods. 5. The Incoterms® rules describe: ▶ Obligations: Who does what as between seller and buyer, e.g. who organises carriage or insurance of the goods or who obtains shipping documents and export or import licences; ▶ Risk: Where and when the seller "delivers" the goods, in other words where risk transfers from seller to buyer; and ▶ Costs: Which party is responsible for which costs, for example transport, packaging, loading or unloading costs, and checking or security-related costs. The Incoterms® rules cover these areas in a set of ten articles, numbered A1/B1 etc., the A articles representing the seller's obligations and the B articles representing the buyer's obligations. See paragraph 53 below.	4. 인코텀즈규칙은 예컨대 CIF, DAP 등과 같이 가장 일반적으로 사용되는 세 글자로 이루어지고 물품매매계약상 기업 간 거래관행(business- to-business practice)을 반영하는 11개의 거래조건(trade term)을 설명한다. 5. 인코텀즈규칙은 다음 사항을 규정한다. ▶ 의무 : 매도인과 매수인 사이에 누가 무엇을 하는지, 즉 누가 물품의 운송이나 보험을 마련하는지 또는 누가 선적서류와 수출 또는 수입허가를 취득하는지 ▶ 위험 : 매도인은 어디서 그리고 언제 물품을 "인도 하는지, 다시 말해 위험은 어디서 매도인으로부터 매수인에게 이전하는지 ▶ 비용 : 예컨대 운송비용, 포장비용, 적재 또는 양하비용 및 점검 또는 보안관련 비용에 관하여 어느 당사자가 어떤 비용을 부담하는지. 인코텀즈규칙은 AI/BI 등의 번호가 붙은 일련의 10개의 조항에서 위와 같은 사항들을 다루는데, 여기서 A 조항은 매도인의 의무를, 그리고 B 조항은 매수인의 의무를 지칭한다. 아래 53번 단락을 보라.

〈표 3-3〉 II. WHAT THE INCOTERMS® RULES DO NOT DO (인코텀즈가 규정하지 않는 것)

WHAT THE INCOTERMS® RULES DO NOT DO	인코텀즈가 규정하지 않는 것
6. The Incoterms® rules are NOT in themselves—and are therefore no substitute for—a contract of sale. They are devised to reflect trade practice for no particular type of goods—and for any. They can be used as much for the trading of a bulk cargo of iron ore as for five containers of electronic equipment or ten pallets of airfreighted fresh flowers.	6. 인코텀즈규칙 그 자체는 매매계약이 아니며, 따라서 매매계약을 대체하지도 않는다. 인코텀즈규칙은 어떤 특정한 종류의 물품이 아니라 모든 종류의 물품에 관한 거래관행을 반영하도록 고안되어 있다. 인코텀즈규칙은 산적화물(散積貨物, bulk cargo) 형태의 철광석 거래에도 적용될 수 있고 5개의 전자장비 컨테이너 또는 항공운송되는 5개의 생화 팔레

7. The Incoterms® rules do NOT deal with the following matters: ▶ whether there is a contract of sale at all; ▶ the specifications of the goods sold; ▶ the time, place, method or currency of payment of the price; ▶ the remedies which can be sought for breach of the contract of sale; ▶ most consequences of delay and other breaches in the performance of contractual obligations; ▶ the effect of sanctions; ▶ the imposition of tariffs; ▶ export or import prohibitions; ▶ force majeure or hardship; ▶ intellectual property rights; or ▶ the method, venue, or law of dispute resolution in case of such breach. Perhaps most importantly, it must be stressed that the Incoterms® rules do NOT deal with the transfer of property/title/ownership of the goods sold. 8. These are matters for which the parties need to make specific provision in their contract of sale. Failure to do so is likely to cause problems later if disputes arise about performance and breach. In essence, the Incoterms® 2020 rules are not themselves a contract of sale: they only become part of that contract when they are incorporated into a contract which already exists. Neither do the Incoterms® rules provide the law applicable to the contract. There may be legal regimes which apply to the contract, whether international, like the Convention on the International Sale of Goods (CISG); or domestic mandatory law relating, for example, to health and safety or the environment.	트의 거래에도 적용될 수 있다. 7. 인코텀즈규칙은 다음의 사항을 다루지 않는다. ▶ 매매계약의 존부 ▶ 매매물품의 성상(性狀) ▶ 대금지급의 시기, 장소, 방법 또는 통화 ▶ 매매계약 위반에 대하여 구할 수 있는 구제수단 ▶ 계약상 의무이행의 지체 및 그 밖의 위반의 효과 ▶ 제재의 효력 ▶ 관세부과 ▶ 수출 또는 수입의 금지 ▶ 불가항력 또는 이행가혹 ▶ 지식재산권 또는 ▶ 의무위반의 경우 분쟁해결의 방법, 장소 또는 준거법 아마도 가장 중요한 것으로, 인코텀즈규칙은 매매물품의 소유권 물권의 이전을 다루지 않는다는 점도 강조되어야 한다. 위와 같은 사항들은 당사자들이 매매계약에서 구체적으로 규정할 필요가 있다. 그렇게 하지 않는다면 의무의 이행이나 위반에 관하여 분쟁이 발생하는 경우에 문제가 생길 수 있다. 8. 이러한 문제들은 당사자들이 계약서에 명확한 조항을 두어야 하는 것들을 나타낸다. 만약 계약서에 조항을 두지 않는 경우에는 향후 계약의 이행 및 계약위반에 관련된 분쟁이 발생할 경우 문제가 생길 가능성이 크다. 인코텀즈 2020규칙은 본질적으로 매매계약이 아니나. 그들은 이미 존재하는 계약에 편입되어 이들 규칙이 편입된 계약의 일부가 된다. 인코텀즈 규칙들은 준거법을 제공하지 않는다. 매매계약에 적용되는 법률적 체계들이 있을 수 있는데, 국제적인 경우 비엔나 협약을 국내적인 경우 건강이나 안전 또는 환경과 관련된 특정국의 강행법규를 예로 들 수 있다.

4) 인코텀즈 2020의 분류

(1) EXW(Ex Works) 공장인도조건

EXW(지정인도장소 기입) 조건의 위험인도는 매도인이 물품을 지정장소에서 매수인의 처분하에 두는 때이다. 지정장소는 매도인의 영업구내이거나 아니어도 된다. 만약 인도장소를 지정하지 않는 경우 매도인은 그의 목적에 가장 적합한 지점을 선택할 권리가 생겨서 매도인이 지정한다. 매도인은 물품의 수취용 차량 적재의무가 없으며, 수출통관이 요구되더라도 이를 수행할 의무는 없다. 하지만 수출통관에 관하여 매수인이 물품수출을 위하여 요청하는 서류와 정보에는 매도인이 협력해야한다. EXW조건은 실무에서 매도인은 공장에 매수인(또는 지정운송인)이 가져갈 수 있도록 화물 준비 한 다음 매수인이 모든 선적과정 진행한다. 이 과정에서 매도인의 장비나 도움이 필요할 경우 매수인의 요청에 의해 매수인의 위험과 비용으로 요청할 수 있다. 하지만 매도인의 의무는 아니다. EXW 조건은 인코텀즈 조건 가운데 매도인 입장에서는 최소의무 조건이며 매수인 입장에서는 최대의무 조건이다. 국제거래 뿐만 아니라 국내거래에 적용이 가능하다. 국제거래에서 매도인의 영내(seller's premise) 용이하며 국제거래 시 FCA 규칙이 더 적합하다.

EXW비용 = 생산원가 (제조원가 + 검사포장비 + 기대이익)

(2) FCA(Free Carrier) 운송인인도조건

FCA(지정인도장소 기입) 조건의 위험인도는 인도장소가 매도인의 영업구내인 경우 매도인이 물품을 매수인이 준비한 운송수단에 적재한 때 이전되며, 인도장소가 그 외의 장소인 경우 매도인의 운송수단에 적재되어 지정장소에 도착하여 운송수단에 적재된 채 양하준비된 상태로 매수인이 지정한 운송인이나 제3자의 처분하에 놓인 때이다. 만약 인도장소를 지정하지 않는 경우 매도인은 그의 목적에 가장 적합한 지점을 선택할 권리가 생겨서 매도인이 지정한다. 또한 FCA조건은 매도인의 수출통관이 의무이다.

한편, FCA 조건에 대해 인코텀즈 2020은 처음으로 본선적재 표기가 있는 선하증권 발행에 대해 당사자가 합의한 경우 매수인의 요청에 의하여 매수인의 비용과 위험으로 운송인(FCA 경우 매수인이 지정)에게 본선적재표기가 있는 선하증권을 매도인에게 발행하도록 지시할 수 있다.

FCA비용 = EXW비용 + 지정인도장소까지의 적재 및 운송비용 + 수출통관비용

(3) CPT(Carriage Paid To) 운송비지급조건

CPT(지정목적지 기입) 조건의 위험인도는 매도인과 운송계약을 체결한 운송인에게 물품을 인도한 때 이다. 위험이 운송인에게 인도된 때 위험은 매수인에게 이전되기 때문에 물품이 지정목적지에 양호한 상태로 도착할 것에 대해 매도인은 위험책임이 없다. 모든 운송수단에 적용되는 조건이기 때문에 인도되는 장소와 주운송(해운, 항공 등)을 위한 물리적 장소는 같을 수도 있지만 다를 수 있다. 이 경우 매도인의 위험은 매도인이 지정한 운송인에게 인도된 때 이전되지만, 주운송에 대한 운송계약의 책임은 여전히 매도인에게 존재한다. CPT 조건은 물품의 인도장소와 합의된 목적지가 구분되어 매도인의 위험은 인도장소에서 매수인에게 이전되지만, 비용은 목적지까지 포함한다. 따라서 CPT의 경우 인도장소와 지정목적지를 구체화하여 정해야한다.

한편, 목적지에 도착하여 화물이 양하준비된 상태지만 컨테이너와 같은 정기선의 특성으로 양하에 관하여 비용이 발생할 수 있는데 이 경우 매도인은 당사자 간에 합의되지 않은 한 그러한 비용을 매수인으로부터 별도 상환받을 수 없다. 또한 CPT조건은 매도인의 수출통관이 의무이다.

CPT비용 = FCA비용 + 지정목적지까지의 운송비용

(4) CIP(Carriage and Insurance Paid To) 운송비보험료지급조건

CIP(지정목적지 기입) 조건의 위험인도는 매도인과 운송계약을 체결한 운송인에게 물품을 인도한 때 이다. 위험이 운송인에게 인도된 때 위험은 매수인에게 이전되기 때문에 물품이 지정목적지에 양호한 상태로 도착할 것에 대해 매도인은 위험책임이 없다. 모든 운송수단에 적용되는 조건이기 때문에 인도되는 장소와 주운송(해운, 항공 등)을 위한 물리적 장소는 같을 수도 있지만 다를 수 있다. 이 경우 매도인의 위험은 매도인이 지정한 운송인에게 인도된 때 이전되지만, 주운송에 대한 운송계약의 책임은 여전히 매도인에게 존재한다. CIP 조건은 물품의 인도장소와 합의된 목적지가 구분되어 매도인의 위험은 인도장소에서 매수인에게 이전되지만, 비용은 목적지까지 포함한다. 따라서 CIP의 경우 인도장소와 지정목적지를 구체화하여 정해야한다.

한편, 목적지에 도착하여 화물이 양하준비된 상태지만 컨테이너와 같은 정기선의 특성으로 양하에 관하여 비용이 발생할 수 있는데 이 경우 매도인은 당사자 간에 합의되지 않은 한 그러한 비용을 매수인으로부터 별도 상환받을 수 없다. 또한 CIP 조건은 매도인의 수출통관이 의무이다.

그리고 CIP조건은 지정목적지까지 매수인의 물품의 멸실 또는 훼손 위험에 대하여 보험계약을 체결해야한다. 다만, 보험약관에 있어 인코텀즈 2020 이전의 CIP는 협회적하약관(C)약관이나 그와 유사한 약관(ICC(FPA))에 기초하였다면 인코텀즈 2020에서는 ICC(A)약관이나 그와 유사한 약관(ICC(A/R))에 따른 담보조건을 부보해야 한다. 하지만 당사자들의 합의에 의해 낮은 수준의 담보조건으로 부보할 수 있다.

CIP비용 = CPT비용 + 적하보험료(ICC(A) 또는 그와 유사한 약관 기준)

(5) DAP(Delivered At Place) 도착지인도조건

DAP(지정목적지 기입) 조건의 위험인도는 매도인이 물품을 지정목적지에 도착운송수단에 실어둔 채 양하준비된 상태로 매수인의 처분하에 놓인 때이다. DAP 조건은 인도장소로 지정한 목적지까지의 비용은 매도인이 부담하지만 이후 비용은 매수인이 부담한다. 따라서 목적지까지의 운송계약 체결의 의무가 매도인에게 있다. 만약 운송계약이 완전하지 못하여 목적지까지 후속운송이 발생한다면 그 비용에 대해서도 매도인이 책임을 진다. DAP 조건에서 매도인은 양하의 의무가 없다. 또한 DAP 조건은 매도인의 수출통관이 의무이다.

한편, 지정목적지(터미널이나 항만)에 도착한 물품이 통관을 하지 못한 채 대기하는 상황에서 위험이 발생하면 이 경우 매수인이 위험을 부담한다. 이런 경우를 피하기 위해서는 DDP조건을 사용하는 것이 좋다.

DAP비용 = CPT비용 + 지정목적지까지의 운송비

(6) DPU(Delivered at Place Unloaded) 도착지양하인도조건

DPU(지정목적지 기입) 조건의 위험인도는 매도인이 물품을 지정목적지에 도착한 물품을 양하된 상태로 매수인의 처분하에 놓인 때이다. DPU 조건은 인도장소로 지정한 목적지까지 운반하여 물품을 양하하는 데 수반되는 모든 위험을 부담한다. 이 경우 인도와 도착이 같게 된다. DPU는 매도인이 양하의 책임이 있는 유일한 조건으로 지난 인코텀즈의 DAT와 맥락이 유사하다. 따라서 매도인은 목적지에서 양하가 가능한지 확인이 필요하며 만약 불가능할 경우 DAP를 사용해야한다.

인도장소로 지정한 목적지까지의 비용은 매도인이 부담하지만 이후 비용은 매수인이 부담한다. 따라서 목적지까지의 운송계약 체결의 의무가 매도인에게 있다. 만약 운송계약이 완전하지 못하여 목적지까지 후속운송이 발생한다면 그 비용에 대해서도 매도인이 책임을 진다. 또한 DPU 조건은 매도인의 수출통관이 의무이다.

한편, 지정목적지(터미널이나 항만)에 도착한 물품이 통관을 하지 못한 채 대기하는 상황에서 위험이 발생하면 이 경우 매수인이 위험을 부담한다. 이런 경우를 피하기 위해서는 DDP조건을 사용하는 것이 좋다.

DPU비용 = DAP비용 + 양하비용

(7) DDP(Delivered Duty Paid) 관세지급인도조건

DDP(지정목적지 기입) 조건의 위험인도는 매도인이 물품을 지정목적지에 수입통관 후 도착운송수단에 실어둔 채 양하준비된 상태로 매수인의 처분하에 놓인 때이다. DDP 조건은 인도장소로 지정한 목적지까지 수입통관비용을 포함하여 그러한 인도장소/목적지 또는 인도/목적지점 전의 비용은 매도인이 부담하고 수입비용을 제외한 그 후의 비용은 매수인이 부담한다. 따라서 목적지까지의 운송계약 체결의 의무가 매도인에게 있다. 만약 운송계약이 완전하지 못하여 목적지까지 후속운송이 발생한다면 그 비용에 대해서도 매도인이 책임을 진다. DDP 조건에서 매도인은 양하의 의무가 없다. 또한 DDP 조건은 매도인의 수출통관이 의무이다.

한편, DDP에서는 해당되는 경우에 매도인이 물품의 수출통관 및 수입통관을 하여야 하고 또한 수입관세를 납부하거나 모든 통관절차를 수행하여야 한다. 다만 매수인은 매도인이 수입통관을 위해 요구하는 정보는 제공해야 한다.

DDP비용 = DAP비용 + 수입통관비용

(8) FAS(Free Alongside Ship) 선측인도조건

FAS(지정선적항 기입)의 위험인도는 매도인이 물품을 지정선적항에서 매수인이 지정한 선박의 선측(부두 또는 바지선)에 물품이 놓인 때이다. 물품의 멸실 또는 훼손의 위험은 물품이 선측에 놓인 때 매도인으로부터 매수인으로 이전하고, 향후의 모든 비용을 매수인이 부담한다. 또한 FAS에서는 해당되는 경우에 매도인이 물품의 수출통관을 하여야 한다.

FAS 비용 = EXW비용 + 내륙운송비용 + 선측까지의 운송비용

(9) FOB(Free On Board) 본선인도조건

FOB(지정선적항 기입)의 위험인도는 매도인이 물품을 지정선적항에서 매수인이 지정한 선박에 물품을 적재한 때이다. 물품의 멸실 또는 훼손 위험은 물품이 본선에 적재 된 때 매도인으로부터 매수인으로 이전하고, 향후의 모든 비용을 매수인이 부담한다. 또한 FOB에서는 해당되는 경우에 매도인이 물품의 수출통관을 하여야 한다.

FOB비용 = EXW비용 + 내륙운송비용 + 본선적재비용

(10) CFR(Cost and Freight) 운임포함인도조건

CFR(지정목적항 기입)의 위험인도는 매도인이 물품을 지정선적항에서 매수인이 지정한 선박에 물품을 적재한 때이다. 물품의 멸실 또는 훼손 위험은 물품이 본선에 적재 된 때 매도인으로부터 매수인으로 이전하고, 향후의 모든 비용을 매수인이 부담한다. 또한 CFR에서는 해당되는 경우에 매도인이 물품의 수출통관을 하여야 한다. 한편, CFR은 물품을 적재하는 지정선적항에서 위험이 매수인에게 이전하며 매도인은 목적항까지의 운송계약을 매도인의 비용으로 체결해야 한다.

CFR비용 = FOB비용 + 목적지까지의 해상운임

(11) CIF(Cost Insurance and Freight) 운임보험료포함인도조건

CIF(지정목적항 기입)의 위험인도는 매도인이 물품을 지정선적항에서 매수인이 지정한 선박에 물품을 적재한 때이다. 물품의 멸실 또는 훼손 위험은 물품이 본선에 적재 된 때 매도인으로부터 매수인으로 이전하고, 향후의 모든 비용을 매수인이 부담한다. 또한 CIF에서는 해당되는 경우에 매도인이 물품의 수출통관을 하여야 한다. 한편, CIF는 물품을 적재하는 지정선적항에서 위험이 매수인에게 이전하며 매도인은 목적항까지의 운송계약을 매도인의 비용으로 체결해야하며 보험계약도 체결해야 한다. 이때 체결하는 보험의 담보수준은 협회적하약관 ICC(C)나 그와 유사한 약관이다. 물론 당사자 합의에 의하여 담보수준은 변경가능하다.

CIF비용 = CFR비용 + 적하보험료(ICC(C) 또는 그와 유사한 약관 기준)

〈표 3-4〉 인코텀즈 2020

조건	EXW	FCA	FAS	FOB	CFR	CIF	CPT	CIP	DAT	DAP	DDP
포장	매도인	매도인	매도인	매도인	매도인	매도인	매도인	매도인	매도인	매도인	매도인
상차료	매수인	매도인	매도인	매도인	매도인	매도인	매도인	매도인	매도인	매도인	매도인
출발지내륙운송료	매수인	매도인	매도인	매도인	매도인	매도인	매도인	매도인	매도인	매도인	매도인
수출통관료	매수인	매도인	매도인	매도인	매도인	매도인	매도인	매도인	매도인	매도인	매도인
출발지터미널비용	매수인	매수인	매도인	매도인	매도인	매도인	매도인	매도인	매도인	매도인	매도인
선적류	매수인	매수인	매도인	매도인	매도인	매도인	매도인	매도인	매도인	매도인	매도인
항공료/선적료	매수인	매수인	매수인	매수인	매도인	매도인	매도인	매도인	매도인	매도인	매도인
보험료						매도인		매도인			
도착지터미널비용	매수인	매수인	매수인	매수인	매수인	매수인	매도인	매도인	매도인	매도인	매도인
노착시내륙운송료	매수인	매수인	매수인	매수인	매수인	매수인	매수인	매수인	매수인	매도인	매도인
관세,수입통관료	매수인	매수인	매수인	매수인	매수인	매수인	매수인	매수인	매수인	매수인	매도인

5) 인코텀즈의 매도인과 매수인

인코텀즈의 구분은 매도인과 매수인의 책임을 중심으로 한다. 물품의 물리적 이동을 전제로 하며 이동을 위해 발생하는 양하역 및 이에 따른 비용과 위험을 고려해야한다. 인코텀즈에서 제공하는 설명문은 이후 제시되는 매도인(A1-A10)과 매수인(B1-B10)

의 각각 10가지 의무에 의해 작성된 것이다. A1과 B1은 매도인과 매수인의 기본적인 '일반의무(General Obligations)'를 기술하고 있다. A2와 B2는 매도인의 '인도(Delivery)'에 따른 매수인의 '인도의 수령(Taking Delivery)'이며, A3와 B3는 매도인과 매수인의 '위험이전(Transfer Risks)을 다루고 있다. A4와 B4에서는 '운송(Carriage)'에 대해서 각각 운송계약의 체결의무에 대해 기술하고 있으며, A5와 B5에서는 '보험(Insurance)'에 대해 각각 보험계약 체결의 의무에 대해 기술하고 있다. 운송과 보험은 당사자 가운데 체결해야 한다는 표현이 의무이기도 하지만 실무적으로는 운송인과 보험사를 선택할 수 있는 권한이기도 하다. 이외 A6와 B6는 '인도/운송서류(Delivery/transport document)', A7과 A8은 '수출/수입통관(Export/import clearance)', A8과 B8은 '점검/포장/화인표시(Checking/packaging/marking)', A9과 B9은 '비용분담(Allocation of costs)', 마지막으로 A10과 B10은 '통지(Notices)'에 대해 기술하고 있다.

매도인과 매수인의 책임을 해석할 때 중요한 것은 인코텀즈는 가격조건이며, 제시되는 가격은 이러한 조건별로 한정된 책임에 대한 가격이라는 점이다. 따라서 생산원가를 포함하여 책임을 이행해야하는 데 소요되는 비용을 포함한 것이 가격이 된다. 반대로 생산원가만을 제시한다면 국내거래 가격이 되는 것이기에 인코텀즈 조건에 따른 추가 활동이 국외거래로 발생하는 추가비용이 된다는 논리이다.

〈표 3-5〉 인코텀즈 당사자의 의무

매도인의 의무	매수인의 의무
A1 일반의무 General obligations	B1 일반의무 General obligations
A2 인도 Delivery	B2 인도의 수령 Taking delivery
A3 위험이전 Transfer of risks	B3 위험이전 Transfer of risks
A4 운송 Carriage	B4 운송 Carriage
A5 보험 Insurance	B5 보험 Insurance
A6 인도/운송서류 Delivery/transport document	B6 인도/운송서류 Proof of delivery
A7 수출/수입통관 Export/import clearance	B7 수출/수입통관 Export/import clearance
A8 점검/포장/하인 Checking/packaging/marking	B8 점검/포장/하인 Checking/packaging/marking
A9 비용분담 Allocation of costs	B9 비용분담 Allocation of costs
A10 통지 Notices	B10 통지 Notices

6) 인코텀즈의의 장소표기

인코텀즈 2020을 사용함에 있어 각 조건은 사용조건을 표기하고 장소의 표기를 한다. 지정인도장소, 지정목적지, 지정선적항, 지정목적항으로 총 4개의 장소로 구분된다. 모든 운송수단에 사용가능한 복합운송조건 가운데 선적지조건인 EXW, FCA 조건은 지정인도장소이며, 도착지조건인 CPT, CIP, DAP, DPU, DDP는 지정목적지이다. 해상 및 수로운송 조건 중 선적지 조건인 FAS, FOB는 지정선적항이며, 도착지 조건인 CFR, CIF는 지정목적항을 기입한다.

〈표 3-6〉 인코텀즈 2020의 장소표기

적합한 운송방식	약어	조건
Rules for any mode of modes of transport (모든 운송방식에 적용되는 규칙)	EXW(Ex Works)	공장인도조건 (지정인도장소)
	FCA(Free Carrier)	운송인인도조건 (지정인도장소)
	CPT(Carriage Paid To)	운송비지급인도조건 (지정목적지)
	CIP(Carriage and Insurance Paid to)	운송비, 보험료지급인도조건 (지정목적지)
	DAP(Delivered At Place)	도착장소인도조건 (지정목적지)
	DPU(Delivered at Place Unloaded)	도착지양하인도 (지정목적지)
	DDP(Delivered Duty Paid)	관세지급인도조건 (지정목적지)
Rules for sea and inland waterway transport (해상운송과 내수로 운송에 적용되는 규칙)	FAS((Free Alongside Ship)	선측인도조건 (지정선적항)
	FOB(Free On Board)	본선인도조건 (지정선적항)
	CFR(Cost and Freight)	운임포함인도조건 (지정목적항)
	CIF(Cost Insurance and Freight)	운임, 보험료포함인도조건 (지정목적항)

3. Incoterms® 2010

1) 인코텀즈 2010의 개요

무역거래조건의 해석에 관한 규칙으로 1936년 제정된 인코텀즈는 국제 무역의 변화에 적응하기 위해 여러 차례 개정을 하였다. Incoterms 2010는 'Incoterms 2000'을 개정한 것이다. 2000에서 2010으로 변경의 주된 배경과 주요내용을 살펴보면 첫째, 복합운송조건의 이용률 저조와 전자무역거래가 활발해지면서 발전가능성에 대한 필요성이 증대되었다. 둘째, 해상매매계약에서 위험 및 비용의 분기점의 기준에 대한 문제점이 발생했다. 셋째, 9.11테러 등으로 수출입화물에 대한 안전에 대한 관심이 증가되었다. 넷째, 당사간의 합의를 전자통신수단을 서면통신과 동일한 효력 부여하도록 한다. 다섯째, 정형거래축소: 4개의 항목을 삭제하고 DAT, DAP를 신설하여 13개의 조건에서 11개의 조건으로 축소되었다. 마지막으로 거래당사자 간의 물품의 인도 조건, 물품에 대한 위험부담의 분기점, 인코텀즈의 사용범위의 확대가 변경되었다.

2) 인코텀즈 2010 요약

(1) EXW(Ex Works) 공장인도조건

• 위험의 분기점: 매도인의 장소(공장 등)

• 비용의 분기점: 매도인의 장소

매도인은 공장에 매수인(또는 지정운송인)이 가져갈 수 있도록 화물 준비만 이행하며, 이후 매수인이 모든 선적과정 진행한다. 매도인의 최소의무, 매수인의 최대의무를 가진다. 국제거래보다는 국내거래에 적용이 용이하며 국제거래 시 FCA 규칙이 더 적합하다.

(2) FCA(Free Carrier) 운송인인도조건

• 위험의 분기점: 지정된 장소에서 운송인에게 인도할 때

• 비용의 분기점: 지정된 장소에서 운송인에게 인도할 때

매도인이 물품을 수출통관하고, 지정된 장소에서 매수인에 의하여 지정된 운송인 또는 그 밖의 당사자에게 인도할 때 매도인의 위험과 비용의 분기점은 종료된다. 매도인의 구내가 아닌 지점에서 물품을 인도할 때 매도인은 인도차량에서 적재화물을 양하할 의무가 없다. 컨테이너 화물에 많이 이용한다.

(3) FAS(Free Alongside Ship) 선측인도조건

• 위험의 분기점 : 본선의 선측에 인도할 때

• 비용의 분기점 : 본선의 선측에 인도할 때

FOB와 마찬가지로 선박지정이 매수인에 의하여 이루어지며, 선측까지 인도 이후

선적비용은 매수인이 부담한다. FAS조건은 선적비용이 많이 들고 컨테이너방식을 사용하기 곤란한 곡물, 석탄, 원목 등의 벌크화물거래에 많이 쓰인다. FAS 규칙은 해상 또는 내륙수로 운송에 사용되는 규칙이다.

(4) FOB(Free On Board) 본선인도조건

- 위험의 분기점: 본선에 적재되었을 때
- 비용의 분기점: 본선에 적재되었을 때

물품이 본선의 갑판에 적재된 이후의 위험과 추가비용은 모두 매수인의 부담한다. 선박의 지정과 운송계약 체결권은 매수인이 가진다. 실무적으로 CIF와 함께 가장 많이 쓰이는 규칙으로 알려졌으나 오히려 FOB보다 FCA가 많이 쓰인다. 해상 또는 내륙 운송에서만 사용되는 규칙이다.

(5) CFR(Cost and Freight) 운임포함인도조건

- 위험의 분기점: 본선에 적재 되었을 때
- 비용의 분기점: 목적항까지의 운임

위험분기점은 선적항에서 선박의 본선상에 물품을 인도할 때 종료된다. 비용분기점은 매도인은 수출통관하고 목적항까지의 운임을 부담할 때 종료된다. 위험과 비용의 분기점이 서로 다르다. CFR 규칙을 복합운송으로 변경할 때는 CPT 규칙으로 대체 가능하나. 해상운송 또는 내륙수로 운송에만 사용한다.

(6) CIF(Cost Insurance and Freight) 운임보험료포함인도조건

- 위험의 분기점: 본선에 적재 되었을 때
- 비용의 분기점: 목적항까지의 운임과 보험료

매도인은 통상적인 보험계약으로 최소 담보조건인 ICC(C)로 가입한다. 보험계약을 체결할 때는 보험계약자와 피보험자가 모두 매도인으로 동일하다. 선적 후에는 보험증권에 배서하여 보험금 청구권리를 매수인에게 양도하므로 최종적인 피보험자는 매수인으로 달라진다. CIF 규칙을 복합운송으로 변경할 때는 CIP 규칙으로 대체한다.

(7) CPT(Carriage Paid To) 운송비지급조건

• 위험의 분기점: 지정한 운송인에게 물품을 인도하였을 때
• 비용의 분기점: 지정목적지에서 운송인에게 물품을 인도하였을 때(인도장소까지의 운송비는 매도인 부담)

위험과 비용의 분기점이 서로 상이하며 목적지는 내륙의 어느 합의된 지점으로 한다. 매도인이 운송계약을 체결하고 수출지에서 매도인이 지정한 운송인에게 물품을 인도할 때 위험 분기점이 종료된다. 비용의 분기점은 매도인이 수출지의 지정목적지까지의 비용을 부담한다. 해상운송규칙인 CFR 규칙을 복합운송방식으로 바꿀 때 적용한다.

(8) CIP(Carriage and Insurance Paid To) 운송비보험료지급인도조건

• 위험의 분기점: 지정한 운송인에게 물품을 인도하였을 때
• 비용의 분기점: 지정한 목적지에서 운송인에게 인도될 때(인도장소까지의 운송비와 보험료는 매도인 부담)

보험 조건 외에 기타조건은 CPT와 동일하다. 해상운송인 CIF 규칙을 복합운송방식으로 바꿀 때 적용된다.

(9) DAT(Delivered At Terminal) 터미널인도조건

• 위험의 분기점: 양하한 물품을 지정항구나 목적지의 지정 터미널에서 인도할 때
• 비용의 분기점: 양하한 물품을 지정항구나 목적지의 지정 터미널에서 인도할 때

인코텀즈2000의 DEQ규칙 대체한 것으로 수입지의 터미널에 물품을 양하한 후 매수인의 임의처분상태로 둘 때 매도인의 위험과 비용의 의무가 종료된다. 인코텀즈2010에서 유일하게 매도인이 물품을 양하해야 할 의무가 있는 규칙이다. 터미널은 부두, 창고, 컨테이너 야드 또는 도로, 철도 또는 항공화물 터미널과 같이 덮개의 유무를 불문하는 모든 장소를 포함한다.

(10) DAP(Delivered At Place) 목적지인도조건

• 위험의 분기점: 지정된 목적지에서 양하하지 않고 매수인의 임의 처분 상태로 인

도할 때

• 비용의 분기점: 지정된 목적지에서 양하하지 않고 매수인의 임의 처분 상태로 인도할 때

목적지는 항구일 수도 있고 내륙의 지점일수도 있다. 인코텀즈2000의 DAF, DES 및 DDU 규칙을 대체한 것이다. DAT조건과 유사하지만 지정목적지에서 물품을 운송수단에서 양하하지 않은 상태로 매수인의 임의처분에 둘 때 매도인의 위험과 비용이 종료된다는 점에서 차이가 있다.

(11) DDP(Delivered Duty Paid) 관세지급인도조건

• 위험의 분기점: 지정된 목적지에서 매수인에게 인도 될 때
• 비용의 분기점: 지정된 목적지에서 매수인에게 인도 될 때(관세지급, 관세 및 통관은 매도인의 부담)

지정목적지에서 물품을 운송수단에서 양하하지 않은 상태로 매수인의 임의처분에 둘 때 매도인의 위험과 비용이 종료된다. 매도인은 지정목적지에서의 수입통관을 모두 이행해야 하고 이와 관련된 부가가치세, 기타 세금은 모두 매도인의 부담한다. DDP규칙은 매도인의 최대 의무규칙이다.

〈표 3-7〉 인코텀즈 2010의 요약

조건	EXW	FCA	FAS	FOB	CFR	CIF	CPT	CIP	DAT	DAP	DDP
포장	매도인	매도인	매도인	매도인	매도인	매도인	매도인	매도인	매도인	매도인	매도인
상차료	매수인	매도인	매도인	매도인	매도인	매도인	매도인	매도인	매도인	매도인	매도인
출발지 내륙 운송료	매수인	매도인	매도인	매도인	매도인	매도인	매도인	매도인	매도인	매도인	매도인
수출 통관료	매수인	매도인	매도인	매도인	매도인	매도인	매도인	매도인	매도인	매도인	매도인
출발지 터미널 비용	매수인	매수인	매도인	매도인	매도인	매도인	매도인	매도인	매도인	매도인	매도인
선적료	매수인	매수인	매도인	매도인	매도인	매도인	매도인	매도인	매도인	매도인	매도인
항공료/선적료	매수인	매수인	매수인	매수인	매도인	매도인	매도인	매도인	매도인	매도인	매도인
보험료						매도인		매도인			

도착지 터미널 비용	매수인	매수인	매수인	매수인	매수인	매수인	매도인	매도인	매도인	매도인	매도인
도착지 내륙 운송료	매수인	매수인	매수인	매수인	매수인	매수인	매수인	매수인	매수인	매도인	매도인
관세, 세금, 수입 통관료	매수인	매수인	매수인	매수인	매수인	매수인	매수인	매수인	매수인	매수인	매도인

4. Incoterms® 2010에서 2020으로의 변경사항

인코텀즈는 10년 단위로 개정되어 왔다. 최근 2010에서 2020으로 변경되면서 몇 가지 특징을 보면 다음과 같다.

1) DAT의 DPU로 변경

인코텀즈 2010 DAT규칙은 매수인이 터미널에서 매도인으로부터 물품을 전달받아 본인 창고로 운송해야 하는 번거로움이 있었다. 이로 인해 DAT규칙을 사용하는 매수인이 없었다. ICC는 이를 반영하여 DAT(Delivered at Terminal, 터미널 인도 규칙)이 제거하고 DPU(Delivered at Place Unloaded, 도착지 양하 인도 규칙)이 추가하였다. DAT규칙과 동일하게 DPU는 인코텀즈 2020 내 D규칙 중 유일하게 매도인의 '양하 의무'를 가지고 있다. 따라서 DPU규칙이 적용된 무역거래에서는 수출자는 수입자가 지정한 장소에서 물건을 트럭에서 내린 후 수입자에게 전달해야 하는 의무를 가지게 되었다. 참고로 인코텀즈 2020에서는 D규칙 순서 역시 DAT→DAP→DDP에서 DAP→DPU→DDP로 바뀌었다.

(1) DAT조건(인코텀즈 2010)

매도인은 도착지 지정 터미널에서 물품을 운송수단으로부터 양하 한 후 매수인에게 인도해야 한다.

(2) DPU조건(인코텀즈 2020)

매도인은 매수인 지정 목적지에서 물품을 운송수단으로부터 양하 한 상태로 매수인에게 인도해야 한다.

2) CIP 조건의 부보 범위 확대

CIP규칙의 적하보험 최소 부보 의무에서 최대 부보 의무로 변경되었다. 인코텀즈 2010에서는 CIF와 CIP규칙 모두 최소 부보 조건 ICC(C)로 보험을 신청해야 했다. 하지만 인코텀즈 2020에서는 CIP규칙을 이용하는 매도인은 최대 부보 조건 ICC(A) 보험을 들어야 하는 의무를 가지게 되었다. 단, 매도인과 매수인 간 합의가 있으면 더 낮은 조건의 보험을 들어도 상관이 없으며, CIF규칙은 여전히 ICC(C) 또는 ICC(FPA) 최소 부보 의무 유지되었다.

3) FCA조건에서 운송인의 본선 적재 표기 선하증권 발행

매도인이 본선 적재 전 화물을 매수인이 지정한 운송인에게 인도(FCA규칙)하면 운송인으로부터 수취식 선하증권(Received B/L) or 화물 수령증(D/R, M/R)을 받았다. 하지만 신용장 거래에서는 수취식 선하증권 혹은 화물 수령증만으로 은행으로부터 돈을 받지 못하는 실무적 상황을 고려하였다. 은행은 오직 본선 적재 부기가 표기된 선하증권 받은 상황에서만 매도인에게 대금을 주기 때문에 신용장 거래를 하는 매도인들은 FCA규칙을 사용할 수 없다. ICC는 이를 고려해서 FCA규칙에 운송인 본선 적재 표기 선하증권 발행 조항을 추가하여 인코텀즈 2020에서는 매도인과 매수인 간 협의만 있으면 매도인은 운송인에게 본선 적재가 표기된 선하증권을 발행하라고 지시할 수 있게 되었다.

4) 본인의 운송수단의 사용

인코텀즈 2010에서는 매도인/매수인은 물품 운송을 반드시 제3자 운송업자에게 의뢰해야 했다. 하지만 인코텀즈2020에서는 매도인/매수인의 운송수단에 의한 물품운송을 허용하는 것으로 변경되었다. 예를 들면, FCA규칙에서 매수인은 수출국 인도 장소에서 물품을 매도인으로부터 전달받은 후 자신의 운송수단을 이용하여 본인 회사 및 창고로 운송이 가능하다. FCA와 DAP, DPU, 그리고 DDP의 경우 매수인이 지정한 목적지까지 운송을 위해 독립된 운송계약, 즉 제3자에 의한 운송을 전제로 하였지만 이번 개정을 통하여 매도인 스스로 운송하는 것을 허용하게 하였다. 운송계약이 포함되지 않는 EXW와 반드시 선박운송이 전제된 FAS, FOB 그리고 매도인이 운송계약의 체결의무가 있는 CPT, CIP, CFR, CIF를 제외한 FCA, DAP, DPU, DDP의 경우 매도인 스스로 운송이 가능하게 되었다.

5) 조달의 개념 확대

기존의 연속매매를 위한 조달의 개념이 확대되었다. 특히 1차상품 거래에서 이용되었는데 기존의 2010에서는 FAS, FOB, CFR, CIF 등 벌크화물에만 적용되었지만, 이외 EXW를 제외한 모든 규칙에서 조달을 인정하였다.

6) 운송과 통관 조항에서의 보안관련 의무 삽입

전 세계적으로 보안에 대한 관심이 높아짐에 따라 인코텀즈에서도 보안관련 정보제공 의무가 처음으로 포함되었다. 보안과 직결되는 A4운송 / A7수출통관 조항에 '매도인은 매수인에게 화물을 인도하기 전까지 운송 및 통관 관련된 보안 의무를 준수할 것'을 규정하였다. 보안 관련 비용 부담 내용은 A9과 B9 비용 조항에 포함되었다.

7) 사용자를 위한 설명문의 보강

인코텀즈 2020에서는 사용자를 위한 설명문이 보강되었다. 인코텀즈2010에서는 개별 인코텀즈 규칙의 설명문 명칭을 '사용지침(Guidance Note)'를 사용했다. 인코텀즈 2020에서는 명칭을 '사용자를 위한 설명문(Explanatory Notes for Users)'로 변경되었다. 또한, 사용자들을 위한 기본적 설명 사항이 보다 더 구체적으로 기재되어 있다.

8) 개별 조건 내 조항 순서 변경

인코텀즈 2020에는 총 11개의 규칙(EXW~DDP)이 있는데, 기존의 2010의 순서와 달리 중요한 조항 순서로 재배열되었다.

9) 인코텀즈 2010과 2020의 매도인과 매수인의 책임

〈표 3-8〉 인코텀즈 매도인과 매수인의 책임 구분

인코텀즈 2010	인코텀즈 2020
A1/B1 일반의무	A1/B1 일반의무
A2/B2 허가, 승인 통관 및 기타절차	A2/B2 인도
A3/B3 운송/보험계약	A3/B3 위험이전
A4/B4 인도	A4/B4 운송
A5/B5 위험이전	A5/B5 보험
A6/B6 비용분담	A6/B6 인도/운송서류
A7/B7 통지	A7/B7 통관
A8/B8 인도/운송 서류	A8/B8 점검, 포장, 확인표시
A9/B9 점검, 포장, 확인표시	A9/B9 비용분담
A10/B10 정보와 관련비용	A10/B10 통지

5. 인코텀즈의 비교

1) 인코텀즈 2020, FAS와 FOB의 비교

(1) FAS(Free Alongside Ship)

선측인도는 다음과 같이 된 때 매도인이 물품을 매수인에게 인도하는 것을 의미한다. 지정선적항에서 매수인이 지정한 선박의 선측에 물품이 놓인 때 또는 이미 그렇게 인도된 물품을 조달한 때물품의 멸실 또는 훼손의 위험은 물품이 선측에 놓인 때 이전되고, 매수인은 그 순간부터 향후의 모든 비용을 부담하게 된다.

(2) FOB(Free On Board)

본선인도는 매도인이 다음과 같이 물품을 매수인에게 인도하는 것을 의미한다. 지정선적항에서 매수인이 지정한 선박에 적재함 또는 이미 그렇게 인도된 물품을 조달함 물품의 멸실 또는 훼손의 위험은 물품이 선박에 적대된 때 이전하고, 매수인은 그 순간부터 향후의 모든 비용을 부담한다.

〈표 3-9〉 Freight paid 와 Freight paid at의 차이

Freight paid	매도인이 해상운임까지 이미 지불했다는 의미
Freight paid at	매수인이 지불하기에 후불로 이루어진다.

2) 인코텀즈 2020 C조건

(1) CPT(Carriage paid to)

CPT는 운송비지급 인도조건으로 매도인이 합의된 장소에서 운송인에게 물품을 인도하는 것이다. CPT 에서는 매도인이 운송계약을 체결해야 한다. 매도인은 운송인에게 물품을 인도할 때 위험의 분기점이 종료되지만, 비용의 분기점은 물품이 지정목적지에 도착해야 종료되어 위험과 비용의 분기점이 다르다. 따라서 매도인의 비용은FCA 에서의 비용과 지정 목적지까지의 운송비용까지 포함한다. 이 조건에서는 위험과 비용이 서로 다른 장소에서 이전되기 때문에 위험이 매수인에게 이전되는 이전장소와 매도인이 지정목적지까지 운송계약을 체결해야 하는 두 장소를 계약서상에 가능한 한 명확하게 지정해 두어야 한다.

(2) CIP(Carriage and Insurance paid to)

CIP는 운송비 보험료 지급 인도조건으로CPT와 매우 비슷하지만 매도인이 보험체결의무를 지닌다는 점이 다르다. 위에 설명한CPT 와 같이 위험의 분기점은 매도인이 지정한 운송인에게 물품을 인도하였을 때지만, 비용의 분기점은 물품이 지정목적지에 도착할 때이다. 그리고 매도인의 비용도CPT 에서의 비용에 추가로 보험료까지 포함하게 된다. 알파벳 I가 들어가는 조건에서 가장 중요한 점은, 매도인이 보험체결의무를 가진다는 점이다.

(3) CFR(Cost and Freight)

CFR 은 운임포함인도 조건으로FOB와 비슷하게 매도인이 본선 갑판상에 물품을 인도하거나 인도된 물품을 조달하는 것이다. 하지만 FOB와 다른 점은 매도인의 비용이 선적항까지의 운임에서 지정목적항까지의 운임까지 포함된다는 것이다. 매도인의 위험 분기점은 선박의 갑판에 물건을 올려놓을 때 종료가 되지만, 매도인은 수출통관과 목적항까지의 운임을 부담하게 된다. 또한 CFR 조건을 복합운송으로 변경할 때는 CPT 조건으로 대체 가능하게 된다.

(4) CIF(Cost, Insurance and Freight)

CIF는 운임-보험료포함 인도조건으로 매도인은 운송계약체결을 하고 물품을 지정목적지로 가져오는 데 필요한 비용과 운임을 지불하게 된다. CIF에서 가장 중요한 것은 매도인이 물품의 운송 중 일어나는 물품에 대한 멸실 또는 손상에 대한 매수인의 위험에 대하여 보험계약을 체결해야 한다는 것이다. CIF에서 위험의 분기점은 CFR과 같이 본선에 적재되었을 때지만, 비용의 분기점은 CFR 에서의 비용에 보험료 포함된다. CIF 조건을 복합운송으로 변경할 때에는 CIP 조건으로 대체 가능하게 된다.

〈표 3-10〉 그룹별 거래조건 분류

구분		거래조건
E그룹	출발지인도	EXW
F그룹	운송비 비지급 인도	FCA, FAS, FOB
C그룹	운송비 지급 인도	CFR, CIF, CPT, CIP
D그룹	도착지 인도	DAP, DPU, DDP

3) 인코텀즈 2020 요약표

〈표 3-11〉 인코텀즈 2020 요약표

규칙	주요 내용	위험이전 및 인도장소	비용분기점	수출 통관	주운송비 (적재비) (양하비)	보험료	수입 통관
EXW	지정인도장소에서 수취용 차량에 적재하지 않은 채 매수인의 처분하에 둠	지정인도장소 (수출국)		매수인	매수인 (매수인) (매수인)	협의	매수인

FCA	지정인도장소에서 매수인이 지정한 운송인(또는 제3자)에게 인도 (또는 그렇게 인도된 물품 조달)	지정인도장소 (수출국)		매도인	매수인 (매도인) (매수인)	협의	매수인
CPT	지정인도장소에서 매도인과 운송계약을 체결한 운송인에게 물품 교부 (또는 그렇게 인도된 물품 조달) 매도인이 지정목적지까지 운임 부담	지정인도장소 (수출국)	지정목적지 (수입국)	매도인	매도인 (매도인) (매수인)	협의	매수인
CIP	지정인도장소에서 매도인과 운송계약을 체결한 운송인에게 물품 교부 (또는 그렇게 인도된 물품조달) 매도인이 지정목적지까지 운임 및 보험료 부담	지정인도장소 (수출국)	지정목적지 (수입국)	매도인	매도인 (매도인) (매수인)	매도인 ICC(A)	매수인
DAP	지정목적지에서 도착운송수단에 실어둔 채 양하준비된 상태로 매수인의 처분하에 둠 (또는 그렇게 인도된 물품조달)	지정목적지 (수입국)		매도인	매도인 (매도인) (매수인)	협의	매수인
DPU	지정목적지에서 도착운송수단으로부터 양하하여 매수인의 처분하에 둠 (또는 그렇게 인도된 물품 조달)	지정목적지 (수입국)		매도인	매도인 (매도인) (매도인)	협의	매수인
DDP	지정목적지에서 도착운송수단에 실어둔 채 양하준비된 상태로 매수인의 처분하에 둠 (또는 그렇게 인도된 물품조달) 매도인이 수입통관(수입관세 와 기타 수입관련 조세 납부)	지정목적지 (수입국)		매도인	매도인 (매도인) (매수인)	매도인 ICC(A)	매도인
FAS	지정선적항에서 매수인이 지정한 선박의 선측에 둠 (또는 그렇게 인도된 물품조달)	지정선적항 (수출국)		매도인	매수인 (매수인) (매수인)	협의	매수인
FOB	지정선적항에서 매수인이 지정한 본선에 적재함 (또는 그렇게 인도된 물품조달)	지정선적항 (수출국)		매도인	매수인 (매도인) (매수인)	협의	매수인
CFR	지정선적항에서 매도인이 지정한 본선에 적재 (또는 그렇게 인도된 물품 조달) 매도인이 지정목적항까지 운임 부담	지정선적항 (수출국)	지정목적항 (수입국)	매도인	매도인 (매도인) (매수인)	협의	매수인
CIF	지정선적항에서 매도인이 지정한 본선에 적재 (또는 그렇게 인도된 물품 조달) 매도인이 지정목적항까지 운임 및 보험료 부담.	지정선적항 (수출국)	지정목적항 (수입국)	매도인	매도인 (매도인) (매수인)	매도인 ICC(c)	매수인

실전문제

01. Which of the following is NOT true about the CPT rule under Incoterms 2020?

① The seller delivers the goods to the carrier or delivers the goods by procuring the goods so delivered.

② The seller contracts for and pay the costs of carriage necessary to bring the goods to the named place of destination.

③ The seller fulfills its obligation to deliver when the goods reach the place of destination.

④ The seller must pay the costs of checking quality, measuring, weighing and counting necessary for delivering the goods.

해석

01. Which of the following is NOT true about the CPT rule under Incoterms 2020? (다음 중 인코텀스 2020의 CPT 규칙에 대해 사실이 아닌 것은 무엇인가?)

① The seller delivers the goods to the carrier or delivers the goods by procuring the goods so delivered. (매도인은 운송인에게 상품을 인도하거나 배송된 상품을 조달하여 상품을 인도한다.)

② The seller contracts for and pay the costs of carriage necessary to bring the goods to the named place of destination. (판매자는 지정된 목적지에 상품을 가져오는 데 필요한 운송비용을 계약하고 지불합니다.)

③ The seller fulfills its obligation to deliver when the goods reach the place of destination. (판매자는 상품이 목적지에 도착할 때 인도해야 할 의무를 다하는 것이다.)

④ The seller must pay the costs of checking quality, measuring, weighing and counting necessary for delivering the goods. (물품 인도에 필요한 품질 확인, 측정, 제숭 측성, 계수에 드는 비용은 판매자가 부담해야 한다.)

정답 ③

① A2 인도 : 매도인은 물품을 A4(운송)에 따라 운송계약을 체결한 운송인에게 교부하거나 그렇게 인도된 물품을 조달함으로써 인도하여야 한다. 각각의 경우에 매도인은 합의된 기일에 또는 합의된 기간 내에 인도하여야 한다.

② A4 운송(Carriage) : 매도인은 인도장소로부터, 그 인도장소에 합의된 인도지점이 있는 때에는 그 지점으로부터 지정목적지까지 또는 합의가 있는 때에는 그 지정목적지의 어느 지점까지 물품을 운송하는 계약을 체결하거나 조달하여야 한다.

③ 목적지가 아닌 지정된 장소에서 책임이 끝난다.

④ A8 점검/포장/하인표시(Checking/packaging/marking) : 매도인은 A2에 따라 물품을 인도

하기 위한 목적에서 필요한 점검작업(예컨대 품질점검, 용적측량, 중량측정, 수량계수)에 드는 비용을 부담하여야 한다.

02. The following is on Incoterms® 2020. Select the right ones in the blanks.

The Incoterms® rules explain a set of (A) of the most commonly-used three-letter trade terms, e.g. CIF, DAP, etc., reflecting (B) practice in contracts for the (C) of goods.

① (A) twelve (B) business-to-consumer (C) sale and purchase

② (A) eleven (B) business-to-business (C) sale and purchase

③ (A) eleven (B) business-to-consumer (C) sales

④ (A) twelve (B) business-to-business (C) sales

해석

02. The following is on Incoterms® 2020. Select the right ones in the blanks. (다음은 인코텀즈2020에 관한 것이다. 괄호 안에 들어갈 것으로 올바른 것을 찾으시오.)

The Incoterms® rules explain a set of (ⓐ eleven) of the most commonly-used three-letter rade terms, e.g. CIF, DAP, etc., reflecting (ⓑ business-to-business) practice in contracts for the (ⓒ sale and purchase) of goods. (인코텀즈 규칙은 가장 흔하게 사용되는 세 글자로 된 무역 조건 11가지의 일습을 설명한다. 예를 들어 CIF[운임, 보험료 포함 인도], DAP[도착지 인도] 등이 있으며 인코텀즈는 상품의 판매와 구입의 관습을 반영한다.)

정답 ②

- 위의 지문은 ICC(국제상업회의소, International Chamber of Commerce)에서 제정한 Incoterms® 2020에 관한 것으로 인코텀즈에는 11가지의 무역조건들이 있으며 이는 기업 간의 상품 구매와 판매의 관습을 반영한다. 따라서 (A)eleven (B) business-to-business (C) sale and purchase 가 옳다.
- The Incoterms® rules explain a set of eleven of the most commonly-used three-letter trade terms, e.g. CIF, DAP, etc., reflecting business-to-business practice in contracts for the sale and purchase of goods.
- 인코텀즈규칙은 예컨대 CIF, DAP 등과 같이 가장 일반적으로 사용되는 세 글자로 이루어지고 물품매매계약상 기업 간 거래관행(business-to-business practice)을 반영하는 11개의 거래조건(trade term)을 설명한다.

03. Select the wrong explanation of changes in Incoterms® 2020.

① Bills of lading with an on-board notation could be required under the FCA

Incoterms rule.
② Obligations which are listed in one clause.
③ Different levels of insurance cover in CIF and CIP.
④ Arranging for carriage with seller's or buyer's ownmeans of transport in FCA, DAP, DPU and DDP.

해석

03. Select the wrong explanation of changes in Incoterms® 2020.
(Incoterms®2020의 변경 사항에 대한 잘못된 것을 선택하시오.)

① Bills of lading with an on-board notation could be required under the FCA Incoterms rule. (FCA 조건에서 본선적재부기가 기재된 선하증권이 요구된다.)
② Obligations which are listed in one clause. (하나의 조항에 나열된 의무들.)
③ Different levels of insurance cover in CIF and CIP. (CIF와 CIP의 다른 수준의 부보조건)
④ Arranging for carriage with seller's or buyer's own means of transport in FCA, DAP, DPU and DDP. (FCA, DAP, DPU 및 DDP에서 매도인 또는 매수인 소유의 운송수단에 의한 운송 준비)

정답 ②

• 인코텀즈에서는 하나의 조항에 하나의 의무가 기술되어 있다. ② 인코텀즈 2020에서도 2010과 동일하게 A1~A10(매도인의 의무), B1~B10(매수인의 의무)를 따르고 있으며 A1~B10까지 매도인과 매수인을 구분하여 하나의 조항에 하나의 의무를 제시하고 있다. 이외 변경된 사항으로 ① FCA 규칙에서 매도인과 매수인은 합의하에 매수인이 자신의 위험과 비용으로 운송인에게 선적식 선하증권을 발행을 지시할 수 있다. ③ CIF와 CIP의 기본 부보 수준은 CIF는 기존대로 ICC(C)이며, CIP는 ICC(A)가 기본값이다. ④ FCA와 DAP, DPU, 그리고 DDP의 경우 매수인이 지정한 목적지까지 운송을 위해 독립된 운송계약, 즉 제3자에 의한 운송을 전제로 하였지만 이번 개정을 통하여 매도인이 보유한 운송수단으로 스스로 운송하는 것을 허용하고 있다.

04. Select the term or terms which the following passage does not apply to.

The named place indicates where the goods are "delivered", i.e. where risk transfers from seller to buyer.

① E-term
② F-terms
③ C-terms
④ D-terms

해석

04. Select the term or terms which the following passage does not apply to.(다음 문항에 적용되지 않는 조건을 선택하시오.)

The named place indicates where the goods are "delivered", i.e. where risk transfers from seller to buyer. (지정된 장소는 물품들이 "인도된" 위치를 나타내는데, 즉, 위험이 매도인으로부터 매수인에게 이전되는 곳.)

① E-term
② F-terms
③ C-terms
④ D-terms

정답 ③

- 문항의 설명은 지정된 인도장소에서 물품의 인도와 함께 물품의 위험이 매도인으로부터 매수인에게 함께 이전되는 조건에 관한 것이다. 물품의 인도시점과 위험의 이전시점이 동일한 조건을 일반적으로 현실적 인도라고 말하며, 이와 달리 인도시점과 위험의 이전시점이 다른 조건을 상징적 인도라고 말한다.
- 인코텀즈 11가지 조건 가운데 상징적 인도조건은 C 조건들이 이에 해당한다. C조건은 CPT, CFR, CIF, CIP이며, 지정인도 장소는 수출지인데 반해 목적지인 수입국까지 비용이 적용되기 때문에 인도를 목적지로 보고 있다. C조건은 매도인의 비용이 지정목적항 운임까지 포함된다는 것으로 매도인의 물품에 대한 위험은 지정인도장소에서 매도인과 운송계약을 체결한 운송인에게 물품을 교부하면 종료가 되지만, 매도인은 수출통관과 목적항까지의 운임을 부담하게 된다.

05. In what circumstance does the following apply?

Incoterms 2010 rules include the obligation to procure goods shipped as an alternative to the obligation to ship goods in the relevant Incoterms rules.

① deliver to the carrier
② deliver on board the vessel
③ sale of commodities sold during transit
④ arrange goods at seller's premises

해석

05. In what circumstance does the following apply? (다음 사항은 어떠한 경우에 적용되는 사항입니까?)

Incoterms 2010 rules include the obligation to procure goods shipped as an

alternative to the obligation to ship goods in the relevant Incoterms rules. (인코텀즈 2010 규칙에는 상품 배송 의무의 대안으로 상품 조달 의무가 포함되어 있습니다.)

① deliver to the carrier (운송인에게 인도)
② deliver on board the vessel (선박 내에 인도)
③ sale of commodities sold during transit (운송 중 전매)
④ arrange goods at seller's premises (화물을 매도인의 구내에 정리)

정답 ③

• 이 지문은 인코텀즈 2010 규칙에는 상품 배송 의무의 대안으로 상품 조달 의무가 포함되어 있다고 얘기한다. 이는 3번의 sale of commodities sold during transit와 의미가 같다. 즉, procure의 조달은 운송 중 최종매수인에게 인도되기 전까지 물건을 판다는 의미로 사용되고 있는 것이다. 따라서 3번이 정답이다. 참고로 지문에는 인코텀즈 2010 규칙이 소개되고 있지만 인코텀즈 2020 역시 매도인이 물품 선적이 아니라 물품 조달로 자신의 의무를 이행할 수 있다고 소개되고 있다. 다만, 인코텀즈 2010에는 해상내수로만 조달할 수 있다고 소개되고 있지만 개정된 인코텀즈 2020에는 복합운송에서도 조달이 가능하다고 소개되고 있다.

06. Which is NOT suitable in the blank?

The Incoterms® 2020 rules do NOT deal with ( ).

① whether there is a contract of sale at all
② the specifications of the goods sold
③ the effect of sanctions
④ export/import clearance and assistance

해석

06. Which is NOT suitable in the blank? (빈칸에 들어갈 것으로 적절하지 않은 것은?)

The Incoterms® 2020 rules do NOT deal with (export/import clearance and assistance). (인코텀 2020은 (수출/수입의 통관 및 지원)을 다루지 않는다.)

① whether there is a contract of sale at all (매매계약이 있는지 없는지 여부)
② the specifications of the goods sold (판매되는 상품의 규격)
③ the effect of sanctions (제재로 인한 효과)
④ export/import clearance and assistance (수출/수입 통관 및 지원)

정답 ④

• 보기는 인코텀즈2020에서 다루지 않는 것이 무엇인지에 대해 묻고 있다. ①번은 매매계약의 존재여부, ②번은 매매물품의 규격, ③번은 무역제재로 인하여 발생하는 효력에 대해서

언급하고 있으며, 이는 모두 인코텀즈2020에서 규정하고 있지 않은 내용들이다. 그러므로 ①~③번은 문맥상 빈칸에 들어갈 것으로 적절한 선택지이다. 그러나 ④번의 경우 인코텀즈 2020에서 매도인과 매수인에 따른 수출/수입의 통관 및 지원에 대해 언급하고 있기 때문에 인코텀즈가 다루는 내용이다.

07. Which is NOT correct according to following situation?

Goods are taken in charge at Daegu, Korea for transport to Long Beach, California, under a price term "CIP Long Beach, California, Incoterms 2010".

① The seller will arrange transportation.

② The seller will pay for freight to Long Beach.

③ Risk will pass to the buyer upon delivery of the goods to the carrier at Daegu.

④ The Buyer will take risk from the time the goods arrive at Long Beach.

해석

07. Which is NOT correct according to following situation? (다음 상황에 따라 옳지 않은 것은 어느 것인가?)

Goods are taken in charge at Daegu, Korea for transport to Long Beach, California, under a price term "CIP Long Beach, California, Incoterms 2010". ("CIP Long Beach, California, Incoterms 2010" 가격 조건으로 캘리포니아 롱비치로 운송하기 위해 한국 대구에서 물품이 인수됩니다.)

① The seller will arrange transportation. (매도인은 운송을 준비할 것입니다.)

② The seller will pay for freight to Long Beach. (매도인은 롱비치로 가는 운임을 지불할 것입니다.)

③ Risk will pass to the buyer upon delivery of the goods to the carrier at Daegu. (대구에서 운송인에게 물품이 인도되면 위험은 매수인에게로 이전될 것입니다.)

④ The Buyer will take risk from the time the goods arrive at Long Beach. (매수인은 물품이 롱비치에 도착하는 때부터 위험을 부담할 것입니다.)

정답 ④

- 문제의 요지는 다음 상황을 파악한 뒤 보기 중에서 틀린 유형을 찾으라는 것이다.
- 인코텀즈 중 CIF 조건은 Cost Insurance and Freight로 운임, 보험료 포함인도를 말한다. CIF조건에서 매도인이 물품을 선박에 적재해주며 또는 이미 그렇게 인도된 물품을 조달하여 매수인에게 인도하는 조건이다.
- 또한 물품의 멸실 또는 훼손의 위험은 물품이 선박에 적재된 때 이전하고, 그에 따라 매도인은 명시된 수량의 물품이 실제로 목적지에 양호한 상태로 도착하는지를 불문하고그의 물품인도의무를 이행한 것으로 본다. 즉, 매도인은 운송을 준비할 것이며 롱비치로 가는 운임

을 지불할 것이다. 또한 대구에서 운송인에게 물품이 인도되면 위험이 매수인에게로 이전될 것이라는 보기도 옳다.

• CIP조건인 경우 위험의 분기점은 매도인이 물품을 운송계약을 체결한 운송인에게 합의된 기일 또는 기간 내에 인도한 때므로 대구에서 위험이 이전된다.

08. If seller and buyer enter into sales contract incorporating 'FCA Busan Container Depot', which of the following transport documents would be acceptable to the buyer?

A. Air Waybill marked 'freight paid at destination'. B. Bill of Lading marked freight paid. C. Combined Bill of lading marked freight payable at destination. D. Multimodal Bill of lading marked freight paid.

① A only
② A+B only
③ C only
④ C+D only

해석

08. If seller and buyer enter into sales contract incorporating 'FCA Busan Container Depot', which of the following transport documents would be acceptable to the buyer? **(만약 판매자와 구매자가 'FCA 부산 컨테이너 창고' 문구를 포함한 판매 계약을 체결한다면 다음 중 구매자가 수락할 수 있는 운송서류는 무엇인가?)**

(A) Air Waybill marked 'freight paid at destination'. (항공화물운송장에는 '매수인이 운송비를 지급해야 한다.'라고 명시되었다.) (B) Bill of Lading marked freight paid. (선하증권에는 '매도인이 운송비를 결제한다.'라고 명시되어있다.) (C) Combined Bill of lading marked freight payable at destination. (복합운송선하증권에는 '매수인이 운송비를 결제한다.'라고 명시되어있다.) (D) Multimodal Bill of lading marked freight paid. (복합운송선하증권에는 '매도인이 운송비를 결제한다.'라고 명시되어있다.)

① A only
② A+B only
③ C only
④ C+D only

정답 ③

- 우선적으로 문제의 핵심 'FCA'라는 단어이다. FCA는 '운송인인도조건'으로서 '매도인이 지정된 운송인에게 물품을 인도할 때까지 책임을 부담 한다'라는 조건이다.
- FCA는 매수인이 운송비를 지급 한다는 조건이 있는데, 이것은 선불이 아닌 후불이라는 의미이다. (B)와 (D)에서 'freight paid'라고 명시되어있다, 이것은 매도인이 해상운임까지 이미 지불 했다는 의미로 선불에 해당되기에 오답이다. 또한, Buyer에게 운송책임이 있기에 Seller가 운송비를 지급을 하지 않아야 한다. (A)는 Depot(창고)가 부산이기에 항공화물에 사용되는 Air waybill이 필요가 없기에 오답이다.

09. Incoterms are a series of pre-defined commercial terms published by International Chamber of Commerce (ICC) relating to international trade rules, What is WRONG in the explanation of Incoterms 2010?

① Incoterms by themselves do not define where title transfers.
② Incoterms support the sales contreact by defining the respective obligations,costs and risks involved in the delivery of goods from the Seller to the Buyer.
③ Incoterms are used in the Sales Contract, suitable INCOTERM rule and place or port are to be specified.
④ DDP and DAP are the Incoterms where the seller has responsibility for import.

해석

09. Incoterms are a series of pre-defined commercial terms published by International Chamber of Commerce (ICC) relating to international trade rules, What is WRONG in the explanation of Incoterms 2010? **(국제상공회의소 (ICC)에서 미리 정의 해둔 상업 용어와 관련해 인코텀스 2010에 대한 설명을 잘못한 것은 무엇 입니까?)**

① Incoterms by themselves do not define where title transfers. (인코텀즈는 자체로 장소 이동을 밝히지 않는다.)
② Incoterms support the sales contreact by defining the respective obligations,costs and risks involved in the delivery of goods from the Seller to the Buyer. (인코텀즈는 판매자로부터 구매자에게 물품을 인도하는 데 수반되는 여러 의무, 비용 및 위험을 정의함으로써 판매 계약을 도와준다.)
③ Incoterms are used in the Sales Contract, suitable INCOTERM rule and place or port are to be specified. (인코텀즈는 판매 계약에서 사용되며, 적절한 인코텀 규칙과 장소 또는 항구가 명시되어야 한다.)
④ DDP and DAP are the Incoterms where the seller has responsibility for import.

(DDP와 DAP는 판매자가 수입을 책임지는 인코텀즈이다.)

정답 ④

- DDP(Delivered Duty Paid) 관세지급 인도 조건 : 매도인이 직간접적으로 수입허가, 수입통관을 수행한다.
- DAP(Delivered at Place) 도착지 인도 조건 : 판매자가 물품을 지정된 목적지 또는 그 장소 내의 합의된 지점까지의 운송에 따른 모든 위험을 부담하지만 수입통관은 수입자가 한다.

10. What is NOT watching point in application of Incoterms 2010?

① DDP: Some taxes such as VAT are only payableby a locally-registered business entity, sothere may be no mechanism for the sellerto make payment.

② CPT: The buyer should enquire whether the CPT price includes THC, so as to avoiddisputes after arrival of goods.

③ EXW: Although the seller is not obliged to loadthe goods, if the seller does so, it is recommended to do at the buyer's risk.

④ FOB : If the goods are in containers, FOB maybe appropriate.

해석

10. What is NOT watching point in application of Incoterms 2010? (Incoterms 2010의 적용 시 고려해야 할 사항이 아닌 것은 무엇인가?)

① DDP : Some taxes such as VAT are only payable by a locally-registered business entity, so there may be no mechanism for the seller to make payment. (부가가치세와 같은 일부 세금은 현지에 등록된 사업주체에 의해서만 납부될 수 있으므로 매도인이 납부하는 방법이 없을 수도 있다.)

② CPT : The buyer should enquire whether the CPT price includes THC, so as to avoid disputes after arrival of goods. (매수인은 물품 도착 후 분쟁을 피하기 위해, CPT 가격에 THC가 포함되어 있는지 조회하여야 한다.)

③ EXW : Although the seller is not obliged to load the goods, if the seller does so, it is recommended to do at the buyer's risk. (매도인은 물품을 운송수단에 적재할 의무가 없지만, 만약 그렇게 하였다면 그것은 매수인의 위험으로 행한 것으로 간주한다.)

④ FOB : If the goods are in containers, FOB maybe appropriate. (만약 물품이 컨테이너에 실린다면 FOB 조건이 적절할 수 있다.)

정답 ④

- 일반적으로 터미널에서 인도되는 컨테이너 화물같은 물품이 본선에 적재되기 전에 운송인

에게 인계되는 경우 FOB는 적절하지 않다. 이러한 경우에는 FCA 규칙이 사용되어야 한다.

〈표 3-12〉 지급신용장의 지급확약 문언과 서류제시

"We hereby engage that payment will be duly made against documents presented in conformity with the terms of this credit." "Documents must be presented to the advising bank not later than May 12, 2023."

11. The following are on CIF under Incoterms® 2020. Select the wrong one.

① The insurance shall cover, at a minimum, the price provided in the contract plus 10% (ie 110%) and shall be in the currency of the carriage contract.
② The insurance shall cover the goods from the point of delivery set out in this rule to at least the named port of destination.
③ The seller must provide the buyer with the insurance policy or certificate or any other evidence of insurance cover.
④ Moreover, the seller must provide the buyer, at the buyer's request, risk and cost, with information that the buyer needs to procure any additional insurance.

해석

11. The following are on CIF under Incoterms® 2020. Select the wrong one. (인코텀즈 2020의 CIF조건을 설명하는 것 중 틀린 것을 고르시오.)

① The insurance shall cover, at a minimum, the price provided in the contract plus 10% (ie 110%) and shall be in the currency of the carriage contract. (보험의 보장은, 최소한 계약에서 제시하는 금액의 110%를 더한 금액이어야 하고, 운송계약에서의 통화와 같아야 한다.)
② The insurance shall cover the goods from the point of delivery set out in this rule to at least the named port of destination. (보험은 적어도 이 규칙에서 명시된 인도지점에서 지정된 목적항까지 물품을 보장해야한다.)
③ The seller must provide the buyer with the insurance policy or certificate or any other evidence of insurance cover. (매도인은 매수인에게 보험증권 또는 증명서 또는 부보증거에 대한 어떤 다른 것이라도 제시해야 한다.)
④ Moreover, the seller must provide the buyer, at the buyer's request, risk and cost, with information that the buyer needs to procure any additional insurance. (또한, 매도인은 매수인의 요청에 따라 위험과 비용으로 매수인의 추가보험을 조달하는데 필요한 정보를 제공해야 한다.)

정답 ①

• 보험의 통화는 운송계약에서의 통화와 같은 것이 아니라 매매계약에서의 통화와 같아야 한다. 따라서 shall be in the currency of the carriage contract.의 문장은 틀린 것이 된다.

12. Select the wrong one in the blank under Incoterms®2020.

The seller must pay ( ) under FCA.

① all costs relating to the goods until they have been delivered in accordance with this rule other than those payable by the buyer under this rule

② the costs of providing the transport document to the buyer under this rule that the goods have been delivered

③ where applicable, duties, taxes and any other costs related to export clearance under this rule

④ the buyer for all costs and charges related to providing assistance in obtaining documents and information in accordance with this rule

해석

12. Select the wrong one in the blank under Incoterms®2020. (인코텀즈 2020 하에 빈칸에 들어갈 것으로 틀린 것을 고르시오.)

The seller must pay ( ) under FCA. 매도인은 FCA조건에서 반드시 ( )를 지급해야 한다.

① all costs relating to the goods until they have been delivered in accordance with this rule other than those payable by the buyer under this rule (이 규칙에 따라 매수인이 지불해야하는 비용을 제외하고 배송될 때까지 상품과 관련된 모든 비용)

② the costs of providing the transport document to the buyer under this rule that the goods have been delivered (이 규칙에 따라 물품이 인도되었다는 운송서류를 제공하는 비용)

③ where applicable, duties, taxes and any other costs related to export clearance under this rule (해당되는 경우, 이 규칙에 따라 수출통관에 제반되는 관세 및 기타비용)

④ the buyer for all costs and charges related to providing assistance in obtaining documents and information in accordance with this rule (이 규칙에 따라 서류와 정보를 얻기 위해 도움을 제공하는 것과 관련된 매수인에게 모든 비용)

정답 ②

• 매도인이 매수인에게 운송서류를 인도해야하는 의무는 C조건의 경우에 규정하고 있다. F조

건에서는 매도인이 인도가 되었다는 통상의 증빙을 제공하고 매수인이 운송서류를 취득하는데 협력할 의무만 있다. 따라서 F규칙에서 물품이 인도되었다는 운송셔류를 제공하는 비용을 부담할 의무는 없다.

13. The following are the purpose of the text of the introduction of Incoterms® 2020. Select the wrong one.

① to explain what the Incoterms® 2020 rules do and do NOT do and how they are best incorporated

② to set out the important fundamentals of the Incoterms rules such as the basic roles and responsibilities of seller and buyer, delivery, risk etc.

③ to explain how best to choose the right Incoterms rules for the general sale contract

④ to set out the central changes between Incoterms® 2010 and Incoterms® 2020

해석

13. The following are the purpose of the text of the introduction of Incoterms® 2020. Select the wrong one. **(인코텀즈 2020에 따라 설명된 목적으로 틀린 것을 고르시오.)**

① to explain what the Incoterms® 2020 rules do and do NOT do and how they are best incorporated (Incoterms® 2020 규칙의 실행 및 실행하지 않는 사항과 규칙이 가장 잘 통합되는 방법을 설명한다.)

② to set out the important fundamentals of the Incoterms rules such as the basic roles and responsibilities of seller and buyer, delivery, risk etc. (매도인과 매수인의 기본적인 역할과 책임, 운송, 위험 등과 같은 인코텀즈 규칙의 중요한 규정을 설정한다.)

③ to explain how best to choose the right Incoterms rules for the general sale contract (일반 매매계약에서 가장 올바른 인코텀즈 규칙을 선택하는 방법을 설명한다.)

④ to set out the central changes between Incoterms® 2010 and Incoterms® 2020 (Incoterms® 2010과 ncoterms® 2020의 가장 주요 변화를 설명한다.)

정답 ③

• 일반매매계약 아닌 특정매매계약에서 가장 올바른 인코텀즈 규칙을 선택하는 방법을 설명한다. Incoterms 2020 Introduction(인코텀즈 2020 서문)에서는 The text explains how best to choose the right Incoterms® rule for the particular sale contract; 라고 나타나 있다. 따라서 general sale contract이 아닌 particular sale contract이라고 해야 옳은 설명이다.

14. Which is the proper Incoterms 2010 term for the following?

The seller delivers the goods on board the vessel nominated by the buyer at the named port of shipment or procures the goods already so delivered. The risk of loss of or damage to the goods passes when the goods are on board the vessel, and the buyer bears all costs from that moment onwards.

① FAS

② FCA

③ FOB

④ CFR

해석

14. Which is the proper Incoterms 2010 term for the following? (아래 내용에 따라 인코텀즈 2010에 적절한 것은 무엇인가?)

The seller delivers the goods on board the vessel nominated by the buyer at the named port of shipment or procures the goods already so delivered. (매도인은 지정된 선적항에서 매수인이 지명한 선박에 선적된 물품을 인도하거나, 이미 인도된 물품을 조달한다.) The risk of loss of or damage to the goods passes when the goods are on board the vessel, and the buyer bears all costs from that moment onwards. (물품의 멸실이나 손상의 위험은 물품이 선박에 적재되었을 때 이전하고, 매수인은 그 시점부터 모든 비용을 부담한다.)

① FAS

② FCA

③ FOB

④ CFR

정답 ③

- FOB(Free On Board) 본선인도규칙에 대한 내용으로 위험의 분기점은 본선에 적재되었을 때 이루어지고 비용의 분기점 또한 본선에 적재되었을 때 이루어진다.
- 매수인은 물품이 본선의 간판에 적재된 이후 모든 위험과 추가비용의 부담된다.

15. Incoterms 2020의 FOB 조건에 관한 설명 중 옳지 않은 것은?

① 선적항에서 매수인이 지정한 본선에 계약상품을 인도하면 매도인의 인도 의무가 완료된다.

② FOB 조건은 매도인이 물품을 본선 갑판이 아닌 CY에서 인도하는 경우에도 사용한다.

③ FOB 조건은 FAS 조건에 매도인의 본선석재 의무가 추가된 조건이다.

④ 매수인은 자기의 책임과 비용부담으로 운송계약을 체결하고 선박명, 선적기일 등을 매도인에게 통지하여야한다.

정답 ②

• FOB 조건은 매수인이 계약하여 지정한 선박(본선)에 계약된 물품을 선적하면서 위험과 그 때까지의 비용을 부담하는 조건이다. FAS 조건은 매도인이 free 해지는 시점이 alongside ship이며, FOB 조건과 함께 운송계약의 체결권한과 의무가 모두 매수인에게 있다. 따라서 FOB 조건은 FAS에서 그 비용과 위험이 본선적재의무가 추가된 것으로 이해할 수 있다. 참고로 FCA 조건 역시 운송계약은 매수인의 몫으로 선적지 지정장소까지의 위험과 부담을 매도인이 책임지는 가격조건이다.

16. Incoterms 2020 가격조건 중 그 뒤에 지정목적지(named place of destination)가 표시되는 조건으로 옳은 것은?

① FOB

② CFR

③ CIF

④ CIP

정답 ④

• 인코텀즈 2020을 사용함에 있어 각 조건은 사용조건을 표기하고 장소의 표기를 한다. 지정인도장소, 지정목적지, 지정선적항, 지정목적항으로 총 4개의 장소로 구분된다.
• 이 가운데 지정목적지를 사용하는 조건은 복합운송조건 가운데 CPT, CIP, DAP, DPU, DDP 이다. 보기에서는 4번이 해당한다.

17. Incoterms 2020에 대한 설명으로 부적절한 것은?

① 이전 버전과 같이 운송수단에 따라 2개 그룹으로 나뉜다.

② DAT규칙은 DPU규칙으로 변경되었으나 매도인의 위험과 비용은 DPU규칙에서도 동일하게 적용된다.

③ CPT규칙과 CIP규칙에서 매도인은 목적지에서 양하 의무가 없다.

④ CIF규칙과 CIP규칙에서 매도인의 부보의무는 ICC(C)에 해당하는 최소부보 의무로 이전 버전과 같이 유지되었다.

정답 ④

• 과거 인코텀즈 2000에서는 E그룹, F그룹, C그룹, D그룹으로 구분하였지만, 인코텀즈 2010에서는 명확하게 모든 운송수단(any mode)에 적용할 수 있는 그룹과 해상 및 수로에만 적용하는 2개 그룹으로 구분하였으며, 2020에도 그대로 적용하고 있다.
• DAT 규칙이 DPU로 변경된 것은 장소의 한계를 극복하기 위함으로 기존의 DAT가 가지고 있던 속성은 그대로 계승하였다고 볼 수 있다. DPU 역시 다른 조건과 달리 유일하게 매도

인이 양하의 의무를 가지고 있으며 위험과 비용이 기존의 DAT와 동일하게 적용된다.

- 인코텀즈에서 양하의 의무는 EXW는 원래 없으며, DPU를 제외한 나머지 조건들 모두 없다.
- 인코텀즈에서 CIF와 CIP의 경우 매도인이 보험부보의 의무가 있는 유일한 조건 두 개인데, 인코텀즈 2020부터는 그 최소부보가 CIF는 기존의 ICC(C)이지만, CIP는 ICC(A)에서 시작한다. 물론 당사자 간 조율은 가능하다.

18. 인코텀즈(Incoterms) 2020의 CIF조건에 대한 설명으로 옳지 않은 것은?

① 매도인이 부담하는 물품의 멸실 또는 손상의 위험은 물품이 선박에 적재된 때 이전된다.

② 물품이 컨테이너터미널에서 운송인에게 교부되는 경우에 사용하기 적절한 규칙은 CIF가 아니라 CIP이다.

③ 매도인은 물품이 제3국을 통과할 때에는 수입관세를 납부하거나 수입통관절차를 수행할 의무가 있다.

④ 매도인은 목적항에 물품이 도착할 때까지 운송 및 보험 비용을 부담하여야 한다.

정답 ③

- 무역계약에서 C조건은 매도인이 수출통관을 이행할 의무가 있다. 하지만 인도가 이미 이루어진 후 제 2국을 통과하는데 필요한 절차는 매수인이 이행해야 한다.

19. 비용의 분기가 선적지에서 이뤄지는 Incoterms 2020 조건으로 옳은 것은?

① FOB

② DAP

③ DDP

④ CIF

정답 ①

- 인코텀즈 규칙에서 D규칙은 목적지에서 인도와 위험이 이전되는 양륙지 인도조건이다.
- E, F, D 규칙은 비용의 이진, 위험의 이진, 인도징소가 모두 동일하지만 C규칙은 비용괴 위험 이전의 분기점이 다르기 때문에 유의할 필요가 있다.
- E,F,C규칙은 선적지 인도 조건이다. 하지만 C위험 및 비용의 분기점이 일치하지 않는다.
- CIF조건에서 비용의 분기는 매도인이 적재까지 제비용 + 목적항까지 운임 및 보험료의 부담 + 정기선의 경우 양하비까지 부담하는 비용의 의무가 있다.

20. 다음 DPU조건에 대한 설명 중 틀린 것을 고르시오.

① 매도인은 지정목적지까지 또는 있는 경우 지정목적지 에서의 합의된 지점까지 물품의 운송을 위해 자신의 비용으로 계약을 체결하거나 준비하여야 한다.

② 매도인은 목적지까지 운송을 위해 어떠한 운송관련 보안요건을 준수하여야 한다.

③ 매도인은 자신의 비용으로 매수인이 물품을 인수할 수 있도록 하기 위해 요구되는

서류를 제공하여야 한다.

④ 매도인은 수출통관절차, 수출허가, 수출을 위한 보안 통관, 선적전 검사, 제3국 통과 및 수입을 위한 통관 절차를 수행하여야 한다.

정답 ④

• DPU에서는 해당되는 경우에 매도인이 물품의 수출통관을 하여야 한다. 그러나 매도인은 물품의 수입을 위한 또는 인도 후 제3국 통과를 위한 통관을 하거나 수입관세를 납부하거나 수입통관절차를 수행할 의무가 없다. 수출통관은 매도인이 수행해야 하며, 수입통관은 매수인이 수행해야한다.

21. 다음 인코텀즈(Incoterms) 2020에 대한 설명으로 적절하지 않은 것을 고르시오.

① CIF 조건에서는 협회적하약관 C 약관의 원칙을 계속 유지하였다.

② 물품이 FCA 조건으로 매매되고 해상운송되는 경우에 매수인은 본선적재표기가 있는 선하증권을 요청할 수 없다.

③ 인코텀즈 2020 규칙에서는 물품이 매도인으로부터 매수인에게 운송될 때 상황에 따라 운송인이 개입되지 않을 수도 있다.

④ 매도인이 컨테이너화물을 선적 전에 운송인에게 교부함으로써 매수인에게 인도하는 경우에 매도인은 FOB 조건 대신에 FCA 조건으로 매매하는 것이 좋다.

정답 ②

• 인코텀즈 2020에서는 CIF조건에서는 협회적하약관 C약관의 원칙을 유지하였으나 CIP조건에서는 적하보험 최소 부보 의무에서 최대부보의무로 A약관까지 확대되었다.

• FCA규칙에 운송인 본선 적재 표기 선하증권 발행 조항을 추가하여 인코텀즈 2020에서는 매도인과 매수인 간 협의만 있으면 매도인은 운송인에게 본선 적재가 표기된 선하증권을 발행하라고 지시할 수 있게 되었다. 따라서 본선적재표기가 있는 선하증권을 요청할 수 없다는 설명은 적절하지 않다.

22. Incoterms 2010에 대한 설명으로 옳은 것은?

① 매도인과 매수인 간에 강제적으로 적용되는 국제규칙이다.

② 국제매매계약 뿐만 아니라 국내매매계약에도 사용가능하다.

③ 당사자 간에 합의되었더라도, 전자적 형태의 통신은 종이에 의한 통신과는 다른 효력이 부여된다.

④ 물품소유권의 이전 및 계약위반의 효과를 매도인, 매수인 입장에서 각각 다루고 있다.

정답 ②

• 매도인과 매수인간 합의에 의해 적용되는 임의의 규칙이다.

• 당사자 간 합의되거나 관습이 있는 범위 내에서 전자적 통신은 종이에 의한 통신과 동일한 효력이 있다.

• 물품의 소유권의 이전 및 계약위반의 효과에 대해서는 다루지 않는다.

23. Incoterms 2010 상 FOB 규칙에 대한 설명으로 옳지 않은 것은?

① 매도인이 선적항에서 매수인이 지정한 본선에 수출 통관된 계약상품을 선적하면 매도인의 물품인도 의무가 완료된다.

② FCA 조건에 매도인의 본선으로의 선적의무가 추가된 조건이다.

③ 매수인은 자기의 책임과 비용부담 하에 운송계약을 체결하고 선박명, 선적기일 등을 매도인에게 통지해 주어야 한다.

④ 컨테이너 운송에서 매도인이 물품을 갑판이 아닌 CY 등 다른 장소에 인도하는 경우에는 FOB 대신 FCA 조건을 사용해야 한다.

정답 ②

• FOB규칙에서 매도인의 본선으로 선적의무가 추가된 조건은 FAS조건이다.

Trade English

PART 04

대금결제

1. 추심(collection)

추심이란 추심은 단어의 의미로 보면 은행이 수표나 어음을 소지한 사람의 의뢰를 받아서 수표나 어음을 지급인에게 제시하고 대금을 지급하게 하는 일이다. 무역에서 추심은 은행의 서류취급을 통해 대금을 지급받는 결제방식을 말하며 수출자(Principle)가 추심의뢰인으로 은행에 환어음과 선적서류 등을 첨부하여 대금회수를 위임하고 위임을 받은 추심의뢰은행(Remitting Bank)은 수입자 앞으로 대금지급을 요청하고 이때 수입자는 지급인(Drawee)이 된다. 통상 환어음을 사용하므로 어음법이 적용되고 은행의 지급확약이 없어서 신용이 높은 당사자 간의 거래에서 사용되고 신용장 거래보다 수수료가 낮다.

1) 추심결제의 당사자

(1) 추심의뢰인(Principle)

자신의 거래은행(추심의뢰은행)에 추심지시서를 작성 및 제출하여 추심을 의뢰하는 수출자로, 수출대금을 청구하는 채권자이다.

(2) 추심의뢰은행(Remitting Bank)

보통 수출자의 거래은행으로서 수출자로부터 추심을 의뢰받은 은행을 말한다.

(3) 추심은행(Collecting Bank)

보통 수입자의 거래은행으로서 추심의뢰은행의 요청에 따라 지급인에게 추심하여 대금을 보내며, 추심의뢰은행 이외에 추심과정에 참여하는 모든 은행을 말한다.

(4) 제시은행(Presenting Bank)

추심은행 중 수입자에게 추심서류를 제시하는 은행을 말하며, 보통 수입자의 거래은행이다.

(5) 지급인(Drawee)

추심의뢰에 대한 최종지급을 하는 수입자로서, 추심지시서에 따라 환어음의 제시를 받는다.

2) 추심결제방식의 종류

(1) 서류지급인도조건(Documents against Payment, D/P)

서류지급인도조건은 동시지급방법으로 먼저 수출자가 물품 선적 이후 무역서류와 함께 일람출급화환어음을 발행한다. 이후 수출지에 있는 은행(추심의뢰은행)에게 추심을 의뢰하면 추심의뢰은행은 수입지에 있는 추심은행 앞으로 어음대금을 추심한다. 추심은행은 수입자에게 환어음을 제시하고 수입자의 대금을 지급하여 선적서류를 인도받게 된다. 선적서류를 인도하고 수취한 대금을 추심은행은 추심의뢰은행에게 송금하고 이후 수출업자가 수출대금을 영수하는 조건이다.

(2) 서류인수인도조건(Documents against Acceptance, D/A)

서류인수인도조건은 지급인도조건과 달리 후지급방법으로 수입자가 미래의 확정된 일자에 대금을 지급해야 할 의무를 인수함에 따라 그에 상응하여 무역서류를 획득하는 조건이다. 수출자는 수출물품을 선적하고 기한부화환어음을 수출지의 추심의뢰은행에게 추심을 의뢰한다. 이후 추심의뢰은행은 수입지의 추심은행 앞으로 어음대금을 추심하면 추심은행은 수입자에게 환어음을 제시한다. 이때 수입자는 어음상에 인수의 표시와 서명으로 무역서류를 인도받을 수 있다. 어음의 만기일에 도래하면 추심은행은 수입자로부터 대금을 받아 추심의뢰은행에 송금하고 수출업자는 수출대금을 영수하는 조건이다.

(3) 기한부 D/P(D/P Usance)

일반적으로 D/P방식은 일람 후 즉시 지급이지만 서류나 어음의 발행 후 일정기간 후에 서류를 인도해야 하는 경우 D/P Usance방식이 활용된다. D/A방식에 따른 수출자의 위험부담과 D/P방식에 따른 수입자의 자금부담을 덜어주고 주로 “D/P at

~days after B/L date"라고 표시되어 송부되어 온 서류를 은행이 보관하고 있다가 B/L일자 이후 ~일에 서류를 제시하여 대금지급을 요청한다. 화물이 지정된 일자 이전에 도착하여 수입자가 인도를 요구하는 경우라도 미리 인도하기 위해서는 추심의뢰은행의 승인을 받아야 한다.

3) 추심별 비교

(1) 서류지급인도조건(D/P) 과 서류인수인도조건(D/A)

구분	D/P방식	D/A방식
구조	대금지급의 근거가 되는 서류를 받으면 즉시 대금을 지급하는 방식	대금지급의 근거가 되는 서류를 받은 후 일정 기간이 경과한 후에 대금을 지급하는 방식
환어음 발행	일람불환어음(Sight Bill) 발행 (일람 후 즉시 지급해야 하는 환어음)	기한부환어음(Usance Bill) 발행 (일람 후 일정 기간 후 지급하는 환어음)
거래당사자의 부담	• 수출자부담 : 은행이 지급을 확약하는 것이 아니기 때문에 수입자가 대금을 지급하지 않을 위험을 부담해야 하며, 지급거절되는 경우 선적된 물품을 회수하는 등 후속조치가 필요 • 수입자부담 : 물품을 입수하기 전에 서류가 송부되어 온 시점에 대금을 지급해야하는 지급부담	• 출자 부담 : 서류 인도 후 바로 대금지급을 받을 수 없기 때문에 대금수령과 물품회수 모두에 대한 보장 없이 수입자의 신용도만을 믿고 거래해야 하는 위험

참고) 은행은 선적서류의 인도방식이 D/P방식인지 D/A방식인지 명시되어 있지 않을 경우, D/P방식으로만 인도한다.

(2) 기한부인도조건(D/P Usance)와 서류인수인도조건(D/A)

D/A는 서류도착 즉시 서류인수 후 일정 기간 후(물품인수) 대금지급이지만, D/P Usance는 서류도착 후 만기일에 서류인도 및 대금지급을 한다.

D/A	서류도착 즉시 서류인수 후 일정 기간 후(물품인수) 대금지급
D/P Usance	서류도착 후 만기일에 서류인도 및 대금지급

(3) 추심 후 매입과 추심 전 매입

추심 후 매입은 추심대금이 추심은행에 입금되었다는 통지를 받고 난 후 추심의뢰인에게 지급되는 일반적인 지급형태이지만, 추심전매입(Negotiation before Collection)이란 은행이 추심 전에 어음의 만기에 관계없이 대금을 먼저 추심의뢰인에게 지급하고, 사후에 추심한 대금으로 지급받는 은행의 신용공여를 말한다. 추심전매입의 경우 지급인(Drawee)이 추심대금을 취급하지 않을 위험이 있으므로 매입은행은 추심의뢰인이나 지급인의 신용에 따라 매입여부를 결정한다. 그리고 지급인의 인수거절(Non-acceptance)이나 지급거절(Non-payment)이 있으면 매입은행은 추심의뢰인에게 선지급했던 대금의 반환을 요구할 수 있다.

2. 어음

어음은 기본적으로 발행인이 일정한 일시에 일정한 장소에서 일정한 금액을 수취인에게 본인이 직접 지급하거나 또는 제3자로 하여금 지급하게 할 의사를 기재한 유가증권을 뜻한다. 어음은 요식증권이며, 유가증권이다. 그리고 자유로운 양도가 가능하며 어음의 지급이나 인수가 거절되면 상환청구(소구)가 가능하다. 무엇보다 어음은 지급기일 이전에 할인이 가능하다. 참고로 어음은 요식증권으로 법정필수기재사항이 존재하며, 그 내용에는 ① 환어음의 표시 ② 지급인 ③ 지급기일 ④ 수취인 ⑤ 지급지 ⑥ 발행일 및 발행지 ⑦ 발행인의 기명날인 또는 서명 ⑧ 무조건 위탁문언 등이 있다.

1) 어음의 구분

어음은 크게 약속어음(promissory note)과 환어음(bill of exchange)으로 구분할 수 있다. 먼저 약속어음은 발행하는 사람(drawer)이 수취인(payee)에게 일정한 금전의 지급을 약속하는 유가증권으로 국내거래에서 주로 사용한다. 하지만 환어음은 제3자에게 어음에 기재된 금액을 수취인에게 지급해 달라고 의뢰하는 증서로 국제거래에서 주로 사용한다. 특히 격지자 간의 국제거래인 무역거래에서는 발행인이 아닌 제3자가 지급인(drawee)이 되어 지급하는 경우로서 이 때 환어음이 사용된다. 다시 말해 약속어음의 경우 발행인(drawer)이 지급인(drawee)이 되지만, 환어음의 경우 발행인(drawer)과 지급인(drawee)이 구분되어 있다. 통상 무역이 발생하면 수출자는 발행인(drawer), 수입자는 지급인(drawee), 그리고 환어음이 사용되는 매입신용장과 인수신용장에서는 매입은행과 인수은행이 수취인(payee)이 된다.

2) 어음에서 지급인

지급인(drawee)은 일정한 금액을 지급하도록 증권 상에 지정되어 있는 자를 말하며, 어음과 수표에만 있다. 특히 수표법에 따르면 수표의 경우 지급인은 은행이어야 한다고 규정하고 있다. 어음에서 수취인(payee)은 어음에 정한 금액을 지급받을 자 또는 지급받을 자를 지시할 자를 의미하며 환어음상의 표시위치는 무조건 지급위탁 문언인 'pay to' 다음이다.

3) 어음법

약속어음에 있어서는 발행시부터 발행인이 어음의 주된 채무자에 대하여, 환어음에 있어서는 지급인이 발행에 의하여 지급인으로 지정된 것만으로 어음상의 의무를 부담하는 것이 아니고 지급인이 인수라는 어음행위를 함으로써 비로소 어음상의 주된 채무자가 되고 어음상의 의무를 부담한다. 이와 같이 환어음과 약속어음은 형식이 서로 다르지만 어음이라는 점에서는 양자가 공통되며, 그 법률관계에서 인정되는 법리는 양어음에 다같이 적용되는 것이 대부분이다. 어음법은 먼저 환어음에 상세한 규정을 두고, 약속어음에 있어서는 수개조의 특별규정을 두고 있는 외에는 환어음에 관한 규정을 준용한다. 환어음의 발행에는 법정의 필요적 기재사항이 있다(어음법 제1조). 이것을 어음요건이라고 한다. 어음요건이 아닌 사항을 어음에 기재하는 경우가 있으나, 이러한 기재사항은 어음법에 규정이 있는 사항에 한하여 유효하다. 환어음의 통상의 이전방법으로서 배서가 행하여진다.

4) 환어음(bill of exchange)

(1) 환어음의 의의

환어음은 국제상거래에서 채권자가 채무자에 대하여 그 채권금액을 지명인 또는 소지자에게 일정한 시일 및 장소에서 지급할 것을 무조건 위탁하는 요식유가증권이다. 환어음의 효력은 원칙적으로 행위지의 법률에 의해 처리되게 되고, 보통 2통이 발행되어 하나가 결제되면 나머지는 무효로 된다. 즉 환어음은 어음의 작성자인 발행인이 제3자인 지급인에 대하여 증권상의 권리자에게 증권상에 기재된 금액을 일정일에 지급하도록 위탁하는 문언을 기재한 불요식의 문언적·요식적 유가증권을 말하는 것이다.

(2) 수취인에 따른 환어음의 형식

환어음은 수취인에 따라 보통 4가지 형식이 존재하며, 기명식, 지시식, 소지인식, 선택적 무기명식이 있다.

① 기명식은 지급받을 자를 특정하여 그의 이름만을 기재하며 일반적으로 매입은행을 표시한다. 표기 예는 'pay to XX bank'이다.

② 지시식은 지급받을 자의 명칭 및 그가 지시하는 자라는 의미의 'order of'로 표시한다. 표기 예는 'pay to the order of XX bank' 또는 'pay to XX bank or order'이다.

③ 소지인식은 지급받을 자의 명칭이 생략되고 대신 'bearer'라는 단어를 기입한다. 표기 예는 'pay to bearer'이다.

④ 선택적 무기명식은 지급받을 자의 명칭과 'bearer'라는 단어가 동시에 표기된다. 표기 예는 'pay to XX bank or bearer'이다.

(3) 환어음의 지급방식

환어음은 주로 원격지에 송금하는 수단으로 사용되고 있다. 또한 신용을 이용하는 수단으로도 사용되는데, 그것은 주로 어음의 할인에 의한다. 환어음은 지급위탁형식의 어음인 점에서 지급약속형식인 약속어음과 본질적으로 다르다. 즉, 약속어음에 있어서는 발행인이 동시에 그 어음의 지급을 하여야 할 자이나, 환어음에 있어서는 원래 지급을 하여야 할 자는 지급인으로 발행인의 계산에서 지급인이 지급을 하는 것이다.

(4) 환어음의 당사자

환어음의 당사자는 신용장과 추심에 근거하는 당사자가 구분된다.

① 신용장에 근거한 환어음의 당사자

- 발행인(Drawer)은 환어음을 발행하고 서명하는 자, 즉 수출업자인 채권자이다.
- 지급인(Drawee, Accountee)은 환어음의 지급을 위탁받는 채무자, 즉 발행은행이다.
- 수령인(Payee)은 환어음의 지급을 받는 자로서 발행인이 될 수도 있고 발행인이 지정하는 제3자도 될 수 있다.

② D/P, D/A 에 근거한 환어음의 당사자

- 추심의뢰인(Principal)는 "seller", "exporter", "drawer", "consignor", "customer"를 의미한다.
- 추심의뢰은행(Remitting bank)은 의뢰인으로부터 추심을 의뢰받은 수출국의 은행을 의미한다.
- 추심은행(Collecting bank)은 추심의뢰은행 이외의 추심과정에 참여하는 은행을 의미한다.
- 제시은행(Presenting bank)은 지급인에게 제시를 하는 수입국의 추심은행을 말한다.
- 지급인(Drawee)은 수입상, 즉 "buyer", "importer", "consignee"를 말한다.

(5) 환어음의 기재사항

① 필수기재사항

- 환어음표시 : Bill of exchange라는 표시
- 무조건 위탁문언(Unconditional order in writing) : 지급에 조건을 붙이거나 지급자금, 방법을 한정시키는 문언이 없음.
- 지급인(Drawee) : "the person to whom the bill is addressed"
- 지급기일 : 일람출급(at sight), 일람 후 정기출급/일부 후 정기출급, 확정일출급(on a fixed date)
- 수령인의 표시 : 기명식(payable to a specified person), 지시식(payable to order,

payable to the order of specified person), 무기명식(payable to bearer)

- 지급지의 표시
- 발행일 및 발행지의 표시
- 발행인(Drawer)의 기명날인

② **임의기재사항**

- 발행인(Drawer)의 기명날인어음번호, 신용장번호 신용장 발행일자, D/A · D/P어음의 표시, 환율 및 이자문언 등

(6) 만기일에 따른 어음의 구분

① 일람불/요구불어음은 발행인(Drawer)의 기명날인어음이 제시되면 즉시 지불되는 조건으로 제시일이 만기일

② 기한부 어음은 제시일, 또는 기준일로부터 일정시간 후에 지불된다. 기한부 어음에는 일람 후 정기출급과 발행일자 후 정기출급으로 구분된다.

- 일람 후 정기출급(after sight)은 어음이 제시되면 지급인이 해당 환어음의 만기일에 지급할 것을 약속하는 취지의 날인을 한다. 지급인의 행위를 인수(Acceptance)라 하며 인수일부터 일정 기일 이후 만기일이 된다. 예를 들어, "25 d/s"는 제시일에 인수하고 25일 후에 지급한다. D/S는 Days after Sight를 의미한다.
- 발행일자 후 정기출급(After date)은 발행일로부터 일정기일 경과 후 지급되는 방식이다. 예를 들어, "25 days after date(25 D/D)"로 표현된다. D/D는 Days after Date를 의미한다.

3. 송금(T/T)

1) 송금결제방식((T/T, Telegraphic Transfer)

송금결제방식이란 매수인(채무자)이 매도인(채권자)에게 직접 매매계약상 지급하기

로 한 금액을 송금환을 통해 지급하는 결제방식을 말하며 일반적으로 현금결제란 송금결제방식을 의미하고 은행의 지급확약이 없어 온전히 당사자 간의 신용만을 바탕으로 하는 결제방법이다. 은행의 직접적인 개입이 없고 은행의 지급보증이 없기 때문에 매도인과 매수인의 신용에만 의지하므로 신용위험과 상업위험이 높다. 신속하고 간편하며 수수료가 낮다. 송금결제는 은행이 선적서류 송부 및 대금청구에 일체 개입하지 않는 당사자 간의 거래다. 무역계약의 내용에 따라 수출자가 물품을 선적한 후 별도의 대금청구 절차를 취하지 않더라도 계약당시 합의한 때가 되면 수입자가 자발적으로 물품대금을 수출자에게 보내주는 방식이다. CWO, CAD, COD, O/A 등이 송금의 시기별 대표적 방법이다.

송금결제는 특별한 국제규칙이 없다. 송금결제를 T/T라고 말하는 것은 전신에 의하여 지급지시서를 발송하기 때문으로 실무에서는 Wire Transfer라고도 사용한다. 이러한 지급지시서는 과거 전신(cable)방식에서 오늘날에는 인터넷을 통한 SWIFT 방식을 주로 사용하다. SWIFT란 'Society for Worldwide Interbank Financial Telecommunication'의 약자로서 국제은행 간 자금결제 통신망이란 의미다. 이는 원래 유럽 은행들끼리 가입하여 사용해 왔는데 요즘에는 전 세계의 많은 외국환은행들이 이 SWIFT망에 가입되어 있고 우리나라의 외국환은행 모두가 가입되어 있다. SWIFT를 사용하는 은행의 고유한 식별코드를 BIC(Business Identifier Code)라고 한다.

2) 송금결제의 시기별 종류

(1) 사전송금방식

수출입 대금을 물품이 선적이나 인도되기 전에 미리 결제하는 방식으로 송금을 통한 선지급방식의 대표적인 유형으로는 주문시지급방식(CWO: Cash With Order)이 있으며 선지급방식(Cash or Payment in Advance), 단순송금방식 등으로도 불린다. 사전송금방식의 특징은 매수인이 물품을 입수하기 전에 대금을 송금하는 방식이고 매도인에게 가장 유리한 방식이지만 매수인에게는 불리한 결제방식으로 매수인은 매도인에게 A/P Bond(Advance Payment Bond)를 요구하여 상업위험을 관리할 수 있다.

(2) 동시지급방식(Concurrent Payment)

매도인이 물품이나 서류를 인도하여 매수인이 이를 확인한 후 대금지급이 이루어지는 방식을 말하며 물품 또는 서류와 상환하여 대금이 지급되므로 대금상환도방식이라고도 한다. 대표적인 동시송금지급방식인 COD와 CAD는 선적 후에 물품의 대금지급이 이루어지기 때문에 사후송금방식으로도 분류할 수 있다.

① 현물상환지급방식(Cash on Delivery, COD)

현물상환지급방식은 수출자가 물품을 인도하면 수입자가 이를 검사한 후에 물품의 인도와 상환으로 대금을 송금하여 결제하는 방식이다. 수입국에 소재하고 있는 수출자의 대리인에게 물품을 송부하여 수입자에게 물품을 인도하도록 하고 대금을 결제받는 경우가 일반적이고 수입자가 대금지급 전에 물품의 품질을 검사할 수 있는 결제조건으로 직접 물품을 검사하기 전에는 품질을 정확히 파악하기 어려운 물품들, 보석류나 귀금속 등 고가품 거래에 적합하다.

② 서류상환지급방식(Cash Against Documents, CAD)

서류상환지급방식은 수출자가 물품을 선적하고 이를 증명하는 선적서류(Shipping Document)를 인도하면 수입자가 인도된 서류와의 상환으로 대금을 결제하는 방식이다. 수입자는 실제로 인도된 물품이 아니라 서류만을 수령한 후 대금을 지급하기 때문에 서류와 수령한 물품이 일치하지 않을 수 있는 위험을 부담한다. 수출자는 물품이 수입국에 도착하였는지 여부와 관계없이 서류인도 시에 대금을 수령할 수 있고 수입자는 수출국에 주재하는 자신의 대리인에게 물품의 제조, 선적과정을 점검하도록 하거나 수출자에게 선적전검사(Pre-Shipment Inspection, PSI)증명서를 요구하여 위험을 줄일 수 있다.

(3) 사후송금방식

사후지급방식(Later/Deferred Payment)방식은 물품, 운송서류가 인도된 후 일정한 기간이 경과되어야 대금결제가 이루어지는 방식으로 대표적인 사후지급방식에는 O/A(Open Account)가 있고 계약서 및 상업송장에 'O/A 30 Days', 'T/T in 30 Days'

와 같이 기재된다. 사후송금방식은 매도인이 매수인에 대해 신용을 공여하는 일종의 외상거래임로 매도인에게 매우 불리한 결제방법이고 매수인은 대금결제의 유예를 통해 현금유동성을 확보할 수 있으나, 매도인은 매우 높은 신용위험을 부담하며 이자를 부담하므로 물품가격이 높게 결정될 수 있다. 또한 매수인 우위 시장에서 매수인이 사후송금조건의 계약을 요구하며 이에 응하는 경우 매도인의 경쟁력이 높아지며 최근 우리나라에서도 사용 비중이 높아지고 있고 매도인은 대금을 지급받지 못할 신용위험에 대비하기 위해 계약체결 전에 또는 최소한 선적 전에는 신용조회를 통해 매수인의 신용을 확인하여야 하고 매도인은 한국무역보험공사(K-SURE)의 수출보험에 가입하거나 국제팩토링계약 등을 통해 위험을 관리할 수 있다.

① O/A(청산결제)

O/A방식은 사전송금방식과는 정반대로 매매계약에 의하여 수출자가 먼저 물품을 선적한 후에 선적서류 원본을 수입자에게 직접 송부하면, 수입자는 물품매매계약서상의 송금 조건에 따라 선적일을 기준으로 일정기간이 경과한 후에 거래 건별로 수출자가 지정한 은행의 계좌로 대금을 송금하여 결제하는 방법이다. O/A는 선적통지 조건부도 가능하나 대개는 상업송장(Commercial Invoice) 발행 시 수출자의 매출채권이 생성되며 수입자는 일정기간을 단위로 발생된 매입채무를 정해진 기한에 한꺼번에 송금하기 때문에 청산결제 방식이라고도 한다.

② T/T Credit

물품 선적일을 기준으로 하지 않고 별도의 약정일을 기준으로 하는 외상거래를 의미한다. O/A가 선적일을 기준으로 일정기간이 경과한 후에 수출자가 지정한 은행 계좌로 대금을 송금하여 결제하는 방법이라면 수입자의 요청에 따라 물품이 수입자가 지정하는 특정 장소에 도착한 후 또는 도착한 날로부터 일정 기간 후 대금을 지급하거나, 최종 검사가 끝나면 지급하거나 혹은 제품보증기간(warranty period)이 끝나면 지급하는 등의 선적일을 기준으로 하지 않는 여러 가지 사후송금방식도 있다.

(4) 기타방식

① **혼합지급방식(Mixed Payment)**

혼합지급방식은 대금의 일부가 선지급, 동시지급, 후지급으로 나뉘어 지급되는 방식이다.

② **누진지급방식(Progressive Payment)**

누진지급방식은 주로 결제대금이 고액이거나 장기간이 소요되는 계약인 경우 대금전액을 한 번에 지급하지 않고 여러 차례로 나누어 지급하는 방식이다.

③ **분할(할부)지급방식(Installment Payment)**

분할지급방식은 약정한 기간 동안 정해진 분량의 의무를 이행하기로 하는 분할이행계약에서 해당 분할부분의 이행이 이루어지면 대금을 지급하는 방식이다.

4. 청산계정

1) 청산계정(Open Account, O/A)의 특징

정상적인 금융거래가 어려운 경우에 당사자끼리의 직교역을 위해 체결하는 일종의 금융협정. 즉, 상호 간 무역거래에서 그때그때 현금결제를 하지 않고 대차관계를 장부에 기록했다가 매년 정기적으로 그 대차차액만을 현금결제하는 제도다. 청산계정 혹은 open account의 첫 글자를 따서 O/A라고도 한다. 특수한 관계나 거래가 빈번한 회사 사이에 행하는 결제방식으로 외상거래이자 신용거래이다.

O/A 결제방식은 수출업체가 선적을 완료하고 수입자에게 선적사실을 통보함과 동시에 채권이 발생한다는 의미로서 "선적통지조건부 사후송금 결제방식"이라고도 한다. 이 방식은 주로 본·지사 간 또는 고정 거래처간에 지속적으로 수출입거래를 하는 경우 거래할 때마다 대금을 결제하지 않고 3개월, 6개월 등 미리 정한 결산시기에 채권·채무를 상계한 후 차액만을 결제하는 상호계산을 의미하기도 하는데 이

러한 상호계산으로 결제하기 위해서는 외국환거래법에 의거 사전에 거래 외국환은행에 신고해야 한다.

2) 청산계정의 준거규칙(URBPO750)

청산계정은 국제통일규칙 URBPO 750(은행지급보증통일규칙)에 준거한다. 청산계정은 매매의 양당사자가 상호 간에 수출입거래를 빈번하게 하는 경우에 각 거래마다 대금을 지급하지 않고 일정기간의 거래에서 발생하는 채권·채무의 총액에 대하여 상계하고 그 잔액을 현금결제 하는 방법을 말한다. 2국간의 협정무역에 있어서의 결제방법으로, 협정국 간에 개설된 청산을 위한 계정에 무역의 대차를 기록하고 일정기간에 차액을 현금 결제하는 방법이다.

오늘날 국제간 무역거래의 거의 90%가 O/A 방식에 의해 결제가 이루어지고 있는 것이 현실이다. 하지만 O/A 방식 하에서는 수출자가 신용장에 부합하는 확실한 지급보장을 받을 수 없기에 이를 보완하고자 BPO 제도가 등장한 것으로 볼 수 있다. 요약하자면, BPO 제도는 O/A 거래에 따른 구매주문서, 상업송장, 선적통지서 및 선하증권 등의 선적정보가 공규기반 애플리케이션상에서 실제 선적물품과 일치하게 될 때 의무은행이 특정 일자에 수취은행에게 지급을 하겠다는 취소불능 한 확약이 되는 것이다. 이러한 BPO는 일치하는 데이터에 의거 화환신용장거래의 비즈니스 이익과 안전성을 확보하고 전통적인 무역금융의 물리적 단점을 제거시킬 수 있는 역할을 할 것이다.

5. 팩토링

1) 팩토링(Factoring)

판매자(Client)가 구매자(Customer)에게 물품이나 서비스를 제공함에 따라 외상매출채권과 관련 팩터링회사가 판매자를 대신하여 구매자에 관한 신용조사 및 신용위험인수(지급보증), 매출채권의 기일관리 및 대금회수, 금융의 제공, 기타 회계처리 등의 업무를 대행하는 금융 서비스이다. 국제 팩토링은 전세계 팩터의 회원망을 통하여 수입상의 신용을 바탕으로 이루어지는 무신용장 방식의 새로운 무역거래 방법이다. 즉, 팩터는 수출상을 위하여 수출채권과 관련된 대금회수를 보장하고 회수업무에 따른 장부기장 등 회계업무와 전도금융에 이르기까지 제반 서비스를 제공한다.

2) 팩토링 결제방식의 장점

팩토링 결제를 이용하면 수입상에게는 수입을 위한 신용장을 공여하여 해외로부터 신용으로 상품을 구매할 수 있다. 국제 팩토링은 기존의 신용장방식에 의한 거래에 비해 매우 간편하기 때문에 이미 미국이나 유럽지역에서는 일반화되고 있으며 특히 중소규모의 무역거래에서 활발히 이루어지고 있다. 특히, 오늘날 세계무역환경 변화추이에 따라 종전 Seller's Market에서 Buyer's Mareket으로의 이행, 소액·소량 주문에 따른 신용장발행의 회피, 구미제국 수입상들의 상거래관행에 따른 신용구매요구 등에 기인하여 외상수출은 증가추세에 있다. 그러나 외상거래 특히 D/A거래는 대금회수에 대한 확실한 보장이 없기 때문에 외화채권의 부실화가 우려되고 있고, 중소 수출업체의 경우에는 신용이 좋은 수입상에게 수출하면서도 은행의 여신한도에 제한을 받게 되어 자금회전에 어려움을 겪고 있는 경우가 많다. 국제 팩토링은 이러한 문제에 대하여 편리하게 대응할 수 있다. 국제 팩토링의 주요한 기능에는 신용위험의 인수, 전도금융의 제공, 회계업무의 대행 등을 예시할 수 있다.

3) 수출 팩토링

수입팩터는 수출팩터와의 약정에 따라 수입상에 대한 신용조사 및 신용위험을 인수하고, 수출채권의 양수 및 송금 등 대금회수를 보장한다. 수출팩터는 수출상과의 약정에 따라 수출채권을 관리하고 전도금융을 제공함으로써 효율적인 운전자금을 조달하도록 한다. 또한 수출팩터는 회계업무를 대행함으로써 수출채권과 관련한 회계장부를 정리하여 준다.

〈표 4-1〉 무역금융제도 비교

구분	수출팩토링	포페이팅	수출환어음매입
결제방식	사후송금방식	신용장방식	추심방식
대상채권	송장(Invoice), 외상매출채권	화환어음, 약속어음	화환어음
결제기간	180일 이내 (단기)	30일~2년 미만(중장기)	30일 ~ 2년 미만
상환청구권 여부	없음 (무소구) 또는 있음(소구)	없음(무소구)	있음(with)
금융비율	80~100%	100%	100%

6. 신용외상판매(credit facilities)

1) 신용한도(Credit line)

대출 한도액을 정해놓고, 필요할 때마다 대출을 받을 수 있는 제도이다. 금융기관(신용공여은행)이 일정기간을 정하여 환거래은행 또는 고객에 대하여 미리 설정해 둔 신용공여(facility)의 종류와 최고한도를 뜻한다.

2) 회전신용장(Revolving Letter of Credit)

신용 한도액 내에서 대출과 상환을 반복적으로 할 수 있는 대출 방식이다. 수출업자와 수입업자 사이에 동종의 상품거래가 상당기간 계속하여 이루어질 것이 예상되는 경우 거래 때마다 신용장을 발행한다거나 한꺼번에 금액을 모두 발행하는 것은 비용도 많이 들고 보증금의 적립을 과중하게 하거나 신용공여한도의 초과 등 많은 문제점과 불편이 따른다. 이러한 부담을 덜기 위하여 일정 기간 동안 신용장금액이 자동적으로 갱신되어 다시 사용할 수 있도록 하는 조건으로 발행된 신용장을 말한다. 갱신시기를 정하는 방법은 ① 발행된 환어음의 지급통지가 있을 때 ② 환어음이 매입된 후 상당한 기간이 경과하도록 부도통지가 없을 때 ③ 일정한 기간마다 정기적으로 갱신의 시기를 정하는 방법이 있다. 전달에 미선적분을 포함하여 함께 선적시킬 수 있는 누적식 신용장(cumulative credit)과 미선적 잔액을 제외하고 선적시키는 비누적식 신용장(noncomulative credit)이 있다. 이를 Self-Continuing Credit이라고도 한다.

3) 기간대출(Term loan)

정해진 기간 동안 일시불로 대출 받고, 이자와 함께 일정한 금액을 상환하는 대출 방식이다.

4) 당좌인출(Overdraft)

예금 계좌의 인출 가능한 한도를 초과하여 인출하는 대출 방식이다. 외화의 수취, 지급에 대해서는 하나하나 허가절차를 취하지 않고 일정한 제한하에 본지점계정의 대차기입에 의하여 상계, 결제 될 수 있는 제도를 말한다. 발행은행이 당좌예금계정을 발행하고 있는 예치환거래은행(depository correspondent bank) 또는 발행은행의 해외지점이 된다.

5) 무역금융(Trade credit)

상품 또는 서비스를 구매한 후 일정 기간 동안 대금을 지불하지 않고 신용 거래를 할 수 있는 대출 방식이나. 기업상호 간의 대차관계(貸借關係) 또는 이를 바탕으로 하는 금융관계로 구입대금 지불의 연기, 어음결제 기일의 연기, 융통어음의 발행 등에 의하여 형성된다. 기업 간 신용은 자금수요의 증대에 따라 일반적으로 확대되며, 특히 금융긴축정책 등으로 은행금융이 핍박받게 될 때 발생한다.

6) 신용장(Letter of credit)

국제무역에서 사용되는 신용거래 방식으로, 신용장이란 은행의 조건부 지급확약서이다. 즉, 무역거래의 대금지급 및 상품수입의 원활을 기하기 위하여 수입업자의 거래은행인 신용장 개설은행이 수입업자의 요청과 지시에 의해 독자적인 책임으로, 수출업자 또는 그의 지시인으로 하여금 신용장에 명시된 조건과 일치하는 운송서류를 제시하면, 수입업자를 대신하여 지급이행 또는 신용장에 의해 발행된 어음의 지급·인수를 수출업자 또는 어음매입은행 및 선의의 소지인에게 확약하는 증서를 말한다.

7. 수표

1) 수표

수표란 발행인이 지급인인 금융기관에게 수취인 또는 기타 정당한 소지인에게 일정한 금액의 지급을 위탁하는 유가증권이다. 수표법에 의하면 수표를 발행하려면 반드시 수표자금이 있는 은행과 수표계약을 체결해야한다고 규정하고 있으며, 수표의 발행목적은 유동성이라고 할 수 있다.

2) 수표의 요건

수표는 수요임을 표시하는 글자, 조건 없이 일정한 금액을 지급할 것을 위탁한다는 내용, 지급인의 명칭, 지급지, 발행일과 발행지, 발행인의 기명날이 또는 서명이 반드시 있어야 수요의 요건이 충족된다. 단, 지급지가 없는 경우 발행지에서 지급할 것으로 한다.

3) 수표의 종류

수표의 종류에는 당좌수표, 가계수표, 자기앞수표, 선일자수표, 횡선수표, 송금수표, 백지수표, 여행자수표, 국고수표, 미교환수표, 부도수표, 연수표, 보증수표, 우편대체수표, 위탁수표 등이 존재한다.

실전문제

01. Select the right words in the blanks (A)~(D).

We have been very satisfied with your handling of our orders, and as our business is growing we expect to place even larger orders with you in the future. As you know we have been working together for more than 2 years now and we will be glad if you can grant us ((A)) facilities with quarterly settlements. This arrangement will save us the inconvenience of making separate payments on ((B)). Banker's and trader's ((C)) can be provided upon your ((D)). We hope to receive your favorable reply soon.

① (A)open-account – (B)invoice – (C)references – (D)request
② (A)open-account – (B)invoice – (C)referees – (D)settlement
③ (A)deferred payment – (B)check – (C)references – (D)settlement
④ (A)deferred payment – (B)check – (C)referees – (D)request

해석

01. Select the right words in the blanks (A)~(D). (빈칸 (A)~(D)에서 알맞은 단어를 선택하시오.)

We have been very satisfied with your handling of our orders, and as our business is growing we expect to place even larger orders with you in the future.(우리는 귀사의 주문 처리에 매우 만족하고 있으며, 우리의 사업이 성장함에 따라 앞으로 당신 측에게 훨씬 더 많은 주문을 할 수 있을 것으로 기대하고 있습니다.) As you know we have been working together for more than 2 years now and we will be glad if you can grant us ((A)open-account) facilities with quarterly settlements.(아시다시피, 우리는 이미 2년 이상 함께 일해 왔으며, 당신이 우리에게 분기별 결산이 있는 오픈 어카운트 편의를 허가해 주시면 감사하겠습니다.) This arrangement will save us the inconvenience of making separate payments on ((B)invoice).(이렇게 하면 송장을 분납으로 지불해야 하는 불편을 덜 수 있을 것이다.) Banker's and trader's ((C)references) can be provided upon your ((D)request). (은행원 및 거래인의 신용조회는 귀하의 요청에 따라 제공할 수 있습니다.) We hope to receive your favorable reply soon.(우리는 곧 당신의 호의적인 회답을 받기를 바랍니다.)

① (A)open-account – (B)invoice – (C)references – (D)request
② (A)open-account – (B)invoice – (C)referees – (D)settlement
③ (A)deferred payment – (B)check – (C)references – (D)settlement
④ (A)deferred payment – (B)check – (C)referees – (D)request

정답 ①

• 해당 메일은 당사자 간의 오래 지속된 거래와 함께 확실한 신용에 기초하여 상계계좌(open account)를 열기 위한 메일이다. 특히 청구서(invoice)에 대한 분납지급 대신 추후 일괄정산을 통한 편의성을 얻고자 한다.

02. Which is NOT properly translated into Korean?

> (a) We regret having to remind you that we have not received payment of the balance of £105.67 due on our statement for December. (b) This was sent to you on 2 January and a copy is enclosed.
> (c) We must remind you that unusually low prices were quoted to you on the understanding of an early settlement.
> (d) It may well be that non-payment is due to an oversight, and so we ask you to be good enough to send us your cheque within the next few days.

① (a) 12월 계산서에 지급되어야 하는 105.67파운드가 아직 정산되지 않아 독촉장을 보내게 되어 유감입니다.
② (b) 계산서는 1월 2일에 발송하였으며 여기 사본을 동봉합니다.
③ (c) 귀하에게 상기시켜 드리기는 이번 건은 유독 낮은 가격을 빨리 견적해 드린 것임을 이해해 주시기 바랍니다.
④ (d) 혹시 실수로 금액 지불이 늦어진 것이라면 2~3일 내로 수표를 보내 주셨으면 감사하겠습니다.

해석

02. Which is NOT properly translated into Korean? (한국어로 제대로 번역되지 않은 것은 무엇입니까?)

> (a) We regret having to remind you that we have not received payment of the balance of £105.67 due on our statement for December. (b) This was sent to you on 2 January and a copy is enclosed. ((a) 12월 계산서에 지급되어야 하는 105.67파운드가 아직 정산되지 않아 독촉장을 보내게 되어 유감입니다. (b) 계산서는 1월 2일에 발송하였으며 여기 사본을 동봉합니다.)
> (c) We must remind you that unusually low prices were quoted to you on the understanding of an early settlement. ((c) 귀하가 조기 정산을 양해하여 이례적으로 낮은 가격을 제시함을 상기시켜드립니다.)
> (d) It may well be that non-payment is due to an oversight, and so we ask you to be good enough to send us your cheque within the next few days. ((d) 혹시 실수로 금액 지불이 늦어진 것이라면 2~3일 내로 수표를 보내 주셨으면 감사하겠습니다.)

① (a) 12월 계산서에 지급되어야 하는 105.67파운드가 아직 정산되지 않아 독촉장을 보내게 되어 유감입니다.

② (b) 계산서는 1월 2일에 발송하였으며 여기 사본을 동봉합니다.

③ (c) 귀하에게 상기시켜 드리기는 이번 건은 유독 낮은 가격을 빨리 견적해 드린 것임을 이해해 주시기 바랍니다.

④ (d) 혹시 실수로 금액 지불이 늦어진 것이라면 2~3일 내로 수표를 보내 주셨으면 감사하겠습니다.

정답 ③

• 조기 정산을 조건으로 이례적으로 낮은 가격에 물건을 매매하였지만, 대금정산이 약속한대로 이루어지지 않음에 대해 독촉메일을 보내는 것으로 보기 3번의 해석은 잘못되었다.

03. Select the best one which explains well the following passage.

The shipping documents are surrendered to the consignee by the presenting bank upon acceptance of the time draft. The consignee obtaining possession of the goods is thereby enabled to dispose of them before the actual payment falls due.

① D/A

② D/P

③ Collection

④ Open Account

해석

03. Select the best one which explains well the following passage. (다음 구절을 잘 설명하는 가장 좋은 것을 고르세요.)

The shipping documents are surrendered to the consignee by the presenting bank upon acceptance of the time draft. (선적서류는 기한부어음을 인수하는 즉시 제시은행으로 인해 매수인에게 내어지게 된다.) The consignee obtaining possession of the goods is thereby enabled to dispose of them before the actual payment falls due. (따라서 물품을 인수하는 매수인은 실제 지불기한이 되기 전에 물품을 처분할 수 있다.)

정답 ①

• 기한부어음을 인수하는 즉시 제시은행을 통해 매수인에게 내어지게 되므로 환어음을 발행하지 않고 서류가 은행을 통하지 않고 당사자 간에 직송되는 송금방식인 Open Account는 정답이 될 수 없고, Time draft가 발행되고 매수인이 실제 지불기한이 되기 전에 물품을 처분할 수 있으므로 서류를 받는 즉시 대금을 지급하는 D/P보다 일정기간 후 지급하는 D/A가 정답이 된다.

04. Which of the followings is APPROPRIATE for (A)?

(A) transaction is a sale where the goods are shipped and delivered before payment is due. This option is the most advantageous for the importer in terms of cash flow and cost, but it is consequently the highest risky option for an exporter. However, the exporter can offer competitive (A) terms while substantially mitigating the risk of non-payment by using one or more of the appropriate trade finance techniques, such as export credit insurance.

① Telegraphic transfer
② Cash with order
③ Open account
④ Letter of credit

해석

04. Which of the followings is APPROPRIATE for (A)?

(A) transaction is a sale where the goods are shipped and delivered before payment is due. (청산계정 거래는 대금지불 전에 상품이 선적 및 인도되는 결제방식의 거래이다.) This option is the most advantageous for the importer in terms of cash flow and cost, but it is consequently the highest risky option for an exporter. (해당 결제방식은 수입업자에게 현금흐름과 비용측면에서 가장 유리하고 수출업자에게는 가장 위험한 방식에 해당한다.) However, the exporter can offer competitive (A) terms while substantially mitigating the risk of non-payment by using one or more of the appropriate trade finance techniques, such as export credit insurance. (그러나 수출업자는 수출신용보험과 같은 적절한 무역금융 제도 하나 이상을 사용하며 미납의 위험을 완화하며 경쟁력 있는 청산계정 결제조건을 제공할 수 있다.)

① Telegraphic transfer (전신송금방식)
② Cash with order (현물상환지급방식)
③ Open account (청산계정)
④ Letter of credit (신용장)

정답 ③

• 설명에서 기술하는 대금결제조건 가운데 두 번째 단락에서 수입업자에게 유리하지만 수출업자에게는 가장 위험한 방식이라는 점에서 청산계정이 정답이다. 반대로 수출업자에게는 사전송금이나 신용장등이 가장 좋은 대금지금방식이라고 할 수 있다.

05. Which of the followings is NOT suitable for the blanks below?

A factor is a bank or specialized financial firm that performs financing through the purchase of (A). In export factoring, the factor purchases the exporter's (B) foreign accounts receivable for cash at a discount from the face value, generally (C). It sometimes offers up to 100% protection against the foreign buyer's inability to pay - with (D).

① (A) account receivables
② (B) long-term
③ (C) without recourse
④ (D) no deductible scheme or risk-sharing

해석

05. Which of the followings is NOT suitable for the blanks below? (다음 중 아래의 빈칸에 적합하지 않은 것은?)

A factor is a bank or specialized financial firm that performs financing through the purchase of (Aaccount receivables). (팩터는 외상매출금의 구매를 통해 자금조달을 수행하는 은행 또는 전문 금융회사이다.) In export factoring, the factor purchases the exporter's (B:long-term) foreign accounts receivable for cash at a discount from the face value, generally (C:without resourse) (수출팩터링에서, 일반적으로 상환청구 없이 그 팩터는 수출자의 장기 해외 외상매출금을 액면가로부터 할인된 금액으로 구매한다.) It sometimes offers up to 100% protection against the foreign buyer's inability to pay - with (D:no deductible scheme or risk-sharing). (이것은 가끔씩 공제할 수 있는 계획이나 위험부담 없이 외국인 구매자의 지급 불능에 대항하여 100%까지 보호를 제공합니다.)

정답 ②

• 본문은 팩터링 방식에 대한 수출·입과 관련한 특징 및 내용을 담고 있다. 팩터링은 client가 customer에게 물품이나 서비스를 제공함에 따라 외상매출채권과 관련 팩터링회사가 판매자를 대신하여 구매자에 관한 신용조사 및 신용위험인수(지급보증), 매출채권의 기일관리 및 대금회수, 금융의 제공, 기타 회계처리 등의 업무를 대행하는 금융 서비스이다. 수출자의 거래처인 수출팩터는 같은 국제팩토링기구 회원인 수입국의 수입팩터에게 수입자에 대한 신용승인을 요청하여 수입팩터가 승인할 경우 이 승인을 믿고 후불T/T 방식, O/A, D/A 결제방식에 대한 채권을 인수하고 대금을 바로 결제하는 방식이며 일반적으로 소구권 없이 단기의 채권에 대해 이용된다. 따라서 장기(long-term) 해외 외상매출금이 아닌 단기(short-term) 해외 외상매출금이 옳은 표현이다.

[6~7] Read the following letter and answer the questions.

Thank you for your advice of 15 May. We have now effected (A) to our customers in New Zealand and enclose the (B) you asked for and our draft for £23,100 which includes your (C). Will you please honour the (D) and remit the (E) to our account at the Mainland Bank, Oxford Street, London W1A 1AA.

06. Select the wrong one in the blank (C)?

① discount
② commission
③ charges
④ proceeds

07. Which of the following BEST completes the blanks (A), (B), (D) and (E)?

① (A) dispatch (B) transport documents (D) documentary draft (E) proceed
② (A) shipment (B) transport documents (D) clean draft (E) proceed
③ (A) shipment (B) shipping documents (D) documentary draft (E) proceeds
④ (A) dispatch (B) shipping documents (D) clean draft (E) proceeds

해석

[6~7] Read the following letter and answer the questions. (아래를 읽고 물음에 답하시오.)

Thank you for your advice of 15 May. (당신이 5월 15일에 해주신 통보에 감사를 표합니다.) We have now effected (A shipment) to our customers in New Zealand and enclose the (B shipping documents) you asked for and our draft for £23,100 which includes your (C proceeds). (우리는 뉴질랜드에 있는 우리의 소비자에게 선적을 보냈습니다, 그리고 그곳에 당신이 요구하셨던 선적서류와 당신의 대금인 £23,100가 포함된 환어음을 동봉하였습니다.) Will you please honour the (D documentary draft) and remit the (E proceeds) to our account at the Mainland Bank, Oxford Street, London W1A 1AA. (서류 초안을 지급이행 해 주시고 그 대금을 런던 옥스퍼드 가 1A 1AA의 본토 은행에 있는 우리 계좌로 송금해 주십시오)

06. Select the wrong one in the blank (C)? (빈칸(C)에 들어갈 단어로 바르지 않은 것은?)

① discount (할인, 금액)
② commission (수수료)
③ charges (상품대금)
④ proceeds (매입금, 수익금)

정답 ④

• 본문에 나오는 화자인 '우리'는 환어음과 선적서류를 동봉했다는 내용으로 미루어 봤을 때 매입은행의 역할을 한다고 볼 수 있다. 자료를 보고 직접 그린 국제상류, 국제 물류의 흐름표(학습란에 위치)를 보면 11번에 해당하는 내용을 띤다. 따라서 매입은행이 발행은행에 환어음 및 선적서류를 송부하였고, 12번에서 볼 수 있듯 매입은행이 아니라, 발행은행이 매입은행에게 대금을 결제해야 한다. 따라서 우리는 'proceeds(수익금)'를 송금하는 것이 아닌 수수료, 할인비용을 전달하는 것이 맞다. 따라서 정답은 4번이다.

07. Which of the following BEST completes the blanks (A), (B), (D) and (E)? ((A), (B), (D) and (E)에 알맞은 것은 무엇인가?)

① (A) dispatch (B) transport documents (D) documentary draft (E) proceed
② (A) shipment (B) transport documents (D) clean draft (E) proceed
③ (A) shipment (B) shipping documents (D) documentary draft (E) proceeds
④ (A) dispatch (B) shipping documents (D) clean draft (E) proceeds

정답 ③

• 현 본문의 주체인 수출상이 어음과 선적서류를 수입상한테 발행한다는 흐름이므로 문맥상 A shipment가 적절하다. 마찬가지로 B에는 shipping documents가 오는 것이 적절하다. 원활한 대금 결제를 위해 서류 초안을 잘 받을 것을 요구하는 흐름이므로 문맥상 D에는 documentary draft가 적절하고 E에는 대금이 본인 계좌로 송금이 진행되는 것을 요구하는 흐름이므로 문맥상 E proceeds가 적절하다.

08. Which is right pair of words for the blanks?

A sight draft is used when the exporter wishes to retain title to the shipment until it reaches its destination and payment is made. In actual practice, the ocean bill of lading is endorsed by the (A) and sent via the exporter's bank to the buyer's bank. It is accompanied by the draft, shipping documents, and other documents that are specified by the (B). The foreign bank notifies the buyer when it has received these documents. As soon as the draft is paid, the foreign bank hands over the bill of lading with other documents thereby enabling the (C) to take delivery of the goods.

	(A)	(B)	(C)
①	exporter	buyer	buyer
②	exporter	exporter	buyer
③	buyer	exporter	buyer
④	buyer	buyer	buyer

해석

08. Which is right pair of words for the blanks? (빈칸에 들어갈 단어로 알맞은 것은?)

> A sight draft is used when the exporter wishes to retain title to the shipment until it reaches its destination and payment is made. (일람불환어음은 수출업자가 목적지에 도착하여 결제가 이루어질 때까지 선적물의 소유권을 유지하고자 할 때 사용됩니다.)
> In actual practice, the ocean bill of lading is endorsed by the (A) and sent via the exporter's bank to the buyer's bank. (실제로 해양 선하증권은 (A)의 승인을 받은 것을 매도인의 은행을 통해 매수인의 은행으로 보내집니다.)
> It is accompanied by the draft, shipping documents, and other documents that are specified by the (B). (여기에는 (B)에게 명시된 환어음, 선적 서류 및 기타 문서가 함께 제공됩니다.)
> The foreign bank notifies the buyer when it has received these documents. (외국 은행은 그 서류들을 받으면 매수인에게 통보합니다.)
> As soon as the draft is paid, the foreign bank hands over the bill of lading with other documents thereby enabling the (C) to take delivery of the goods. (어음이 지급되는 대로 외국 은행은 선하증권을 다른 서류와 함께 넘겨줌으로써 (C)가 물품을 인도받을 수 있습니다.)

	(A)	(B)	(C)
①	exporter (수출업자)	buyer (매수인)	buyer (매수인)
②	exporter (수출업자)	exporter (수출업자)	buyer (매수인)
③	buyer (매수인)	exporter (수출업자)	buyer (매수인)
④	buyer (매수인)	buyer (매수인)	buyer (매수인)

정답 ①

• 매도인이 수출을 할 때 무역서류를 만들어 매도인의 은행으로 보낸다. 이때 산업송장, 포장명세서, 보험증권, 선하증권, 원산지 증명서와 환어음을 매도인의 은행으로 보낸다. 그러므로 해양 선하증권은 수출을 하는 매도인의 승인이 필요하므로 (A)는 exporter가 된다. 그리고 환어음, 선하증권(선적 서류), 기타 문서(산업송장, 포장명세서, 보험증권, 원산지 증명서)를 매도인 은행에서 매수인의 은행으로 보내므로 (B)는 buyer가 된다. 그리고 매수인이 매도인에게 대금을 지급하면 물품을 인도받을 수 있기 때문에 (C)는 buyer이다.

09. Below explains Bill of Exchange. Who is the underlined one?

A bill of exchange is an unconditional order, in writing addressed by one person to another, signed by the person giving it, requesting the person to whom it tis addressed to pay certain amount at sight or at a fixed date.

① drawer
② drawee
③ payee
④ payer

해석

09. Below explains Bill of Exchange. Who is the underlined one? (다음은 환어음에 관한 설명이다. 밑줄친 one 은 누구를 뜻하는가?)

A bill of exchange is an unconditional order, in writing addressed by one person to another, signed by the person giving it, requesting the person to whom it tis addressed to pay certain amount at sight or at a fixed date. (환어음은 서면상 무조건적인 요청으로, 한 사람이 다른 사람에게 보내는 서면이며, 그것을 주는 사람이 서명하고, 그것을 받는 사람에게 일람불 또는 정해진 날짜에 일정한 금액을 지불하도록 요청한다.)

① drawer (발행인)
② drawee (지급인)
③ payee (수취인)
④ payer (수입상)

정답 ①

- 환어음에 관한 영어로 된 설명이며, 밑줄 친 부분에 해당하는 사람은 해당 환어음의 발행인을 의미한다.

[10~11] Read the following and answer the questions.

Dear Mr. MacFee,
We are writing to you on the recommendation of Mr. David Han, Chief Accountant at Hannam Trading. He advised us to contact you as a referee concerning the credit facilities which his company has asked us for.
Could you confirm that the company is sound enough to meet credits of USD3,000,000?
We would be most grateful for a reply ((A)).
Yours sincerely,

10. What does the underlined credit facilities imply?

① The potential buyer wants to settle some days later.
② The seller wants to have some loans from bank.
③ The seller wants to have credit from the potential buyer.
④ The potential buyer may ask his bank to open credit.

11. Fill in the blank (A) with suitable word.

① at your earliest convenience
② by the time we arranged
③ at their early convenience
④ to my company's satisfaction

해석

[10~11] Read the following and answer the questions.

> Dear Mr. MacFee,
> We are writing to you on the recommendation of Mr. David Han, Chief Accountant at Hannam Trading. He advised us to contact you as a referee concerning the <u>credit facilities</u> which his company has asked us for. (우리는 한남무역의 데이비드 한 회계책임자의 추천으로 편지를 드립니다. 그는 그의 회사가 우리에게 요청한 신용거래에 대한 보증인으로서 당신에게 연락하라고 알려주었습니다.)
> Could you confirm that the company is sound enough to meet credits of USD3,000,000? (그 회사가 USD3,000,000의 신용거래를 충족할 수 있을 정도로 건전한지 확인해 주시겠습니까?)
> We would be most grateful for a reply (at your earliest convenience). (가능한 빠른 시일내로 회신해 주시면 감사하겠습니다.)
> Yours sincerely,

10. What does the underlined credit facilities imply? (밑줄의 신용거래가 의미하는 것은 무엇인가?)

① The potential buyer wants to settle some days later. (잠재적 매수인은 일정기간 이후 결제하기를 바란다.)
② The seller wants to have some loans from bank. (매도인은 은행에서 대출 받기를 바란다.)
③ The seller wants to have credit from the potential buyer. (매도인은 잠재

매수인으로부터 신용거래를 원한다.)

④ The potential buyer may ask his bank to open credit. (잠재 매수인은 자신의 은행에 신용장을 개설하도록 요청할 수 있다.)

정답 ①

- 서신의 내용에서 매도인이 외상거래를 요구하는 것이 아니라 잠재적 매수인이 외상거래를 원하는 상황이다.
- 매도인은 잠재적 매수인이 외상거래에 적합한지 신용조회를 요청했다.
- 신용외상판매는 매도인이 매수인에게 외상거래를 위한 신용공여하고 후불판매를 하는 것으로 매수인이 일정기간 이후 결제하기를 바란다인 ①이 정답이 된다.

11. Fill in the blank (A) with suitable word. ((A)에 들어갈 단어로 옳은 것은?)

① at your earliest convenience (귀사에서 가능한 빠른 시일 내로)
② by the time we arranged (당사와 합의한 시간까지)
③ at their early convenience (그들이 편한 가장 빠른 시간에)
④ to my company's satisfaction (당사의 만족에 따라)

정답 ①

- 서신의 빈칸에 들어갈 적절한 문장을 찾는 문제다. 한남무역의 신용이 충분한지에 대한 확인을 요청하고 있으므로 요청에 대한 답변을 위한 at your earliest convenience (귀사에서 가능한 빠른 시일 내로)의 내용이 가장 적절하다.

12. What kind of draft is required and fill in the blank with suitable word?

This credit is available by draft at sight drawn on us for ( )

① usance - invoice value plus 10%
② demand - the full invoice value
③ demand - invoice value plus 10%
④ usance - the full invoice value

해석

12. What kind of draft is required and fill in the blank with suitable word? (어떤 종류의 환어음이 요구되고 빈칸에 알맞은 단어는 무엇인가?)

This credit is available by draft at sight drawn on us for (the full invoice value) (이 신용장은 당사에 발행된 일람불환어음에 의해 송장의 전액에 대해 결제받을 수 있다.)

① usance (기한부어음) - invoice value plus 10% (송장 전액의 10% 가산한 금액)
② demand (요구불어음) - the full invoice value (송장 전액)
③ demand (요구불어음) - invoice value plus 10% (송장 전액의 10% 가산한 금액)
④ usance (기한부어음) - the full invoice value (송장 전액)

정답 ②

• 어음의 소지인이 어음을 제시하자마자 지급해야 되는 어음을 말한다. 어음면에 pay at sight 라고 표시한다. 일람불어음에서는 수입자는 어음제시를 받자마자 대금을 지급하여야 한다. 일람불어음(Demand Draft = sight demand draft = sight draft = Sight Bill)

13. Select the wrong part in the following passage.

(A) Authority to Pay is not a letter of credit, (B) but merely an advice of the place of payment and also specifies documents needed to obtain payment. (C) It obliges any bank to pay. (D) It is much less expensive than a letter of credit and has been largely superseded by documents against payment.

① (A) ② (B) ③ (C) ④ (D)

해석

13. Select the wrong part in the following passage. (다음 지문에 따라 틀린 부분을 고르시오.)

(A) Authority to Pay is not a letter of credit, (어음지급수권서는 신용장이 아니며,) ((B) but merely an advice of the place of payment and also specifies documents needed to obtain payment. (지급처의 통지에 불과하며, 지급받기 위해 필요한 서류들을 명시한다.) (C) It obliges any bank to pay.(어떤 은행이든 결제할 의무가 있다.) (D) It is much less expensive than a letter of credit and has been largely superseded by documents against payment.(신용장에 비해 훨씬 적은 비용이 수반되며, 주로 D/P 방식으로 이루어졌다.)

① (A) ② (B) ③ (C) ④ (D)

정답 ③

• Authority to Pay 어음지급수권서는 어느 은행이든 결제할 의무가 있는 것이 아니라 지정된 은행에서 지급권한을 발행할 수 있다.
• 수입자의 의뢰에 의하여 수입지의 은행이 수출지의 자기 본지점 또는 환거래은행에 대해서 수출자가 발행한 통지은행 앞 일람출급어음을 인수·지급할 것을 지시한 통지서이다.
• 어음의 지명인은 매수인인 수입자가 아니고 통지은행이라는 점에서 수출자에게 유리하며 이것이 어음매입수권서와 다르다.

14. Select the right terms in the blanks?

Payments under (A) are made direct between seller and buyer whereas those under (B) are made against presentation of documentary bills without bank's obligation to pay.

① (A) Documentary Collection - (B) Letter of Credit
② (A) Remittance - (B) Documentary Collection
③ (A) Letter of Credit - (B) Documentary Collection
④ (A) Remittance - (B) Letter of Credit

해석

14. Select the right terms in the blanks? (빈칸에 들어갈 조건으로 옳은 것을 고르시오.)

Payments under (Remittance) are made direct between seller and buyer whereas those under (Documentary Collection) are made against presentation of documentary bills without bank's obligation to pay. 결제방식 송금은 매수인과 매도인 사이 직접적으로 이루어지지는 반면 화환추심에 따르는 결제방식은 은행의 지급의무 없이 화환어음 서류의 제시에 의해 이루어진다.

① (A) Documentary Collection (화환추심) - (B) Letter of Credit (신용장)
② (A) Remittance (송금) - (B) Documentary Collection (화환추심)
③ (A) Letter of Credit (신용장) - (B) Documentary Collection (화환추심)
④ (A) Remittance (송금) - (B) Letter of Credit (신용장)

정답 ②

• 송금결제방식은 어떤 중개인 또는 은행의 개입 없이 당사자 간 이루어지며 추심결제방식은 은행을 통해 화환어음이 송부되지만 은행이 지급에 대한 확약을 하지는 않는다.

15. Choose the right word(s) for the blank below.

( ) in international trade is a sale where the goods are shipped and delivered before payment is due, which is typically in 30, 60 or 90 days. Obviously, this option is advantageous to the importer in terms of cash flow and cost, but it is consequently a risky option for an exporter.

① A COD transaction
② A CAD transaction
③ An open account transaction
④ A D/P transaction

해석

15. Choose the right word(s) for the blank below.(아래 빈칸에 알맞은 단어를 고르시오.)

(An open account transaction) in international trade is a sale where the goods are shipped and delivered before payment is due, which is typically in 30, 60 or 90 days. (청산계정은 국제무역에서 물품이 지불기한이 도래하기 전 배송되어 인도되는 거래이며, 30일, 60일 또는 90일의 지급기일을 가진다.) Obviously, this option is advantageous to the importer in terms of cash flow and cost, but it is consequently a risky option for an exporter. (분명히, 이 옵션은 현금흐름과 비용 측면에서 수입자에게 유리하고 결과적으로 수출자에게 위험한 옵션이다.)

① A COD transaction (COD거래)
② A CAD transaction (CAD거래)
③ An open account transaction (청산계정 거래)
④ A D/P transaction (D/P 거래)

정답 ③

• 30일,60일 또는 90일의 지급기일을 설정하고 물품을 먼저 인도하고 사후 송금을 하는 방식에 대한 설명이다. 보기의 Open account방식 외에 COD, CAD, D/P결제방식의 거래에서는 물품이나 서류의 인도와 결제가 동시에 이루어지는 동시지급결제방식이다. 따라서 물품이 먼저 인도되고 사후 송금되는 방식은 Open account(O/A) 결제방식이다.

16. Fill in the blank with the BEST word(s).

A written one to pay a determinate sum of money made between two parties is a ( ). The party who promises to pay is called the maker; the party who is to be paid is the payee.

① promissory note
② letter of credit
③ draft
④ Bill of Exchange

해석

16. Fill in the blank with the BEST word(s). (빈칸에 들어갈 단어로 가장 올바른 것을 고르시오.)

A written one to pay a determinate sum of money made between two parties is a (promissory note). (두 당사자 사이 만들어진 확정금액을 지불하기 위한 서면이 약속

어음이다.) The party who promises to pay is called the maker; the party who is to be paid is the payee. (지불하기로 약속한 사람을 발행인이라고 하고, 지급받는 사람을 어음 수취인이라고 한다.)

① promissory note (약속어음)
② letter of credit (신용장)
③ draft (어음)
④ Bill of Exchange (환어음)

정답 ①

• 확정된 금액을 지급하기 위해서 양 당사자 사이 작성된 문서는 약속어음이다.

17. Choose a correct one in O/A payment?

① It is dangerous to use when the importer has favorable payment history.
② It is safe to use if the freight forwarder has been deemed to be creditworthy in order for the trade transaction.
③ O/A is the most advantageous option to the importer in terms of cash flow and cost, but it is consequently the highest risky option for an exporter.
④ O/A means Opening Applicant.

해석

17. Choose a correct one in O/A payment?(O/A결제에서 올바른 것을 선택하시오.)

① It is dangerous to use when the importer has favorable payment history. (수입자가 순조로운 결제이력을 가지고 있을 때 사용하는 것은 위험하다.)
② It is safe to use if the freight forwarder has been deemed to be creditworthy in order for the trade transaction. (운송수선업사가 무역거래에 적합한 신용이 있나고 판단되는 경우 사용하는 것이 안전하다.)
③ O/A is the most advantageous option to the importer in terms of cash flow and cost, but it is consequently the highest risky option for an exporter. (O/A는 현금흐름과 비용측면에서 수입자에게 가장 유리한 조건이지만 결과적으로 수출자에게 가장 위험한 조건이 된다.)
④ O/A means Opening Applicant. (O/A의 의미는 Opening Applicant.를 의미한다.)

정답 ③

• 결제만기일을 약정하고 수출자가 선적을 완료했을 때 수입자는 만기일에 송금하는 방식이다. 현금유동성과 비용측면에서 수입자에게 유리하지만, 수출자에게는 위험한 옵션이 될 수 있다. 따라서 수입자의 신뢰도와 신용을 확인하여 해당방식으로 거래하는 것이 안선하녀,

거래처에 대한 평판과 신용에 대해 충분히 조사하는 것이 바람직하다. 그리고 청산계정을 뜻하는 O/A는 Open Account의 약자이다.

18. 송금방식의 특징으로 옳지 않은 것은?

① 은행수수료가 저렴하다.
② 어음법의 적용을 받지 않는다.
③ 결제상의 위험을 은행에 전가할 수 있다.
④ 적용되는 국제 규칙이 없다.

정답 ③

- 송금방식의 특징을 보면 첫째, 환어음을 사용하지 않고 국제규범이 존재하지 않는다. 둘째, 대금결제와 물품의 인도와 인수가 분리되어 있다. 셋째, 송금시기에 따라 위험부담자가 달라진다. 무역에서의 결제방식은 은행의 신용을 이용하는 신용장과 그 외로 구분된다. 송금방식은 신용장이나 다른 방식대비 수수료가 저렴하다.

19. 추심결제방식에 대한 설명으로 옳지 않은 것은?

① 환어음의 지급인이 선적서류를 영수함과 동시에 대금을 결제하는 것은 지급도(D/P)방식이다.
② 추심결제는 수출상이 환어음을 발행하여 선적서류를 첨부하여 은행을 통해 송부하는 방식이다.
③ 은행에 추심업무를 위탁하는 자는 지급인(drawee)이다.
④ 'URC'라는 국제규칙이 적용되며 신용장거래와 비교하면 은행수수료 부담이 적다.

정답 ③

- 은행에 추심업무를 위탁하는 자는 추심의뢰인(Principle)이다. 지급인(Drawee)는 추심의뢰에 대한 최종지급을 하는 수입자로서, 추심지시서에 따라 환어음의 제시를 받는 자를 의미한다.

20. 다음 서류상환인도(CAD) 방식에 대한 설명으로 옳게 짝지어진 것을 모두 고르시오.

㉠ 수입상이 자신 앞에 도착된 상품의 품질검사를 완료한 후에 구매여부를 결정할 수 있는 결제방식이다. ㉡ 선하증권 상 수하인은 수입국 소재의 수출상의 지사나 대리인이며, 대금의 결제와 동시에 선하증권을 배서 양도하여 물품을 인도하게 된다. ㉢ 수출업자가 선적을 완료한 상태에서 수입업자가 수출국에 소재하는 자신의 해외지사 또는 대리인에게 지시하여 서류의 인수를 거절하게 되는 경우에는 수출업자는 곤란한 상황에 처하게 된다.

㉣ 수입자의 대리인을 수입국 소재 수입자의 거래은행으로 지정하는 경우 European D/P라고도 한다.

① ㉠, ㉡
② ㉡, ㉢
③ ㉡, ㉣
④ ㉢, ㉣

정답 ④

• 서류상환인도는 수출자가 물품을 선적하고 이를 증명하는 선적서류(Shipping Document)를 인도하면 수입자가 인도된 서류와의 상환으로 대금을 결제하는 방식이다. 따라서 물품의 품질검사 이전에 대금이 지급되어야 한다. 서류의 인도는 일반적으로 수출국에서 매수인의 대리인이 진행하는 경우가 대다수이다.

21. 결제방식에 대한 설명으로 옳지 않은 것은?

① 대금회수와 관련하여 신용장은 안전하지만 국제팩토링은 다소 위험하다.
② 신용장에서는 환어음 네고로 결제가 이루어지고 국제팩토링의 경우 전도금융이 이루어진다.
③ 신용장은 일람불환어음이나 기한부환어음을 요구하지만 국제팩토링은 환어음을 요구하지 않는다.
④ 신용장과 추심결제에서 사용되는 서류는 환어음과 선적서류이다.

정답 ①

• 국제팩토링은 팩터간 연계를 통해 수출대금의 회수를 보증하는 동시에 무소구권으로 매도인의 매출채권을 할인하기에 안전한 방법에 해당한다.

22. 환어음의 필수기재사항에 해당되는 것만으로 옳게 나열된 것은?

① 지급인, 지급기일, 수취인, 발행일 및 발행지
② 환어음표시문자, 지급인, 지급지, 신용장 번호
③ 금액, 지급지, 어음번호, 발행인의 서명
④ 상환불능문언, 환어음표시문자, 발행인의 서명, 환율문언

정답 ①

• 환어음의 필수기재사항은 환어음표시, 무조건위탁문언, 지급인, 지급기일, 수령인의표시, 지급지의 표시, 발행일 및 발행지의 표시, 발행인의 기명날인이 있다. 임의기재사항으로는 어음번호, 신용장번호, 신용장 발행일자, D/A·D/P어음의 표시, 환율 및 이자문언 등이 있다. 따라서 환어음의 필수기재사항만을 나열한 것은 ①이 된다.

PART 05

신용장

1. 신용장의 개요

1) 신용장의 개념

신용장을 무역거래에 사용함에 있기 위해서는 무역계약에서 무역대금결제를 신용장방식으로 체결한 경우이다. 신용장(letter of credit, L/C)은 수입상(발행의뢰인)의 거래은행인 신용장 발행은행이 수입상의 요청과 지시에 따라 수출상(수익자) 앞으로 발행하는 것으로, 수출상 신용장의 조건과 일치하는 환어음을 발행하여 제시하면 그 환어음을 인수·지급할 것을 확약하는 증서(letter of arrangement)이다.

신용장을 사용하는 경우 수입업자는 수입승인을 받은 후 자신의 거래외국환은행에 신용장의 발행을 신청해야 한다. 신용장발행은행은 신용장을 발행한 후, 이를 수출국에 위치하는 환거래은행(correspondent bank)인 통지은행으로 신용장의 통지를 요청하고, 통지은행은 수익자(수출업자)에게 신용장발행을 통지하여 신용장을 전달하게 된다. 이러한 신용장의 발행은 발행은행이 해외수출업자에게 신용장조건과 일치하는 서류가 제시되면 수입화물의 대금을 지급하겠다는 조건부 지급확약으로서, 발행시점부터 결제시점까지 발행은행이 수익자 또는 제3자에게 최종적인 지급책임을 부담하는 일정의 여신행위이다.

따라서 발행은행은 발행의뢰인(수입업자)의 신용도, 수입화물의 환가성 등을 면밀히 검토할 뿐만 아니라 장래에 발생할지도 모르는 채무에 대비하여 수입신용장발행 전에 외화지급보증약정의 체결이나 전액 담보금을 요구하기도 한다. 이러한 신용장은 은행이 수입상의 대금지불을 확약함으로써 무역에 따른 신용위험(credit risk)이 제거되어 무역거래를 원활하게 이루어지도록 하는 무역결제수단이다.

〈표 5-1〉 신용장의 효용

대금회수의 확실성과 신속성	수입상의 신용(X), 은행의 신용과 자산(O) → 은행이 대금지급 약정(신용위험 회피)
무역거래 확정	L/C 취소 및 조건 변경 : 발행은행과 수익자(수출상)의 동의 필요 → L/C 근거인 무역계약 취소불능
금융수혜	수출금융(수출상), 자금결제 유예기간(수입상)

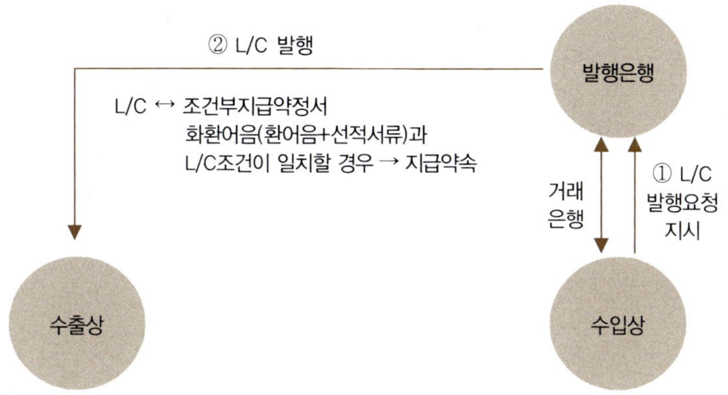

2) 신용장의 기능

신용장은 무역거래에서 물품인도와 대금결제 간의 시간적 간격으로 인하여 발생할 수 있는 신용위험을 회피하고 문제를 해결해 주면서 신용장이 가지는 성질로 인하여 얻을 수 있는 기능을 가지고 있는데, 그 중요한 기능으로서는 다음과 같은 것들을 들 수 있다.

(1) 신용위험의 회피

국제무역에서 신용위험(credit risk)이란 수입상이 무역계약상의 대금결제조건에 따라 대금을 지급하지 않음으로써 발생하는 수출상의 대금회수 불능위험을 말한다. 이 위험은 수입국의 국내경기 하락으로 수입상이 부도나 파산할 수도 있고 또한 지급자금의 부족으로 주문을 취소하거나 화물인수를 거절할 수 있는데, 이로 인한 수입상의 대금지급불능이나 대금지급거절에 의하여 발생한다. 신용장은 그 발행을 의뢰하는 수입상의 신용과는 관계없이 신용과 자산이 충실한 은행이 대금지급을 약정하는 것이기 때문에 수입상의 대금지급불능이나 지급거절이라는 위험이 배제되어 안전하고 확실하게 대금지급을 받을 수 있는 기능이 있다.

(2) 외환이전 제한위험 회피

외환이전 제한위험(transfer risk)이란 수입국에서 외환관리, 특히 수입제한정책의 채택 내지 강화 또는 외환사정의 악화 때문에 대외지급의 정지·지연 등의 외환조치로 인하여 수입상이 대금결제의 의사와 능력을 갖고 있더라도 자신의 의사와 관계없이 대외지급이 불가능하게 되는 위험을 말한다. 신용장이 발행되어 수출상에게 통지되면 수입국에서 외환사정의 급격한 악화로 수입제한정책이나 외환제한조치를 강화하더라도 그러한 조치는 이미 발행된 취소불능신용장에 의한 외환 이전에는 영향을 주지 않는 것이 일반적이다. 왜냐하면 이미 발행된 신용장에 대해서는 경과조치를 인정하는 것이 국제무역거래에서 통례로 인정되고 있기 때문이다. 따라서 신용장은 수입국의 수입제한정책이나 외환제한조치의 강화 등으로 인하여 영향을 받지 않기 때문에 외환이전 제한위험을 회피할 수 있다.

(3) 금융수혜

수출상과 수입상에게는 신용장을 통하여 실제적인 금융수혜를 받는 것과 같은 기능을 가진다. 수출상은 신용장을 이용함으로써 물품을 선적하기 전에 수출금융, 즉 수출물품의 생산·가공에 필요한 자금을 융자받을 수 있고 물품이 선적된 후에는 신용장 발행은행이 지급약정을 하기 때문에 수출물품의 대금회수를 위한 환어음 매입의뢰에 따른 은행의 환어음 매입을 용이하게 한다. 수입상은 거래은행을 통하여 신용장을 발행하면 수입상의 신용이 부족하고 무역계약 당시 지급할 자금이 부족하더라도 신용장 발행은행이 수출상이 발행한 환어음에 대하여 지급약정을 하고 있기 때문에 선지급할 필요가 없고 물품이 선적되고 환어음이 수입상에게 제시될 때까지 상당 기간 동안 유예되기 때문에 실제적인 금융수혜를 받는 것과 같은 효과가 있다.

(4) 무역거래의 확정

무역거래를 하기 위해 계약이 체결되었더라도 신용장이 발행되지 않은 경우에는 그 계약이 일방적으로 취소되거나 변경될 가능성이 있다. 왜냐하면 수입상 자신이 계약취소의사가 없더라도 수입국에서 경제사정의 악화 등으로 인하여 수입제한 또는 외환거래 제한조치를 채택하거나 강화함으로써 신용장이 발행되지 않은 계약은 수입제한의 대상이 될 수 있기 때문이다. 그러나 신용장이 발행되었을 경우, 취소나 조건변경은 발행은행과 수익자의 동의를 필요로 하기 때문에 신용장의 근거가 되는 무역계약은 취소될 수 없고, 수출상은 신용장 조건대로 화환어음을 발행하면 대금을 지급받을 수 있어 무역거래이행을 확실히 보장해 주는 기능이 있다.

〈표 5-2〉 매도인과 매수인의 신용장의 기능

매도인	매수인
- 대금회수의 확실성과 신속성 : 수입상의 신용과 관계없이 발행은행의 신용으로 대금지급이 약속되므로 대금회수가 확실하다. 또한 수출대금은 선적 후 수출상 소재지의 은행에서 매입절차를 거쳐 즉시 회수할 수 있다. - 무역거래의 확정 : 무역계약의 일방적인 취소 또는 변경 등의 위험은 신용장의 발행과 동시에 해소되고 거래가 확정된다. - 금융수혜 : 수출물품 제조 자금을 무역금융의 융자로 조달할 수 있다.	- 유리한 무역계약 체결 : 수입물품 가격협상의 주도권을 수입상이 행사할 수 있음에 따라 보다 싼 가격으로 계약을 체결할 수 있다. - 물품도착 시기 예측 : 신용장에는 최종선적일과 유효기일이 명시되어 있어 수입물품의 도착 시기를 예측할 수 있다.

3) 신용장 거래과정

무역대금결제를 신용장방식으로 체결한 경우에 수입업자는 수입승인을 받은 후 자신의 거래외국환은행에 신용장발행을 신청해야 한다. 신용장발행은행은 신용장을 발행한 후, 이를 수출국에 위치하는 환거래은행(correspondent bank)인 통지은행으로 신용장의 통지를 요청하고, 통지은행은 수익자(수출업자)에게 신용장 발행을 통지하여 신용장을 전달하게 된다.

신용장은 발행은행이 해외수출업자에게 신용장조건과 일치하는 서류가 제시되면 수입화물의 대금을 지급하겠다는 조건부 지급확약으로서, 발행시점부터 결제시점까지 발행은행이 수익자 또는 제3자에게 최종적인 지급책임을 부담하는 일정의 여신행위이다. 따라서 발행은행은 발행의뢰인(수입업자)의 신용도, 수입화물의 환가성 등을 면밀히 검토할 뿐만 아니라 장래에 발생할지도 모르는 채무에 대비하여 수입신용장발행 전에 외화지급보증약정의 체결이나 전액 담보금을 요구하기도 한다.

신용장은 신용장화에서 발행되는 환어음의 결제 시 운송서류의 제시여부에 따라 화환 신용장과 무화환 신용장으로 구분할 수 있는데, 일반 무역거래에 사용되는 신용장은 대부분 화환 신용장이다. 화환 신용장은 일종의 담보 역할을 하는 선하증권, 송장 , 보험증권 등의 운송서류가 첨부되어야만 어음 대금 결제 받는 신용장이다. 선적서류 매입 시 운송서류 제시가 필수적이다. 반면, 무화환신용장은 환어음에 운송서류가 첨부되지 않은 무담보어음인 경우에도 어음을 지급, 인수 또는 매입할 것을 확약하는 신용장이다. 무화환신용장은 선석서류의 제시를 요구하지 않는다.

2. 신용장의 당사자

신용장의 당사자(Letter of Credit Parties or Concerned Parties)는 기본 당사자와 기타 당사자로 나눌 수 있다. 기본 당사자는 신용장 거래에서 직접적인 권리와 의무를 갖는 당사자로서 발행은행(issuing bank), 수익자(beneficiary)를 말한다. 만약 확인신용장(confirmed letter of credit)의 경우 확인은행(confirming bank)도 기본 당사자에 해당된다. 기타 당사자는 신용장 거래에서 직접적인 권리와 의무는 갖고 있지 않지만 신용장 거래를 원활화시키기 위해 간접적으로 협조하거나 대행하는 역할을 갖는 당사자이다. 기타 당사자에는 발행의뢰인(applicant), 통지은행(advising bank), 지급은행(paying bank), 매입은행(negotiating bank), 인수은행(accepting bank), 양도은행(accepting bank), 상환은행(reimbursing bank) 등이 있다.

1) 기본 당사자

(1) 발행은행(issuing bank)

발행은행은 주로 매수인과 거래가 있는 은행이며, 신용장발행인(매수인)의 요청과 지시에 따라 수익자(매도인) 앞으로 신용장을 발행하고 그 수익자가 발행한 환어음에 대해 대금지급을 확약함으로써 환어음 지급에 책임을 부담하는 은행을 말한다. 즉, 수익자가 제시한 서류가 신용장 조건과 일치할 경우 발행할 환어음을 지급, 인수 또는 매입을 할 것을 확약하는 상환의 의무를 부담하는 은행이다. 발행은행은 개설은행(opening bank), 신용공여인(grantor), 어음지급인(drawee)라고도 하며, UCP 600 상에서는 발행은행, UCC상에서는 발행인(issuer)이라는 용어로 사용된다.

(2) 확인은행(confirming bank)

확인은행은 발행은행의 수권이나 요청에 따라 제3의 은행이 신용장에 의해 발행된 환어음 지급, 인수 또는 매입을 하겠다고 추가로 확약하는 은행이며, 수익자에 대해 발행은행과 동등한 지위를 갖는 은행이다. 신용장 확인은 수익자가 발행은행의 신용을 믿지 못하는 경우에 신용이 있는 제3의 은행에게 환어음 지급, 인수 또는 매입을 추가로 확약하는 것을 의미한다. 보통 매도인 소재지의 제3의 은행을 확인은행으로 하며, 신용장 확인은 발행은행과 독립적인 확약이며 발행은행의 여신행위이다. 확인은행은 항상 존재하는 것은 아니며, 확인신용장일 경우에 확인은행이 존재한다.

(3) 수익자(beneficiary)

수익자는 발행은행으로부터 신용장을 수취하여 신용장 조건에 따른 권한과 대금의 지급을 받아 이익을 얻는 자로서, 보통 매도인인 수출업자를 말한다. 수익자는 신용장 조건에 일치하는 서류를 제시할 의무를 가지며, 발행은행 또는 확인은행에 신용장에 의한 확약의 이행을 청구한다. 수익자는 매매계약의 이행단계에 따라 수출업자(exporter), 매도인(seller), 환어음발행인(drawer), 송화인(consignor, shipper), 사용자(user), 수신인(addressee) 등 여러 명칭으로 불린다.

2) 기타 당사자

(1) 발행의뢰인(applicant)

발행의뢰인은 매도인과 매매계약 조건에 따라 매도인 앞으로 자신의 거래은행에 신용장의 발행을 신청하는 자로서, 보통 매수인인 수입업자를 말한다. 원칙적으로 발행의뢰인은 매수인을 의미하지만, 매수인의 거래처인 제3자(예를 들어 수입업자에 의뢰에 의해 발행의뢰인이 되는 경우, 수입위탁을 행한 제조업자가 발행의뢰인이 되는 경우)가 발행의뢰인이 되는 경우도 있다. 발행의뢰인은 매매계약의 이행단계에 따라 수입업자(importer), 매수인(buyer), 계정지급인(accountee), 계정귀속인(account party), 수화인(consignee), 여신수령인(grantee), 신용제공인(accreditor), 신용수령매수인(accreditee buyer) 등 여러 명칭으로 불린다.

(2) 통지은행(advising bank)

통지은행은 통상적으로 수익자의 소재지에 있는 발행은행의 본점, 지점 또는 환거래은행으로서, 발행은행의 위탁을 받아 수익자에게 신용장의 발행 사실이나 그 내용을 단순히 통지해주는 은행을 말한다. 통지은행은 advising Bank 외에도 notifying bank, transmitting bank 등으로 부른다. 통지은행이 수익자에게 신용장을 통지하였다는 것은 외면상의 진정성(authenticity)에 관하여 스스로 충족하였으며 그 통지가 송부받은 신용장의 조건들을 정확하게 반영하고 있다는 것을 의미하므로 하자가 발견될 경우 그 책임을 부담하여야 한다.

(3) 지급은행(paying bank)

지급은행은 수익자가 제시한 선적서류에 대하여 직접대금을 지급하여 주는 은행으로서 발행은행으로부터 지급을 위임받은 은행을 지급은행이라 말한다. 지급은행은 발행은행의 환거래약정은행으로서 발행은행의 예금계정에서 해당 금액을 차감하기 때문에 지급과 동시에 상환을 받는다. 지급은행은 지급행위에 대하여 아무런 책임 없이 단순히 대금을 지급해 주는 역할만을 수행한다. 지급은행은 서류가 지급은행에 제시되는 즉시 대금을 지급해 주는 일람지급은행(sight paying bank)과 일정기간(연지급기간) 후에 대금을 지급하는 연지급은행(deferred paying bank)로 구분된다.

(4) 매입은행(negotiation bank)

매입은행은 수익자가 물품의 선적을 완료한 후 신용장의 조건에 따라 발행은행 앞으로 환어음을 발행하고 신용장에서 요구하는 서류를 준비하여 신용장과 함께 통지은행이나 나른 거래은행에 그 환어음의 매입을 의뢰하는 은행을 말한다. 매입은행은 수익자가 제시한 선적서류가 신용장의 조건과 일치하는지의 여부를 점검한 후 일치하는 경우에만 환어음을 매입한다. 매입은행은 매입인(purchaser), 매입당사자(negotiating party) 등으로 불린다.

(5) 인수은행(accepting bank)

인수은행은 수익자가 발행하는 환어음이 일람불이 아니고 기한부환어음일 경우 이러한 기한부어음을 인수하는 은행을 인수은행이라고 하며 인수은행은 그 환어음의 만기일에 지급은행이 된다. 인수은행에서 인수한 환어음은 발행은행의 지급약정이 존재한다. 즉, 인수은행은 수익자가 제시한 기한부환어음의 표면에 인수표시를 한 경우 만기일에 대금지급을 거절할 수 없다.

(6) 양도은행(transferring bank)

양도은행은 양도업무를 취급하는 은행으로 원수익자(first beneficiary)의 요청에 따라 제2수익자(second beneficiary)에게 신용장의 양도하고 이에 따라 지급, 인수 또는 매입을 행하는 은행을 말한다. 양도은행은 신용장의 양도를 취급한다는 의미에서 양도취급은행이라고도 한다.

(7) 상환은행(reimbursing bank)

상환은행은 신용장에서 지급, 인수 또는 매입은행에 대한 상환을 발행은행의 본점, 지급 또는 환거래계약은행인 제3의 은행으로 하여금 이루어지게 하는 경우에 발행은행을 대신하여 상환업무를 수행하는 은행을 말한다. 수익자에 의해 발행된 환어음을 발행은행으로부터 위탁받아 발행은행을 대신하여 상환청구에 응하여 상환은행 또는 보상은행이라고 한다. 그리고 신용장대금의 최종 결제를 담당한다는 이유로 결제은행(setting bank) 또는 어음지급은행(drawee bank)이라고도 한다.

3. 신용장 대금결제의 원칙

1) 독립성의 원칙

(1) 독립성의 의미

신용장은 그 성질상 매매계약 또는 기타의 계약에 근거를 두고 있으나 이러한 계약과는 별개의 거래이며, 은행은 신용장에 그러한 계약에 관한 어떠한 언급을 포함하고 있더라도 아무런 관계를 갖지 않으며 또한 구속되지 않는다. 수출상과 수입상 간에 체결된 매매계약이지만 일단 신용장이 발행되면 신용장은 매매계약으로부터 독립되어 그 자체로서 별도의 법률관계를 형성하는데, 이를 신용장거래의 독립성이라 한다.

(2) 독립성 원칙의 필요성

신용장은 매매세약에 의해 존재하지만 신용장거래 자체는 그 매매계약에 의해 어떠한 제약이나 위축을 받을 필요가 있다. 신용장거래 자체의 매매계약으로부터 독립성이 존재해야 하는 이유는 신용장거래에 따른 관련은행을 보호하는 데 있다.

(3) 신용장거래 독립성에 따른 은행의 보호

① 지정은행의 보호

지정은행이 화환어음에 대해 지급·인수 또는 매입을 하였을 때에 발행의뢰인이 수익자의 매매계약 위반을 항변이유로 이미 지급·인수 또는 매입한 것에 대해 거절할 경우 이에 대한 손해보상을 받을 수가 없다. 신용장의 독립성과 이에 따른 발행은행의 지급약정을 믿고 은행들은 화환어음을 지급·인수 또는 매입하는데, 신용장의 독립성이 없으면 발행의뢰인이 당해 물품을 입수하여 만족한다는 증거 없이는 어떤 은행도 수익자가 제시한 화환어음을 지급·인수 또는 매입을 하지 않을 것이다. 따라서 신용장거래에서 독립성이 있기 때문에 수입상의 대금지급 여부와 관계없이 지정은행들은 안심하고 지급·인수 또는 매입을 하는 것이다.

② 발행은행의 보호

발행은행은 신용장에 의거하여 화환어음을 지급·인수 또는 매입을 행한 은행에 대하여 지급한다. 그러나 만일 수출상의 매매계약 위반을 이유로 수입상인 발행의뢰인이 신용장에 의하여 발행된 화환어음에 대해 지급·인수를 거절하거나 발행은행에 대하여 대금지급을 거부한다면 발행은행도 이와 같은 이유를 들어 수익자나 지급·인수 또는 매입은행에 대하여 대금지급을 거절할 수밖에 없고 이미 지급한 경우에는 상환청구를 할 것이다. 따라서 발행은행에게도 신용장의 독립성을 부여하여 매매계약 위반으로 일한 항변으로부터 보호받고 오직 신용장에 명시되어 있는 신용장조건을 충족한 서류와 상환으로 대금지급을 이행할 필요가 있다.

③ 무역금융 공여은행 보호

무역금융을 취급하는 은행은 신용장의 독립성이 존재하지 않는다면 신용장 조건만 믿고 무역금융을 해 줄 수 없을 것이다. 은행이 무역금융을 공여하는 것은 신용장 발행은행이 신용장을 근거로 수익자가 발행하는 화환어음을 지급약정하기 때문에 믿고 무역금융을 공여하는 것이다. 신용장이 매매계약으로부터 독립되어 있지 못하면 계약당사자 중 일방의 계약취소로 인하여 신용장이 취소될 경우 무역금융을 공여한 은행은 신용장이라는 담보물건이 없어지게 되어 은행입장에서는 융자회수에 어려움이 있기 때문에 신용장의 독립성이 필요하다.

2) 추상성의 원칙

(1) 추상성 원칙의 의미

신용장거래에 있어서 모든 관계당사자는 서류상으로 거래를 행한다. 신용장거래의 목적이 물품 등이 아닌 서류에 있다는 원칙을 신용장거래의 추상성 원칙이라 한다.

(2) 신용장거래 추상성에 따르는 한계

① 수출상의 한계

수출상이 아무리 훌륭한 물품을 선적하였다 하더라도 서류준비에 소홀하게 되면 대금지급을 거절당할 수도 있다.

② 수입상의 한계

수입상의 매입은행 등은 수출상의 물품선적 사실을 조사할 의무와 책임을 지지 않고 서류만 검토한 후 매입에 응하게 된다. 따라서 만일 수출상이 계약내용을 성실하게 이행하지 못할 때에 수입상은 불량상품을 입수하게 되고 위조 서류 제출로 인하여 사기를 당할 염려가 있다.

〈표 5-3〉 신용장거래의 독립성·추상성 원칙이 당사자에게 미치는 영향

당사자	장점	단점
발행은행	신용장조건과 일치하는 서류가 제시되면 발행의뢰인에게 상환청구권을 가짐	발행의뢰인의 재정상태 악화로 상환지연 또는 손해발생 가능
발행의뢰인	특별한 이익은 없음	신용장조건과 일치하는 서류가 제시되면 물품의 상태 등을 이유로 지급을 거절할 수 없음
지정은행	지급·인수 또는 매입을 수권받은 지정은행은 신용장조건과 일치하는 서류를 제시하면 발행은행으로부터 상환받을 수 있음	불리한 점 없음
수익자	신용장조건과 문면상 일치하는 서류를 제시하면 대금지급 확실	제시한 서류가 신용장조건과 일치하지 않았을 때 대금지급 불확실

4. 신용장의 결제 종류

신용장 결제방식은 크게 매입, 지급, 인수(연지급 포함)로 구분하며 지급기한, 은행지정, 배서, 환어음 사용유무, 수출지상대은행, 서류매입은행이 신용장 종류에 따라 달라진다.

외국과 거래 시 거래 당사자 간의 대금의 지급, 추심 등과 관련한 거래를 위해서는 당사자의 국가별로 소재하는 거래 은행을 통하여 업무를 진행하는데 이때 국내외 은행 간에 관련 업무를 취급하기 위해서는 은행 간 약정을 체결한다. 이때의 약정을 환거래약정(Correspondent Agreement)이라고 하며, 약정이 체결된 은행을 환거래은행(Corres Bank)라고 한다. 환거래은행은 상대방은행에 자기명의의 예금계좌를 개설한 환거래은행을 예치환거래은행(Depositary Corres Bank)라고하고, 예금계좌를 개설하지 않은 환거래은행을 무예치환거래은행(Depositary Corres Bank)라고 한다.

〈표 5-4〉 신용장 결제의 종류

종류		지급기한	은행지정	배서	환어음	수출지상대은행	매입지급/인수은행
매입	일람불매입	일람불	자유, 지정	배서	일람출급어음	예치은행 무예치환은행	자유
	기한부매입	만기일	자유, 지정	배서	기한부어음	예치은행 무예치환은행	자유
지급	일람지급	일람출금	지정 (지급은행)	비배서	불필요	예치환거래은행	통지은행
	연지급	만기일	지정 (연지급은행)	비배서	불필요	예치환거래은행	통지은행
인수신용장		만기일	지정 (인수은행)	비배서	기한부어음	예치환거래은행	통지은행

1) 신용장의 매입과 지급

(1) 매입신용장(Negotiation L/C)

- 자유매입신용장(Freely negotiation L/C, Open L/C, General L/C)
- 매입제한신용장(Restricted L/C)

신용장을 가지고 발행된 환어음이 매입되는 것을 예상하고 매입을 허용하여 어음의 발행인뿐만 아니라 어음의 배서인, 어음의 선의의 소지인에 대해서 지급을 확약하는 신용장이다. 매입신용장은 수출지의 매입은행이 발행은행의 무예치환거래은행인 경우에 사용되며 서류매입의뢰 시에 어음을 제시해야하고 일람출급 또는 기한부 신용장으로 사용된다.

〈표 5-5〉 매입신용장 지급확약과 유효기간에 대한 문언

"we hereby agree with the drawers, endorsers and bona-fide holders of drafts drawn under and in compliance with the terms of this credit, that such drafts will be duly honored on due presentation and on delivery of documents as specified to the drawee bank" "Drafts must be negotiated not later than may,12,2023"

(2) 지급신용장(Straight L/C)

신용장에 의한 환어음의 매입여부에 대한 명시가 없고 신용장의 조건에 부합하는 서류가 신용장의 발행은행 또는 지정하는 은행에 제시하게 되면 지급할 것을 확약하는 신용장이다. 신용장에 의해 발행된 환어음의 매입이 불가능한 것이 아니다. 따라서 수익자의 거래은행이 매입할 수 있지만, 수익자의 신용도에 따라 매입은행의 계산과 위험부담으로 환어음이 매입된다.

〈표 5-6〉 지급신용장의 지급확약 문언과 서류제시

"We hereby engage that payment will be duly made against documents presented in conformity with the terms of this credit." "Documents must be presented to the advising bank not later than May 12, 2023."

2) 신용장 종류별 지급확약문언

(1) 일람지급(Available by payment at sight)

We hereby issue in your favour this documentary credit which is available by sight payment against presentation of the following documents.

(2) 연지급(Available by deferred payment)

At xx days after date of shipment or At xx days after presentation of document Credit available with xx bank by deferred payment at xx days after the date of issuance of the transport document detailed herein.

(3) 인수(Available by acceptance)

We hereby issue in your favour irrevocable documentary credit which is available by acceptance of your draft at xx days sight drawn on xx bank.

(4) 매입(Available by negotiation)

We hereby engage with (drawers and bona fide holders that draft(s) drawn under and negotiated in conformity with terms and conditions of this credit will be duly honoured on presentation.

5. 신용장의 종류

1) 신용장의 종류

(1) 취소가능 여부(Irrevocable L/C vs. Revocable L/C)

신용장은 취소불능(irrevocable)의 표시가 없는 경우에도 우리나라에서는 취소불능으로 취급된다. 취소불능신용장인 경우에는 기본 관계당사가 전원의 서면합의가 없으면 조건변경 및 취소를 할 수 없으며, 취소가능신용장인 경우 취소권의 행사는 매입은행의 매입통지가 개설은행에 도착할 때까지만 가능하다.

(2) 확인여부(Confirmed L/C vs. Unconfirmed L/C)

수익자가 개설은행의 대외신용을 의심하거나 수입자 소재국의 정치, 경제 상태가 불안정할 경우 등에 신용장의 확인을 요구하게 되며, 통상 개설은행의 요청에 따라 통지은행이 확인을 추가하여 통지한다. 이때 확인은행은 개설은행과 동일한 지급의무를 진다.

(3) 매입은행 제한여부(Restricted L/C vs. Open L/C)

Restricted L/C는 개설은행이 수출상이 매입을 의뢰할 수 있는 은행을 신용장상에 미리 지정해 놓은 신용장을 말하며, Freely Negotiable L/C는 수출상이 매입은행을 자유롭게 선택할 수 있는 신용장이다.

(4) 상환청구권 발동여부(With Recourse L/C vs. Without Recourse L/C)

With Recourse 즉, 상환청구가능(소구가능)인 때에는 매입은행이 수출상에게 선지급한 대금을 개설은행 등으로부터 받지 못할 경우 수출상에게 되돌려 받을 수 있으나, Without Recourse인 때에는 일단 매입이 끝나면 매입은행이 수출상에게 지급한 대금을 되돌려 받지 못하는 것을 말한다. 우리나라에서는 어음수표법의 규정에 따라 신용장상에 Without Recourse 조항이 있다 하더라도 이를 인정하지 않는다(국내법 우선 적용).

(5) 양도가능여부(Transferable L/C vs. Non-Transferable L/C)

신용장상에 transferable이라는 문구가 있는 경우에 한하여 양도가 가능하고, 양도는 1회에 한하여 가능하며 분할선적이 가능한 경우에만 분할양도가 가능하다.

(6) 대금의 지급시기 관련(Sight L/C vs. Usance L/C)

Sight L/C는 지정은행이 선적서류를 송부하면 개설은행은 서류상의 하자가 없는 한 즉시 신용장 대금을 결제하며, Usance L/C는 신용장에 정해진 기간에 대금을 결제하는 외상방식임. Usance L/C는 신용공여자가 누구인가에 따라 Shipper's Usance L/C와 Banker's Usance L/C로 구분되는데, Banker's Usance L/C의 경우 수출자는 At Sight로 대금을 지급받는다.

(7) 회전신용장(Revolving L/C)

동일 거래선과 동일품목을 반복적으로 거래할 때 매거래시마다 신용장을 개설하는 불편을 피하기 위하여 이용하는 신용장으로, 처음 개설한 신용장이 이행되면 일정한 기간이 경과한 후 자동적으로 동액의 신용장이 갱신되는 신용장이다. 회전신용장은 신용장에 의하여 결제되는 총금액(overall amount)을 명시하여야 하고, 총금액의 결정은 거래당사자 간의 계약에 의하여 결정되나 개설은행의 동의가 필요하다.

(8) 동시개설신용장(Back to Back L/C)

신용장 조건 중에 "이 신용장 수령 후 며칠 이내에 수익자(beneficiary)가 발행신청인(applicant) 앞으로 동액의 신용장을 개설하는 경우에 한하여 이 신용장이 유효하다"는 조건을 부가한 신용장으로 연계무역(link trade)에 사용되며 특히 구상무역에서 사용된다.

(9) 기탁신용장(Escrow L/C)

신용장에 의하여 발행되는 어음의 매입대금을 수익자에게 지급하지 않고 수출상과 수입상이 합의한 Escrow 계정에 입금해 두었다가 그 수익자가 수입상을 상대로 Counter L/C를 개설할 때 수입하는 상품의 대금결제용으로만 인출할 수 있도록 제한을 받는 신용장이다.

(10) 보증신용장(Stand-by L/C)

보증신용장은 무화환신용장(Clean L/C)의 일종으로 상품의 대금결제를 목적으로 하는 화환신용장이 아니고 주로 금융이나 보증을 위해 발행되는 특수한 신용장. 보증신용장은 주로 현지금융을 보증하거나 국제입찰 시 계약보증금, 이행보증금 등을 조달할 때 이용된다.

(11) 선대신용장(Red-Clause L/C)

선대신용장은 신용장개설의뢰인의 요청에 따라 개설은행이 통지은행에게 수출업자의 제조, 가공, 집하자금 조달을 용이하게 하기 위하여 일정조건 하에서 수출업자에게 수출대금의 일부 또는 전부를 운송서류제시 이전에 전대(前貸)하도록 수권하는 조건의 신용장이다.

2) 특수목적 신용장

신용장은 그 이용방법에 따라 내용과 형태가 달라지며 당사자의 요구조건이나 사용목적과 용도 그리고 어음발행조건 등에 의해 여러 가지로 분류할 수 있다. 신용장은 근본적 성질은 같지만, 그것을 이용하는 거래의 방법에 따라 다양한 형태로 분류할 수 있다. 즉 그 이용방법에 따라 내용과 형태가 달라지며, 관계당사자의 요구조건이나, 사용목적, 용도, 어음발행조건, 발행은행 이외의 은행의 개입 여부, 발행은행의 책임한계, 수익자인 수출상의 의무와 권리의 범위 등에 의해 여러 가지로 분류될 수 있다. 이 가운데 특수목적과 용도를 위한 신용장은 다음과 같다.

(1) 견질신용장(Back to Back L/C)

원신용장(Master L/C)의 수익자가 해외에서 양도 불능 신용장(Irrevocable L/C)을 수취하였을 시 이 마스터신용장(원신용장)을 견질로 하여 제2의 신용장을 발행할 수 있는데 이 신용장을 견질신용장이라고 하며 주로 원자재 또는 완제품 공급자 앞으로 발행된다. 견질 신용장(Back to Back L/C)은 오직 원신용장의 beneficiary(수익자)가 원신용장을 담보로 수출지의 거래은행(Back to Back L/C의 개설은행)의 동의하에 개설되므로 제2 신용장인 견질신용장의 수익자는 원신용장의 개설은행측과는 무관하다.

참고로 견질어음은 금융기관이 기업에 대출해 줄때 기업으로부터 담보로 위임받는 어음을 말한다. 금융기관이 기업에 대출해줄 때 담보력을 보강하기 위해 기업으로부터 위임받는 어음채권금액과 발행날짜, 만기일을 마음대로 적을 수 있어 일종의 백지어음의 성격을 갖는다. 기업이 대출금을 갚지 못하거나 자금회수 차질시 견실어음을 교환하여 자금화할 수 있다. 통상 견질어음은 기업이 부노의 우려가 있을 때 교환된다.

(2) 회전신용장(revolving L/C)

동일한 거래처와 동일한 물품을 계속적으로 거래할 경우 거래할 때마다 매번 신용장을 발행하려면 발행의뢰인은 많은 시간과 노력 및 경비가 들게 되고, 또한 이 경우 거래예상액 전액을 한꺼번에 발행한다면 일시에 많은 자금이 소요되므로, 이러한 불편과 경비나 자금 부담 등을 제거하기 위하여 일정한 기간 동안 일정한 금액의 범위 내에서 신용장금액이 자동적으로 갱생되도록 되어 있는 신용장을 말한다. 회전신용장이 자동적으로 갱생되는 방법으로는 그 신용장에 의하여 발행된 어음의 지급통지가 있으면 그 금액만큼 자동적으로 보충되는 방법과 그 신용장에 의하여 발행된 어음이 매입되어 발행은행에 송부된 후 신용장에서 정한 일정기간 내에 지급거절(부도)의 통지가 없으면 그 금액만큼 자동적으로 보충되는 방법, 그리고 1개월 등과 같이 일정기간이 경과한 후에는 소정일에 자동적으로 갱생되는 방법이 있다.

(3) 선대신용장(red clause L/C)

수출상이 수출에 따른 수출물품의 생산·가공·잡화·선적 등에 필요한 자금을 수입상이 미리 융통해 주기 위하여, 매입은행으로 하여금 일정한 조건하에 신용장금액의 일부를 수익자 앞으로 선대하여 줄 것을 허용하고 그 선대금 지급을 약정하는 신용장을 말한다. 이와 같이 수출선대를 인정하고 있는 신용장을, 수입상의 입장에서 보아 선대신용장이라 하고 수출상의 입장에서 보아 선수금신용장이라고도 한다. 이 신용장은 수출선대를 허용하는 문언이 일반적으로 적색으로 인쇄되어 있기 때문에 red clause credit라고 하며, 수출상은 선대받은 대금으로 수출물품을 제조 또는 구매하여 포장한다는 뜻에서 packing credit라고도 한다.

(4) 보증신용장(stand-by L/C)

일반적으로 수출입거래에 수반되는 물품대금의 결제를 목적으로 하는 화환신용장과는 달리 금전채무의 보증 또는 여신담보를 위하여 발행은행이 발행의뢰인의 요청과 지시에 따라 신용장의 유효기일 이내에 환어음과 발행의뢰인의 채무불이행을 입증하는 진술서(simple statement; affidavit) 또는 채무불이행 통지서(notice of default)의 제시를 조건으로 수익자에게 신용장금액을 지급할 것을 약정하는 일종의 무화환신용장(clean credit)이다.

3) 신용장에서 양도은행

양도은행은 양도가능신용장에서 발행은행에 의하여 양도하도록 특별히 권한이 주어진 즉, 수권되어진 양도가능 신용장을 받은 제1수익자(first beneficiary)의 요청에 따라 제2수익자(second beneficiary)에게 신용장의 양도를 실행하는 은행을 말한다. 신용장에 매입/지급/인수 등 명칭이 표기된 경우 이 은행이 발행은행으로부터 수권을 받은 양도은행이 되며, 자유매입 신용장인 경우 특정은행을 양도은행으로 지정한 후 이 은행을 통해 양도할 수 있다. 양도는 1회에 한하며 분할이 가능하고 분할양도 역시 1회로 간주한다. 일반실무에서는 거의 사용되지 않는다.

4) 양도가능 여부

(1) 양도가능신용장(transferable L/C)

양도가능신용장(transferable L/C)은 신용장상에 양도가능(Transferable)이라고 기재되어 있는 신용장을 말한다. 최초의 수익자가 신용장상 금액의 전부 또는 일부를 제 3자에게 양도할 수 있음을 허용하는 신용장이다.

양도조건은 분할청구 또는 분할선적이 허용된다는 사실이 신용장에 기재되어 있어야 복수의 제2수익자에게 분할양도가 가능하다. 그리고 재양도는 금지되어 있어 한번만 양두가 가능하기 때문에 제2수익자는 다른 자에게 재양도를 할 수 없다. 마지막으로 양도가능신용장에 표시된 조건대로 양도가 이루어져야 한다.

원칙적으로 신용상 양도는 조긴변경이 불가능하지만 원신용장의 기재금액 및 단가의 삼액, 유효기일/시류제시기일/선적기일의 단축, 보험가입비 증가의 사유에는 변경이 가능하다. UCP600에서는 양도가능신용장을 다음과 같이 규정한다.

〈표 5-7〉 양도가능신용장 UCP 600, 38조

[Article 38] Transferable Credits	[제38조] 양도가능신용장
a. A bank is under no obligation to transfer a credit except to the extent and in the manner expressly consented to by that bank.	a. 은행은 자신이 명시적으로 승낙하는 범위와 방법에 의한 경우를 제외하고는 신용장을 양도할 의무가 없다.
b. For the purpose of this article: Transferable credit means a credit that specifically states it is	b. 이 조항에서는 다음과 같이 해석한다. 양도가능신용장이란 신용장 자체가 "양도가능"

"transferable". A transferable credit may be made available in whole or in part to another beneficiary ("second beneficiary") at the request of the beneficiary ("first beneficiary"). Transferring bank means a nominated bank that transfers the credit or, in a credit available with any bank, a bank that is specifically authorized by the issuing bank to transfer and that transfers the credit. An issuing bank may be a transferring bank. Transferred credit means a credit that has been made available by the transferring bank to a second beneficiary.	이라고 특정하여 기재하고 있는 신용장을 말한다. 양도가능신용장은 수익자(이하 "제1 수익자"라 한다)의 요청에 의하여 전부 또는 부분적으로 다른 수익자(이하 "제2 수익자"라 한다) 에게 이용하게 할 수 있다. 양도은행이라 함은 신용장을 양도하는 지정은행, 또는 어느 은행에서나 이용할 수 있는 신용장의 경우에는 개설은행으로부터 양도할 수 있는 권한을 특정하여 받아 신용장을 양도하는 은행을 말한다. 개설은행은 양도은행이 될 수 있다. 양도된 신용장이라 함은 양도은행이 제2 수익자가 이용할 수 있도록 한 신용장을 말한다.
c. Unless otherwise agreed at the time of transfer, all charges (such as commissions, fees, costs or expenses) incurred in respect of a transfer must be paid by the first beneficiary.	c. 양도시에 달리 합의된 경우를 제외하고, 양도와 관련하여 발생한 모든 수수료(요금, 보수, 경비 또는 비용 등)는 제1 수익자가 지급해야 한다.
d. A credit may be transferred in part to more than one second beneficiary provided partial drawings or shipments are allowed. A transferred credit cannot be transferred at the request of a second beneficiary to any subsequent beneficiary. The first beneficiary is not considered to be a subsequent beneficiary.	d. 분할청구 또는 분할선적이 허용되는 경우에 신용장은 두 사람 이상의 제2 수익자에게 분할양도될 수 있다. 양도된 신용장은 제2 수익자의 요청에 의하여 그 다음 수익자에게 양도될 수 없다. 제1 수익자는 그 다음 수익자로 간주되지 않는다.
e. Any request for transfer must indicate if and under what conditions amendments may be advised to the second beneficiary. The transferred credit must clearly indicate those conditions.	e. 모든 양도 요청은 제2 수익자에게 조건변경을 통지하여야 하는지 여부와 그리고 어떠한 조건 하에서 조건변경을 통지하여야 하는지 여부를 표시하여야 한다. 양도된 신용장은 그러한 조건을 명확하게 표시하여야 한다.
f. If a credit is transferred to more than one second beneficiary, rejection of an amendment by one or more second beneficiary does not invalidate the acceptance by any other second beneficiary, with respect to which the transferred credit will be amended accordingly. For any second beneficiary that rejected the amendment, the transferred credit will remain unamended.	f. 신용장이 두 사람 이상의 제2 수익자에게 양도되면, 하나 또는 둘 이상의 수익자가 조건변경을 거부하더라도 다른 제2 수익자의 수락은 무효가 되지 않으며, 양도된 신용장은 그에 따라 변경된다. 조건변경을 거부한 제2 수익자에 대하여는 양도된 신용장은 변경 되지 않은 상태로 남는다.
g. The transferred credit must accurately reflect the terms and conditions of the credit, including confirmation, if any, with the exception of: – the amount of the credit, – any unit price stated therein, – the expiry date, – the period for presentation, or – the latest shipment date or given period for shipment, any or all of which may be reduced or curtailed. The percentage for which insurance cover must be effected may be increased to provide the amount of cover stipulated in the credit or these articles. The name of the first beneficiary may be	g. 양도된 신용장은 만일 있는 경우 확인을 포함하여 신용장의 조건을 정확히 반영하여야 한다. 다만 다음은 예외로 한다. –신용장의 금액 –그곳에 기재된 단가 –유효기일 –제시기간 또는 –최종선적일 또는 주어진 선적기간 위의 내용은 일부 또는 전부 감액되거나 단축될 수 있다. 부보되어야 하는 백분율은 신용장 또는 이 규칙에서 명시된 부보금액을 규정하기 위하여

substituted for that of the applicant in the credit. If the name of the applicant is specifically required by the credit to appear in any document other than the invoice, such requirement must be reflected in the transferred credit.	높일 수 있다. 신용장의 개설의뢰인의 이름을 제1 수익자의 이름으로 대체할 수 있다. 만일 신용장이 송장을 제외한 다른 서류에 개설의뢰인의 이름이 보일 것을 특정하여 요구하는 경우, 그러한 요건은 양도된 신용장에도 반영되어야 한다.
h. The first beneficiary has the right to substitute its own invoice and draft, if any, for those of a second beneficiary for an amount not in excess of that stipulated in the credit, and upon such substitution the first beneficiary can draw under the credit for the difference, if any, between its invoice and the invoice of a second beneficiary.	h. 제1 수익자는 신용장에서 명시된 금액을 초과하지 않는 한 만일 있다면 자신의 송장과 환어음을 제2 수익자의 그것과 대체할 권리를 가지고, 그러한 대체를 하는 경우 제1 수익자는 만일 있다면 자신의 송장과 제2 수익자의 송장과의 차액에 대하여 신용장 하에서 청구할 수 있다.
i. If the first beneficiary is to present its own invoice and draft, if any, but fails to do so on first demand, or if the invoices presented by the first beneficiary create discrepancies that did not exist in the presentation made by the second beneficiary and the first beneficiary fails to correct them on first demand, the transferring bank has the right to present the documents as received from the second beneficiary to the issuing bank, without further responsibility to the first beneficiary.	i. 제1 수익자가 만일 있다면 자신의 송장과 환어음을 제시하려고 하였으나 첫번째 요구에서 그렇게 하지 못한 경우 또는 제1 수익자가 제시한 송장이 제2 수익자가 제시한 서류에서는 없었던 하자를 발생시키고 제1 수익자가 첫번째 요구에서 이를 정정하지 못한 경우, 양도은행은 제1 수익자에 대하여 더 이상의 책임이 없이 제2 수익자로부터 받은 그대로 서류를 개설은행에게 제시할 권리를 갖는다.
j. The first beneficiary may, in its request for transfer, indicate that honour or negotiation is to be effected to a second beneficiary at the place to which the credit has been transferred, up to and including the expiry date of the credit. This is without prejudice to the right of the first beneficiary in accordance with sub-article 38 (h).	j. 제1 수익자는 양도 요청에서, 신용장이 양도된 장소에서 신용장의 유효기일 이전에 제2 수익자에게 결제 또는 매입이 이루어져야 한다는 것을 표시할 수 있다. 이는 제38조 (h)항에 따른 제1 수익자의 권리에 영향을 미치지 않는다.
k. Presentation of documents by or on behalf of a second beneficiary must be made to the transferring bank.	k. 제2 수익자에 의한 또는 그를 위한 제시는 양도은행에 대하여 이루어져야 한다.

(2) 양도불능신용장(non-transferable L/C)

수익자가 신용장을 제3자에게 양도할 수 없는 신용장을 양도불능신용장(non-transferable credit)이라 한다. 원칙적으로 신용장은 그 이용이 원수익자로 한정되어 제3자가 사용할 수 없다.

하지만 앞서 언급한 조건처럼 첫째 지급, 인수 또는 매입을 행하도록 수권 받은 은행이 양도를 취급하는 경우, 둘째 신용장상에 “transferable”이라는 용어가 표시된 경우, 셋째, 양도은행이 합의한 범위와 방법에 의해 양도되는 경우, 넷째, 1회에 한해 양도되는 경우, 다섯째, 분할선적이 금지되어 있지 않는 경우, 마지막으로 신용장의 금액 및 단가의 감액, 유효기간과 운송서류 제시일자 단축, 부보비율의 증가 외에 원 신용장의 내용을 변경하지 않는 경우 양도가 가능하며 양도가능신용장이된다.

6. 신용장에 대한 규칙

1) 국제표준은행관행(International Standard Banking Practice, ISBP 745)

국제표준은행관행은 신용장통일규칙(UCP)가 개정되면서 도입된 것으로, 서류 심사 기준의 구체적인 내용에 관한 신용장 관련 당사자들의 지속적인 문의에 따라 국제상업회의소(ICC)가 국제표준은행관행, ISBP를 발표하여 현재 사용 중이다.

국제표준은행관행은 신용장통일규칙의 해설로, 이에 적용되는 신용장에서 서류를 준비하는 수출자에게 서류 작성을 위한 지침을 제공하고 서류를 심사하는 은행원에게 적격 여부의 판단 기준을 제공하는 지침서 역할을 한다.

2010년 ICC 은행위원회의 개정 승인 이후 2012년 제5차 초안을 발표하고 2013년 3월 최종안을 마련하여 현재 ISBP 745를 시행하고 있다. ISBP는 기존의 버전과 동일하게 UCP 600과 독립적으로 사용하는 것이 아니라 UCP600과 함께 사용한다. ISBP의 구성은 크게 예비적 고려사항, 일반원칙, 운송서류, 보험서류 및 기타서류 등으로 주로 서류와 관련한 부분만을 언급하고 있다. ISBP681은 총 185개 항으로 구성되어 있었으나 ISBP 745에서는 주요 논의 대상을 항목별로 A~Q로 구분하여 각 항목 내에서 번호를 부여하여 설명하고 있다. ISBP 745에서는 각 항목별로 구체적인 사례를 예를 들어 설명하여 관계당사자들이 보다 이해하기 쉽도록 내용을 설명하고 있다.

2013년 ISBP 745는 기존의 ISBP와 마찬가지로 UCP 600을 개정하는 것이 아니고 UCP600과 관련된 관행이 서류취급자들에게 어떻게 적용되는지를 보다 구체적으로 설명하고 있다. ISBP와 UCP는 각각 독자적으로 검토하여 적용하는 것이 아니라 UCP 600을 기준으로 하여 상호 보완적으로 검토한다.

〈표 5-8〉 ISBP 745 구성요소

예비적 고려사항(PRELIMINARY CONSIDERATIONS)	i ~ vii
일반원칙(GENERAL PRINCIPLES)	A1–41
환어음과 만기일 계산(DRAFTS AND CALCULATION OF MATURITY DATE)	B1–18
송장(INVOICES)	C1–15
적어도 두 가지 다른 운송방식을 표시하는 운송서류 (TRANSPORT DOCUMENT COVERING AT LEAST TWO DIFFERENT MODES OF TRANSPORT) "multimodal or combined transport document"	C1–32
선화증권(BILL OF LADING)	E–28
비유통해상화물운송장(NON-NEGOTIABLE SEA WAYBILL)	F1–25
용선계약 선화증권(CHARTER PARTY BILL OF LADING)	G1–27
항공운송서류(AIR TRANSPORT DOCUMENT)	H1–27
도로/철도/내수로 운송서류(ROAD, RAIL OR INLAND WATERWAY TRANSPORT DOCUMENTS)	J1–20
보험서류 및 담보범위(INSURANCE DOCUMENT AND COVERAGE)	K1–23
원산지증명서(CERTIFICATE OF ORIGIN)	L1–8
포장명세서(PACKING LIST, NOTE OR SLIP ("Packing List")	M1–6
중량명세서(WEIGHT LIST, NOTE OR SLIP ("Weight List"))	N1–6
수익자증명서(BENEFICIARY'S CERTIFICATE)	P1–4
기타서류(검역, 품질, 수량 등) (ANALYSIS, INSPECTION, HEALTH, PHYTOSANITARY, QUANTITY QUALITY AND OTHER CERTIFICATES ("certificate"))	O1–11

ISBP 745 A18)
a. Documents commonly used in relation to the transportation of goods, such as but not limited to, Delivery Note, Delivery Order, Cargo Receipt, Forwarder's Certificate of Receipt, Forwarder's Certificate of Shipment, Forwarder's Certificate of Transport, Forwarder's Cargo Receipt and Mate's Receipt are not transport documents as defined in UCP 600 articles 19-25. These documents are to be examined only to the extent expressly stated in the credit, otherwise according to UCP 600 sub-article 14 (f) b. i) For documents referred to in paragraph A18) (a), a condition of a credit that presentation is to occur within a certain number of days after the date of shipment will be disregarded, and presentation may be made at any time, but in any event no later than the expiry date of the credit. ii) The default presentation period of 21 calendar days stated in UCP 600 sub-article 14 © only applies to a presentation including one or more original transport documents covered by UCP 600 articles 19-25. c. For a presentation period to apply to a document referred to in paragraph A18) (a), the credit should specify that presentation is to be made within a certain number of days after the issuance date of the respective document, or a date that is to be mentioned in the document (for example, when a credit requires the presentation of a document titled cargo receipt, "documents to be presented no later than 10 days after the date of the cargo receipt").

a. 인도명세서, 인도지시서, 화물수령증, 운송주선인 수령증명서, 운송주선인 선적증명서, 운송주선인 운송증명서, 운송주선인 화물수령증 및 본선수취증과 같이 물품운송과 관련하여 일반적으로 사용되는 서류는 UCP600 제19조~제25조에서 규정하는 운송서류가 아니다. 이러한 서류들은 신용장에서 명시적으로 명시하는 한도 내에서만 심사되어야 하고, 그러한 명시가 없다면, UCP600 제14조 f항에 따라 심사되어야 한다.

b. I) A18) (a)항에 거론된 서류의 경우에는 선적일 후 일정 기간 내에 제시되어야 한다는 신용장의 조건이 무시되고, 언제든지 제시되어도 무방하나 반드시 신용장의 유효기일 이전에 제시되어야 한다.
ii) 다른 명시가 없는 경우에 적용되는 UCP600 제14조 제C항에 규정된 달력상 21일간의 제시기간은 UCP600 제19조~제25조의 적용을 받는 하나 또는 둘 이상의 원본 운송서류를 포함하는 제시의 경우에만 적용된다.

c. 거론된 서로에 적용되는 제시기간에 대해서, 신용장에 당해서류의 발행일이나 당해서류에 기재되는 어떤 일자 후 일정한 기간 내에 제시되어야 한다. (신용장에서 화물수령증이라는 명칭의 서류를 제시하도록 요구하는 경우에, "서류는 화물수령증의 발행일 후 10일 이내에 제시되어야 한다)고 명시하여야 한다.

ISBP 745 A12)

a. A document, such as, but not limited to, a certificate of analysis, inspection certificate or fumigation certificate, may indicate a date of issuance later than the date of shipment.

b. When a credit requires a document to evidence a pre-shipment event (for example, "pre-shipment inspection certificate"), the document, either by its title, content or date of issuance, is to indicate that the event (for example, inspection) took place on or prior to the date of shipment.

c. When a credit requires a document such as, but not limited to, an "inspection certificate", this does not constitute a requirement that the document is to evidence a pre-shipment event, and it need not be dated prior to the date of shipment.

a. 분석증명서, 검사증명서 또는 훈증증명서와 같은 서류(이러한 서류에 한정되지 않음)는 선적일보다 나중일자로 표시될 수 있다.

b. 신용장에서 선적전에 일어나는 사건을 증빙하는 서류("선적전검사증명서")를 요구하는 경우에, 이 서류는 그 제목이나 내용 또는 발행일에 의하여 해당사건(선적)이 선적일이나 그 전에 발생한 것으로 표시되어야 한다.

c. 신용장에서 "검사증명서"와 같은 서류(이러한 서류에 한정되지 않음)을 요구하는 경우에, 이러한 조건은 선적전검사를 증빙하는 서류를 요구하는 것이 아니며, 선적일 전의 일자로 일부될 필요가 없다.

2) UCP 600

무역 거래에서 대금결제의 주요수단인 신용장의 거래관습도 국가마다 상이하기에 당사자 간 신용장 조건 해석기준이 다르고 교통과 통신의 취약성, 환거래를 위한 금융기관의 여건 상황 등으로 인해 대금 결제 관련 분쟁과 혼란이 발생하였다. 이에 국제상업회의소(ICC)는 국제상거래의 혼란을 막고 신용장 조건 해석기준을 세계적으로 통일하고자 1933년 6월에 "상업 화환 신용장에 관한 통일규칙 및 관례"(Uniform Customs and Practice for Commercial Documentary Credits), 화환 신용장 통일규칙을 제정하게 되었다.

신용장통일규칙은 그 후 6차에 걸쳐서 개정되었고 2007년 제6차 개정된 화환 신용장통일규칙을 "UCP 600"으로 통칭하고 있다. 현재 신용장통일규칙은 전 세계 170여 개국에서 채택하고 있는 국제규칙으로 발전하였고 신용장 거래당사자에게 신용장의 해석기준과 준거법을 제공함으로써 분쟁 예방과 국제 무역 대금결제를 원활히 수행할 수 있도록 하고 있다.

3) ICC 청구보증통일규칙(URDG 758)

청구보증통일규칙인 URDG 758은 Uniform Rules for Demand Guarantees의 약자이며, 청구보증통일규칙 원문, 청구보증서의 개요 및 지급조건, 은행의 역할과 입장, 판례 등을 담고 있다. 또한, 청구보증통일규칙은 1991년 제정된 이래 2002년 4월 세계은행이 모든 독립적 보증서에 적용토록 하면서 그 사용이 급격히 증가돼 왔다.

4) 보증신용장통일규칙(ISP98)

보증신용장통일규칙은 미국의 Institute of International Banking Law & Practice가 1998년 보증신용장통일규칙(International Standby Practices, ISP98)이란 새로운 통일규칙을 제정하여 이것을 국제상공회의소(ICC)가 ICC Publication No. 590으로 발행하면서 1999년 1월 1일자로 발효되었다. 보증신용장통일규칙은 보증신용장을 널리 사용하고 있는 미국의 축적된 30년의 경험과 UCC와 UCP를 반영하여 제정되었다. ISP98은 개설의뢰인의 채무불이행시 대금지급을 약속하는 보증서뿐만 아니라 채무불이행과 관계없이 대금지급을 약속하는 직불보증신용장에도 적용된다. 미국 은행이 발행하는 보증신용장의 50% 이상은 직불보증신용장이다. ISP98에서는 양자를 구분하지 않고 개설의뢰인(applicant)에 대해서만 규정하고 있다.

7. 청구보증서와 보증신용장

1) 청구보증서(Demand Guarantee)

신용장의 형태가 아닌 일반적인 지급보충문언에 의해 발행되는 독립적 은행지급 보증으로, 계약위반 또는 채무불이행사실에 대한 증명을 필요로 하지 않고 채권자의 단순한 진술서만으로 채권자에게 일정 금액을 지급해야 하는 무조건적이며 절대적인 보증서이다.

2) 보증신용장(Standby L/C)

금융조달이나 보증을 위해 발생하는 무화한 신용장의 일종으로 발행의뢰인이 이행해야 하는 의무를 이해하지 않은 경우 개설은행이 지급을 이행하겠다는 약속증서와 같은 채무보증용 신용장을 의미한다. 일반적인 화환신용장처럼 물품에 대한 결제수단으로 이용되는 것이 아니고 해외 현지법인이나 지점이 현지에서 금융담보조나 또는 건설·용역과 관련된 입찰기관에의 입찰보증(bid bond)·계약이행보증(performance bond)·하자보증(maintenance bond) 등에 대한 채무보증의 성격을 띠고 있으며, 운송서류가 없이 단지 채무불이행에 관한 사실 서류와 환어음에 의해서 대금지급이 확약되므로 무담보신용장(clean L/C)이라고도 한다. 보증신용장은 특수한 무화환신용장(Clean credit)이다.

보증신용장은 발행의뢰인의 차입금, 선급금, 다른 부채에 대한 채무불이행이 있었다는 어떤 증거에 의해 상환하기 위해, 또는 발행의뢰인이 이행해야 할 어떤 의무를 이행하지 않았을 때 지급을 대신 이행하겠다는 내용을 기재한 약속증서이다. 보증신용장은 특수한 무화환신용장(Clean credit)이다. 즉, 일반신용장은 수익자가 서류를 제시하고 발행은행으로부터 대금을 받는데, 보증신용장은 수익자가 발행은행에 발행의뢰인의 '채무불이행확인서'를 제시하고 손해금을 지급받는 것이다 따라서 보증신용장은 마치 보증서처럼 이용되고 있다.

보증신용장의 용도는 수출상이 선적서류를 수입상에게 직접 송부하나, 수입상이 제때 송금을 하지 않을 위험성을 방지하고 싶은 경우에 Stand by L/C을 활용한다. 이행보증금(Performance-bond), 입찰보증(Bid-bond), 선수금환급보증금(Advance payment bond), 채무보증, 약속어음의 담보용 등으로 사용되고 있다.

3) 화환신용장과 보증신용장의 차이점

화환신용장	보증신용장
• 신용장 수익자가 계약을 이행함으로써, 대금의 결제가 이루어진다. • 신용장통일규칙을 적용한다.	• 개설의뢰인 또는 기타 채무자의 계약이 불이행되면 결제가 이루어지며, 이때 결제는 보증 신용장의 개설은행이 하게 된다. • 신용장통일규칙보다 보증신용장통일규칙을 우선으로 적용한다.

4) 보증의 독립성 및 추상성

(1) 보증의 독립성

① 기초 관계와의 독립성 기초거래 당사자 간의 계약이행 여부와는 상관없으며, 수익자가 제시한 서류에 대해서만 구속을 받는다.

② 보증신청과의 독립성 : 수익자에 대한 지급의무가 있으며, 지시당사자의 보증 신청에 구속을 받지 않는다.

(2) 보증의 추상성

① 보증인은 서류에 이해서만 지급유무를 결정해야 한다.

② 서류에 관련된 물품, 서비스 또는 의무 이행을 확인할 권리와 의무가 없다.

5) 보증신용장과 청구보증서의 차이점

구분	보증신용장	청구보증서
주사용지역	미국	유럽
주용도	직불보증 신용장 등 금융보증뿐만 아니라 이행성 보증에도 사용	이행성 보증에 주로 이용
책임부담	주 채무자와 독립된 1차적 책임을 부담	주 채무자와 독립된 1차적 책임을 부담
문장여부	신용장통일규칙의 영향을 받아 간결한 편	당사자 간 계약 내용이 충실히 반영되기 때문에 증서 내용이 비교적 긴 편

한도	유효(보증)기일과 개설(보증금액의 한도)을 구체적으로 정함	유효(보증)기일에 대해 다소 관대하게 적용함
준용	신용장통일규칙 또는 보증신용장통일규칙 준용	청구보증통일규칙 적용
이행성 보증	- 입찰보증 신용장 - 계약이행보증 신용장 - 선수금환급보증 신용장 - 유보금환급보증 신용장 - 하자보수유지보증 신용장	-입찰보증서 -계약이행보증서 -선수금환급보증서 -유보금환급보증서 -하자보수유지보증서

6) 보증신용장통일규칙(ISP98)과 청구보증통일규칙(URDG758) 비교분석

독립적 은행보증에 관한 국제적 규범으로는 URDG758, UCP600, ISP98, 1995년 UN협약 등이 있고, 또한 각국의 국내 법률이 있다. 그 중 청구보증에는 실무상 영국법이나 현지법률 또는 URDG가 적용되고 있다. 우리나라에서 발행되는 청구보증에 URDG가 적용되기 시작한 것은 얼마 되지 않으며, 현재는 발행되는 전체 청구보증의 약 20-30% 정도가 URDG를 적용하고 있는 것으로 추정된다. 우리나라 대법원의 청구보증관련 판례를 보아도 URDG가 적용되지 않았으나, 최근에 와서 우리나라 은행에서 발행하는 청구보증에 URDG가 적용되는 사례가 증가하고 있고, 세계적으로도 그 사용이 점차 증가하고 있다. 한편 미국 은행이 주로 발행하고 있는 보증신용장에는 UCP600과 ISP98이 각각 50% 정도 적용되고 있다. 위의 여러 규정 중 청구보증서에 적용하기 위하여 URDG, 보증신용장에 적용하기 위하여 ISP98이 제정되었지만 UCP가 준거규칙으로 적용되는 경우가 종종 있다. 이는 UCP가 국제상업회의소(이하에서는 ICC라고 함)가 제정한 통일규칙 중에서 가장 오랜 된 역사를 가지고 있고 UCP가 보증신용장에도 쓰일 수 있다는 조항에 힘입어 은행이나 무역기업의 실무자가 무심코 쓰는 데 기인하는 것이다. 특히 은행 영업 창구에서는 무역외거래에 사용되는 보증신용장 또는 청구보증서를 동시에 취급하고 있으므로 여기에 사용되고 있는 URDG758과 ISP98의 차이점을 분명히 알아 두어야 할 필요가 있다. 또한 청구보증 또는 보증신용장 발행을 신청하는 개설의뢰인은 자신이 신청하는 보증에 그들 거래의 필요성과 구조를 고려하여 어떤 규칙을 적용규칙으로 할 것인지를 선택하여야 한다.

특히, 우리나라 기업의 해외활동에서 플랜트 수출이나 건설공사의 비중이 크므로 우리나라 기업과 은행이 보증신청인과 구상보증인이 되므로 URDG758을 적용규칙으로 하는 것이 매우 중요하다고 하겠다. 그런데 영국에는 보증에 관한 성문법이 없고, 요르단과 시리아와 같은 국가에는 청구보증에 관한 국내법이 전혀 없으므로 영국 법 또는 현지 법률을 청구보증의 적용규칙으로 하는 것은 당사자 간 분쟁의 소지가 많다.

보증신용장 또는 청구보증서에는 ISP98 또는 URDG758을 적용할 수 있다. 보증신용장 또는 청구보증서 개설은행 또는 사용자는 이 두 개의 규칙 중 하나를 선택할 때 이 규칙을 면밀하게 검토하여 그 거래의 성격상 각 규칙의 장점 및 한계를 확인하여야 한다. 다음은 ISP98과 URDG758의 주요 차이점을 비교 분석한 것이다. 미국 은행이 발행하는 보증신용장의 50% 이상은 직불보증신용장이다. URDG758은 개설의뢰인인의 채무불이행시 대금지급을 약속하는 보증서에 쓰이는 것으로서 직불보증에는 적합하지 않다.

7) 개설의뢰인과 지시당사자의 구분 여부

ISP98에서는 양자를 구분하지 않고 개설의뢰인(applicant)에 대해서만 규정하고 있다. URDG758에서는 기초계약의 당사자로서 개설의뢰인과 대금상환약정을 하는 지시당사자(instructing party)를 구분하고 있으나 대부분의 경우 개설의뢰인이 대금상환약정을 하므로 양자는 동일인이 된다. 그러나 개설의뢰인의 신용도가 떨어져 개설의뢰인의 모회사, 은행 또는 채권자 등이 지시당사자로서 대금상환약정을 하게 되므로 양자는 별도로 존재하게 된다.

(1) 전자적 제시

ISP9825에서는 보증신용장에서 제시를 종이서류로 할 것이냐 아니면 전자서류로 할 것이냐에 대하여 아무런 규정이 없으면 개설은행이 전자서류 제시 허용 여부를 결정할 수 있도록 규정하고 있다. 그러나 URDG7582에서는 청구보증서에 서류 제시 매체에 대하여 아무런 명시가 없으면 종이서류로 할 것을 규정하고 있다.

(2) 구상보증

ISP98에서는 별도확약의 발행요청에 대한 규정을 두어 구상보증신용장이 개설되는 상황을 상정할 뿐 구상보증과 구상보증인에 대한 상세한 규정이 없다. 그러나 URDG758에서는 이를 상세하게 규정하고 있다. 구상보증은 간접보증, 즉 4자 보증의 경우에 쓰이며 구상보증은 보증으로부터 독립되고, 구상보증상 보증인의 지급청구가 "일치하는 지급청구"에 해당한다면, 구상보증인은 보증인이 원보증상 수익자로부터 실제로 지급청구를 받았는지 여부나, 수익자에게 보증금을 지급하였는지 여부, 그 지급이 정당한 것이었는지 여부를 불문하고 보증인에게 지급을 하여야 한다고 규정하고 있다. 또한 구상보증은 원칙적으로 구상보증인과 보증인 사이에 존재하는 별개의 계약관계인 위임관계로부터도 독립된다. 따라서 보증인이 수임인으로서 위임계약을 위반하는 것(예컨대, 보증인이 보증을 발행함에 있어 명시하여야 하는 보증조건에 관한 구상보증인의 지시를 보증인이 위반하는 것)은 보증인과 구상보증인 사이의 내부문제이고, 그 자체가 보증인의 구상보증상 지급청구에 대한 지급거절사유가 되지 못함. 물론 위임조건이 구상보증에 편입된 한도 내에서는 그렇지 않다. 이러한 의미에서 구상보증은 2중적 독립성(double autonomy)을 갖는다. 그리고 URDG758 제2조와 제3조 b항에서는 URDG의 보증에 관한 규정은 구상보증에도 동일하게 적용된다고 규정하고 있다.

(3) 확인(confirmation)

URDG758에서는 없는 규정으로서 ISP98에서는 상업신용장의 확인과 같은 성격의 확인을 규정하고 있다. 확인인의 확약은 개설인의 그것과는 별개의 독립된 약속이다. 보증신용장에서 수익자가 서류를 먼저 확인인 에게 제시할 것을 명시하지 않았다면 수익자는 확인인을 경유하지 않고 개설인에게 직접 제시할 수 있다. 그런데 만약 개설인이 부당하게 결제를 거절한다면, 수익자는 확인은행에 결제를 요구할 수 있다. 확인인 으로서는 서류가 자신에게 최선차로 제시되지 않은 경우에 개설인의 결제거절에 따른 책임을 지지 않고자 한다면 서류제시장소를 자신의 영업소로 명시적으로 한정하여야 한다.

8) 보증신용장통일규칙(ISP98)과 청구보증통일규칙(URDG758)의 적용

ISP98과 URDG758은 법률이나 국제조약이 아닌 사적 기관인 ICC가 제정한 규칙이므로 보증신용장 또는 청구보증서에 적용되기 위해서는 보증신용장 또는 청구보증서에 그것이 적용 된다는 표시가 있어야 한다. 개설의뢰인과 수익자간의 기초계약에서 ISP98 또는 URDG758을 적용하기로 합의하였으나 이것이 보증신용장 또는 청구보증서에 표시되어 있지 않다면 이것이 적용되지 않는다. 개설은행이 개설의뢰인이 ISP98 또는 URDG758의 적용을 요구 하지 않았음에도 불구하고 이것이 적용되는 것으로 표시된 보증신용장 또는 청구보증서를 발행하게 되면 개설의뢰인에 대한 상환청구권을 상실할 위험이 있다. 당사자가 ISP98과 URDG758을 보증신용장 또는 청구보증서에 적용할 때 이것이 자국에서 법률로서 제정된 것인지 혹은 국제조약으로서 비준되었는지를 고려할 필요는 없다. 국제연합 국제상거래법위원회(UNCITRAL)는 2000년에 ISP98을 승인한바있고 이와 더불어 2011년 7월에 URDG7 58을 승인하였다. 물론 그러한 승인이 있었다고 하여 ISP98나 URDG758이 제정 법률의 지위를 갖게 되는 것은 아니나, 당사자 간에 어떠한 적용합의가 없는 경우에, ISP98과 URDG758는 국제거래관행(international trade usage)으로서 재판에서 적용될 가능성이 있다.

8. 국내외 거래용도

1) 원신용장(master L/C, original L/C, prime L/C)

원신용장(master L/C)는 최초의 신용장 수익자가 국외에서 수령하는 수출신용장이다.

2) 내국신용장(local, secondary, subsidiary, domestic L/C)

내국신용장(local L/C)은 수익자인 수출상이 받은 수출신용장을 근거로 국내의 물품 또는 원자재를 조달하기 위해 물품의 공급자를 수익자로 하고 수출상의 거래은행이 발급하는 신용장이다. 내국신용장은 은행의 지급확약 외에도 물품공급자에게 물품을 제조가공하는 데 따르는 무역금융의 수혜를 받을 수 있어 국내에서 물품공급자에게 유용성이 크다.

내국신용장(local L/C)은 원신용장과 독립적으로 보기 때문에 내국신용장의 지급확약은 원신용장의 확약과는 별개이며, 원신용장 수익자에게 수출국 내 물품조달이나 금융편의를 위한 수단으로 사용된다.

3) 내국신용장(Local L/C)과 구매확인서(Approval of Purchase)

내국신용장은 수출실적이 있거나 수출증빙서류(예 : 수출신용장 등)를 보유한 수출업자가 수출물품을 제조·가공하는데 소요되는 원자재 또는 수출용 완제품을 국내에서 원활히 조달하기 위한 제도이며, 개설의뢰인(구매업체, 원수출자)의 신청에 의해 국내공급업자(내국신용장의 수익자)를 수익자로 하여 발행하는 은행의 지급확약서이다. 2014년 내국신용장 전자화로 내국신용장 발행은행과 개설의뢰인(수출자 등)은 EDI약정을 통하여 내국신용장의 개설 및 매입거래가 가능하다. 원신용장에 대비되는 개념으로 원신용장에서 수출자(수익자)와 수입자(개설의뢰인) 관계가 내국신용장에서는 원자재 또는 완제품 공급 및 조달업자(수익자)와 수출자(개설의뢰인)의 관계와 대비된다.

(1) 내국신용장의 주요 기능

① 개설의뢰인(물품구매자)

수출용 원자재 또는 수출용 완제품을 간편하게 조달할 수 있는 수단으로 이용, 내국신용장 판매대금추심의뢰서의 결제자금으로 원자재 구매자금 또는 완제품 구매자금의 융자가 가능하다.

② 수혜자(물품공급자)

대외무역법 및 무역금융상의 수출실적으로 인정, 은행의 지급보증으로 물품공급대금의 회수가 보장, 부가가치세 영세율이 적용, 관세를 환급 가능하다.

(2) 내국신용장의 조건

- 일반조건 : 양도가 불가능한 취소불능 신용장
- 대금청구형식 : 전자문서교환방식으로 한 '일람출급방식' 판매대금추심의뢰서
- 표시통화 : 원화, 외화, 원화표시 외화부기
- 인도기일 : 대응수출 또는 물품공급 이행에 지장이 없는 범위 내에서 책정
- 유효기일 : 물품의 인도기일에 최장 10일을 가산한 기일 이내(다만, 원수출신용장 등을 근거로 하여 개설되는 내국신용장의 유효기일은 대응되는 원수출신용장등의 선적 또는 인도기일 이전이어야 한다)
- 서류제시기간 : 물품수령증명서 발급일로부터 제 5영업일 이내
- 조건변경 : 개설의뢰인, 수혜자 및 개설은행 등 내국신용장 기본당사자 전원의 합의에 의해 변경가능

〈표 5-9〉 내국신용장과 구매확인서의 비교

구분	내국신용장	구매확인서
관련법규	한국은행금융중개지원대출 관련 무역금융지원프로그램 운용세칙 및 동 절차	대외무역관리규정(산업통상자원부)
발행(발급)기관	외국환은행	외국환은행, 전자무역기반사업자
거래대상물품	수출용원자재 및 수출용완제품	외화획득용 물품
발행(발급)조건	보유신용장 또는 무역금융융자한도 내에서만 발행	업체의 거래증빙서류 보유범위 내에서 제한 없이 발행
공급실적의 수출실적인정 여부	금융중개지원 대출관련 규정 및 대외무역 관리규정상의 수출실적으로 인정	대외무역관리규정상의 수출실적으로만 인정
공급실적에 대한 무역금융 수혜가능 여부	무역금융수혜 가능	무역금융수혜 가능
은행지급보증 유무	은행지급보증 있음	은행지급보증 없음
발급 회수 제한	제한 없음(완제품내국신용장은 3차까지 가능)	제한 없음(단, 1차 구매확인서의 수혜자가 유통업자인 경우 추가로 1차에 한해 발급)
관세환급 가능여부	환급 가능	환급 가능
부가가치세 부담여부	영세율 적용	영세율 적용
발행(발급) 비용	일정발행수수료 (연간 발행금액의 0.4%)	건당 5,000원(은행발급 시)

9. 포페이팅

포페이팅 수출금융은 해외 수입국은행에서 개설한 신용장과 관련하여 발행된 환어음 및 선적서류를 수출입은행(Forfaiter)이 수출자로부터 무소구(without recourse) 조건으로 매입하는 수출금융의 일종이다. 무소구조건은 수입국은행(수입자)이 환어음의 만기일에 수출대금을 상환하지 못할 경우에도 수출자에게 대금을 청구하지 않는 조건이다.

환어음 만기일에 수출입은행(Forfaiter)가 수입국은행으로부터 수출대금을 회수하기 때문에 수출자는 환어음 만기일에 수입국은행의 지급거절 위험을 피할 수 있다. 수출입은행은 수출자 앞으로 할인료를 제외한 수출대금을 지급한다.

포페이팅은 기계류, 플랜트, 선박 등 거액의 수출거래에서 발주처에서 자금 부담 때문에 일정기간 후 일시불 또는 연불로 지급하기를 원하는 경우 유용하다.

포페이팅은 연지급 신용장(Usance L/C)나 보증(Aval)에 대하여 적용한다. 따라서 형식적 절차에 따라서 할인료는 수출자가 부담하는 것이라고 할 수 있다. 하지만 포페이팅의 할인은 항상 고정된 신용도 비율에 따라 달라지는데 할인료는 수입업자가 요청한 대금지급 연기조건에 대하여 수입업자의 비용으로 계산되어 진다. 따라서 수출대금에서 수출자가 기대하는 금액 외 수입자에 의해 발생할 수 있는 할인료는 수출자가 대금에서 추가하여 산정하기 때문에 최종적으로 할인료는 수입자의 부담이라고 할 수 있다.

실전문제

[1~2] Read the following and answer the questions.

Dear Sirs, We received your letter on April 5, in which you asked us to issue immediately a letter of credit (ⓐ) your order No.146. We have asked today the Korean Exchange Bank in Seoul to issue an irrevocable and confirmed letter of credit in your favor for USD250,000 only, and this credit will be valid until May 20. This credit will be advised and confirmed by Ⓐthe New York City Bank, N.Y. They will accept your (ⓑ) drawn at 60 days after (ⓒ) under the irrevocable and confirmed L/C. Please inform us by telex or fax immediately of the (ⓓ) as soon as the goods have been shipped. Faithfully yours.

01. Choose the wrong role which the underlined Ⓐ does not play.

① confirming bank
② advising bank
③ issuing bank
④ accepting bank

02. Select the wrong word in the blanks ⓐ~ⓓ.

① ⓐ covering
② ⓑ draft
③ ⓒ sight
④ ⓓ maturity

해석

[1~2] Read the following and answer the questions. (아래를 읽고 물음에 답하시오.)

Dear Sirs, (친애하는 귀하께) We received your letter on April 5, in which you asked us to issue immediately a letter of credit (ⓐ covering) your order No.146. (우리는 4월 5일에 당신의 편지를 받았는데, 당신이 주문번호 146번에 해당하는 신용장을 즉시 발행해 달라고 요청하였습니다.) We have asked today the Korean Exchange Bank in Seoul to issue an irrevocable

and confirmed letter of credit in your favor for USD250,000 only, and this credit will be valid until May 20. (우리는 오늘 서울에 있는 외환은행에 귀하를 수익자로 하는 USD 250,000 금액의 취소불능 확인신용장을 발행해 줄 것을 요청했습니다. 그리고 이 신용장은 5월 20일까지 유효합니다.) This credit will be advised and confirmed by Ⓐ the New York City Bank, N.Y. They will accept your (ⓑ draft) drawn at 60 days after (ⓒ sight) under the irrevocable and confirmed L/C. (이 신용장은 뉴욕에 있는 뉴욕 시티 은행에 의해 확인되고 통지될 것입니다. 그들은 취소불능 및 확인신용장에 따라 일람 후 60일 후에 당신의 어음을 받을 것입니다.)
Please inform us by telex or fax immediately of the (ⓓ maturity) as soon as the goods have been shipped. (상품이 선적되는 즉시 텔렉스나 팩스로 만기를 알려주시기 바랍니다.)
Faithfully yours. (그럼 안녕히)

01. **Choose the wrong role which the underlined Ⓐ does not play. (밑줄 친 Ⓐ의 역할이 아닌 것을 고르시오.)**

① confirming bank (확인은행)
② advising bank (통지은행)
③ issuing bank (발행은행)
④ accepting bank (인수은행)

정답 ③

• 서신에서 기술하는 무역거래에서 뉴욕시티은행(Ⓐthe New York City Bank, N.Y.)은 확인은행 및 통지은행의 역할을 하고 있다. 따라서 확인과 통지와 관련한 표현인 advising bank 또는 notifying bank, confirming bank, accepting bank는 가능하지만, 발행은행에 해당하는 issuing bank는 옳지 않다.
• in favor of ~ : ~에게 지불되도록 (in your favor : 귀하를 수익자로 하여)
– We hereby establish our Irrevocable Letter of Credit in your favor available by your drafts at thirty days after sight drawn on this bank.(우리는 귀하를 수익자로 하여 당행 앞 일람 후 30일 출급 어음을 발행할 수 있도록 취소불능신용장을 개설합니다.)

02. **Select the wrong word in the blanks ⓐ~ⓓ. (괄호 안 ⓐ~ⓓ 가운데 잘못된 단어를 고르시오.)**

① ⓐ covering (해당하는, 포함하는)
② ⓑ draft (어음)
③ ⓒ sight (일람)
④ ⓓ maturity (만기)

정답 ④

• 빈칸에 틀린 용어는 maturity이다. 현재 상황은 발신자가 수입자이며, 수신자가 수출자이다.

수입자는 주문번호 146에 해당하는 상품을 수입하면서 후지급신용장(만기 60일)을 발행하여 뉴욕시티은행을 통해 통지할 예정이다. 현재 발신자인 수입자는 메일 마지막에 수출자가 선적이 되는대로 선적과 관련한 상황을 알려달라고 하고 있는데 결제에 해당하는 만기(maturity)를 알려달라고 하고 있어 문맥에 맞지 않다.

03. Select the right words in the blanks under negotiation letter of credit operation.

We hereby engage with ( ) that draft(s) drawn under and negotiated in ( ) with terms and conditions of this credit will be duly ( ) presentation.

① drawers and/or drawee - accordance - paid on
② drawers and/or bona fide holders - conformity - honoured on
③ drawers and/or payee - conformity - accepted on
④ drawers and/or bone fide holders - accordance - accepted on

해석

03. Select the right words in the blanks under negotiation letter of credit operation. (신용장 매입에 관하여 알맞은 단어를 선택하시오.)

We hereby engage with (drawers and/or bona fide holders) that draft(s) drawn under and negotiated in (conformity) with terms and conditions of this credit will be duly (honoured on) presentation. (우리는 여기에서 환어음의 개설인 그리고/또는 선의의 소지인에게 이 신용장의 조건과 조항에 부합하여 매입된 환어음의 제시에 대하여 정히 결제할 것을 약정한다.)

① drawers and/or drawee - accordance - paid on
② drawers and/or bona fide holders - conformity - honoured on
③ drawers and/or payee - conformity - accepted on
④ drawers and/or bone fide holders - accordance - accepted on

정답 ②

• 해당 내용은 매입신용장의 지급확약문으로 정형화 되어 있는 내용으로 해당 단어가 알맞다.

04. Which documentary credit enables a beneficiary to obtain pre-shipment financing without impacting his banking facility?

① Transferable
② Red Clause
③ Irrevocable
④ Confirmed irrevocable

해석

04. Which documentary credit enables a beneficiary to obtain pre-shipment financing without impacting his banking facility? (다음 중 수익자가 선적 전에 은행의 기능에 영향을 미치지 않고 자금을 조달할 수 있는 신용장은 무엇입니까?)

① Transferable (양도가능신용장)
② Red Clause (전대신용장)
③ Irrevocable (취소불능신용장)
④ Confirmed irrevocable (취소불능확인신용장)

정답 ②

• 해당 신용장은 선대신용장(Red-Clause L/C)을 의미한다. 선대신용장은 신용장개설의뢰인의 요청에 따라 개설은행이 통지은행에게 수출업자의 제조, 가공, 집하, 자금조달을 용이하게 하기 위하여 일정조건하에서 수출업자에게 수출대금의 일부 또는 전부를 운송서류 제시 이전에 전대하도록 수권하는 조건의 신용장이다.

05. Which documentary credit enables a beneficiary to obtain pre-shipment financing without impacting his banking facility?

① Standby L/C
② Red clause L/C
③ Revolving L/C
④ Back-to-back L/C

해석

05. Which documentary credit enables a beneficiary to obtain pre-shipment financing without impacting his banking facility? (수익자가 자신의 은행서비스를 이용하지 않고 선적 전에 자금 조달을 할 수 있도록 하는 신용장은 무엇입니까?)

① Standby L/C (보증신용장)
② Red clause L/C (선대신용장)
③ Revolving L/C (회전신용장)
④ Back-to-back L/C (견질신용장)

정답 ②

• 일반적으로 거래되는 신용장은 대부분 일람불신용장과 기한부신용장이며, 선적 전 자금을 조달할 수 있는 신용장은 선대신용장이라고 한다.

06. Select the best answer suitable for the blank under letter of credit operation.

The beneficiary usually (   ) after loading the goods on board to tender documentary drafts to the negotiating bank within expiry date.

① looks for business connection abroad

② dispatches to the importer Trade Circulars including catalogue

③ applies for the issuance of a Letter of Credit

④ prepares shipping documents and draws a draft for negotiation

해석

06. Select the best answer suitable for the blank under letter of credit operation.
(아래 신용장의 빈칸에 알맞은 정답을 선택하시오.)

The beneficiary usually (④ prepares shipping documents and draws a draft for negotiation) after loading the goods on board to tender documentary drafts to the negotiating bank within expiry date. (수익자는 통상적으로 물품의 선박 선적 후에 매입은행에 만기일 이전에 화환어음을 제출하기 위해 선적서류를 준비하고 매입을 위한 환어음을 발행한다)

① looks for business connection abroad (해외 사업상의 인맥을 찾는다)

② dispatches to the importer Trade Circulars including catalogue (목록을 포함해 수입사인 Trade Circulars사로 발송한다)

③ applies for the issuance of a Letter of Credit (신용장 발행을 신청한다)

④ prepares shipping documents and draws a draft for negotiation (선적 서류를 준비하고 매입을 위한 환어음을 발행한다)

정답 ④

• 내용에서 매입은행에 화환어음을 제출하기 위해, 매입을 위한 환어음은 발행해야 한다.

07. Select the right one in regard to the situation.

Documents presented under an L/C issued by Roori Bank are fully complied. The applicant has already made payment to his bank and then the issuing bank pays the negotiating bank. Some days after, the applicant finds that the goods are not in good quality. He goes to the issuing bank and requests the bank to refund such payment for him.

① Roori Bank has to refund payment to the applicant.

② Roori Bank has to ask for the opinion of the beneficiary.

③ Roori Bank shall ask refund of money to the beneficiary.

④ Roori Bank has no obligation to refund payment.

해석

07. Select the right one in regard to the situation. (상황과 관련하여 맞는 것을 고르시오.)

Documents presented under an L/C issued by Roori Bank are fully complied. (Roori 은행에서 발행한 신용장에 따라 제시된 서류는 충분히 일치하고 있다.) The applicant has already made payment to his bank and then the issuing bank pays the negotiating bank. (발행의뢰인은 이미 그의 은행에 지불한 상태이므로 개설은행이 매입은행에 지불한다.) Some days after, the applicant finds that the goods are not in good quality. (며칠 후, 발행의뢰인은 상품의 질이 좋지 않은 상태인 것을 발견한다.) He goes to the issuing bank and requests the bank to refund such payment for him. (그는 개설은행을 찾아가 그에 대한 환불을 요구한다.)

① Roori Bank has to refund payment to the applicant. (Roori 은행은 발행의뢰인에게 환불해주어야 한다.)

② Roori Bank has to ask for the opinion of the beneficiary. (Roori 은행은 수익자의 의견을 구해야 한다.)

③ Roori Bank shall ask refund of money to the beneficiary. (Roori 은행은 수익자에게 환불을 요구해야 한다.)

④ Roori Bank has no obligation to refund payment. (Roori 은행은 환불 의무가 없다.)

정답 ④

• 매매당사자 간에 체결된 물품매매계약은 신용장 계약과는 별도이며 독립적이다. 따라서 발행의뢰인(수입업자)이 하자 발견 시에도 개설은행은 환불 의무가 없다.

[8~11] Read the following passage and answer.

The UCP 600 definition of complying presentation means a presentation that is in accordance with the terms and conditions of the documentary credit, the applicable provisions of these rules and international standard banking practice. This definition includes three concepts. First, (A) Second, the presentation of documents must comply with the rules contained in UCP 600 that are applicable to the transaction, i.e., (B). Third, the presentation of documents must comply with international standard banking practice. The first two conditions are determined by looking at the specific terms and conditions of the documentary credit and the rules themselves. ⓐ The third, international standard banking practice, reflects the fact that the documentary credit and ⓑ the rules only imply some of the processes that banks undertake in the examination of documents and in the determination of compliance. ⓒ International standard banking practice includes practices that banks regularly undertake in determining

the compliance of documents. ⓓ Many of these practices are contained in the ICC's publication International Standard Banking Practice for the Examination of Documents under Documentary Credits ("ISBP") (ICC Publication No. 681); however, the practices are broader than what is stated in this publication. Whilst the ISBP publication includes many banking practices, there are others that are also commonly used in documentary credit transaction beyond those related to the examination of documents. For this reason, (C).

08. Select the suitable one in the blank (A).

① the presentation of documents must comply with the terms and conditions of the documentary credit.

② the presentation of documents must represent the goods.

③ the passing of the documents by the beneficiary to the issuing bank must be punctual.

④ the presentation of complying documents must made to the nominated banks under the documentary credit.

09. Select the wrong one for the underlined parts.

① ⓐ ② ⓑ ③ ⓒ ④ ⓓ

10. Select the best one in the blank (B).

① those that have been modified or excluded by the terms and conditions of the documentary credit

② those that can not be applied by way of special conditions that exclude the rules

③ those that can not be applied by way of special conditions that modify or exclude the rules

④ those that have not been modified or excluded by the terms and conditions of thedocumentary credit

11. Select the best one in the blank (C).

① the definition of complying presentation specifically refers to the International Standard Banking Practice publication

② the definition of complying presentation does not specifically refer to the International Standard Banking Practice and UCP publications

③ the definition of complying presentation does not specifically refer to the International Standard Banking Practice publication

④ the definition of complying presentation specifically refers to the International Standard Banking Practice and UCP publications refers to the International Standard Banking Practice UCP publications

해석

[8~11] Read the following and answer the questions. (아래를 읽고 물음에 답하시오.)

The UCP 600 definition of complying presentation means a presentation that is in accordance with the terms and conditions of the documentary credit, the applicable provisions of these rules and international standard banking practice. (UCP 600의 정의에 일치하는 제시란 화환 신용장 조건, 적용 가능한 범위 내에서의 이 규칙의 규정, 그리고 국제표준은행관행에 따른 제시를 의미한다.) This definition includes three concepts. (정의는 3가지 개념이 포함된다.) First, (the presentation of documents must comply with the terms and conditions of the documentary credit.) (첫 번째, (서류의 제시는 화환 신용장의 조건과 일치하여야 한다.) Second, the presentation of documents must comply with the rules contained in UCP 600 that areapplicable to the transaction, i.e., (those that have not been modified or excluded by the terms and conditions of the documentary credit.) (둘째, 서류의 제시는 거래에 적용되는 UCP 600에 포함된 규칙 즉, (화환 신용장의 조건에 의해 수정되거나 배제되지 않는 규칙)과 일치하여야 한다.) Third, the presentation of documents must comply with international standard banking practice. The first two conditions are determined by looking at the specific terms and conditions of the documentary credit and the rules themselves. ⓐ The third, international standard banking practice, reflects the fact that the documentary credit and ⓑ the rules only imply some of the processes that banks undertake in the examination of documents and in the determination of compliance. (셋째, 서류의 제시는 국제표준은행관행과 일치하여야 한다. 처음 두 조건은 화환 신용장의 세부적인 조건과 규칙을 살펴봄으로써 결정된다. ⓐ 셋째, 국제표준은행관행은 화환신용장을 반영하고 ⓑ 신용장통일규칙이 문서를 심하고 일치 여부를 결정하는 과정 중 일부에만 적용된다는 사실을 의미한다.)
ⓒ International standard banking practice includes practices that banks regularly undertake in determining the compliance of documents. ⓓ Many of these practices are contained in the ICC's publication International Standard Banking Practice for the Examination of Documents under Documentary Credits ("ISBP") (ICC Publication No. 681); however, the practices are broader than what is stated in this publication. Whilst the ISBP publication includes many banking practices, there are others that are also commonly used in documentary credit transaction beyond those related to the examination of documents. For this reason, (the

definition of complying presentation does not specifically refer to the International Standard Banking Practice publication). (ⓒ 국제표준은행관행은 서류의 일치 여부를 결정하기 위해 은행이 규칙적으로 수행하는 관행을 포함한다. ⓓ 이러한 관행의 대부분은 ICC의 간행물인 국제표준은행관행(ISBP 681)에 포함되어 있다. 그러나 국제표준은행관행은 간행물에 명시된 것보다 범위가 더 넓다. 국제표준은행관행은 간행물에는 많은 은행 관행이 포함되어 있지만 서류의 심사와 관련된 것 외에도 화환 신용장 거래에 일반적으로 사용되는 다른 관행도 존재한다. 이러한 이유로 (C) 일치하는 제시의 개념에는 국제표준은행관행 간행물만을 특별히 언급하지 않는다.)

08. Select the suitable one in the blank (A)? (A에 들어갈 문장으로 옳은 것은?)

① the presentation of documents must comply with the terms and conditions of the documentary credit. (서류의 제시는 화환 신용장의 조건과 일치하여야 한다.)

② the presentation of documents must represent the goods. (서류의 제시는 반드시 상품을 표시해야 한다.)

③ the passing of the documents by the beneficiary to the issuing bank must be punctual. (수익자가 개설은행으로 서류를 전달하는 것은 제때 이루어져야 한다.)

④ the presentation of complying documents must made to the nominated banks under the documentary credit. (일치하는 서류의 제시는 화환 신용장하의 지정은행에게 이루어져야 한다.)

정답 ①

- 일치하는 제시(Complying presentation)는 신용장 조건, 적용 가능한 범위 내에서의이 규칙의 규정, 그리고 국제표준은행관행에 따른 제시를 의미한다. 여기서 신용장의 조건에 따른 제시를 설명해야 하므로 ①이 적절하다.

09. Select the wrong one for the underlined parts. (밑줄 그어진 문장 중 틀린 것을 찾으시오.)

① ⓐ ② ⓑ ③ ⓒ ④ ⓓ

정답 ②

- 국제표준은행관행은 신용장통일규칙에서 서류심사 시에 적용되어야 할 서류의 심사기준을 광범위하게 포함하는 개념이다. 따라서 서류심사와 일치 확인을 위해 은행이 수행하는 일부 절차들만을 의미한다는 것은 적절하지 않다.

10. Select the best one in the blank (B). (B에 들어갈 문장 중 가장 올바른 것을 찾으시오.)

① those that have been modified or excluded by the terms and conditions of the documentary credit (신용장 약관에 의해 변경 또는 제외된 것)

② those that can not be applied by way of special conditions that exclude the rules (규칙을 제외하는 특별한 조건으로 적용할 수 없는 것)
③ those that can not be applied by way of special conditions that modify or exclude the rules (규칙을 수정하거나 제외하는 특별한 조건을 통해 적용할 수 없는 것)
④ those that have not been modified or excluded by the terms and conditions of the documentary credit (신용장 약관에 의해 변경 또는 제외되지 않은 것)

정답 ④

- 서류의 제시는 화환신용장은 신용장 약관의 조건과 UCP600에서 제시하는 조건이 변경 또는 제외되지 않아야 한다.

11. Select the best one in the blank (C). (빈칸 c에 들어갈 하나를 고르시오.)

① the definition of complying presentation specifically refers to the International Standard Banking Practice publication. (일치하는 제시의 정의는 명확하게 국제 표준 은행 관행 간행물을 참고합니다.)
② the definition of complying presentation does not specifically refer to the International Standard Banking Practice and UCP publications. (일치하는 제시의 정의는 명확하게 국제 표준 은행 관행과 UCP 간행물을 참고하지 않습니다.)
③ the definition of complying presentation does not specifically refer to the International Standard Banking Practice publication. (일치하는 제시의 정의는 명확하게 국제 표준 은행 관행 간행물을 참고하지 않습니다.)
④ the definition of complying presentation specifically refers to the International Standard Banking Practice and UCP publications refers to the International Standard Banking Practice UCP publications. (일치하는 제시의 정의는 명확하게 국제 표준 은행 관행을 보고 UCP 간행물은 국제 표준 은행 UCP 관행을 참고한다.)

정답 ③

- 기본적으로는 UCP600을 따르고 ISBP는 UCP600을 변경하는 것이 아니라 UCP600 규칙의 적용 방법을 상세하게 설명하는 것으로 합의된 관행에 따르기 위한 요구 사항은 UCP에 내포되어 있다. 즉, 국제 표준 은행 관행은 UCP600에 적용되는 신용장 조건하에서 제시되는 서류에 대한 서류심사 기준 해설서이며 UCP600을 더 자세하게 설명하는 보조서로 적용되기에 일치하는 제시의 명확한 정의는 신용장 통일 규칙에서 정의한다. (UCP 600 제2조)

12. Below is about demand guarantee which is internationally used. Which is wrong?

A. Demand guarantee is a non-accessoryobligation towards the beneficiary. B. The guarantor remains liable even if the obligation of the applicant is for any reason extinguished. C. The guarantor must pay on first demand with making objection or defence. D. URDG758 is an international set of rules produced by ICC governing the rights and obligations of parties under demand guarantees.

① A only

② A+B only

③ C only

④ C+D only

해석

12. Below is about demand guarantee which is internationally used. Which is wrong? (아래는 국제적으로 사용되는 청구보증에 관한 것이다. 어떤 것이 틀렸는가?)

A. Demand guarantee is a non-accessory obligation towards the beneficiary. (청구보증은 수익자에 대한 비 부대채무이다.) B. The guarantor remains liable even if the obligation of the applicant is for any reason extinguished. (보증인은 개설의뢰인의 의무가 어떤 이유에서든 소멸되더라도 법적 책임이 남아있다.) C. The guarantor must pay on first demand with making objection or defence. (보증인은 첫 번째(1차)지급요구에 대해 지급을 하지 않을 수도 있다.) D. URDG758 is an international set of rules produced by ICC governing the rights and obligations of parties under demand guarantees. (청구보증통일규칙 758(URDG 758)은 ICC에 의해 생산된 일련의 규칙으로 청구보증 하에서 당사자들의 권리와 의무를 관장한다.)

① A only (A만)

② A+B only (A와 B만)

③ C only (C만)

④ C+D only (C와 D만)

정답 ③

- 문제에서는 A, B, C, D중에서 청구보증에 대해서 틀린 보기를 찾고 있다. 보기 C에서는 '보증인은 첫 번째(1차)지급요구에 대해 지급을 하지 않을 수도 있다.' 라고 나와 있는데 보증인은 청구보증서가 발행되면 1차적으로 지급책임을 무조건 가지는데, 보기에서 지급을 하지 않을 수도 있다고 나와 있기 때문에 C가 틀린 답이라고 할 수 있다.

13. What has a similar function with Demand guarantee?

A. Surety Bond	B. Commercial L/C	C. Standby L/C	D. Aval

① A only
② B only
③ C only
④ all of them

해석

13. What has a similar function with Demand guarantee? (청구보증서와 유사한 기능을 가지는 것은 무엇입니까?)

A. Surety Bond	B. Commercial L/C	C. Standby L/C	D. Aval

① A only (오직 A만)
② B only (오직 B만)
③ C only (오직 C만)
④ all of them (A, B, C, D 전부)

정답 ③

- 위 설명의 정답은 ③번이다. 보증신용장과 청구보증서는 여러 유사한 점이 많지만 그 중 은행이 발행하는 조건부 지급보증서로서 이것을 발행한 원인을 제공한 개설의뢰인과 수익자간의 기초계약관계 및 개설의뢰인과 수익자와의 다른 계약관계와도 독립된 것으로서, 보증신용장 또는 청구보증서에서 명시한 서류만 제시되면 개설은행은 대금지급을 약정하고 있는 기능을 한다. Surety Bond란 채무자가 이행보증을 Bond form을 통해 하는데 이 때 채무자 서명뿐만 아니라 보증인의 서명을 연사(주로 보험회사)한 뒤 이 Bond form을 채권자한테 주는 것이다. Aval은 포페이팅과 관련된 것이다. Commercial L/C은 대외 상거래에 관하여 발행되는 것으로 보증되는 어음의 담보의 유무에 따라 무담보신용장과 화환 신용장이 있다.
- 무담보신용장은 선적서류가 부대되지 않은 환어음에 대하여 신용을 주는 것이고, 화환신용장은 선적서류가 부대된 환어음에 대하여 신용을 주는 것이다.

14. Which of the following BEST fits the blank (a)~(c)?

1. The negotiating bank pays the seller or ((a)) B/E drawn by the seller, and sends the shipping documents to the issuing bank in the buyer's country.
2. The issuing bank releases the shipping documents to the buyer in importing country against ((b)).
3. The accounter gets the consignment by presenting the ((c)) to the shipping company.

① (a)discounts - (b)payment - (c)shipping documents
② (a)honours - (b)negotiation - (c)bill of lading
③ (a)honours - (b)negotiation - (c)shipping documents
④ (a)discounts - (b)payment - (c)bill of lading

해석

14. Which of the following BEST fits the blank (a)~(c)? (다음 중 빈칸 (a)~(c)에 가장 알맞은 단어를 고르시오.)

1. The negotiating bank pays the seller or (discounts) B/E drawn by the seller, and sends the shipping documents to the issuing bank in the buyer's country. (매입은행은 매도인에게 대금을 지급하거나 매도인이 발행한 환어음을 할인하고 선적서류를 매수인 국가의 개설은행으로 송부한다.)
2. The issuing bank releases the shipping documents to the buyer in importing country against (payment). (발행은행은 수입국 매수인의 대금지급과 상환을 조건으로 선적서류를 인도한다.)
3. The accounter gets the consignment by presenting the (bill of lading) to the shipping company. (수입자는 선하증권을 선사에 제시하여 화물을 수령한다.)

① (a)discounts (할인) - (b)payment (대금지급) - (c)shipping documents (선적서류)
② (a)honours (결제) - (b)negotiation (매입) - (c)bill of lading (선하증권)
③ (a)honours (결제) - (b)negotiation (매입) - (c)shipping documents (선적서류)
④ (a)discounts (할인) - (b)payment (대금지급) - (c)bill of lading (선하증권)

정답 ④

- 신용장의 당사자의 역할과 대금지급에 대한 문제이다. 매입은행(negotiation bank)은 수익자가 물품의 선적을 완료한 후 신용장의 조건에 따라 발행은행 앞으로 환어음을 발행하고 신용장에서 요구하는 서류를 준비하여 신용장과 함께 동지은행이나 다른 거래은행에 그 환어음의 매입을 의뢰하는 은행을 말한다.
- 발행은행(issuing bank)은 주로 매수인과 거래가 있는 은행이며, 신용장발행인(매수인)의 요청과 지시에 따라 수익자(매도인) 앞으로 신용장을 발행하고 그 수익자가 발행한 환어음에 대해 대금지급을 확약함으로써 환어음 지급에 책임을 부담하는 은행을 말한다. 즉, 수익자가 제시한 서류가 신용장 조건과 일치할 경우 발행할 환어음을 지급, 인수 또는 매입을 할 것을 확약하는 상환의 의무를 부담하는 은행이다.

15. Select the wrong word in the blank.

① ( ) means a bank, other than the issuing bank, that has discounted or purchased a draft drawn under a letter of credit. (A negotiating bank)
② ( ) issued by a bank in Korea in favour of the domestic supplier is to undertake

the bank's payment to the supplier of raw materials or finished goods for exports on behalf of the exporter. (Local L/C)

③ ( ) has a condition that the amount is renewed or automatically reinstated without specific amendments to the credit. (Revolving L/C)

④ Banking charges in relation to L/C are borne by the parties concerned. All banking charges outside importer's country are usually for the account of ( ). (applicant)

해석

15. Select the wrong word in the blank. (빈칸에 들어갈 단어로 잘못된 것을 고르시오.)

① (A negotiating bank) means a bank, other than the issuing bank, that has discounted or purchased a draft drawn under a letter of credit. (매입은행은 신용장에 의해 발행된 환어음을 할인하거나 매입하는 발행은행 외에 은행을 의미하는 것이다.)

② (Local L/C) issued by a bank in Korea in favour of the domestic supplier is to undertake the bank's payment to the supplier of raw materials or finished goods for exports on behalf of the exporter. (국내 공급자를 수익자로 한국의 은행에 의해 개설되는 내국신용장은 수출자를 대신하여 수출용 원재료나 완제품의 공급자에게 은행의 대금을 확약하는 것이다.)

③ (Revolving L/C) has a condition that the amount is renewed or automatically reinstated without specific amendments to the credit. (회전신용장은 신용장에 대한 특별한 수정 없이 금액이 갱신되거나 자동적으로 환원되는 조건을 갖는다.)

④ Banking charges in relation to L/C are borne by the parties concerned. All banking charges outside importer's country are usually for the account of (applicant). (신용장과 관련된 은행 수수료는 당사자들이 부담하는 것이다. 수입국 외 모든 은행의 수수료는 통상 개설의뢰인이 부담한다.)

정답 ④

- 매입은행(negotiating bank), 내국신용장(Local L/C), 회전신용장(Revolving L/C),은행수수료(Banking charges)에 대한 정의와 역할을 묻는 문제이다. 신용장과 관련된 은행거래에 따르는 제반 비용은 당사자들이 부담하는 것은 맞지만, 은행의 수수료는 신용장 개설과 관련된 수수료는 수입자가, 매입과 관련된 수수료는 수익자가 부담하는 것이 일반적이다.

16. Which of the following statements about Stand-by L/C is NOT correct?

(a)A Stand-by Letter of Credit ('SBLC') can be used as a safety mechanism in a

contract for service. (b)A reason for this will be to hedge out risk. In simple terms, (c)it is a guarantee of payment which will be issued by a bank on the behalf of a client and which is perceived as the "payment of last resort". (d)This will usually be avoided upon when there is a failure to fulfill a contractual obligation.

① (a) ② (b) ③ (c) ④ (d)

해석

16. Which of the following statements about Stand-by L/C is NOT correct? (다음 중 보증신용장에 대한 내용으로 옳지 않은 것은 무엇인가?)

(a)A Stand-by Letter of Credit ('SBLC') can be used as a safety mechanism in a contract for service. (보증신용장은 서비스계약의 안전장치로 이용할 수 있다.) (b)A reason for this will be to hedge out risk. (이유는 위험을 회피하기 위해서 일 것이다.) In simple terms, (c)it is a guarantee of payment which will be issued by a bank on the behalf of a client and which is perceived as the "payment of last resort". (간단히 말해서, 이것은 의뢰인 대신 은행에서 발행될 지급보증서로 "최종지급"으로 간주된다.) (d)This will usually be avoided upon when there is a failure to fulfill a contractual obligation. (계약상 의무를 이행하지 않은 경우에는 대부분의 경우 해제될 것이다.)

① (a) ② (b) ③ (c) ④ (d)

정답 ④

- 보증신용장은 무화환신용장의 일종으로 금융 또는 채무보증을 목적으로 발행된다. 채무불이행의 경우 신용장에 의해 발행은행에게 지급을 청구하거나 채권을 회수할 수 있다.
- 따라서 계약상 의무를 이행하지 않은 경우 해제될 것이라는 문장은 틀린 문장이 된다.

[17~18] Read the following and answer.

Compared to other payment type, the role of banks is substantial in documentary Letter of Credit (L/C) transactions.
The banks provide additional security for both parties in a trade transaction by playing the role of intermediaries. The banks assure the seller that he would be paid if he provides the necessary documents to the issuing bank through the nominated bank.
The banks also assure the buyer that their money would not be released unless the shipping
documents such as ( ) are presented.

17. What expression is normally stated for in L/C?

① available with
② available for
③ available by
④ claims at

18. Which is NOT suitable for the blank?

① packing list
② bill of exchange
③ invoice
④ inspection certificate

해석

[17~18] Read the following and answer. (아래 지문을 읽고 답하시오)

Compared to other payment type, the role of banks is substantial in documentary Letter of Credit (L/C) transactions. (화환신용장거래에서 다른 결제방식과 비교했을 때 은행의 역할은 중요하다.) The banks provide additional security for both parties in a trade transaction by playing the role of intermediaries. (은행은 중개자의 역할을 수행하고 거래의 당사자들 양쪽에 추가적인 보장을 제공한다.) The banks assure the seller that he would be paid if he provides the necessary documents to the issuing bank through the nominated bank. (은행들은 매도인이 지정은행을 지정은행을 통해 개설은행에 필요한 서류를 제공하면 대금을 결제받을 것을 보증한다.) The banks also assure the buyer that their money would not be released unless the shipping documents such as (   ) are presented. (또한 은행들은 포장명세서, 송장, 검사증명서와 같은 선적서류가 제시되지 않는다면 매수인이 그들의 대금을 지급하지 않을 것을 보증한다.)

17. What expression is normally stated for in L/C? (신용장에는 보통 어떤 표현이 명시되어 있는가?)

① available with (~에서 이용 가능하다)
② available for (~에 이용 가능하다)
③ available by (~에 의해 이용 가능하다)
④ claims at (~에 청구한다)

정답 ①

• 신용장 41A 또는 41D에서는 41A : Available With...by...라는 문구 뒤에 신용장의 사용장소 및 방법 즉, 선적서류를 제시하고 청구하는 지정은행을 표시한다. 따라서 신용장에 사용되는 표현에서 지정은행을 표시하기 위해서는 available with를 사용한다.

18. Which is NOT suitable for the blank? (빈칸에 들어갈 단어로 적절하지 않은 것은 무엇인가?)

① packing list (포장명세서)
② bill of exchange (환어음)
③ invoice (송장)
④ inspection certificate (검사증명서)

정답 ②

• 대금지급을 위해 제시해야하는 서류와 인정의 범위에 대해서 더욱 자세하게 설명되는 ISBP745에서 주요 논의 대상을 항목별로 A~Q로 구분하여 각 항목 내에서 번호를 부여하여 설명하고 있다. 그 중 C~O까지 제시해야하는 서류의 기준에 대해서 설명하고 있으며 인정되지 않는 서류까지 정의하며 UCP600과 함께 사용되고 있다.

19. Fill in the blanks with right words.

It must be remembered that the Letter of Credit is a contract between the issuing bank and the (A), regardless of any intermediary facilitating banks. Therefore, regardless of a place of presentation different from that of the issuing bank as stated on the Letter of Credit, the beneficiary is at liberty to make a (B) presentation to the issuing bank and the issuing bank is obliged to honour if the presentation is compliant.

① (A) beneficiary - (B)direct
② (A) applicant - (B) direct
③ (A) beneficiary - (B) indirect
④ (A) applicant - (B) indirect

해석

19. Fill in the blanks with right words. (빈칸에 들어갈 단어로 옳은 것을 채우시오.)

It must be remembered that the Letter of Credit is a contract between the issuing bank and the (beneficiary), regardless of any intermediary facilitating banks. (신용장은 어떤 중개를 용이하는 데 관련되는 은행과 상관없이 발행은행과 수익자 사이의 계약임을 기억해야 한다.) Therefore, regardless of a place of presentation

different from that of the issuing bank as stated on the Letter of Credit, the beneficiary is at liberty to make a (direct) presentation to the issuing bank and the issuing bank is obliged to honour if the presentation is compliant. (따라서 신용장에 기재된 장소가 발행은행의 위치에 관계없이 수익자는 발행은행에 직접적인 제시를 할 자유가 있으며, 제시가 일치한다면 개설은행은 이를 결제할 의무가 있다.)

① (A) beneficiary (수익자) - (B)direct (직접적인)
② (A) applicant (개설의뢰인) - (B)direct (직접적인)
③ (A) beneficiary (수익자) - (B)indirect (간접적인)
④ (A) applicant (개설의뢰인) - (B)indirect (간접적인)

정답 ①

• 신용장거래에서 수익자는 발행은행으로부터 신용장을 수취하여 신용장 조건에 따른 권한과 대금의 지급을 받아 이익을 얻는 자로서, 보통 매도인인 수출업자를 말한다. 수익자는 신용장 조건에 일치하는 서류를 제시할 의무를 가지며, 발행은행 또는 확인은행에 신용장에 의한 확약의 이행을 청구한다.

20. Which of the following is LEAST correct about the difference between Bank Guarantee and Letter of Credit?

① The critical difference between LC and guarantees lie in the way financial instruments are used.
② Merchants involved in exports and imports of goods on a regular basis choose LC to ensure delivery and payments.
③ Contractors bidding for infrastructure projects prove their financial credibility through guarantees.
④ In LC, the payment obligation is dependent of the underlying contract of sale.

해석

20. Which of the following is LEAST correct about the difference between Bank Guarantee and Letter of Credit? (은행보증과 신용장의 차이에 대해 가장 옳지 않는 것은 무엇인가?)

① The critical difference between LC and guarantees lie in the way financial instruments are used. (신용장과 보증의 결정적인 차이는 금융상품이 사용되는 방법에 있다.)
② Merchants involved in exports and imports of goods on a regular basis choose LC to ensure delivery and payments. (정기적으로 상품을 수출입을 하는 상인들은 인도와 결제를 보장하기 위해 신용장을 선택한다.)

③ Contractors bidding for infrastructure projects prove their financial credibility through guarantees. (인프라 프로젝트에 입찰하는 계약자는 보증을 통해 재정적 신뢰성을 증명한다.)

④ In LC, the payment obligation is dependent of the underlying contract of sale. (신용장에서 결제의 의무는 매매계약에 따라 달라진다.)

정답 ④

• 신용장 독립성과 추상성의 원칙에 따라 은행은 계약과 관련 없으며 계약의 내용에 구속되지 않는다.

21. Select the wrong term in view of the following passage.

A negotiation credit under which negotiation is not restricted to one nominated bank or which is available through any bank.

① general L/C
② unrestricted L/C
③ open L/C
④ freely acceptable L/C

해석

21. Select the wrong term in view of the following passage. (다음 내용에 따라 틀린 용어를 고르시오.)

A negotiation credit under which negotiation is not restricted to one nominated bank or which is available through any bank. (매입이 하나의 지정은행으로 제한되지 않거나 모든 은행을 통해 이용가능한 매입 신용장이다.)

① general L/C (자유매입신용장)
② unrestricted L/C (무제한 신용장)
③ open L/C (자유매입신용장)
④ freely acceptable L/C (자유매입신용장)

정답 ④

• (open,general = circular negotiation form = freely negotiable = unrestricted) L/C 매입은행 개방신용장 , 매입은행에 제한이나 특별한 지정이 없는 신용장이다.

22. 내국신용장의 설명으로 옳지 않은 것은?

① 원신용장을 견질로 하여 발행되는 신용장이다.

② local credit이라고 한다.
③ 사용면에서 양도가능 신용장과 유사하다.
④ 수입국의 개설은행이 지급확약을 한다.

정답 ④

• 견질신용장이란 원신용장의 수익자가 해외에서 양도불능신용장을 받았을 경우 이 신용장을 원만하게 이행하도록 하기 위하여 당사자 본인의 책임으로 원신용장을 견질로하여 제2의 신용장을 개설하는 것을 말하며 내국신용장의 발행 메커니즘이 바로 견질신용장이다. 견질신용장은 원신용장의 수익자와 수출지 거래은행의 동의하에 개설되는 것이므로 원신용장의 개설은행과는 아무런 관계가 없으므로 수입국의 개설은행(원신용장 개설은행)의 지급확약과 무관하다. 내국신용장은 Local Credit으로 불리며 양도가능신용장과 유사하지만, 내국신용장은 기본적으로 양도가 불가능한 취소불능 신용장이다.

23. 포페이팅(Forfaiting) 거래방식의 설명으로 옳은 것은?

① 포페이터(forfaiter)의 무소구조건부 어음의 할인매입
② 포페이터(forfaiter)의 조건부 지급확약
③ 포페이터(forfaiter)의 무조건부 지급확약
④ 포페이터(forfaiter)의 소구권부 어음의 할인매입

정답 ①

• 포페이팅은 신용장과 관련하여 수출자와 수입국은행(원신용장 발행은행)의 중간자 입장에서 선적서류를 매입하고 즉시 수출대금을 지급한 이후 환어음 만기일에 선적서류와 환어음으로 수입국은행에게 지급을 요청하여 수출대금을 회수하는 방식이다. 따라서 포페이팅은 포페이터가 무소구조건으로 환어음을 할인매입하는 방식이다.

24. 내국신용장과 구매확인서의 비교 설명으로 옳지 않은 것은?

구분		내국신용장	구매확인서
㉠	관련법규	무역금융관련규정	대외무역법
㉡	개설기관	외국환은행	외국환은행, 전자무역기반사업자
㉢	개설조건	원자재 금융한도	제한 없이 발급
㉣	발행제한	2차까지 개설 가능(단, 1차 내국신용장이 완제품 내국신용장인 경우에는 차수 제한 없음)	차수 제한 없이 순차적으로 발급가능

① ㉠　② ㉡　③ ㉢　④ ㉣

정답 ④

• 내국신용장은 무역금융관련절차로 "한국은행 금융중개지원대출관련 무역금융지원프로그램 운용세칙 및 동절차"에 근거하고, 발행기관은 외국환은행이다. 개설조건은 보유신용장 또

는 무역금융융자한도 내에서만 발행가능하고 발급회수에 제한이 없다.
- 구매확인서는 대외무역법에서 ㅇㄹ임한 대외무역관리규정에 근거하고, 발행기관은 외국환 은행 및 전자무역기반사업자이다. 개설조건은 업체의 거래증빙서류 보유범위 내에서 제한 없이 발행이 가능하고, 발급회수에 제한이 없지만 1차 구매확인서의 수혜자가 유통업자인 경우 추가로 1차에 한해 발급가능하다.

25. 신용장의 기능에 대한 설명으로 옳지 않은 것은?

① 개설은행의 지급 확약을 임의로 취소 또는 변경할 수 없으므로 대금회수의 확실성을 높일 수 있다.
② 수출업자는 대금지급에 대한 은행의 약속에 따라 안심하고 상품을 선적할 수 있다.
③ 수출업자는 신용장을 담보로 하여 대도(T/R)에 의해 수출금융의 혜택을 누릴 수 있다.
④ 수입업자는 선적서류를 통해 계약 물품이 선적기간 및 신용장 유효기간 내에 선적되었는지를 알 수 있다.

정답 ③

- 수입화물 대도 Trust Receipt는 개설의뢰인이 신용장상 대금을 유예하면서 선적서류를 먼저 수령하고 물품을 처분한 후 신용장의 대금을 상환할 수 있도록 하는 은행의 신탁인도를 의미한다. 따라서 금융혜택을 누리는 당사자는 수출업자가 아닌 수입자이다.

26. 신용장 조건 점검 시 성격이 다른 하나는?

① 검사증명서에 공식검사기관이 아닌 자의 서명을 요구하는 경우
② 화주의 책임과 계량이 표시된 운송서류는 수리되지 않는다는 조건
③ 개설의뢰인의 수입승인을 신용장 유효조건으로 하는 경우
④ 매매계약의 내용과 불일치한 조건이 있는지의 여부

정답 ④

- 신용장의 조건을 점검할 시 메매계약이 내욕의 불일치에 대한 여부는 확인하지 않는다.

27. 다음은 내국신용장과 구매확인서의 비교설명표이다. 옳지 않은 것을 모두 고르시오.

구분	내국신용장	구매확인서
㉠ 관련법규	대외무역법 시행령	무역금융 규정
㉡ 개설기관	외국환은행	외국환은행
㉢ 개설조건	제한 없이 발급	무역금융 융자한도 내에서 개설
㉣ 수출실적	공급업체의 수출실적 인정	공급업체의 수출실적 인정
㉤ 부가가치세	영세율 적용	영세율 미적용
㉥ 지급보증	개설은행이 지급보증	지급보증 없음

① ㉠, ㉡, ㉤

② ㉠, ㉢, ㉤

③ ㉡, ㉢, ㉤

④ ㉡, ㉣, ㉤

정답 ②

- 내국신용장은 한국은행의 무역금융규정을 관련법규로 정하고 있으며 구매확인서의 경우 대외무역법 시행령을 관련법규로 정하고 있다.
- 내국신용장의 개설조건은 무역금융 융자 한도 내에서 개설 가능하며 구매확인서의 경우 제한없이 발급할 수 있다.
- 내국신용장과 구매확인서 모두 부가가치세 영세율을 적용한다.

28. 양도된 신용장의 최종적인 지급의무를 지는 당사자로 옳은 것은?

① 제1수익자

② 신용장 양도은행

③ 개설의뢰인

④ 원신용장 개설은행

정답 ④

- 양도된 신용장의 최종적 지급의무를 지는 당사자는 원신용장의 개설은행이다. 신용장은 신용장에 기재된 조건의 일치하는 서류의 제시가 있으면 상환하는 방식으로 신용장 개설은행이 수익자에게 대금지급을 약속한다. 양도된 경우에도 마찬가지로 원신용장의 개설은행이 그대로 지급의무를 가진다.

29. 양도가능 신용장에 대한 설명으로 옳지 않은 것을 모두 고르면?

㉠ 중계무역은 양도가능 신용장이 발행되는 경우에만 가능하다. ㉡ 제2의 수익자가 1개 회사인 경우, L/C금액의 전부를 양도하는 전액양도만 허용된다. ㉢ 제1의 수익자는 복수의 제2수익자에게, 분할양도 할 수 있다. ㉣ 제2의 수익자가 제3의 수익자에게 양도하는 경우 개설의뢰인과 개설은행 모두에게 사전 양해를 얻는다면 가능하다. ㉤ 국내 소재 제2의 수익자에게도 양도하는 경우 local L/C라고한다.

① ㉠, ㉡, ㉢, ㉣

② ㉠, ㉡, ㉢, ㉤

③ ㉠, ㉡, ㉣, ㉤

④ ㉡, ㉢, ㉣, ㉤

정답 ③

- 중계무역에서 반드시 양도가능 신용장을 발행해야하는 것은 아니다.
- 제2수익자가 1개 또는 여럿이라도 신용자의 금액은 제 1수익자의 선택에 따라 전액 또는 일부양도가 허용된다.
- 양도는 1회에 한해 허용된다. 제 2수익자가 이후의 수익자에게 재양도는 불가능하다.
- local L/C는 내국신용장을 뜻하고 원신용장과 독립적인 신용장이다.

30. 포페이팅에 대한 설명 중 옳지 않는 것은?

① 환어음 또는 약속어음 등 유통가능한 증서를 상환청구권 없이(without recourse) 매입하는 방식이다.

② 포페이팅은 신용장 또는 보증(aval) 방식으로 이루어지며 어음에 대한 할인은 보통 수출상이 최종적으로 부담한다.

③ 기계, 중장비, 산업설비, 건설장비 등 연불조건 구매가 이루어지는 경우 중요한 결제수단이다.

④ 포페이팅의 가장 큰 장점은 연불조건 구매와 같이 중장기 거래에 따른 신용위험(credit risk) 등을 회피할 수 있다는 것이다.

정답 ②

- 보기 ②에서 포페이팅은 연지급 신용장(Usance L/C)나 보증(Aval)에 대하여 적용한다는 부분은 맞는 말이다. 그리고 형식적 절차에 따라서 할인료는 수출자의 대금에서 제외하고 수령하는 것 때문에 수출자가 부담하는 것처럼 보일 수 있다. 하지만 포페이팅의 할인은 항상 고정된 신용도 비율에 따라 달라지는데 할인료는 수입업자가 요청한 대금지급 연기조건에 대하여 수입업자의 비용으로 계산되어 진다. 따라서 수출대금에서 수출자가 기대하는 금액 외 수입자에 의해 발생할 수 있는 할인료는 수출자가 대금에서 추가하여 산정하기 때문에 최종적으로 할인료는 수입자의 부담이라고 할 수 있다.
- 무역의 위험에서 싱업위험(commercial risk)은 대금회수불능(credit risk)과 물품인수불능(mercantile risk)의 위험이 있는데 포페이팅은 이 가운데 대금회수불능의 위험을 줄여준다.

PART 06

신용장통일규칙

1. UCP600

1) UCP600의 의의

무역 거래에서 대금결제의 주요수단인 신용장의 거래관습도 국가마다 상이하기에 당사자 간 신용장 조건 해석기준이 다르고 교통과 통신의 취약성, 환거래를 위한 금융기관의 여건 상황 등으로 인해 대금 결제 관련 분쟁과 혼란이 발생하였다. 이에 국제상업회의소(ICC)는 국제상거래의 혼란을 막고 신용장 조건 해석기준을 세계적으로 통일하고자 1933년 6월에 "상업 화환 신용장에 관한 통일규칙 및 관례"(Uniform Customs and Practice for Commercial Documentary Credits), 화환 신용장 통일규칙을 제정하게 되었다. 신용장통일규칙은 그 후 6차에 걸쳐서 개정되었고 2007년 제6차 개정된 화환 신용장통일규칙을 "UCP 600"으로 통칭하고 있다.

현재 신용장통일규칙은 전 세계 170여 개국에서 채택하고 있는 국제규칙으로 발전하였고 신용장 거래당사자에게 신용장의 해석기준과 준거법을 제공함으로써 분쟁 예방과 국제 무역 대금결제를 원활히 수행할 수 있도록 하고 있다.

2) UCP500과 UCP600의 차이점

UCP 500 제2조에서 "개설신청인"을 "customer"라고 했던 것을 UCP 600에서는 "party"로 표현하고 있다. 개설의뢰인을 개인, 기업, 혹은 은행을 포괄하는 의미로 표현할 수 있는 용어로서 "party"가 적절하다고 판단했기 때문이다.

UCP 500 제6조에서 신용장을 취소가능과 취소불능의 두 가지로 정의하였던 것을 UCP 600에서는 취소신용장의 개념을 완전히 배제함으로써 신용장과 취소불능신용장을 하나의 동의어로 정의하고 있다. 이는 제3조에서 다시 재확인되고 있다. 이는 취소가능 신용장이 실무상 거의 사용되지 않고 있을 뿐 아니라 신용장의 원칙적인 법률적 성격에도 반한다는 고려가 반영된 것이다.

UCP 500 제10조에서는 매입이란 "환어음 및/또는 선적서류의 대가를 지불하는 것(~the giving of value ~)"이라고 포괄 · 추상적으로 정의함으로써 여러 가지 해석이 가능하여 분쟁의 원인이 되기도 하였다. UCP 600에서는 "환어음 및/또는 서류를 매수(purchase)하는 것"으로 보다 구체적인 정의를 하였다. 여기에서의 매수란 매입은행이 개설은행이나 확인은행으로부터 대금 상환을 받기 이전에 수익자에게 사전 금융을 제공하는 것을 의미한다.

"지정은행(nominated bank)"이란 용어는 UCP 500 제10조 b 항 (ⅰ)의 내용의 개념을 용어화 한 것이다. 지정 은행이란 지금, 연지급, 인수 또는 매입을 할 수 있도록 신용장에서 권한을 받은 은행을 말한다. 개설은행은 특정은행을 지정은행으로 지정할 수도 있고, 모든 은행이 지정은행이 될 수 있도록 할 수도 있다. 지정(nomination)에 대해서는 제12조에서 다시 설명하고 있다. SWIFT 신용장에서는 41 Field의 이용 가능 조건에서 "available with ABC bank by"로 되어 있으면 ABC 은행이 지정은행이 되며, "available with any bank by"로 되어 있으면 모든 은행이 지정은행이 된다.

제3조(해석)가 신설되었으며, 그 목적은 제2조와 동일하다. UCP 500의 2조, 6조 C항, 20조 a 항 d 항, 46조 b 항, 47조 등에 산재해 있던 해석을 하나의 조항으로 정리하고 거기에 새로운 조문을 추가하였다. 먼저 단수, 복수 단어의 표현 형태와 무관하며 문맥에 따라 해석할 수 있도록 개정하였다. 이는 비영어권 국가가 단·복수 표현에 익숙하지 않다는 점을 배려한 것으로 보인다.

UCP 600 제5조는 신용장의 추상성에 관한 조항으로 UCP 500 제4조와 내용상 동일하다. 다만 UCP 500에서의 "all parties concerned"가 "banks"로 대체되어 은행만이서류로 거래하는 추상성 원칙이 적용된다는 것을 명시하여, 수익자와 개설의뢰인 사이의 거래는 이 원칙과는 무관하다는 점을 재확인하고 있다.

UCP 600 제10조(조건변경)은 UCP 500 제9조 d항을 이동시키고 문구를 보완한 것으로 그 의미에 있어 큰 변동은 없다. 다만 f항에는 이른바 "침묵은 승낙으로 간주되지 않는다."는 원칙을 반영하여 조건변경서에 어떠한 내용을 담고 있더라도 수익자가 이를 승낙한다는 의사표시가 없으면 조건변경을 수락한 것으로 간주되지 않는다는 점을 명시하고 있다.

UCP 600 제11조(전신과 사전 통지된 신용장 및 그 조건변경)는 UCP 500의 제11조 a 및 b항의 내용에 우편확인서는 발급되지 않아야 된다는 조문을 추가하여 보완한 것이다. 이는 실무에서 우편확인서가 기의 사용되지 않고 있다는 현실을 반영한 것이다.

UCP 600 제13조는 UCP 500 제19조를 보완한 것이다. 특히 UCP 500 이후에 제정된 은행간 대금상환규칙(Uniform Rules for Bank-to-Bank Reimbursements, URR 525)의 적용 규정을 새롭게 추가하여, 동 규칙의 적용을 받을 경우와 그렇지 않은 경우를 구분하여 규정하고 있다.

UCP 600 제14조 b항에서는 은행의 최장 서류심사기간을 UCP 500의 제13조 b항의 "reasonable time"의 문구가 삭제되었다. 왜냐하면 이 문구의 해석에 관해 그동안 많은 분쟁이 있어왔기 때문이다. 따라서 이러한 불명확한 개념을 배제하고 어떤 특정된 서류심사기간을 정하기로 결정함으로써 7은행영업일에서 5은행영업일로 단축되었다. ICC 국내 위원회에서 이 조항을 검토하는 과정에 많은 논의가 있었으나 결국 다수결에 의해 5일로 결정되었다

UCP 500 제14조 b항에서 "서류가 문면상 신용장 조건과 일치(in compliance with)하지 않을 경우 서류의 수리를 거절할 수 있다."고 규정함으로써 엄밀 일치 원칙을 표명하고 있었다. UCP600 제14조 d항 e항에서는 "제시된 선적서류 상호 간에 서로 모순(저촉, conflict)이 되지 않으면 신용장에 일치한 서류를 제시한 것으로 간주한다."고 규정하고 있다.

UCP600 제14조 j항은 새롭게 추가된 것이다. 서류에 표시된 수익자나 개설의뢰인의 주소는 신용장에 언급된 주소와 동일국 내에 있으면 되며, 신용장이나 다른 서류와 일치할 필요가 없다고 규정하였다. 그러나 운송서류의 consignee와 notify party란에 기재된 개설의뢰인의 주소는 신용장과 일치하여야 한다. 그리고 수익자와 개설 의뢰인의 연락처와 관련된 사항(전화번호, 텔렉스 번호, 이메일 주소 등)은 신용장 조건과 일치하지 않아도 된다.

UCP 600 제16조는 하자있는 서류의 처리 방법을 규정하고 있다. UCP 500 제14조 의 내용이 대부분 반영되어 있다. 다만 UCP 500에서는 거절의 통지를 행하는 대상을 "은행 또는 수익자"라고 규정하였는데, UCP 600 제16조에서는 이를 "제시자"로 변경하였으며 거절통지의 횟수를 1회로 제한한다는 규정을 추가하였다. 또한 은행은 제시자의 보완을 기다리지 않고 언제든지 서류를 제시자에게 반송할 수 있다는 조항을 신설하였다.

UCP 600 제18조(상업송장)는 UCP 500 제37조에 대응되는 조항이다. UCP 500

제37조 a항 (ⅰ)에 "신용장에서 지정한 수익자가 발행한"라는 표현에서 "신용장에 지정한"이란 표현을 삭제하고 "수익자가 발행한"으로 개정되었다. 그 이유는 UCP 600 제2조에 서 수익자에 대한 정의를 하고 있기 때문에 반복하지 않기 위해서이다.

UCP 600 제20조에서는 "Bill of Lading(B/L)"로 명칭을 개정하였다. 신용장에서 B/L을 요구하고 선적항을 "Port of loading A" 또는 "From A"와 같이 표시하고 있다면 B/L은 당연히 선적항명이 기재되어야 한다. 만약에 선적항명이 기재되지 않은 수취선 하증권인 경우에는 선적일자, 선박명, 선적항명을 포함하는 본선적재부기(on board notation)를 해야 한다. UCP 600 제32조에서는 운송서류에 직접 "무고장(clean)"이란 단어를 표시하지 않아도 된다는 문구가 추가되었다.

3) 미국통일상법전(UCC)에서 신용장

미국의 상법은 주마다 다르다. 이러한 법들을 통일한 법전이 연방통일상법전이다. 1952년 미국법률협회와 통일주법전국위원회에서 공포하여 다수의 개정을 거쳐 1978년에 완성되었으며, 이후에도 몇 차례 개정은 되었다. 루이지애나주를 제외한 미국의 주들은 통일상법전을 상거래의 기본법으로 정하고 있다.

〈표 6-1〉 Article 5 Letter of Credit, Session 28:5

§28:5 103. Definitions

(1) In this article unless the context otherwise requires (a) "Credit" or "letter of credit" means an engagement by a bank or other person made at the request of a customer and of a kind within the scope of this article (section 28:5—102) that the issuer will honor drafts or other demands for payment upon compliance with the conditions specified in the credit. A credit may be either revocable or irrevocable. The engagement may be either an agreement to honor or a statement that the bank or other person is authorized to honor.

(b) A "documentary draft" or a "documentary demand for payment" is one honor of which is conditioned upon the presentation of a document or documents. "Document" means any paper including document of title, security, invoice, certificate, notice of default and the like.

(c) An "issuer" is a bank or other person issuing a credit.

(d) A "beneficiary" of a credit is a person who is entitled under its terms to draw or demand payment.

(e) An "advising bank" is a bank which gives notification of the issuance of a credit by another bank.

(f) A "confirming bank" is a bank which engages either that it will itself honor a credit already issued by another bank or that such a credit will be honored by the issuer or a third bank.

(g) A "customer" is a buyer or other person who causes an issuer to issue a credit. The term also includes a bank which procures issuance or confirmation on behalf of that bank's customer.

4) eUCP(전자신용장통일규칙)

무역거래에서 전자상거래의 활성화에 따라 국제상업회의소(ICC)에서는 2002년 신용장통일규칙(UCP500)의 추록으로 전자신용장통일규칙(eUCP V1.0)을 시행되었다. 이후 UCP500이 UCP600으로 개정되면서 2007년 전자신용장통일규칙도(eUCP V1.1)로 개정되었다. ICC 은행위원회에서 무역금융의 디지털화의 가속화를 예상하여 이에 대한 대응책으로 eUCP V1.1를 다시 업데이트하기로 결정하여 2019년 eUCP V2.0을 시행하여 사용되고 있다.

eUCP V2.0는 총 14개의 조항으로 구성되어 있으며 전자기록 단독 또는 종이서류와 결합에 의한 서류의 제시를 수용하기 위한 신용장통일규칙의 추록이다. eUCP는 UCP에 대한 추록에 해당하며 UCP의 정의가 적용 가능하다는 점을 강조한다. eUCP가 적용되는 경우, 그 조항은 UCP의 적용과 상이한 결과의 범위인 경우 우선한다.

〈표 6-2〉 UCP에대한 eUCP의 관계

[Article e2] Relationship of the eUCP to the UCP	[제 e2조] UCP에 대한 eUCP의 관계
a. An eUCP credit is also subject to the UCP without express incorporation of the UCP. b. Where the eUCP applies, its provisions shall prevail to the extent that they would produce a result different from the application of the UCP. c. If an eUCP credit allows the beneficiary to choose between presentation of paper documents or electronic records and it chooses to present only paper documents, the UCP alone shall apply to that presentation. If only paper documents are permitted under an eUCP credit, the UCP alone shall apply.	a. eUCP 신용장은 UCP 편입의 명시적인 문구가 없더라도 UCP에 따른다. b. eUCP가 적용되는 경우, 그 조항은 UCP의 적용과 상이한 결과를 낳을 수 있는 범위에 우선한다. c. 만약 eUCP 신용장이 수익자가 종이서류 또는 전자기록의 제시 사이에 선택할 수 있도록 허용하고 수익자가 오직 종이서류의 제시만을 선택하는 경우, UCP는 그와 같은 제시에 독자적으로 적용된다. 만약 eUCP 하에서 오직 종이서류만이 허용되는 경우, UCP가 독자적으로 적용된다.

5) UCP 600의 구성

〈표 6-3〉 UCP 600 조항

[Article 1] Application of UCP	[제1조] 신용장통일규칙의 적용범위
[Article 2] Definitions	[제2조] 정의
[Article 3] Interpretations	[제3조] 해석
[Article 4] Credits v. Contracts	[제4조] 신용장과 원인계약
[Article 5] Documents v. Goods, Services or Performance	[제5조] 서류와 물품, 용역 또는 의무이행
[Article 6] Availability, Expiry Date and Place for Presentation	[제6조] 이용가능성, 유효기일 그리고 제시 장소
[Article 7] Issuing Bank Undertaking	[제7조] 개설은행의 의무
[Article 8] Confirming Bank Undertaking	[제8조] 확인은행의 의무
[Article 9] Advising of Credits and Amendments	[제9조] 신용장 및 이에 대한 조건변경의 통지
[Article 10] Amendments	[제10조] 조건변경(Amendments)
[Article 11] Teletransmitted and Pre-Advised Credits and Amendments	[제11조] 전신과 사전통지된 신용장 및 그 조건변경
[Article 12] Nomination	[제12조] 지정(Nomination)
[Article 13] Bank-to-Bank Reimbursement Arrangements	[제13조] 은행간 상환약정
[Article 14] Standard for Examination of Documents	[제14조] 서류심사의 기준
[Article 15] Complying Presentation	[제15조] 일치하는 제시
[Article 16] Discrepant Documents, Waiver and Notice	[제16조] 하자 있는 서류, 권리포기(waiver) 및 통지
[Article 17] Original Documents and Copies	[제17조] 원본 서류와 사본
[Article 18] Commercial Invoice	[제18조] 상업송장
[Article 19] Transport Document Covering at Least Two Different Modes of Transport	[제19조] 적어도 두 개 이상의 다른 운송방법을 포괄하는 운송서류
[Article 20] Bill of Lading	[제20조] 선하증권
[Article 21] Non-Negotiable Sea Waybill	[제21조] 비유통 해상화물운송장
[Article 22] Charter Party Bill of Lading	[제22조] 용선계약부 선하증권
[Article 23] Air Transport Document	[제23조] 항공운송서류
[Article 24] Road, Rail or Inland Waterway Transport Documents	[제24조] 도로, 철도 또는 내수로 운송서류
[Article 25] Courier Receipt, Post Receipt or Certificate of Posting	[제25조] 특송배달영수증, 우편영수증 또는 우편증명서
[Article 26] "On Deck", "Shipper's Load and Count", "Said by Shipper to Contain" and Charges Additional to Freight	[제26조] "갑판적재", "내용물 부지약관" 과 운임에 대한 추가비용
[Article 27] Clean Transport Document	[제27조] 무고장 운송서류
[Article 28] Insurance Document and Coverage	[제28조] 보험서류와 부보범위
[Article 29] Extension of Expiry Date or Last Day for Presentation	[제29조] 유효기일 또는 최종제시일의 연장

[Article 30] Tolerance in Credit Amount, Quantity and Unit Prices	[제30조] 신용장 금액, 수량 그리고 단가의 허용치
[Article 31] Partial Drawings or Shipments	[제31조] 분할청구 또는 분할선적
[Article 32] Instalment Drawings or Shipments	[제32조] 할부청구 또는 할부선적
[Article 33] Hours of Presentation	[제33조] 제시시간
[Article 34] Disclaimer on Effectiveness of Documents	[제34조] 서류의 효력에 대한 면책
[Article 35] Disclaimer on Transmission and Translation	[제35조] 전송과 번역에 대한 면책
[Article 36] Force Majeure	[제36조] 불가항력
[Article 37] Disclaimer for Acts of an Instructed Party	[제37조] 지시받은 당사자의 행위에 대한 면책
[Article 38] Transferable Credits	[제38조] 양도가능신용장
[Article 39] Assignment of Proceeds	[제39조] 대금의 양도

2. UCP 주요조항

1) UCP의 적용

〈표 6-4〉 UCP의 적용

[Article 1] Application of UCP	제 1조 신용장통일규칙의 적용
The Uniform Customs and Practice for Documentary Credits, 2007 Revision, ICC Publication no. 600 ("UCP") are rules that apply to any documentary credit ("credit") (including, to the extent to which they may be applicable, any standby letter of credit) when the text of the credit expressly indicates that it is subject to these rules. They are binding on all parties thereto unless expressly modified or excluded by the credit.	화환신용장에 관한 통일규칙 및 관례, 2007년 개정, ICC 출판물번호, 제600호("UCP")는 신용장의 본문이 이 규칙에 따른다고 명시적으로 표시하고 있는 경우 모든 화환신용장("신용장")(적용가능한 범위에서 모든 보증신용장을 포함한다)에 적용되는 규칙이다. 신용장에 명시적으로 수정되거나 또는 배제되지 아니하는 한, 이 규칙은 모든 관계당사자를 구속한다.

2) 신용장에서 사용되는 용어

〈표 6-5〉 용어의 정의

[Article 2] Article 2 Definitions	제 2조 정의
For the purpose of these rules: • **Advising bank** means the bank that advises the credit at the request of the issuing bank. • **Applicant** means the party on whose request the	이 규칙에서는 다음과 같이 정의한다. • **통지은행(Advising bank)**은 개설은행의 요청에 따라 신용장을 통지하는 은행을 의미한다. • **개설의뢰인(Applicant)**은 신용장 개설을 요청

credit is issued.	한 당사자를 의미한다.
• **Banking day** means a day on which a bank is regularly open at the place at which an act subject to these rules is to be performed.	• **은행영업일**(Banking day)은 이 규칙이 시행되는 행위가 이루어지는 장소에서 은행이 통상적으로 영업하는 날을 의미한다.
• **Beneficiary** means the party in whose favour a credit is issued.	• **수익자**(Beneficiary)는 개설된 신용장으로부터 이익을 얻는 당사자를 의미한다.
• **Complying presentation** means a presentation that is in accordance with the terms and conditions of the credit, the applicable provisions of these rules and international standard banking practice.	• **일치하는 제시**(Complying presentation)는 신용장 조건, 적용 가능한 범위 내에서의 이 규칙의 규정, 그리고 국제표준은행관행에 따른 제시를 의미한다.
• **Confirmation** means a definite undertaking of the confirming bank, in addition to that of the issuing bank, to honour or negotiate a complying presentation.	• **확인**(Confirmation)은 일치하는 제시에 대해 결제 또는 매입하겠다는 개설은행의 확약에 추가하여 확인은행이 확약하는 것을 의미한다.
• **Confirming bank** means the bank that adds its confirmation to a credit upon the issuing bank's authorization or request.	• **확인은행**(Confirming bank)은 개설은행의 수권 또는 요청으로 신용장에 확인을 한 은행을 의미한다.
• **Credit** means any arrangement, however named or described, that is irrevocable and thereby constitutes a definite undertaking of the issuing bank to honour a complying presentation.	• **신용장**(Credit)은 그 명칭과 상관없이 개설은행이 일치하는 제시에 대해 결제하겠다는 확약으로서 취소가 불가능한 모든 약정이다.
• **Honour** means:	• **결제**(Honour)는 다음을 의미한다.
a. to pay at sight if the credit is available by sight payment.	a. 신용장이 일람출급으로 이용 가능한 경우 일람불로 지급하는 것
b. to incur a deferred payment undertaking and pay at maturity if the credit is available by deferred payment.	b. 신용장이 연지급으로 이용 가능한 경우 연지급 확약을 하고 만기일에 지급하는 것
c. to accept a bill of exchange ("draft") drawn by the beneficiary and pay at maturity if the credit is available by acceptance.	c. 신용장이 인수로 이용 가능한 경우 수익자가 발행한 환어음을 인수하고 만기일에 지급하는 것
• **Issuing bank** means the bank that issues a credit at the request of an applicant or on its own behalf.	• **개설은행**(Issuing bank)은 개설의뢰인 혹은 개설의뢰인의 대리인의 요청으로 신용장을 개설하는 은행을 의미한다.
• **Negotiation** means the purchase by the nominated bank of drafts (drawn on a bank other than the nominated bank) and / or documents under a complying presentation, by advancing or agreeing to advance funds to the beneficiary on or before the banking day on which reimbursement is due to the nominated bank.	• **매입**(Negotiation)은 지정은행에 상환해야 하는 은행영업일에 혹은 그 이전에 수익자에게 대금지불 혹은 대금을 지불하기로 동의하여 일치하는 제시에 따라 지정은행이 환어음(지정은행이 아닌 다른 은행 앞으로 발행된) 및 /또는 서류를 매입하는 것을 의미한다.
• **Nominated bank** means the bank with which the credit is available or any bank in the case of a credit available with any bank.	• **지정은행**(Nominated bank)은 신용장을 사용할 수 있는 은행 또는 모든 은행에서 사용 가능한 신용장의 경우에는 모든 은행을 의미한다.
• **Presentation** means either the delivery of documents under a credit to the issuing bank or nominated	• **제시**(Presentation)는 개설은행 또는 지정은행으로 신용장 하에 서류를 인도하는 것 또는

bank or the documents so delivered.	그렇게 인도된 서류를 의미한다.
• **Presenter** means a beneficiary, bank or other party that makes a presentation.	• **제시자(Presenter)**는 제시를 하는 수익자, 은행 또는 다른 당사자를 의미한다.

3) 신용장 해석

〈표 6-6〉 신용장의 해석

[Article 3] Interpretations	[제3조] 해석
For the purpose of these rules:	이 규칙에서는 다음과 같이 해석한다.
Where applicable, words in the singular include the plural and in the plural include the singular.	적용 가능한 경우, 단수의 단어는 복수의 단어를 포함하고, 복수의 단어는 단수의 단어를 포함한다.
A credit is irrevocable even if there is no indication to that effect.	신용장은 취소불능이라는 표시가 없더라도 취소가 불가능하다.
A document may be signed by handwriting, facsimile signature, perforated signature, stamp, symbol or any other mechanical or electronic method of authentication.	서류는 자필, 팩시밀리서명, 천공서명, 스탬프, 상징 또는 그 외 기계식 또는 전자식 확인방법으로 서명될 수 있다.
A requirement for a document to be legalized, visaed, certified or similar will be satisfied by any signature, mark, stamp or label on the document which appears to satisfy that requirement.	공증, 사증, 공인 또는 이와 유사한 서류의 요건은 그 요건에 부합하는 것으로 보이는 서류상의 모든 서명, 표시, 스탬프 또는 라벨에 의하여 만족될 수 있다.
Branches of a bank in different countries are considered to be separate banks.	서로 다른 국가에 위치한 같은 은행의 지점들은 다른 은행으로 본다.
Terms such as "first class", "well known", "qualified", "independent", "official", competent or "local" used to describe the issuer of a document allow any issuer except the beneficiary to issue that document.	서류의 발행자를 표현하기 위하여 사용되는 "first class(일류)", "well known(저명한)", "qualified(자격 있는)", "independent(독립적인)", "official(공적인)", "competent(능력 있는)" 또는 "local(현지의)"라는 용어들은 수익자를 제외하고, 해당 서류를 발행하는 모든 서류 발행자가 사용할 수 있다.
Unless required to be used in a document, words such as "prompt", "immediately" or as soon as possible will be disregarded.	서류에 사용하도록 요구되지 않았다면 "신속하게(prompt)", "즉시(immediately)" 또는 "가능한 한 빨리(as soon as possible)"라는 단어들은 무시된다.
The expression "on or about" or similar will be interpreted as a stipulation that an event is to occur during a period of five calendar days before until five calendar days after the specified date, both start and end dates included.	그 시경(on or about)" 또는 이와 유사한 표현은 어떠한 일이 첫날과 마지막 날을 포함하여 특정 일자의 전 5일부터 후 5일까지의 기간 중에 발생해야 하는 규정으로 해석된다.
The words "to", "until", "till", "from" and "between" when used to determine a period of shipment include the date or dates mentioned, and the words "before" and "after" exclude the date mentioned.	선적기간을 정하기 위하여 "to", "until", "till", "from", 그리고 "between"이라는 단어가 사용된 경우 이는 (기간에) 명시된 일자 또는 일자들을 포함하고, "before"와 "after"라는 단어는 명시된 일자를 제외한다.
The words "from" and "after" when used to	

determine a maturity date exclude the date mentioned.	만기(滿期)를 정하기 위하여 "from"과 "after"라는 단어가 사용된 경우에는 명시된 일자를 제외한다.
The terms "first half" and "second half" of a month shall be construed respectively as the 1st to the 15th and the 16th to the last day of the month, all dates inclusive.	어느 월의 "전반(first half)"과 "후반(second)"이라는 단어는 각 해당 월의 1일부터 15일까지, 16일부터 해당 월의 마지막 날까지로 해석되며, 그 기간 중의 모든 날짜를 포함한다.
The terms "beginning", "middle" and "end" of a month shall be construed respectively as the 1st to the 10th, the 11th to the 20th and the 21st to the last day of the month, all dates inclusive.	어느 월의 "초(beginning)", "중(middle)", "말(end)"이라는 단어는 각 해당 월의 1일부터 10일, 11일부터 20일, 21일부터 해당 월의 마지막 날까지로 해석되며, 그 기간 중의 모든 날짜가 포함된다.

4) 신용장 개설은행의 의무

〈표 6-7〉 개설은행의 의무

[Article 7] 7 Issuing Bank Undertaking	제 7조 개설은행의 의무
a. Provided that the stipulated documents are presented to the nominated bank or to the issuing bank and that they constitute a complying presentation, the issuing bank must honour if the credit is available by: ⅰ. sight payment, deferred payment or acceptance with the issuing bank; ⅱ. sight payment with a nominated bank and that nominated bank does not pay; ⅲ. deferred payment with a nominated bank and that nominated bank does not incur its deferred payment undertaking or, having incurred its deferred payment undertaking, does not pay at maturity; ⅳ. acceptance with a nominated bank and that nominatedbank does not accept a draft drawn on it or, having accepted a draft drawn on it, does not pay at maturity; ⅴ. negotiation with a nominated bank and that nominated bank does not negotiate. b. An issuing bank is irrevocably bound to honour as of the time it issues the credit. c. An issuing bank undertakes to reimburse a nominated bank that has honoured or negotiated a complying presentation and forwarded the documents to the issuing bank. Reimbursement for the amount of a	a. 신용장에서 요구된 서류들이 지정은행 혹은 개설은행에 제공되었고 그 서류들이 일치하는 제시를 구성한다는 전제 하에, 개설은행은 신용장이 다음과 같은 경우로 이용 가능하다면 개설은행은 결제를 해야 한다. ⅰ. 개설은행에서 일람지급, 연지급 혹은 인수로 이용 가능한 경우 ⅱ. 지정은행에서 일람지급으로 이용될 수 있지만, 지정은행이 지급하지 않은 경우 ⅲ. 지정은행에서 연지급으로 이용될 수 있지만, 지정은행이 연지급 확약을 이행하지 않았거나 연지급 확약을 이행하였으나 만기일에 지급하지 않은 경우 ⅳ. 지정은행에서 인수로 이용될 수 있지만, 지정은행이 당행에 청구된 환어음을 인수하지 않았거나 인수했으나 만기일에 지급하지 않은 경우 ⅴ. 지정은행에서 매입으로 이용될 수 있지만, 지정은행에서 매입하지 않는 경우 b. 개설은행은 신용장을 발행하는 그 시점부터 취소불능으로 결제할 의무가 있다. c. 개설은행은 일치하는 제시를 결제 혹은 매입하고, 그 서류들을 개설은행에 전달한 지정은행에 대해 상환 할 책임을 부담한다. 인수 혹은 연지급으로 이용 가능한 신용장의 일치하는 제시에 상응하는 총액의 상환은 지정은행이 만기일 전에 선지급 혹은 매입하였는지 여부와 관계없이 만기일까지 지급되어야 한다. 지정은행에 상환하

complying presentation under a credit available by acceptance or deferred payment is due at maturity, whether or not the nominated bank prepaid or purchased before maturity. An issuing bank's undertaking to reimburse a nominated bank is independent of the issuing bank's undertaking to the beneficiary.	겠다는 개설은행의 확약은 개설은행이 수익자에게 하는 확약과 독립적이다.

5) 신용장 조건변경의 통지

〈표 6-8〉 신용장 및 이에 대한 조건변경의 통지

[Article 9] Advising of Credits and Amendments	[제9조] 신용장 및 이에 대한 조건변경의 통지
a. A credit and any amendment may be advised to a beneficiary through an advising bank. An advising bank that is not a confirming bank advises the credit and any amendment without any undertaking to honour or negotiate.	a. 신용장 및 이에 대한 조건변경은 통지은행을 통하여 수익자에게 통지될 수 있다. 확인은행이 아닌 통지은행은 결제(honour)나 매입에 대한 어떤 의무의 부담 없이 신용장 및 이에 대한 조건변경을 통지한다.
b. By advising the credit or amendment, the advising bank signifies that it has satisfied itself as to the apparent authenticity of the credit or amendment and that the advice accurately reflects the terms and conditions of the credit or amendment received.	b. 통지은행은 신용장 또는 그 조건변경을 통지함으로써 신용장 또는 그 조건변경에 대한 외견상의 진정성이 충족된다는 점과 그 통지가 송부 받은 신용장 또는 그 조건변경의 조건들을 정확하게 반영하고 있다는 점을 표명한다.
c. An advising bank may utilize the services of another bank ("second advising bank") to advise the credit and any amendment to the beneficiary. By advising the credit or amendment, the second advising bank signifies that it has satisfied itself as to the apparent authenticity of the advice it has received and that the advice accurately reflects the terms and conditions of the credit or amendment received.	c. 통지은행은 수익자에게 신용장 및 그 조건변경을 통지하기 위하여 다른 은행(이하 "제2통지은행"이라 한다)을 이용할 수 있다. 제2통지은행은 신용장 또는 그 조건변경을 통지함으로써 신용장 또는 그 조건변경에 대한 외견상의 진정성이 충족된다는 점과 그 통지가 송부 받은 신용장 또는 그 조건변경의 조건들을 정확하게 반영하고 있다는 점을 표명한다.
d. A bank utilizing the services of an advising bank or second advising bank to advise a credit must use the same bank to advise any amendment thereto.	d. 신용장을 통지하기 위하여 통지은행 또는 제2의 통지은행을 이용하는 은행은 그 신용장의 조건변경을 통지하기 위하여 동일한 은행을 이용하여야만 한다.
e. If a bank is requested to advise a credit or amendment but elects not to do so, it must so inform, without delay, the bank from which the credit, amendment or advice has been received.	e. 은행이 신용장 또는 그 조건변경을 통지하도록 요청받았으나 이를 수락하지 않을 경우 신용장, 조건변경 또는 통지를 송부한 은행에 지체 없이 이를 알려주어야 한다.
f. If a bank is requested to advise a credit or	f. 은행이 신용장 또는 그 조건변경을 통지하도

amendment but cannot satisfy itself as to the apparent authenticity of the credit, the amendment or the advice, it must so inform, without delay, the bank from which the instructions appear to have been received. If the advising bank or second advising bank elects nonetheless to advise the credit or amendment, it must inform the beneficiary or second advising bank that it has not been able to satisfy itself as to the apparent authenticity of the credit, the amendment or the advice.	록 요청받았으나, 신용장, 그 조건변경 또는 통지의 외견상 진정성에 대한 요건을 충족하지 못한다고 판단한 경우, 지체 없이 그 지시를 송부한 것으로 되어 있는 은행에 그 사실을 통지하여야 한다. 그럼에도 불구하고 통지은행 또는 제2의 통지은행이 신용장 또는 그 조건변경을 통지하기로 한 경우, 그 은행은 수익자 또는 제2의 통지은행에게 신용장, 그 조건변경 또는 통지가 외견상 진위성에 대한 요건을 충족하지 못한다는 점을 알려주어야 한다.

6) 신용장 조건변경

〈표 6-9〉 조건변경

[Article 10] Amendments	[제10조] 조건변경(Amendments)
a. Except as otherwise provided by article 38, a credit can neither be amended nor cancelled without the agreement of the issuing bank, the confirming bank, if any, and the beneficiary. b. An issuing bank is irrevocably bound by an amendment as of the time it issues the amendment. A confirming bank may extend its confirmation to an amendment and will be irrevocably bound as of the time it advises the amendment. A confirming bank may, however, choose to advise an amendment without extending its confirmation and, if so, it must inform the issuing bank without delay and inform the beneficiary in its advice. c. The terms and conditions of the original credit (or a credit incorporating previously accepted amendments) will remain in force for the beneficiary until the beneficiary communicates its acceptance of the amendment to the bank that advised such amendment. The beneficiary should give notification of acceptance or rejection of an amendment. If the beneficiary fails to give such notification, a presentation that complies with the credit and to any not yet accepted amendment will be deemed to be notification of acceptance by the beneficiary of such amendment. As of that moment the credit will be amended.	a. 제38조에서 규정한 경우를 제외하고 신용장은 개설은행, 확인은행이 있는 경우에는 그 확인은행, 그리고 수익자의 동의가 없이는 조건변경되거나 취소될 수 없다. b. 개설은행은 신용장에 대한 조건을 변경한 경우 그 시점으로부터 변경 내용에 대하여 취소 불가능하게 구속된다. 확인은행은 조건변경에 대한 확인을 연장할 수 있고, 그 조건변경을 통지한 경우 그 시점으로부터 취소 불가능하게 그 내용에 구속된다. 그러나, 확인은행이 조건변경에 대하여 확인을 연장함이 없이 통지만을 하기로 선택한 경우 지체 없이 개설은행에 그 사실을 알려주어야 하고, 그 통지에서 수익자에게 그 사실을 알려주어야 한다. c. 원신용장(또는 이전에 조건변경이 수락된 신용장)의 조건은 수익자가 조건변경을 통지한 은행에 대하여 변경된 내용을 수락한다는 뜻을 알려줄 때까지는 수익자에 대하여 효력을 가진다. 수익자는 조건변경 내용에 대한 수락 또는 거절의 뜻을 알려주어야 한다. 수익자가 위 수락 또는 거절의 뜻을 알리지 않은 경우, 신용장 및 아직 수락되지 않고 있는 조건변경 내용에 부합하는 제시가 있으면 수익자가 그러한 조건변경 내용을 수락한다는 뜻을 알린 것으로 간주한

d. A bank that advises an amendment should inform the bank from which it received the amendment of any notification of acceptance or rejection. e. Partial acceptance of an amendment is not allowed and will be deemed to be notification of rejection of the amendment. f. A provision in an amendment to the effect that the amendment shall enter into force unless rejected by the beneficiary within a certain time shall be disregarded.	다. 이 경우 그 순간부터 신용장은 조건이 변경된다. d. 신용장의 조건변경을 통지하는 은행은 조건변경을 송부한 은행에게 조건변경 내용에 대한 수락 또는 거절의 뜻을 통보하여야 한다. e. 조건변경에 대하여 일부만을 수락하는 것은 허용되지 않으며, 이는 조건변경 내용에 대한 거절의 의사표시로 간주한다. f. 수익자가 일정한 시간 내에 조건변경을 거절하지 않으면 조건변경이 효력을 가지게 된다는 규정이 조건변경 내용에 있는 경우 이는 무시된다.

7) 신용장 서류심사기준

〈표 6-10〉 서류심사기준

[Article 14] Standard for Examination of Documents	[제14조] 서류심사의 기준
a. A nominated bank acting on its nomination, a confirming bank, if any, and the issuing bank must examine a presentation to determine, on the basis of the documents alone, whether or not the documents appear on their face to constitute a complying presentation. b. A nominated bank acting on its nomination, a confirming bank, if any, and the issuing bank shall each have a maximum of five banking days following the day of presentation to determine if a presentation is complying. This period is not curtailed or otherwise affected by the occurrence on or after the date of presentation of any expiry date or last day for presentation. c. A presentation including one or more original transport documents subject to articles 19, 20, 21, 22, 23, 24 or 25 must be made by or on behalf of the beneficiary not later than 21 calendar days after the date of shipment as described in these rules, but in any event not later than the expiry date of the credit. d. Data in a document, when read in context with the credit, the document itself and international standard banking practice, need not be identical	a. 지정에 따라 행동하는 지정은행, 확인은행이 있는 경우의 확인은행 그리고 개설은행은 서류에 대하여 문면상 일치하는 제시가 있는지 여부를 단지 서류만에 의해서 심사하여야 한다. b. 지정에 따라 행동하는 지정은행, 확인은행이 있는 경우의 확인은행 그리고 개설은행에게는 제시가 일치하는지 여부를 결정하기 위하여 제시일의 다음날로부터 기산하여 최장 5 은행영업일이 각자 주어진다. 이 기간은 유효기일 내의 제시일자나 최종제시일 또는 그 이후에 발생하는 사건에 의해서 단축되거나 달리 영향을 받지 않는다. c. 제19조, 제20조, 제21조, 제22조, 제23조, 제24조 또는 제25조에 따른 하나 이상의 운송서류 원본이 포함된 제시는, 이 규칙에서 정하고 있는 선적일 후 21일보다 늦지 않게 수익자에 의하거나 또는 그를 대신하여 이루어져야 하고, 어떠한 경우라도 신용장의 유효기일보다 늦게 이루어져서는 안 된다. d. 신용장, 서류 그 자체 그리고 국제표준은행관행의 문맥에 따라 읽을 때의 서류상의 정보(data)는 그 서류나 다른 적시된 서류 또는 신용장상의 정보와 반드시 일치될 필요

to, but must not conflict with, data in that document, any other stipulated document or the credit.

e. In documents other than the commercial invoice, the description of the goods, services or performance, if stated, may be in general terms not conflicting with their description in the credit.

f. If a credit requires presentation of a document other than a transport document, insurance document or commercial invoice, without stipulating by whom the document is to be issued or its data content, banks will accept the document as presented if its content appears to fulfil the function of the required document and otherwise complies with sub-article 14 (d).

g. A document presented but not required by the credit will be disregarded and may be returned to the presenter.

h. If a credit contains a condition without stipulating the document to indicate compliance with the condition, banks will deem such condition as not stated and will disregard it.

i. A document may be dated prior to the issuance date of the credit, but must not be dated later than its date of presentation.

j. When the addresses of the beneficiary and the applicant appear in any stipulated document, they need not be the same as those stated in the credit or in any other stipulated document, but must be within the same country as the respective addresses mentioned in the credit. Contact details (telefax, telephone, email and the like) stated as part of the beneficiary's and the applicant's address will be disregarded. However, when the address and contact details of the applicant appear as part of the consignee or notify party details on a transport document subject to articles 19, 20, 21, 22, 23, 24 or 25, they must be as stated in the credit.

k. The shipper or consignor of the goods indicated on any document need not be the beneficiary of the credit.

l. A transport document may be issued by any party other than a carrier, owner, master or charterer provided that the transport document meets the requirements of articles 19, 20, 21, 22, 23 or 24 of these rules.

는 없으나, 그들과 저촉되어서는 안 된다.

e. 상업송장 이외의 서류에서, 물품, 서비스 또는 의무이행의 명세는, 만약 기재되는 경우, 신용장상의 명세와 저촉되지 않는 일반적인 용어로 기재될 수 있다.

f. 신용장에서 누가 서류를 발행하여야 하는지 여부 또는 그 정보의 내용을 명시함이 없이 운송서류, 보험서류 또는 상업송장 이외의 다른 어떠한 서류의 제시를 요구한다면, 그 서류의 내용이 요구되는 서류의 기능을 충족하는 것으로 보이고 또한 그밖에 제14조 (d)항에 부합하는 한 은행은 제시된 대로 그 서류를 수리한다.

g. 제시되었으나 신용장에서 요구되지 아니한 서류는 무시될 것이고 제시자에게 반환될 수 있다.

h. 조건과 일치함을 나타낼 서류를 명시함이 없이 신용장에 어떠한 조건이 담겨 있다면, 은행은 그러한 조건이 기재되지 아니한 것으로 간주하고 무시할 것이다.

i. 서류는 신용장 개설일 이전 일자에 작성된 것일 수 있으나 제시일자보다 늦은 일자에 작성된 것이어서는 안 된다.

j. 수익자와 개설의뢰인의 주소가 어떤 요구서류에 나타날 때, 그것은 신용장 또는 다른 요구서류상에 기재된 것과 동일할 필요는 없으나 신용장에 기재된 각각의 주소와 동일한 국가 내에 있어야 한다. 수익자 및 개설의뢰인의 주소의 일부로 기재된 세부 연락처(팩스, 전화, 이메일 및 이와 유사한 것)는 무시된다. 그러나 개설의뢰인의 주소와 세부 연락처가 제19조, 제20조, 제21조, 제22조, 제23조, 제24조 또는 제25조의 적용을 받는 운송서류상의 수하인 또는 통지처의 일부로서 나타날 때에는 신용장에 명시된 대로 기재되어야 한다.

k. 어떠한 서류상에 표시된 물품 선적인 또는 송하인은 신용장의 수익자일 필요가 없다.

l. 운송서류가 이 규칙 제19조, 제20조, 제21조, 제22조, 제23조 또는 제24조의 요건을 충족하는 한, 그 운송서류는 운송인, 소유자, 선장, 용선자 아닌 어느 누구에 의해서도 발행될 수 있다.

8) 일치하는 제시

〈표 6-11〉 일치하는 제시

[Article 15] Complying Presentation	제 15조 일치하는 제시
a. When an issuing bank determines that a presentation is complying, it must honour. b. When a confirming bank determines that a presentation is complying, it must honour or negotiate and forward the documents to the issuing bank. c. When a nominated bank determines that a presentation is complying and honours or negotiates, it must forward the documents to the confirming bank or issuing bank.	a. 발행은행이 제시가 일치한다고 결정하는 경우에는, 그 발행은행은 지급이행하여야 한다. b. 확인은행이 제시가 일치한다고 결정하는 경우에는, 그 확인은행은 지급이행 또는 매입하고 발행은행에게 서류를 발송하여야 한다. c. 지정은행이 제시가 일치한다고 결정하고 지급이행 또는 매입하는 경우에는, 그 지정은행은 확인은행 또는 발행은행에게 서류를 발송하여야 한다.

9) 상업송장

〈표 6-12〉 상업송장

[Article 18] 18 Commercial Invoice	제 18조 상업송장
a. A commercial invoice: ⅰ. must appear to have been issued by the beneficiary (except as provided in article 38); ⅱ. must be made out in the name of the applicant (except as provided in sub-article 38 (g)); ⅲ. must be made out in the same currency as the credit; and ⅳ. need not be signed. b. A nominated bank acting on its nomination, a confirming bank, if any, or the issuing bank may accept a commercial invoice issued for an amount in excess of the amount permitted by the credit, and its decision will be binding upon all parties, provided the bank in question has not honoured or negotiated for an amount in excess of that permitted by the credit. c. The description of the goods, services or performance in a commercial invoice must correspond with that appearing in the credit.	a. 상업송장 ⅰ. 반드시 수익자에 의해서 발행된 것으로 보여야 한다. (제38조에 제시된 경우 제외) ⅱ. 반드시 개설의뢰인의 앞으로 발행되어야 한다. (제38조 (g)항에 제시된 경우 제외) ⅲ. 반드시 신용장과 동일한 통화로 발행되어야 한다. ⅳ. 서명될 필요는 없다. b. 지정에 따라 행동하는 지정은행, 확인은행이 있다면 확인은행 또는 개설은행은 신용장에서 허가하는 금액을 초과하여 발행된 상업송장을 수락할 수 있고, 이 판단은 문제의 은행이 신용장에 의해 허용되는 것보다 초과하여 결제 혹은 매입을 하지 않았다면 모든 당사자를 구속한다. c. 상업송장에 물품, 서비스 그리고 의무이행에 관한 명세는 신용장에 나타나는 것과 일치해야 한다.

10) 선하증권

〈표 6-13〉 선하증권

[Article 20] Bill of Lading	[제20조] 선하증권
a. A bill of lading, however named, must appear to: i. indicate the name of the carrier and be signed by: · the carrier or a named agent for or on behalf of the carrier, or · the master or a named agent for or on behalf of the master. Any signature by the carrier, master or agent must be identified as that of the carrier, master or agent. Any signature by an agent must indicate whether the agent has signed for or on behalf of the carrier or for or on behalf of the master. ii. indicate that the goods have been shipped on board a named vessel at the port of loading stated in the credit by: · pre-printed wording, or · an on board notation indicating the date on which the goods have been shipped on board. The date of issuance of the bill of lading will be deemed to be the date of shipment unless the bill of lading contains an on board notation indicating the date of shipment, in which case the date stated in the on board notation will be deemed to be the date of shipment. If the bill of lading contains the indication "intended vessel" or similar qualification in relation to the name of the vessel, an on board notation indicating the date of shipment and the name of the actual vessel is required iii. indicate shipment from the port of loading to the port of discharge stated in the credit. If the bill of lading does not indicate the port of loading stated in the credit as the port of loading, or if it contains the indication "intended" or similar qualification in relation to the port of loading, an on board notation indicating the port of loading as stated in the credit, the date of shipment and the name of the vessel is required. This provision applies even when loading on board or shipment on a named vessel is indicated by pre-printed	a. 선하증권은 어떤 명칭을 사용하든 간에 다음과 같이 보여야 한다. i. 운송인의 명칭이 표시되고 다음의 자에 의하여 서명되어야 한다. · 운송인, 또는 운송인을 위한 또는 그를 대리하는 기명대리인 · 선장, 또는 선장을 위한 또는 그를 대리하는 기명대리인 운송인, 선장 또는 대리인의 서명은 운송인, 선장 또는 대리인의 서명으로서 특정되어야 한다. 대리인의 서명은 그가 운송인을 위하여 또는 대리하여 또는 선장을 위하여 또는 대리하여 서명한 것인지를 표시하여야 한다. ii. 물품이 신용장에서 명시된 선적항에서 기명된 선박에 본선적재 되었다는 것을 다음의 방법으로 표시하여야 한다. · 미리 인쇄된 문구 또는 · 물품이 본선적재된 일자를 표시하는 본선적재 표기 선하증권이 선적일자를 표시하는 본선적재표기를 포함하지 않는 경우에는 선하증권 발행일을 선적일로 본다. 선하증권에 본선적재표기가 된 경우에는 본선적재표기에 기재된 일자를 선적일로 본다. 선하증권이 선박명과 관련하여 "예정선박" 또는 이와 유사한 표시를 포함하는 경우에는 선적일과 실제 선박명을 표시하는 본선석재표기가 요구된다. iii. 신용장에 기재된 선적항으로부터 하역항까지의 선적을 표시하여야 한다. 선하증권이 신용장에 기재된 선적항을 선적항으로 표시하지 않는 경우 또는 선적항과 관련하여 "예정된"이라는 표시 또는 이와 유사한 제한을 포함하는 경우에는, 신용장에 기재된 선적항과 선적일 및 선적선박명을 표시하는 본선적재표기가 요구된다. 이 조항은 기명된 선박에의 본선적재 또는 선적이 미리 인쇄된 문구에 의하여 선하증권에 표시된 경우에도 적용된다

wording on the bill of lading. iv. be the sole original bill of lading or, if issued in more than one original, be the full set as indicated on the bill of lading. v. contain terms and conditions of carriage or make reference to another source containing the terms and conditions of carriage (short form or blank back bill of lading). Contents of terms and conditions of carriage will not be examined. vi. contain no indication that it is subject to a charter party. b. For the purpose of this article, transhipment means unloading from one vessel and reloading to another vessel during the carriage from the port of loading to the port of discharge stated in the credit. c. i. A bill of lading may indicate that the goods will or may be transhipped provided that the entire carriage is covered by one and the same bill of lading. ii. A bill of lading indicating that transhipment will or may take place is acceptable, even if the credit prohibits transhipment, if the goods have been shipped in a container, trailer or LASH barge as evidenced by the bill of lading. d. Clauses in a bill of lading stating that the carrier reserves the right to tranship will be disregarded.	iv. 유일한 선하증권 원본이거나 또는 원본이 한 통을 초과하여 발행되는 경우 선하증권에 표시된 전통(full set)이어야 한다. v. 운송조건을 포함하거나 또는 운송조건을 포함하는 다른 출처를 언급하여야 한다(약식 또는 뒷면 백지 선하증권). 운송조건의 내용은 심사되지 않는다. vi. 용선계약에 따른다는 어떤 표시도 포함하지 않아야 한다. b. 이 조항의 목적상, 환적은 신용장에 기재된 선적항으로부터 하역항까지의 운송 도중에 하나의 선박으로부터 양하되어 다른 선박으로 재적재되는 것을 의미한다. c. i. 선하증권은 전운송이 하나의 동일한 선하증권에 의하여 포괄된다면 물품이 환적될 것이라거나 환적될 수 있다는 것을 표시할 수 있다. ii. 환적이 될 것이라거나 될 수 있다고 표시하는 선하증권은, 물품이 컨테이너, 트레일러, 래시 바지에 선적되었다는 것이 선하증권에 의하여 증명되는 경우에는 비록 신용장이 환적을 금지하더라도 수리될 수 있다. d. 운송인이 환적할 권리를 갖고 있음을 기재한 선하증권의 조항은 무시된다.

11) 비유통 해상화물운송장(UCP600 제21조)

〈표 6-14〉 비유통 해상화물운송장

[Article 21] Non-Negotiable Sea Waybill	[제21조] 비유통 해상화물운송장
a. A non-negotiable sea waybill, however named, must appear to: i. indicate the name of the carrier and be signed by: · the carrier or a named agent for or on behalf of the carrier, or · the master or a named agent for or on behalf of the master. Any signature by the carrier, master or agent must be identified as that of the carrier, master or agent. Any signature by an agent must indicate whether the agent has signed for or on behalf of the carrier or	a. 비유통 해상화물운송장은 어떤 명칭을 사용하든 간에 다음과 같이 보여야 한다. i. 운송인의 명칭이 표시되고 다음의 자에 의해서 서명되어야 한다. · 운송인, 또는 운송인을 위한 또는 그를 대리하는 기명대리인 · 선장, 또는 선장을 위한 또는 그를 대리하는 기명대리인 운송인, 선장 또는 대리인의 서명은 운송인, 선장 또는 대리인의 서명으로서 특정되어야 한다.

for or on behalf of the master. ii. indicate that the goods have been shipped on board a named vessel at the port of loading stated in the credit by: · pre-printed wording, or · an on board notation indicating the date on which the goods have been shipped on board. The date of issuance of the non-negotiable sea waybill will be deemed to be the date of shipment unless the non-negotiable sea waybill contains an on board notation indicating the date of shipment, in which case the date stated in the on board notation will be deemed to be the date of shipment. If the non-negotiable sea waybill contains the indication "intended vessel" or similar qualification in relation to the name of the vessel, an on board notation indicating the date of shipment and the name of the actual vessel is required. iii. indicate shipment from the port of loading to the port of discharge stated in the credit. If the non-negotiable sea waybill does not indicate the port of loading stated in the credit as the port of loading, or if it contains the indication "intended" or similar qualification in relation to the port of loading, an on board notation indicating the port of loading as stated in the credit, the date of shipment and the name of the vessel is required. This provision applies even when loading on board or shipment on a named vessel is indicated by pre-printed wording on the non-negotiable sea waybill. iv. be the sole original non-negotiable sea waybill or, if issued in more than one original, be the full set as indicated on the non-negotiable sea waybill. v. contain terms and conditions of carriage or make reference to another source containing the terms and conditions of carriage (short form or blank back non-negotiable sea waybill). Contents of terms and conditions of carriage will not be examined. vi. contain no indication that it is subject to a charter party. b. For the purpose of this article, transhipment means unloading from one vessel and reloading to another vessel during the carriage from the port of loading to the port of discharge stated in the credit. c.	대리인의 서명은 그가 운송인을 위하여 또는 대리하여 또는 선장을 위하여 또는 대리하여 서명한 것인지를 표시하여야 한다. ii. 물품이 신용장에 기재된 선적항에서 기명된 선박에 본선적재 되었다는 것을 다음의 방법으로 표시하여야 한다. · 미리 인쇄된 문구 또는 · 물품이 본선적재된 일자를 표시하는 본선적재표기 비유통 해상화물운송장이 선적일자를 표시하는 본선적재표기를 하지 않은 경우에는 비유통 해상화물운송장의 발행일을 선적일로 본다. 비유통 해상화물운송장에 본선적재표기가 된 경우에는 본선적재표기에 기재된 일자를 선적일로 본다. 비유통 해상화물운송장이 선박명과 관련하여 "예정선박"이라는 표시 또는 이와 유사한 제한을 포함하는 경우에는 선적일과 실제 선박명을 표시하는 본선적재표기가 요구된다. iii. 신용장에 기재된 선적항으로부터 하역항까지의 선적을 표시하여야 한다. 비유통 해상화물운송장이 신용장에 기재된 선적항을 선적항으로 표시하지 않는 경우 또는 선적항과 관련하여 "예정된"이라는 표시 또는 이와 유사한 제한을 포함하는 경우에는, 신용장에 기재된 선적항과 선적일 및 적재선박명을 표시하는 본선적재 표기가 요구된다. 이 조항은 기명된 선박에의 본선적재가 미리 인쇄된 문구에 의하여 비유통 해상화물운송장에 표시된 경우에도 적용된다. iv. 유일한 비유통 해상화물운송장 원본이거나 또는 원본이 한 통을 초과하여 발행되는 경우 비유통 해상화물운송장에 표시된 전통(full set)이어야 한다. v. 운송조건을 포함하거나 또는 운송조건을 포함하는 다른 출처를 언급하여야 한다(약식 또는 뒷면 백지 비유통 해상화물운송장). 운송조건의 내용은 심사되지 않는다. vi. 용선계약에 따른다는 어떤 표시도 포함하지 않아야 한다. b. 이 조항의 목적상, 환적은 신용장에 기재된 선적항으로부터 하역항까지의 운송도중에 한 선박으로부터 양하되어 다른 선박으로 재적재되는 것을 의미한다. c.

I. A non-negotiable sea waybill may indicate that the goods will or may be transhipped provided that the entire carriage is covered by one and the same non-negotiable sea waybill. ii. A non-negotiable sea waybill indicating that transhipment will or may take place is acceptable, even if the credit prohibits transhipment, if the goods have been shipped in a container, trailer or LASH barge as evidenced by the non-negotiable sea waybill. d. Clauses in a non-negotiable sea waybill stating that the carrier reserves the right to tranship will be disregarded.	ⅰ. 비유통 해상화물운송장은 전운송이 하나의 동일한 비유통 해상화물운송장에 의하여 포괄된다면 물품이 환적될 것이라거나 환적될 수 있다는 것을 표시할 수 있다. ⅱ. 환적이 될 것이라거나 환적될 수 있다고 표시하는 비유통 해상화물운송장은, 물품이 컨테이너, 트레일러, 래시 바지에 선적되었다는 것이 비유통 해상화물운송장에 의하여 증명되는 경우에는 비록 신용장이 환적을 금지하더라도 수리될 수 있다. d. 운송인이 환적할 권리를 갖고 있음을 기재한 비유통 해상화물운송장의 조항은 무시된다.

12) 용선계약부 선하증권

〈표 6-15〉 용선계약부 선하증권

[Article 22] Charter Party Bill of Lading	[제22조] 용선계약부 선하증권
a. A bill of lading, however named, containing an indication that it is subject to a charter party (charter party bill of lading), must appear to: i. be signed by: · the master or a named agent for or on behalf of the master, or · the owner or a named agent for or on behalf of the owner, or · the charterer or a named agent for or on behalf of the charterer. Any signature by the master, owner, charterer or agent must be identified as that of the master, owner, charterer or agent. Any signature by an agent must indicate whether the agent has signed for or on behalf of the master, owner or charterer. An agent signing for or on behalf of the owner or charterer must indicate the name of the owner or charterer. ii. indicate that the goods have been shipped on board a named vessel at the port of loading stated in the credit by: · pre-printed wording, or · an on board notation indicating the date on which the goods have been shipped on board.	a. 어떤 명칭을 사용하든 간에 용선계약에 따른다는 선하증권(용선계약부 선하증권)은 다음과 같이 보여야 한다. ⅰ. 다음의 자에 의해서 서명되어야 한다. · 선장, 또는 선장을 위한 또는 그를 대리하는 기명대리인 · 선주, 또는 선주를 위한 또는 그를 대리하는 기명대리인 · 용선자, 또는 용선자를 위한 또는 그를 대리하는 기명대리인 선장, 선주, 용선자 또는 대리인의 서명은 선장, 선주, 용선자 또는 대리인의 서명으로서 특정되어야 한다. 대리인의 서명은 그가 선장, 선주 또는 용선자를 위하여 또는 대리하여 서명한 것인지를 표시하여야 한다. 선주를 위하여 또는 대리하여 또는 용선자를 위하여 또는 대리하여 서명하는 대리인은 선주 또는 용선자의 명칭을 표시하여야 한다. ⅱ. 물품이 신용장에 기재된 선적항에서 기명된 선박에 본선적재되었다는 것을 다음의 방법으로 표시하여야 한다. · 미리 인쇄된 문구 또는 · 물품이 본선적재된 일자를 표시하는 본선적재 표기

The date of issuance of the charter party bill of lading will be deemed to be the date of shipment unless the charter party bill of lading contains an on board notation indicating the date of shipment, in which case the date stated in the on board notation will be deemed to be the date of shipment. iii. indicate shipment from the port of loading to the port of discharge stated in the credit. The port of discharge may also be shown as a range of ports or a geographical area, as stated in the credit. iv. be the sole original charter party bill of lading or, if issued in more than one original, be the full set as indicated on the charter party bill of lading. b. A bank will not examine charter party contracts, even if they are required to be presented by the terms of the credit.	용선계약부 선하증권이 선적일자를 표시하는 본선적재표기를 하지 않은 경우에는 용선계약부 선하증권의 발행일을 선적일로 본다. 용선계약부 선하증권에 본선적재표기가 된 경우에는 본선적재표기에 기재된 일자를 선적일로 본다. iii. 신용장에 기재된 선적항으로부터 하역항까지의 선적을 표시하여야 한다. 하역항은 또한 신용장에 기재된 바에 따라 일정 범위의 항구들 또는 지리적 지역으로 표시될 수 있다. iv. 유일한 용선계약부 선하증권 원본이거나 또는 원본이 한 통을 초과하여 발행되는 경우 용선계약부 선하증권에 표시된 전통(full set)이어야 한다. b. 비록 신용장의 조건이 용선계약의 제시를 요구하더라도 은행은 용선계약을 심사하지 않는다.

13) 보험서류와 부보범위

〈표 6-16〉 보험서류와 부보범위

[Article 28] Insurance Document and Coverage	[제28조] 보험서류와 부보범위
a. An insurance document, such as an insurance policy, an insurance certificate or a declaration under an open cover, must appear to be issued and signed by an insurance company, an underwriter or their agents or their proxies. Any signature by an agent or proxy must indicate whether the agent or proxy has signed for or on behalf of the insurance company or underwriter. b. When the insurance document indicates that it has been issued in more than one original, all originals must be presented. c. Cover notes will not be accepted. d. An insurance policy is acceptable in lieu of an insurance certificate or a declaration under an open cover. e. The date of the insurance document must be no later than the date of shipment, unless it appears from the insurance document that the cover is	a. 보험증권, 보험증서 또는 포괄보험에서의 확인서와 같은 보험서류는 보험회사, 보험인수인 또는 그들의 대리인 또는 수탁인(proxies)에 의하여 발행되고 서명 된 것으로 보여야 한다.대리인 또는 수탁인에 의한 서명은 보험회사 또는 보험중개인을 대리하여 서명했는지의 여부를 표시하여야 한다. b. 보험서류가 한 통을 초과한 원본으로 발행되었다고 표시하는 경우, 모든 원본 서류가 제시되어야 한다. c. 잠정적 보험영수증(cover notes)은 수리되지 않는다. d. 보험증권은 보험증서나 포괄보험의 확인서를 대신하여 수리 가능하다. e. 보험서류의 일자는 선적일보다 늦어서는 안된다. 다만 보험서류에서 부보가 최소한 선적일자 이전에 효력이 발생함을 나타내고 있는 경우에는 그러하지 아니하다.

effective from a date not later than the date of shipment.()	
f. –	f. –
i. The insurance document must indicate the amount of insurance coverage and be in the same currency as the credit.	i. 보험서류는 부보금액을 표시하여야 하고 신용장과 동일한 통화로 표시되어야 한다.
ii. A requirement in the credit for insurance coverage to be for a percentage of the value of the goods, of the invoice value or similar is deemed to be the minimum amount of coverage required. If there is no indication in the credit of the insurance coverage required, the amount of insurance coverage must be at least 110% of the CIF or CIP value of the goods. When the CIF or CIP value cannot be determined from the documents, the amount of insurance coverage must be calculated on the basis of the amount for which honour or negotiation is requested or the gross value of the goods as shown on the invoice, whichever is greater.	ii. 신용장에 부보금액이 물품의 가액, 송장가액 또는 그와 유사한 가액에 대한 백분율로 표시되어야 한다는 요건이 있는 경우, 이는 요구되는 부보금액의 최소한으로 본다. 신용장에 부보 범위에 부보금액에 대한 명시가 없는 경우, 부보금액은 최소한 물품의 CIF 또는 CIP 가액의 110%가 되어야 한다. 서류로부터 CIF 또는 CIP 가액을 결정할 수 없는 경우, 부보금액의 범위는 요구된 결제(honor) 또는 매입 금액 또는 송장에 나타난 물품에 대한 총가액 중 더 큰 금액을 기준으로 산출되어야 한다.
iii. The insurance document must indicate that risks are covered at least between the place of taking in charge or shipment and the place of discharge or final destination as stated in the credit.	iii. 보험서류는 최소한 신용장에 명시된 수탁지 또는 선적지로부터 양륙지 또는 최종 목적지 사이에 발생하는 위험에 대하여 부보가 되는 것이어야 한다.
g. A credit should state the type of insurance required and, if any, the additional risks to be covered. An insurance document will be accepted without regard to any risks that are not covered if the credit uses imprecise terms such as "usual risks" or "customary risks".	g. 신용장은 요구되는 보험의 종류를 명시하여야 하고, 부보되어야 할 추가 위험이 있다면 그것도 명시하여야 한다. 만일 신용장이 "통상의 위험" 또는 "관습적인 위험" 과 같이 부정확한 용어를 사용하는 경우 보험서류는 특정위험을 부보하지 않는지 여부와 관계없이 수리된다.
h. When a credit requires insurance against "all risks" and an insurance document is presented containing any "all risks" notation or clause, whether or not bearing the heading "all risks", the insurance document will be accepted without regard to any risks stated to be excluded.	h. 신용장이 "전위험(all risks)"에 대한 부보를 요구하는 경우, 어떠한 "전위험(all risks)" 표시 또는 문구를 포함하는 보험서류가 제시되는 때에는, 제목에 "전위험(all risks)"이 포함되는가에 관계없이, 또한 어떠한 위험이 제외된다고 기재하는가에 관계없이 수리된다.
i. An insurance document may contain reference to any exclusion clause.	i. 보험서류는 어떠한 제외문구(exclusion clause)에 대한 언급을 포함할 수 있다.
j. An insurance document may indicate that the cover is subject to a franchise or excess (deductible).	j. 보험서류는 부보범위가 일정한도 본인부담이라는 조건 또는 일정한도 이상 보상 조건(a franchise or excess) (일정액 공제제도, deductible)의 적용을 받고 있음을 표시할 수 있다.

14) 분할청구 또는 분할선적

〈표 6-17〉 분할청구 또는 분할선적

[Article 31] Partial Drawings or Shipments	[제31조] 분할청구 또는 분할선적
a. Partial drawings or shipments are allowed. b. A presentation consisting of more than one set of transport documents evidencing shipment commencing on the same means of conveyance and for the same journey, provided they indicate the same destination, will not be regarded as covering a partial shipment, even if they indicate different dates of shipment or different ports of loading, places of taking in charge or dispatch. If the presentation consists of more than one set of transport documents, the latest date of shipment as evidenced on any of the sets of transport documents will be regarded as the date of shipment. A presentation consisting of one or more sets of transport documents evidencing shipment on more than one means of conveyance within the same mode of transport will be regarded as covering a partial shipment, even if the means of conveyance leave on the same day for the same destination. c. A presentation consisting of more than one courier receipt, post receipt or certificate of posting will not be regarded as a partial shipment if the courier receipts, post receipts or certificates of posting appear to have been stamped or signed by the same courier or postal service at the same place and date and for the same destination.	a. 분할청구 또는 분할선적은 허용된다. b. 같은 운송수단에서 개시되고 같은 운송구간을 위한 선적을 증명하는 두 세트 이상의 운송서류로 이루어진 제시는, 그 운송서류가 같은 목적지를 표시하고 있는 한 비록 다른 선적일자 또는 다른 선적항, 수탁지 또는 발송지를 표시하더라도 분할선적으로 보지 않는다. 제시가 두 세트 이상의 운송서류로 이루어지는 경우 어느 운송서류에 의하여 증명되는 가장 늦은 선적일를 선적일로 본다. 같은 운송방법 내에서 둘 이상의 운송수단상의 선적을 증명하는 하나 또는 둘 이상의 세트의 운송서류로 이루어진 제시는, 비록 운송수단들이 같은 날짜에 같은 목적지로 향하더라도 분할선적으로 본다. c. 둘 이상의 특송배달영수증, 우편영수증 또는 우송확인서로 이루어진 제시는 만일 특송배달영수증, 우편영수증 또는 우송확인서가 같은 특송배달용역 또는 우체국에 의하여 같은 장소, 같은 날짜 그리고 같은 목적지로 스탬프가 찍히거나 서명된 것으로 보이는 경우에는 분할선적으로 보지 않는다.

15) 할부청구 또는 할부선적

〈표 6-18〉 할부청구 또는 할부선적

[Article 32] Instalment Drawings or Shipments	[제32조] 할부청구 또는 할부선적
If a drawing or shipment by instalments within given periods is stipulated in the credit and any instalment is not drawn or shipped within the period allowed for that instalment, the credit ceases to be available for that and any subsequent instalment.	신용장에서 할부청구 또는 할부선적이 일정한 기간 내에 이루어지도록 명시된 경우 동 할부 거래를 위하여 배정된 기간 내에 할부청구나 할부선적이 이루어지지 않으면 동 신용장은 해당 할부 부분과 향후 할부 부분에 대하여 더 이상 이용될 수 없다.

(1) 환적(transshipment)

물품운송 도중에 다른 선박(운송수단)에 옮겨 적재하는 것을 의미한다. 물품은 환적과정에서 멸실 또는 손상될 우려가 많기 때문에 환적을 금지하는 약정을 하는 것이 일반적이다. 특히 'direct steamer by customary route' 등으로 직항선적(diret shipment)을 약정한 경우에는 환적이 금지된다.

(2) 선적(shipping)

선적은 단지 선박, 즉 본선에의 적재(loading on board)만을 의미하지 않고, 인도를 위한 항공기나 철도 등을 포함한 모든 운송수단을 포함한다. 즉 본선적재, 발송(dispatch), 인수(accepted for carriage), 우편수령일(date of post receipt), 접수일(date of pick up) 또는 이와 유사한 표현 및 복합운송을 허용하는 경우, 운송인의 수탁(taling in charge) 등을 포괄하는 개념이다. 따라서 해상화물을 선박에 적재하는 행위뿐만 아니라, 계약 물품의 도로, 철도, 항공, 우편, 속달, 복합운송 등이 이루어지고 물품을 운송인에게 인도(적재)하는 행위를 총칭하는 개념으로 확장한다.

참고로 신용장 통일규칙 UCP 500의 제46조 a항은 선적기일을 표시하는데 사용되는 "shipment(선적)"이라는 표현은 "loading on board(본석적재)", "dispatch(발송)", "accepted for carriage(운송을 위한 인수)", "date of post receipt(우편수취일)", "date of pick- up(집하일)"과 그 밖의 유사한 표현 그리고 신용장에서 복합운송서류를 요구할 경우, "taking in charge(수탁)"과 같은 표현을 포함하는 것으로 해석한다고 정의하였다. 하지만, UCP 500에서 UCP 600으로 개정되면서 UCP 500의 46조 a항에 해당하던 선적기일에 관한 내용은 UCP 600에서 19~25조에 운송서류에 해당되는 조문들이 사용되어 선적일과 연관됨을 알 수 있어 삭제되었다. 그럼에도 무역거래에서 선적의 의미를 파악하기에는 기존의 UCP 500의 선적에 대한 정의는 큰 의미가 있다고 할 수 있다.

(3) 분할선적(partial shipment)

약정된 수량을 1회에 모두 선적할 수도 있고, 매수인의 판매계획이나 시황(market situation)에 따라 분할 또는 할부로 선적할 수도 있다. 따라서 분할선적을 허용할 경우 분할횟수, 수량 각 분할분의 선적시기 등을 계약서상에 미리 약정하는 것이 바람직하다.

(4) 할부선적(instalment shipment)

할부선적은 거래당사자 간 분할횟수와 수량, 각 분할분의 선적시기 등을 구체적으로 약정하여, 정해진 기간마다 물량을 선적하는 것으로 주로 수입자가 수입지의 상황에 따라 특정기간에 맞춰 특정수량을 수입하고자 하는 경우 사용된다. 신용장상에 기간별로 일정수량의 선적량을 명시하고 있는 경우 이를 '할부선적'이라 한다. 이는 선적량이 미리 정하여진 것이므로 단순한 분할선적과는 다르다. 이와 같이 할부선적을 요구하고 있는 신용장에 있어서는 그 할부선적분 중 어느 부분에 대하여 기간 내에 선적을 이행하지 못하면 그 선적분은 물론 그 이후의 선적분에 대해서도 무효가 되므로 상당한 주의를 기울여야 한다. 이러한 신용장을 '할부선적신용장'이라고 한다.

16) 전송과 번역에 대한 면책

〈표 6-19〉 전송과 번역에 대한 면책

[Article 35] Disclaimer on Transmission and Translation	[제35조] 전송과 번역에 대한 면책
A bank assumes no liability or responsibility for the consequences arising out of delay, loss in transit, mutilation or other errors arising in the transmission of any messages or delivery of letters or documents, when such messages, letters or documents are transmitted or sent according to the requirements stated in the credit, or when the bank may have taken the initiative in the choice of the delivery service in the absence of such instructions in the credit. If a nominated bank determines that a presentation is complying and forwards the documents to the issuing bank or confirming bank, whether or not the nominated bank has honoured or negotiated, an issuing bank or confirming bank must honour or negotiate, or reimburse that nominated bank, even when the documents have been lost in transit between the nominated bank	신용장에 기재된 방법에 따라서 알림 말, 서신 또는 서류가 전송 또는 송부되는 때, 또는 신용장에 송달 서비스의 선택에 대한 지시 사항이 없어서 은행이 자체적인 판단하에 선정하였을 때, 알림 말의 전송 또는 서신이나 서류의 송부 과정에서 일어나는 지연, 전달 도중의 분실, 훼손 또는 다른 실수로 발생하는 결과에 대하여 은행은 어떠한 책임도 지지 않는다. 지정은행이 제시가 신용장 조건에 일치한다고 판단한 후 서류를 개설은행 또는 확인은행에 송부한 경우, 지정은행의 결제(honour) 또는 매입 여부와 무관하게, 비록 서류가 지정은행과 개설은행 또는 확인은행 사이 또는 확인은행과 개설은행 사이의 송부 도중 분실된 경우에도 개설은행 또는 확인은행은 결제(honour) 또는 매입을 하거나, 그 지정은행에게 상환하여야 한다. 은행은 기술적인 용어의 번역 또는 해석에서의 잘못에 대하여 어떠한 책임

and the issuing bank or confirming bank, or between the confirming bank and the issuing bank. A bank assumes no liability or responsibility for errors in translation or interpretation of technical terms and may transmit credit terms without translating them.	(liability or responsibility)도 지지 않고 그러한 용어를 번역하지 않고 신용장의 조건을 전송할 수 있다.

17) 양도가능신용장(UCP600, 제38조)

양도가능신용장이란 신용장에 "양도가능"이라고 기재되어 있는 신용장을 말한다. 양도조건은 분할청구 또는 분할선적이 허용된다는 사실이 신용장에 기재되어 있어야 복수의 제2수익자에게 분할양도가 가능하다. 그리고 재양도는 금지되어 있어 한 번만 양도가 가능하기 때문에 제2수익자는 다른 자에게 재양도를 할 수 없다. 마지막으로 양도가능신용장에 표시된 조건대로 양도가 이루어져야 한다. 원칙적으로 신용장 양도는 조건변경이 불가능하지만 원신용장의 기재금액 및 단가의 감액, 유효기일/서류제시기일/선적기일의 단축, 보험가입비 증가의 사유에는 변경이 가능하다.

〈표 6-20〉 양도가능신용장

[Article 38] Transferable Credits	[제38조] 양도가능신용장
a. A bank is under no obligation to transfer a credit except to the extent and in the manner expressly consented to by that bank.	a. 은행은 자신이 명시적으로 승낙하는 범위와 방법에 의한 경우를 제외하고는 신용장을 양도할 의무가 없다.
b. For the purpose of this article: Transferable credit means a credit that specifically states it is "transferable". A transferable credit may be made available in whole or in part to another beneficiary ("second beneficiary") at the request of the beneficiary ("first beneficiary"). Transferring bank means a nominated bank that transfers the credit or, in a credit available with any bank, a bank that is specifically authorized by the issuing bank to transfer and that transfers the credit. An issuing bank may be a transferring bank. Transferred credit means a credit that has been made available by the transferring bank to a second beneficiary.	b. 이 조항에서는 다음과 같이 해석한다. 양도가능신용장이란 신용장 자체가 "양도가능"이라고 특정하여 기재하고 있는 신용장을 말한다. 양도가능신용장은 수익자(이하 "제1 수익자"라 한다)의 요청에 의하여 전부 또는 부분적으로 다른 수익자(이하 "제2 수익자"라 한다) 에게 이용하게 할 수 있다. 양도은행이라 함은 신용장을 양도하는 지정은행, 또는 어느 은행에서나 이용할 수 있는 신용장의 경우에는 개설은행으로부터 양도할 수 있는 권한을 특정하여 받아 신용장을 양도하는 은행을 말한다. 개설은행은 양도은행이 될 수 있다. 양도된 신용장이라 함은 양도은행이 제2 수익자가 이용할 수 있도록 한 신용장을 말한다.
c. Unless otherwise agreed at the time of transfer,	c. 양도시에 달리 합의된 경우를 제외하고, 양도

all charges (such as commissions, fees, costs or expenses) incurred in respect of a transfer must be paid by the first beneficiary.

d. A credit may be transferred in part to more than one second beneficiary provided partial drawings or shipments are allowed. A transferred credit cannot be transferred at the request of a second beneficiary to any subsequent beneficiary. The first beneficiary is not considered to be a subsequent beneficiary.

e. Any request for transfer must indicate if and under what conditions amendments may be advised to the second beneficiary. The transferred credit must clearly indicate those conditions.

f. If a credit is transferred to more than one second beneficiary, rejection of an amendment by one or more second beneficiary does not invalidate the acceptance by any other second beneficiary, with respect to which the transferred credit will be amended accordingly. For any second beneficiary that rejected the amendment, the transferred credit will remain unamended.

g. The transferred credit must accurately reflect the terms and conditions of the credit, including confirmation, if any, with the exception of: – the amount of the credit, – any unit price stated therein, – the expiry date, – the period for presentation, or – the latest shipment date or given period for shipment, any or all of which may be reduced or curtailed. The percentage for which insurance cover must be effected may be increased to provide the amount of cover stipulated in the credit or these articles. The name of the first beneficiary may be substituted for that of the applicant in the credit. If the name of the applicant is specifically required by the credit to appear in any document other than the invoice, such requirement must be reflected in the transferred credit.

h. The first beneficiary has the right to substitute its own invoice and draft, if any, for those of a second beneficiary for an amount not in excess of that stipulated in the credit, and upon such substitution the first beneficiary can draw under

와 관련하여 발생한 모든 수수료(요금, 보수, 경비 또는 비용 등)는 제1 수익자가 지급해야 한다.

d. 분할청구 또는 분할선적이 허용되는 경우에 신용장은 두 사람 이상의 제2 수익자에게 분할양도될 수 있다. 양도된 신용장은 제2 수익자의 요청에 의하여 그 다음 수익자에게 양도될 수 없다. 제1 수익자는 그 다음 수익자로 간주되지 않는다.

e. 모든 양도 요청은 제2 수익자에게 조건변경을 통지하여야 하는지 여부와 그리고 어떠한 조건 하에서 조건변경을 통지하여야 하는지 여부를 표시하여야 한다. 양도된 신용장은 그러한 조건을 명확하게 표시하여야 한다.

f. 신용장이 두 사람 이상의 제2 수익자에게 양도되면, 하나 또는 둘 이상의 수익자가 조건변경을 거부하더라도 다른 제2 수익자의 수락은 무효가 되지 않으며, 양도된 신용장은 그에 따라 변경된다. 조건변경을 거부한 제2 수익자에 대하여는 양도된 신용장은 변경 되지 않은 상태로 남는다.

g. 양도된 신용장은 만일 있는 경우 확인을 포함하여 신용장의 조건을 정확히 반영하여야 한다. 다만 다음은 예외로 한다. –신용장의 금액 –그곳에 기재된 단가 –유효기일 –제시기간 또는 –최종선적일 또는 주어진 선적기간 위의 내용은 일부 또는 전부 감액되거나 단축될 수 있다. 부보되어야 하는 백분율은 신용장 또는 이 규칙에서 명시된 부보금액을 규정하기 위하여 높일 수 있다. 신용장의 개설의뢰인의 이름을 제1 수익자의 이름으로 대체할 수 있다. 만일 신용장이 송장을 제외한 다른 서류에 개설의뢰인의 이름이 보일 것을 특정하여 요구하는 경우, 그러한 요건은 양도된 신용장에도 반영되어야 한다.

h. 제1 수익자는 신용장에서 명시된 금액을 초과하지 않는 한 만일 있다면 자신의 송장과 환어음을 제2 수익자의 그것과 대체할 권리를 가지고, 그러한 대체를 하는 경우 제1 수익자는 만일 있다면 자신의 송장과 제2 수익자의 송장과의 차액에 대하여 신용장 하에서 청구할 수 있다.

i. 제1 수익자가 만일 있다면 자신의 송장과 환어음을 제시하려고 하였으나 첫번째 요구에서 그

the credit for the difference, if any, between its invoice and the invoice of a second beneficiary.	렇게 하지 못한 경우 또는 제1 수익자가 제시한 송장이 제2 수익자가 제시한 서류에서는 없었던 하자를 발생시키고 제1 수익자가 첫번째 요구에서 이를 정정하지 못한 경우, 양도은행은 제1 수익자에 대하여 더 이상의 책임이 없이 제2 수익자로부터 받은 그대로 서류를 개설은행에게 제시할 권리를 갖는다.
i. If the first beneficiary is to present its own invoice and draft, if any, but fails to do so on first demand, or if the invoices presented by the first beneficiary create discrepancies that did not exist in the presentation made by the second beneficiary and the first beneficiary fails to correct them on first demand, the transferring bank has the right to present the documents as received from the second beneficiary to the issuing bank, without further responsibility to the first beneficiary.	j. 제1 수익자는 양도 요청에서, 신용장이 양도된 장소에서 신용장의 유효기일 이전에 제2 수익자에게 결제 또는 매입이 이루어져야 한다는 것을 표시할 수 있다. 이는 제38조 (h)항에 따른 제1 수익자의 권리에 영향을 미치지 않는다.
j. The first beneficiary may, in its request for transfer, indicate that honour or negotiation is to be effected to a second beneficiary at the place to which the credit has been transferred, up to and including the expiry date of the credit. This is without prejudice to the right of the first beneficiary in accordance with sub-article 38 (h).	k. 제2 수익자에 의한 또는 그를 위한 제시는 양도은행에 대하여 이루어져야 한다.
k. Presentation of documents by or on behalf of a second beneficiary must be made to the transferring bank.	

실전문제

01. Which is right under the following passage under Letter of Credit transaction?

Where a credit calls for insurance certificate, insurance policy is presented.

① Insurance policy shall accompany a copy of insurance certificate.
② Insurance certificate shall only be presented.
③ Insurance policy can be accepted.
④ Insurance certificate shall accompany a copy of insurance policy.

해석

01. Which is right under the following passage under Letter of Credit transaction? (신용장 거래에 있어 아래의 구절에 알맞은 것은 무엇입니까?)

Where a credit calls for insurance certificate, insurance policy is presented. (신용장에서 보험증명서를 요청할 때, 보험증권이 제시된 경우)

① Insurance policy shall accompany a copy of insurance certificate. (보험증명서 사본은 보험증권에 첨부되어야 한다.)
② Insurance certificate shall only be presented. (보험증명서만 제시하여야 한다.)
③ Insurance policy can be accepted. (보험증권은 수리될 수 있다.)
④ Insurance certificate shall accompany a copy of insurance policy. (보험증권 사본은 보험증명서에 첨부되어야 한다.)

정답 ③

- UCP 600에서 보험증권은 보험증서나 포괄보험의 확인서를 대신하여 수리 가능하다.

02. Select the right words in the blanks (A)~(D) under transferable L/C operation.

((A)) means a nominated bank that transfers the credit or, in a credit available with any bank, a bank that is specifically authorized by ((B)) to transfer and that transfers the credit. ((C)) may be ((D)).

① (A)Transferring bank - (B)the issuing bank - (C)An issuing bank - (D)a transferring bank
② (A)Transferring bank - (B)the negotiating bank - (C)A negotiating bank - (D)a transferring bank

③ (A)Issuing bank - (B)the transferring bank - (C)A negotiating bank - (D)an Issuing bank
④ (A)Advising bank - (B)the issuing bank - (C)A negotiating bank - (D)a transferring bank

해석

02. Select the right words in the blanks (A)~(D) under transferable L/C operation. (양도가능신용장 업무의 빈칸(A)~(D)에서 알맞은 단어를 선택하시오.)

((A)Transferring bank) means a nominated bank that transfers the credit or, in a credit available with any bank, a bank that is specifically authorized by ((B)the issuing bank) to transfer and that transfers the credit. ((C)An issuing bank) may be ((D)a transferring bank). (양도은행이라 함은 신용장을 양도하는 지정은행, 또는 어느 은행에서나 이용할 수 있는 신용장의 경우에는 개설은행으로부터 양도할 수 있는 권한을 특정하여 받아 신용장을 양도하는 은행을 말한다. 개설은행은 양도은행이 될 수 있다.)

① (A)Transferring bank - (B)the issuing bank - (C)An issuing bank - (D)a transferring bank
② (A)Transferring bank - (B)the negotiating bank - (C)A negotiating bank - (D)a transferring bank
③ (A)Issuing bank - (B)the transferring bank - (C)A negotiating bank - (D)an Issuing bank
④ (A)Advising bank - (B)the issuing bank - (C)A negotiating bank - (D)a transferring bank

정답 ①

- 양도가능신용장에 대한 설명으로 UCP 600의 제38조에서 정의하고 있는 양도가능신용장에 대한 설명이다. 이외 발행은행(issuing bank), 매입은행(negotiating bank), 통지은행(advising bank) 등이 답안으로 제시되고 있는데, 이는 신용장 대금결제 프로세스에서 나오는 절차에 따른 은행의 명칭이다.

03. Select the wrong explanation of definitions under the UCP 600.

① Advising bank means the bank that advises the credit at the request of the issuing bank.
② Applicant means the party on whose request the credit is issued.
③ Beneficiary means the party in whose favour a credit is issued.
④ Honour means to incur a deferred payment undertaking and pay at maturity if the credit is available by sight payment.

해석

03. Select the wrong explanation of definitions under the UCP 600. (UCP 600에서 정의된 것들 중에 잘못된 설명을 선택하시오.)

① Advising bank means the bank that advises the credit at the request of the issuing bank. (통지은행은 발행은행의 요청에 따라 신용을 통지하는 은행을 말한다.)
② Applicant means the party on whose request the credit is issued. (신청자는 신용장을 발급받은 당사자를 말한다.)
③ Beneficiary means the party in whose favour a credit is issued. (수익자는 신용이 발행된 당사자를 말한다.)
④ Honour means to incur a deferred payment undertaking and pay at maturity if the credit is available by sight payment. (지급이행은 일시불로 지급이 가능한 경우 후불 계약을 체결하고 만기에 지불하는 것을 의미한다.)

정답 ④

• 보기4번에서 설명하는 지급이행은 연지급(deferred payment)지만, 이에 대한 설명은 일람지급(sight payment)이다. 따라서 UCP 600 제2조 정의에서 기술하고 있는 결제(honour)에 따르면 sight payment를 deferred로 변경해야 옳은 표현이 된다.

04. Under the UCP 600, which of the below shipments will be honoured on presentation?

A documentary credit for USD 160,000 calls for instalment ships of fertilizer in February, March, April and May. Each shipment is to be for about 500 tonnes. Shipments were effected as follows: a. 450 tonnes sent 24 February for value USD 36,000. b. 550 tonnes sent 12 April for value USD 44,000. c. 460 tonnes sent 30 April for value USD 36,800. d. 550 tonnes sent 01 June for value USD 44,000.

① a only
② a and b only
③ a, b, and c only
④ none

해석

04. Under the UCP 600, which of the below shipments will be honoured on presentation? (UCP600의 조항에 따르면, 아래에 제시된 선적들 중 어떤 경우에 지급이 이루어지는가?)

A documentary credit for USD 160,000 calls for instalment ships of fertilizer in February, March, April and May. (16만 달러짜리 화환신용장은 2월, 3월, 4월, 5월 동안 비료의 할부선적을 요구한다.) Each shipment is to be for about 500 tonnes. (각각 선적은 500톤씩 이루어질 것이다.)
Shipments were effected as follows: (선적들은 다음과 같다.)
a. 450 tonnes sent 24 February for value USD 36,000. (a. 3,6,000 달러 상당의 450톤을 2월 24일에 선적)
b. 550 tonnes sent 12 April for value USD 44,000. (b. 44,000 달러 상당의 550톤을 4월 12일에 선적)
c. 460 tonnes sent 30 April for value USD 36,800. (c. 36,000 달러 상당의 460톤을 4월 30일에 선적)
d. 550 tonnes sent 04 June for value USD 44,000. (d. 44,000 달러 상당의 550톤을 6월 4일에 선적)

① a only
② a and b only
③ a, b, and c only
④ none

정답 ①

• 위 지문은 할부선적에 관한 내용이다. 할부선적이란 계약 당시 정해둔 양과 기간에 맞추어 나눠 선적하는 것을 말하며 위 계약을 어길 시 그 순간부터 위반으로 간주하고 계약이 취소되는 선적이다. 지문을 살펴보면 'a. 450 tonnes sent 24 February for value USD 36,000.' 까지는 2월에 500톤 상당을 보내서 계약을 이행한 것이지만 다음 지문인 'b. 550 tonnes sent 12 April for value USD 44,000.'의 경우 계약과 다르게 3월이 아닌 4월에 보낸다는 내용이다. 그러므로 계약의 이행은 a 까지만 이루어지게 되고 정답은 '① a only'가 되는 것이다.

05. Select the best answer suitable for the blank.

( ) letter of credit states : "Credit available with any bank, by negotiation for payment of beneficiary's draft at sight. The L/C is subject to UCP600".

① Irrevocable Open
② Revocable Open
③ Irrevocable Special
④ Revocable Special

해석

05. Select the best answer suitable for the blank. (빈칸에 알맞은 정답을 고르시오.)

(　　　　) letter of credit states : "Credit available with any bank, by negotiation for payment of beneficiary's draft at sight. The L/C is subject to UCP600".
(　　　　)신용장 형태 : "수익자의 어음 지불을 위한 협상에 의해 모든 은행에서 사용할 수 있는 신용장. 신용장은 UCP600에 따릅니다."

① Irrevocable Open (취소불능 매입은행 무지정 신용장)
② Revocable Open (취소가능 매입은행 무지정 신용장)
③ Irrevocable Special (취소불능 매입은행 특정 신용장)
④ Revocable Special (취소가능 매입은행 특정 신용장)

정답 ①

- UCP에는 irrevocable L/C만 언급되어있다. open은 어떤 은행에서든 결제 가능하다는 뜻 ↔ special : 특정 (은행)
- restricted credit = special credit : 개설은행이 지정한 은행에서 최종 매입이 이루어져야 한다.
- open credit = general credit : 수출자가 마음대로 매입은행을 정한다.

06. A credit requires an 'invoice' without further definition. Which of the following MUST be considered to be a discrepancy under UCP600?

A commercial invoice:
A. that appears to have been issued by the beneficiary.
B. that is made out in the name of the applicant.
C. that is made out in the different currency as the credit.
D. for which the beneficiary did not sign.

① A only
② A+B only
③ C only
④ D only

해석

06. A credit requires an 'invoice' without further definition. Which of the following MUST be considered to be a discrepancy under UCP600? (신용장에는 추가적 정의 없이 '송장'을 요구한다. 다음 중 UCP600에 따른 불일치로 간주해야 하는 것은 무엇인가?)

A commercial invoice: (상업송장:)
A. that appears to have been issued by the beneficiary. (수익자가 발행한 것으로 여겨지는 것)

B. that is made out in the name of the applicant. (개설의뢰인 이름으로 작성된 것)
C. that is made out in the different currency as the credit. (다른 통화로 작성된 신용장)
D. for which the beneficiary did not sign. (수익자가 서명하지 않은 것)

① A only
② A+B only
③ C only
④ D only

정답 ③

• UCP 600 18조 상업송장 a.항에서 iii. must be made out in the same currency as the credit에 다르면 상업송장은 반드시 신용장과 동일한 통화로 발행되어야 한다. 따라서 C. that is made out in the different currency as the credit. 다른 통화로 작성된 신용장은 UCP600에 따른 불일치에 해당한다.

07. Select the wrong explanation of negotiation under UCP 600.

(A) Negotiation means the purchase by the nominated bank of drafts(drawn on a bank other than the nominated bank) (B) and/or documents under a complying presentation, (C) by advancing or agreeing to advance funds to the beneficiary (D) on or before the banking day on which reimbursement is due to the issuing bank.

① (A) ② (B) ③ (C) ④ (D)

해석

07. Select the wrong explanation of negotiation under UCP 600. (UCP 600에 의거하여 협상에서 잘못된 설명을 고르시오.)

(A) Negotiation means the purchase by the nominated bank of drafts(drawn on a bank other than the nominated bank) (매입이란 (지정은행을 제외한 은행을 지급인으로 하여 발행된) 환어음/또는 서류를 구매하는 것을 말한다.) (B) and/or documents under a complying presentation, (그리고/또는 서류의 지정은행에 의한) (C) by advancing or agreeing to advance funds to the beneficiary (수익자에게 대금을 선지급하거나 선지급에 동의함으로써) (D) on or before the banking day on which reimbursement is due to the issuing bank. (발행은행에 상환예정인 은행영업일 또는 그 이전에)

① (A) ② (B) ③ (C) ④ (D)

정답 ④

• on or before the banking day on which reimbursement is due to the issuing bank → on or before the banking day on which reimbursement is due to the nominated ban. 매입이라 함은 상환이 지정은행에 행해져야 할 은행영업일에 또는 그 이전에 수익자에게 대금을 선지급하거나 또는 선지급하기로 약정하는 것이다. 그러므로 발행은행인 issuing bank가 아닌 지정은행인 nominated bank가 되어야 한다.

- Negotiation means the purchase by the nominated bank of drafts (drawn on a bank other than the nominated bank) and/or documents under a complying presentation, by advancing or agreeing to advance funds to the beneficiary on or before the banking day on which reimbursement is due to the nominated bank. 매입이라 함은 상환이 지정은행에 행해져야 할 은행영업일에 또는 그 이전에 수익자에게 대금을 선지급하거나 또는 선지급하기로 약정함으로써, 일치하는 제시에 따른 환어음(지정은행이 아닌 은행을 지급인으로 하여 발행된) 및 /또는 서류의 지정은행에 의한 구매를 말함.
- 발행은행(Issuing bank) : Issuing bank means the bank the issues a credit at the request of an applicant of on its own behalf. 발행은행이라 함은 발행의뢰인의 요청에 따르거나 또는 그 자신을 위하여 신용장을 발행하는 은행을 말한다.
- 지정은행(Nominated bank) : Nominated bank means the bank with which the credit is available or any bank in the case of a credit available with any bank. 지정은행이라 함은 신용장이 사용될 수 있는 은행을 말한다. 또는 모든 은행에서 사용될 수 있는 신용장의 경우에는 모든 은행을 말한다.

08. Select the wrong explanation of credit under UCP 600.

(A) Credit means any arrangement, (B) however named or described, (C) that is irrevocable or revocable and thereby constitutes a definite undertaking of (D) the issuing bank to honour a complying presentation.

① (A) ② (B) ③ (C) ④ (D)

해석

08. Select the wrong explanation of credit under UCP 600. (UCP 600속의 신용장에 대한 잘못된 설명을 선택하시오.)

(A) Credit means any arrangement, (B) however named or described, (C) that is irrevocable or revocable and thereby constitutes a definite undertaking of (D) the issuing bank to honour a complying presentation. (신용장(Credit)은 그 명칭과 상관없이 개설 은행이 일치하는 제시에 대하여 결제(honour)하겠다는 확약으로서 취소 불가능하거나 취소 가능한 한 모든 약정을 의미한다.)

① (A) ② (B) ③ (C) ④ (D)

정답 ③

- 본 문제의 지문은 UCP 600이 조항 중에서 제2조 Definitions 내용 중에서 신용장의 정의에 관해 서술한 문장을 인용하였다. UCP 600의 제2조 신용장에 관한 정의에 따르면, 신용장을

'그 명칭과 상관없이 개설 은행이 일치하는 제시에 대하여 결제하겠다는 확약으로서 취소 불가능하거나 취소 가능한 한 모든 약정'이라고 서술한 지문과 다르게 '신용장은 취소가 불가능하다'고 서술하고 있다. 취소가능 신용장을 인정하였던 UCP 500(제 8조)와는 달리 UCP 600에서는 신용장은 취소 불능임을 원칙으로 하고 있다.

- Credit means any arrangement, however named or described, that is irrevocable and thereby constitutes a definite undertaking of the issuing bank to honour a complying presentation. 신용장(Credit)은 그 명칭과 상관없이 개설은행이 일치하는 제시에 대해 결제하겠다는 확약으로서 취소가 불가능한 모든 약정이다.

09. Under UCP600, what is NOT an appropriate statement for the amendments of Letter of Credit?

① A credit can neither be amended nor cancelled without the agreement of Seller, Buyer and issuing bank.

② The terms and conditions of the original credit will remain in force for Seller until Seller communicates its acceptance of the amendment.

③ If Seller fails to give notification of acceptance or rejection of an amendment, a presentation that complies with any not yet accepted amendment will be deemed to be notification of acceptance of such amendment.

④ Partial acceptance of an amendment is not allowed and will be deemed to be notification of rejection of the amendment.

해석

09. Under UCP600, what is NOT an appropriate statement for the amendments of Letter of Credit? (UCP600에 따라 신용장 수정에 적합한 문구가 아닌 것은?)

① A credit can neither be amended nor cancelled without the agreement of Seller, Buyer and issuing bank. (판매자, 구매자 및 발행 은행의 동의 없이 신용장을 수정하거나 취소할 수 없습니다.)

② The terms and conditions of the original credit will remain in force for Seller until Seller communicates its acceptance of the amendment. (원신용장의 조건은 판매자가 수정안의 수용을 통보할 때까지 판매자에게 유효합니다.)

③ If Seller fails to give notification of acceptance or rejection of an amendment, a presentation that complies with any not yet accepted amendment will be deemed to be notification of acceptance of such amendment. (판매인이 수정안의 수락 또는 거절 통보를 하지 않는 경우, 아직 승인되지 않은 수정안을 준수하는 프레젠테이션은 해당 수정안의 수락 통지로 간주됩니다.)

④ Partial acceptance of an amendment is not allowed and will be deemed to be notification of rejection of the amendment. (수정안을 부분적으로 수용하는 것은 허용되지 않으며 수정안에 대한 거부 통지로 간주될 것이다.)

정답 ①

- A credit can neither be amended nor cancelled without the agreement of Seller, Buyer and issuing bank. 판매자, 구매자 및 발행 은행의 동의 없이 신용을 수정하거나 취소할 수 없습니다.
- UCP600 10조의 a절을 보면 '제38조에서 규정한 경우를 제외하고 신용장은 개설은행, 확인은행이 있는 경우에는 그 확인은행, 그리고 수익자의 동의가 없이는 조건변경되거나 취소될 수 없다.' 라고 나와있습니다.
- 문제에서 'Seller(판매자)'는 'Beneficiary(수익자)'가 됩니다. 하지만 UCP600 10조 a절에서 'Buyer(구매자)'는 확인할 수 없습니다. 대신, 'Confirming bank(확인은행)(if there is)'가 추가되어야 합니다.

10. Select the one which fits the blanks under the UCP600.

> A nominated bank acting on its nomination, a confirming bank, if any, or the issuing bank may accept a commercial invoice issued for an amount ( ), and its decision will be binding upon all parties, provided the bank in question has not honoured or negotiated for an amount ( ).

① in excess of the amount permitted by the credit - less than that permitted by the credit

② less than the amount permitted by the credit - less than that permitted by the credit

③ less than the amount permitted by the credit – in excess of that permitted by the credit

④ in excess of the amount permitted by the credit - in excess of that permitted by the credit

해석

10. Select the one which fits the blanks under the UCP600. (UCP600에 의해 빈칸에 들어갈 것으로 올바른 것을 고르시오.)

> A nominated bank acting on its nomination, a confirming bank, if any, or the issuing bank may accept a commercial invoice issued for an amount (in excess of the amount permitted by the credit), and its decision will be binding upon all parties, provided the bank in question has not honoured or negotiated for an amount (in excess of that permitted by the credit). (지정에 따라 행동하는 지정은행,

확인은행이 있는 경우의 확인은행 또는 개설은행은 신용장에서 허용된 금액을 초과하여 발행된 상업송장을 수리할 수 있고, 이러한 결정은, 문제된 은행이 신용장에서 허용된 금액을 초과한 금액을 결제 또는 매입하지 않았던 경우에 한하여, 모든 당사자를 구속한다.)

① in excess of the amount permitted by the credit (신용장에서 허용된 금액을 초과하여) - less than that permitted by the credit (신용장이 허용하는 한도 미만)
② less than the amount permitted by the credit (신용장이 허용하는 금액 미만) - less than that permitted by the credit (신용장이 허용하는 한도 미만)
③ less than the amount permitted by the credit (신용장이 허용하는 금액 미만) – in excess of that permitted by the credit (신용장에서 허용하는 한도를 초과하여)
④ in excess of the amount permitted by the credit (신용장에서 허용된 금액을 초과하여) - in excess of that permitted by the credit (신용장에서 허용하는 한도를 초과하여)

정답 ④

- UCP600 제18조 상업송장에 관한 내용으로 빈칸에 들어갈 말로 옳은 것은 in excess of the amount permitted by the credit (신용장에서 허용된 금액을 초과하여) – in excess of that permitted by the credit (신용장에서 허용하는 한도를 초과하여)가 정답이다.

11. Choose the most appropriate term to complete the sentence under UCP600.

The description of the goods in the ( ) must correspond with the description in the credit, and the ( ) must be made out in the name of the Applicant.

① bill of lading
② commercial invoice
③ sea waybill
④ bill of exchange

해석

11. Choose the most appropriate term to complete the sentence under UCP600. (UCP600에 근거하여 문장이 완성되기에 가장 적합한 것을 고르시오.)

The description of the goods in the (commercial invoice) must correspond with the description in the credit, and the (commercial invoice) must be made out in the name of the Applicant. (상품명세는 (상업송장)에 기재되는 신용장과 일치해야 하며, 그리고 (상업송장은) 개설인의 이름으로 작성되어야 한다.)

① bill of lading (선하증권)

② commercial invoice (상업송장)

③ sea waybill (해상화물운송장)

④ bill of exchange (환어음)

정답 ②

• 상업송장에 기재되는 상품명세는 신용장과 일치해야하며, 상업송장은 개설의뢰인의 이름으로 작성된다. 따라서 빈칸에 들어갈 단어로 적합한 것은 상업송장(commercial invoice)이다.

• UCP 600 제18조 상업송장의 (a. ii. must be made out in the name of the applicant (except as provided in sub-article 38 (g));)에 따라 상업송장은 개설의뢰인의 이름으로 작성되어야 하고, (c. The description of the goods, services or performance in a commercial invoice must correspond with that appearing in the credit.)에 따라 상업송장에 기재되는 상품명세는 신용장과 일치해야 한다.

12. Select the wrong word in view of document examination.

When the address and contact details of (ⓐ) appear as part of (ⓑ) or (ⓒ) details, they are not to (ⓓ) with those stated in the credit.

① ⓐ the applicant

② ⓑ the consignee

③ ⓒ notify party

④ ⓓ agree

해석

12. Select the wrong word in view of document examination. (서류심사에 대한 내용으로 틀린 단어를 고르시오.)

When the address and contact details of (the applicant) appear as part of (the consignee) or (notify party) details, they are ~~not to (ⓓ) with those~~ [must be as] stated in the credit. (개설의뢰인의 주소와 세부 연락처가 대상이 되는 운송서류의 수하인과 착화통지처의 일부로서 나타날 때에는 신용장에 명시된 대로 기재되어야 한다.)

① ⓐ the applicant (신용장 개설의뢰인)

② ⓑ the consignee (수하인)

③ ⓒ notify party (착화통지처)

④ ⓓ agree (일치하다)

정답 ④

• UCP600 제 14조 서류심사기준에 대한 내용으로 agree가 아닌 must be as가 들어가야 한다.

- c. when the address and contact details of the applicant appear as part of the consignee or notify party details on a transport document subject to articles 19, 20, 21, 22, 23, 24 or 25, they must be as stated in the credit.
- c. 제19조, 제20조, 제21조, 제22조, 제23조, 제24조 또는 제25조에 따른 하나 이상의 운송서류 원본이 포함된 제시는, 이 규칙에서 정하고 있는 선적일 후 21일보다 늦지 않게 수익자에 의하거나 또는 그를 대신하여 이루어져야 하고, 어떠한 경우라도 신용장의 유효기일보다 늦게 이루어져서는 안 된다.

13. Select the wrong word in the blank.

Documents for which the UCP600 transport articles do not apply are ( ).

① Delivery Note
② Delivery Order
③ Cargo Receipt
④ Multimodal Transport Document

해석

13. Select the wrong word in the blank. (빈칸의 단어로 옳지 않은 것을 고르시오.)

Documents for which the UCP600 transport articles do not apply are ( ). (UCP600에서 운송조항이 적용되지 않는 서류는 ( )이다.

① Delivery Note (상품수령증)
② Delivery Order (화물인도지시서)
③ Cargo Receipt (화물수령증)
④ Multimodal Transport Document (복합운송서류)

정답 ④

- UCP600, 제 14조 서류심사기준에서는 제19조, 제20조, 제21조, 제22조, 제23조, 제24조 또는 제25조에 따른 하나 이상의 운송서류를 제시하라고 한다.
- [Article 19] Transport Document Covering at Least Two Different Modes of Transport – [제19조] 적어도 두 개 이상의 다른 운송방법을 포괄하는 운송서류
  - a. A transport document covering at least two different modes of transport (multimodal or combined transport document), however named, must appear to : (a. 적어도 두 개 이상의 다른 운송방법을 포괄하는 운송서류(복합운송서류)는 어떤 명칭을 사용하든 간에 다음과 같이 보여야 한다.)
- [Article 20] Bill of Lading – [제20조] 선하증권
- [Article 21] Non-Negotiable Sea Waybill – [제21조] 비유통 해상화물운송장
- [Article 22] Charter Party Bill of Lading – [제22조] 용선계약부 선하증권
- [Article 23] Air Transport Document – [제23조] 항공운송서류

- [Article 24] Road, Rail or Inland Waterway Transport Documents – [제24조] 도로, 철도 또는 내수로 운송서류
- [Article 25] Courier Receipt, Post Receipt or Certificate of Posting – [제25조] 특송배달영수증,우편영수증 또는 우편증명서
- 따라서 제19조에 해당하는 서류인 Multimodal Transport Document (복합운송서류)는 UCP600의 운송조항에 따른 적용서류가 맞다.

14. Which is best for the blank?

> Under UCP 600, terms such as “first class”, “well known”, “qualified”, “independent”, “official”, “competent” or “local” used to describe the issuer of a document allow ( ).

① any issuer including the beneficiary to issue that document.
② any issuer except the beneficiary to issue that document.
③ certain issuer in the L/C to issue that document.
④ issuer who is not known to the beneficiary to issue that document.

해석

14. Which is best for the blank? (빈칸에 들어갈 문장으로 가장 적절한 것은?)

> Under UCP 600, terms such as “first class”, “well known”, “qualified”, “independent”, “official”, “competent” or “local” used to describe the issuer of a document allow (any issuer except the beneficiary to issue that document.)
> (UCP600에서 서류의 발행인을 설명하기 위해 “일류의”, “잘 알고 있는”, “자격있는”, “독립적인”, “공식적인”, “유능한”, 또는 “현지의”와 같은 용어는 수익자를 제외한 모든 발행인이 그 서류를 발행할 수 있도록 허락한다.)

① any issuer including the beneficiary to issue that document. (수익자를 포함하여 모든 발행인이 그 서류를 발행한다.)
② any issuer except the beneficiary to issue that document. (수익자를 제외한 모든 발행인이 그 서류를 발행한다.)
③ certain issuer in the L/C to issue that document. (신용장의 특정 발행인이 그 서류를 발행한다.)
④ issuer who is not known to the beneficiary to issue that document. (수익자로 알려지지 않은 발행인이 서류를 발행한다.)

정답 ②

- Terms such as "first class", "well known", "qualified", "independent", "official", competent or "local" used to describe the issuer of a document allow any issuer except the beneficiary to issue that document.

- 서류의 발행자를 표현하기 위하여 사용되는 "first class(일류)", "well known(저명한)", "qualified(자격 있는)", "independent(독립적인)", "official(공적인)", "competent(능력 있는)" 또는 "local(현지의)"라는 용어들은 수익자를 제외하고, 해당 서류를 발행하는 모든 서류 발행자가 사용할 수 있다.

15. Select the wrong part in the following passage.

(A)Sea Waybill is a transport document for maritime shipment, which serves as prima-facie evidence of the contract of carriage (B)and as a receipt of the goods being transported, and a document of title. (C)To take delivery of the goods, presentation of the sea waybill is not required; (D)generally, the receiver is only required to identify himself, doing so can speed up processing at the port of destination.

① (A) ② (B) ③ (C) ④ (D)

해석

15. Select the wrong part in the following passage. (다음 내용에서 틀린 부분을 찾으시오.)

(A)Sea Waybill is a transport document for maritime shipment, which serves as prima-facie evidence of the contract of carriage (해상화물운송장은 해상운송을 위한 운송서류로, 운송계약의 추정적 증거의 역할을 한다.) (B)and as a receipt of the goods being transported, and a document of title. (그리고 운송된 화물의 수령증과 권리증권이다.) (C)To take delivery of the goods, presentation of the sea waybill is not required; (운송된 화물을 수취하기 위해서, 해상화물운송장의 제시는 불필요하다;) (D)generally, the receiver is only required to identify himself, doing so can speed up processing at the port of destination. (일반적으로, 수취인은 자신의 신원을 밝히면, 그렇게 함으로 목적항에서 빠르게 처리할 수 있다.)

① (A) ② (B) ③ (C) ④ (D)

정답 ②

- 해상화물운송장에 대한 설명으로 올바르지 않은 것을 찾는 문제로, 해상화물운송장은 반드시 운송인의 명칭이 표시되는 기명식으로 발행이 되어 유통성이 없다. 화물수취의 증거로 발행되는 문서로 유가증권이 아니기 때문에 물품인도의 요구가 있을 때 원본의 제시가 필요하지 않다. 단순히 화물의 수취증으로 양륙이제서 화물과 상환으로 제출되지 않는다.

16. Choose the one which has same meaning for the underlined part under UCP 600.

We intend to ship a consignment of (A) dinghies and their equipment to London at (B) the beginning of next month under the letter of credit.

① (A) boats - (B) the 1st to the 10th
② (A) yachts - (B) the 1st to the 15th
③ (A) machines - (B) the 1st to the 10th
④ (A) hull - (B) the 1st to the 15th

해석

16. Choose the one which has same meaning for the underlined part under UCP 600.

We intend to ship a consignment of (boats) dinghies and their equipment to London at (the 1st to the 10th) the beginning of next month under the letter of credit. (당사는 소형보트와 그에 따르는 장비들을 신용장에 따라 1일~10일 사이인 다음달 초에 선적할 예정입니다.)

① (A) boats - (B) the 1st to the 10th
② (A) yachts - (B) the 1st to the 15th
③ (A) machines - (B) the 1st to the 10th
④ (A) hull - (B) the 1st to the 15th

정답 ①

- 빈칸 (A) 뒤의 dinghies이라는 소형선박을 뜻하는 단어로 boats와 yachts를 선택할 수 있다.
- 빈칸 (B) 뒤의 the beginning of next month는 ucp600에서 정의하는 beginning에 의해 다음 달의 초를 의미하는 1일에서 10일이 정답이다.
- The terms "beginning", "middle" and "end" of a month shall be construed respectively as the 1st to the 10th, the 11th to the 20th and the 21st to the last day of the month, all dates inclusive.
- 어느 월의 "초(beginning)", "중(middle)", "말(end)"이라는 단어는 각 해당 월의 1일부터 10일, 11일부터 20일, 21일부터 해당 월의 마지막 날까지로 해석되며, 그 기간 중의 모든 날짜가 포함된다.

17. Which of the following is MOST appropriate in the blanks ?

If a credit prohibits partial shipments and more than one air transport document is presented covering dispatch from one or more airports of departure, such

documents are (A), provided that they cover the dispatch of goods on the same aircraft and same flight and are destined for the same airport of destination. In the event that more than one air transport document is presented incorporating different dates of shipment, (B) of these dates of shipment will be taken for the calculation of any presentation period.

① (A) unacceptable - (B) the latest
② (A) unacceptable - (B) the earliest
③ (A) acceptable - (B) the latest
④ (A) acceptable - (B) the earliest

해석

17. Which of the following is MOST appropriate in the blanks?(보기 중 빈칸에 가장 적합한 것은 무엇인가?)

If a credit prohibits partial shipments and more than one air transport document is presented covering dispatch from one or more airports of departure, such documents are (acceptable), provided that they cover the dispatch of goods on the same aircraft and same flight and are destined for the same airport of destination. (만약 신용장에서 분할선적을 금지하거나 하나 이상의 출발 공항에서, 하나 이상의 항공운송서류가 제시되면, 그것들이 같은 항공기와 같은 항공편에 대한 물품의 발송을 포함하고 같은 공항의 목적지로 향하는 경우 이 서류들이 인수된다.) In the event that more than one air transport document is presented incorporating different dates of shipment, (the latest) of these dates of shipment will be taken for the calculation of any presentation period. (선적일이 다르게 표시된 두 개이상의 항공운송서류가 제시된 경우, 선적일 중 가장 늦은 날의 선적서류를 사용하여 제시기간을 계산한다.)

① (A) unacceptable (인수불가한) - (B) the latest (가장 늦은)
② (A) unacceptable (인수불가한) - (B) the earliest (가장 이른)
③ (A) acceptable (인수되는) - (B) the latest (가장 늦은)
④ (A) acceptable (인수되는) - (B) the earliest (가장 이른)

정답 ③

• UCP600 제 31조 b.항에 따라 A presentation consisting of more than one set of transport documents evidencing shipment commencing on the same means of conveyance and for the same journey, provided they indicate the same destination, will not be regarded as covering a partial shipment, even if they indicate different dates of shipment or different ports of loading, places of taking in charge or dispatch. (같은 운송수단에서 개시되고 같은 운송구간을 위한 선적을 증명하는 두 세트 이상의 운송서류로 이루어진 제시는, 그 운송서류가 같은 목적지를 표시하고 있는 한 비록 다른 선적일자 또는 다른 선적항, 수탁지 또는 발송지

를 표시하더라도 분할선적으로 보지 않는다.) → 하나의 운송수단을 이용한 경우라면 둘 이상의 운송서류에서 다른 선적일자 또는 선적지를 표시하더라도 분할선적으로 간주하지 않는다.

- the latest date of shipment as evidenced on any of the sets of transport documents will be regarded as the date of shipment. (제시가 두 세트 이상의 운송서류로 이루어지는 경우 어느 운송서류에 의하여 증명되는 가장 늦은 선적일을 선적일로 본다.) → 여러 개의 선하증권이 제시되는 경우 선적일은 가장 늦은 일자를 기준으로 기산한다.

18. Select the best one in the blank.

> If a nominated bank determines that a presentation is complying and forwards the documents to the issuing bank or confirming bank, whether or not the nominated bank has honoured or negotiated, and issuing bank or confirming bank must ( ) that nominated bank, even when the documents have been lost in transit between the nominated bank and the issuing bank or confirming bank, or between the confirming bank and the issuing bank.

① reimburse
② honour or reimburse
③ negotiate or reimburse
④ honour or negotiate, or reimburse

해석

18. Select the best one in the blank. (빈칸에 들어갈 것으로 가장 적합한 것을 고르시오.)

> If a nominated bank determines that a presentation is complying and forwards the documents to the issuing bank or confirming bank, whether or not the nominated bank has honoured or negotiated, and issuing bank or confirming bank must ( ) that nominated bank, even when the documents have been lost in transit between the nominated bank and the issuing bank or confirming bank, or between the confirming bank and the issuing bank. (지정은행에서 제시가 일치한다는 판단을 하고 개설은행 또는 확인은행에 선적서류를 발송하면, 지정은행에서 결제 또는 매입의 여부와 관계없이, 서류는 지정은행과 개설은행 또는 확인은행 간에 전달과정에서 분실된다 하더라도, 개설은행 또는 확인은행에서 반드시 지정은행에 결제 또는 매입 또는 상환을 해야 한다.)

① reimburse (상환하다)
② honour or reimburse (결제 또는 상환하다)
③ negotiate or reimburse (매입 또는 상환하다)
④ honour or negotiate, or reimburse (결제 또는 매입 또는 상환하다)

정답 ④

- ucp600 서류나 통보의 송달 중 지연 및 멸실로 인하여 발생하는 결과에 대해 은행은 어떠한 책임도 지지 않는다.
- when such messages, letters or documents are transmitted or sent according to the requirements stated in the credit, or when the bank may have taken the initiative in the choice of the delivery service in the absence of such instructions in the credit.
- 알림 말의 전송 또는 서신이나 서류의 송부 과정에서 일어나는 지연, 전달 도중의 분실, 훼손 또는 다른 실수로 발생하는 결과에 대하여 은행은 어떠한 책임도 지지 않는다.

19. A letter of credit requires to present bill of lading and insurance certificate. If the shipment date of bill of lading is 20 May, 2020, which of following document can be matched with such bill of lading?

A. An insurance certificate showing date of issue as 20 May, 2020 B. An insurance certificate showing date of issue as 21 May, 2020 C. An insurance policy showing date of issue as 20 May, 2020 D. A cover note showing date of issue as 20 May, 2020

① A only
② C only
③ A and C only
④ all of the above

해석

19. A letter of credit requires to present bill of lading and insurance certificate. If the shipment date of bill of lading is 20 May, 2020, which of following document can be matched with such bill of lading? (신용장은 선하증권과 보험증명서의 제시를 요구한다. 만약 선하증권의 날짜가 2020년 5월 20일일 경우 어떤 서류가 해당 선하증권에 부합하는가?)

A. An insurance certificate showing date of issue as 20 May, 2020 (2020년 5월 20일에 발행되는 것으로 보여지는 보험증명서) B. An insurance certificate showing date of issue as 21 May, 2020 (2020년 5월 21일에 발행되는 것으로 보여지는 보험증명서) C. An insurance policy showing date of issue as 20 May, 2020 (2020년 5월 20일에 발행된 것으로 보여지는 보험증권) D. A cover note showing date of issue as 20 May, 2020 (2020년 5월 20일에 발행되는 것으로 보여지는 보험영수증)

① A only
② C only
③ A and C only
④ all of the above

정답 ③

- 선하증권에서 제시된 날짜가 2020년 5월 20일일 경우, 같은 일자인 2020년 5월 20에 발행된 것으로 보여지는 보험증명서와 보험증명서가 보험서류로 인정될 수 있다.
- [Article 28] Insurance Document and Coverage → c. Cover notes will not be accepted.
- [제28조] 보험서류와 부보범위 → c. 잠정적 보험영수증(cover notes)은 수리되지 않는다.

20. Which of the followings is NOT correctly explaining the Charter Party Bill of Lading under UCP 600?

① The charter party B/L must appear to be signed by the master, the owner, or the charterer or their agent.
② The charter party B/L must indicate that the goods have been shipped on board at the port of loading stated in the credit by pre-printed wording, or an on board notation.
③ The date of issuance of the charter party bill of lading will be deemed to be the date of shipment unless the charter party bill of lading contains an on board notation indicating the date of shipment.
④ A bank will examine charter party contracts if they are required to be presented by the terms of the credit.

해석

20. Which of the followings is NOT correctly explaining the Charter Party Bill of Lading under UCP 600? (UCP600에서 설명하는 용선계약선하증권에 대한 설명으로 옳지 않은 것은 무엇인가?)

① The charter party B/L must appear to be signed by the master, the owner, or the charterer or their agent. (용선계약선하증권은 반드시 선장, 선주, 용선자 또는 그들의 대리인에 의해 서명되어야 한다.)
② The charter party B/L must indicate that the goods have been shipped on board at the port of loading stated in the credit by pre-printed wording, or an on board notation. (용선계약선하증권은 미리 인쇄되어 있는 문구 또는 본선적재표기에 의해 신용장에 기재된 선적항에서 물품이 본선에 적재되었다는 것을 명시해야 한다.)
③ The date of issuance of the charter party bill of lading will be deemed to be

the date of shipment unless the charter party bill of lading contains an on board notation indicating the date of shipment. (용선계약선하증권이 선적일을 표시하는 본선적표기를 하지 않은 경우에는 용선계약선하증권의 발행일을 선적일로 간주한다.)

④ A bank will examine charter party contracts if they are required to be presented by the terms of the credit. (은행은 용선계약이 신용장의 조건에 의해 제시되어야 하는 경우 용선계약선하증권을 검토한다.)

정답 ④

• UCP600의 제 22조 용선계약부 선하증권의 b.항에 따르면 b. A bank will not examine charter party contracts, even if they are required to be presented by the terms of the credit. (b. 비록 신용장의 조건이 용선계약의 제시를 요구하더라도 은행은 용선계약을 심사하지 않는다.)는 규칙에 따라 신용장에서 용선계약서의 제시를 요구하더라도 은행은 용선계약서를 심사하지 않는다.

21. Select the wrong part in the following passage under UCP600.

(A) Letter of Credit means an engagement by a bank or other person made at the request of a customer (B) that the issuer will honor drafts or other demands for payment upon compliance with the conditions specified in the credit. (C) A credit must be irrevocable. (D) The engagement may be either an agreement to honor or a statement that the applicant or other person is authorized to honor.

① (A) ② (B) ③ (C) ④ (D)

해석

21. Select the wrong part in the following passage under UCP600. (다음 지문 중 UCP600 하에 틀린 부분을 고르시오.)

(A) Letter of Credit means an engagement by a bank or other person made at the request of a customer (신용장의 의미는 고객의 요청에 의해 은행 또는 타인에 의한 하나의 약속이다) (B) that the issuer will honor drafts or other demands for payment upon compliance with the conditions specified in the credit.(개설은행이 신용장에 명시된 조건과 일치하는 경우 환어음을 결제하거나 결제에 대한 다른 요구에 응하는 것이다.) (C) A credit must be irrevocable. (신용장은 반드시 취소불능이어야 한다.) (D) The engagement may be either an agreement to honor or a statement that the applicant or other person is authorized to honor. (그 약속은 환어음을 결제할 것이라는 합의이거나 개설의뢰인 또는 타인이 결재권한을 가진다는 진술이 될 수 있다.)

① (A) ② (B) ③ (C) ④ (D)

정답 ④

• 해당 부분은 UCP 600의 주요 조항에 근거하여 신용장을 설명하고 있다. 신용장에 대한 근거는 미국통일상법전에서 설명하고 있는 내용이다. UCC 즉 미국통일상법전에 따르면 다른 보기와 달리 (D)에서 applicant의 결제가 아닌 신용장은 개설은행 즉 the bank가 결제의 주된 당사자가 된다. 따라서 (D) The engagement may be either an agreement to honor or a statement that the bank or other person is authorized to honor. (그 약속은 환어음을 결제할 것이라는 합의이거나 개설의뢰인 또는 타인이 결재권한을 가진다는 진술이 될 수 있다.)의 내용으로 수정되어야한다.

22. Which is NOT a good match?

An insurance document, such as (A), (B) or (C) under an open cover, must appear to be issued and signed by an insurance company, an underwriter or their agents or their (D).

① (A) cover note

② (B) insurance policy

③ (C) insurance certificate

④ (D) proxies

해석

22. Which is NOT a good match? (다음 중 부합하지 못하는 것은 무엇인가?)

An insurance document, such as (cover note), (insurance policy) or (insurance certificate) under an open cover, must appear to be issued and signed by an insurance company, an underwriter or their agents or their (proxies). (보험서류에는 보험인수증, 보험증권 또는 보험증명서와 같은 서류는 보험회사, 보험업자 또는 그 대리인 또는 대리인에 의해 발행되고 서명되는 것으로 보여야 한다.)

① (A) cover note (보험인수증)

② (B) insurance policy (보험증권)

③ (C) insurance certificate (보험증명서)

④ (D) proxies (대리인)

정답 ①

• 지문의 빈칸에 각각 적절하지 않은 것을 찾는 문제로, 잠정적보험영수증은 보험조건의 명세에 대해 약식으로 기재한 서류이다. UCP600의 28조 보험서류와 부보범위에서 c. Cover notes will not be accepted. c. 잠정적 보험영수증(cover notes)은 수리되지 않는다.

23. Which is INCORRECT under UCP600?

① The words “from” and “after” when used to determine a maturity date include the date mentioned.

② Banks deal with documents and not with goods, services or performance to which the documents may relate.

③ Branches of a bank in different countries are considered to be separate banks.

④ Applicant means the party on whose request the credit is issued.

해석

23. Which is INCORRECT under UCP600? (다음 중 UCP600에서 틀린 것은 무엇인가?)

① The words “from” and “after” when used to determine a maturity date include the date mentioned. (만기일을 결정할 때 “from” 그리고 “after”를 포함한 단어를 일자에 언급해야 한다.)

② Banks deal with documents and not with goods, services or performance to which the documents may relate. (은행은 서류와 관련된 물품, 서비스 또는 의무적 이행이 아닌 문서를 처리한다.)

③ Branches of a bank in different countries are considered to be separate banks. (다른 나라의 은행의 지점은 별도의 은행으로 간주된다.)

④ Applicant means the party on whose request the credit is issued. (개설의뢰인은 신용장을 개설하는 요청의 당사자를 의미한다.)

정답 ①

- The words "from" and "after" when used to determine a maturity date exclude the date mentioned.
- 만기(滿期)를 정하기 위하여 "from"과 "after"라는 단어가 사용된 경우에는 명시된 일자를 제외한다.

24. eUCP에 대한 설명으로 옳지 않은 것은?

① 준거문언에 따라 UCP의 부칙으로 적용한다.

② eUCP 신용장에 UCP600이 적용된다.

③ eUCP와 UCP600이 상충하는 경우 eUCP가 적용된다.

④ eUCP는 종이서류 상 신용장 개설과 통지에 있어서도 적용된다.

정답 ④

- eUCP는 전자기록 또는 종이서류와의 결합으로 제시되는 서류를 수용하기 위한 화환신용장 통일규칙의 추록으로, 종이서류의 단독사용에 적용되지 않는다.

25. 신용장 양도 시 확인사항으로 옳지 않은 것은?

① 당해 신용장이 양도가능(Transferable) 신용장인지의 여부
② 개설은행이 신용장 상에 지급, 인수 또는 매입을 하도록 수권받은 은행인지의 여부
③ 분할양도의 경우 원수출신용장 상에 분할선적을 허용하고 있는지의 여부
④ 제시된 원수출신용장에 의하여 기 취급한 금융이 없는지의 여부

정답 ②

• 신용장을 양도할 때에는 양도은행이 개설은행으로부터 양도할 수 있도록 지정되거나 수권받은 은행인지가 문제되며, UCP600의 규정상 개설은행은 양도은행이 될 수 있다. 따라서 개설은행이 수권을 받았는지에 대한 여부는 확인할 필요 없다.

26. 다음 중 매입은행과 개설은행의 서류 심사와 관련된 내용으로 옳지 않은 것을 고르시오.

① 은행의 서류심사와 수리여부 결정은 선적서류를 영수한 익일로부터 제7영업일 이내에 이루어져야 한다.
② 신용장 조건과 불일치한 서류가 제시된 경우 개설은행은 개설의뢰인과 하자 서류의 수리여부를 교섭할 수 있다.
③ 신용장에 서류의 지정 없이 조건만을 명시한 경우 그러한 조건은 없는 것으로 간주된다.
④ 은행이 선적서류가 신용장조건과 일치하는지 여부를 심사할 때 신용장통일규칙과 국제표준은행관행(ISBP)에 따라야 한다.

정답 ①

• UCP600 제 14조 서류심사기준 b.항에 의하면 은행의 서류심사와 수리여부 결정은 선적서류를 영수한 익일로부터 제5영업일 이내에 이루어져야 한다.

27. 계약서에 들어가는 선적조건에 대한 설명으로 옳지 않은 것은?

① 신용장 상에 할부선적 횟수가 규정되었을 때는 어느 한 부분이라도 선적이 이행되지 않았다면 그 선적분과 모든 잔여 선적분은 무효가 된다.
② 선적일은 수취선하증권이 발행된 경우에는 발행일이 곧 선적일이다.
③ 'on or about'에 대한 선적 시기에 대한 해석은 선적이 지정일자로부터 양끝의 일자를 포함하여 5일 전후까지의 기간 내에 선적되어야 한다.
④ 천재지변, 전쟁 등 불가항력에 의한 선적지연의 경우 원칙적으로 매도인은 면책된다.

정답 ②

• 선하증권이 발행되면 선적일자는 발행일과 본선적재일이 기준이 된다. UCP600에서는 발행일을 선적일자 기준으로 한다. 본선적재일이 추가로 기재되어 있으면 해당적재일을 선적일자로 본다. 수취식 선하증권은 본선적재 전에 발행되어 본선적재일이 추후에 기재될 것으로 발행일을 선적일로 간주할 수 없다. "The date of issuance of the bill of lading will be deemed to be the date of shipment unless the bill of lading contains an on board notation indicating the date of shipment, in which case the date stated in the on board notation will be deemed to be the date of shipment."(선하증권이 선적일자를 표시하는 본선적재표기를 포함하지 않는 경우에는 선하증권 발행일을 선적일로 본다. 선하증권에 본선적재표기가 된 경우에는 본선적재표기에 기재된 일자를 선적일로 본다.)

PART 07

국제운송

1. 해상운송

해상운송(carriage by sea)은 바다 위에서 선박(vessel)을 이용하여 사람(passenger)이나 재화(cargo)를 이동시키고 그 대가로 운임(freight)을 받는 상행위이다. 해상운송, 즉 해운은 서비스업으로 공간적 효용을 창출한다. 공간적 효용의 창출을 통해 다양한 화물들이 또 다른 가치 창출로 이어질 수 있다. 해운사에 있어 영국의 유명한 작가 리디어드 키플링(Rudyard Kipling, 1917)은 "운송은 문명이다(Transportation is civilization)"라고 하였다. 이 한 문장에서 세계 경제에 미치는 운송의 파급효과를 가늠할 수 있다. 이와 맥락을 같이하여 해운은 무역량에 종속적이며, 무역량은 세계경제(세계총생산)에 종속적인 관계이다. 해상운송은 무역 발전에 기여하며 국민경제에서 상당한 비중을 차지하고 있다. 그리고 수출입화물로 발생하는 국제적 운임수입을 통해 국제수지 개선에 기여하고 있다.

해운시장은 화물에 따라 구분될 수 있다. 화물의 구분은 단위화(unitization)에 따라 결정된다. 먼저 단위화가 되는 화물의 경우 개장(unitary packing)을 모아 내장(inner packing)을 사용하여 외장(outer packing)으로 포장할 수 있으며, 파렛트와 컨테이너 등 단위화된 용기를 이용하여 정기선 선박인 컨테이너선을 이용하여 국제운송을 이행한다. 이렇게 형성된 시장이 정기선 시장이다. 한편 단위화되지 않는 화물은 소위 벌크화물(bulk cargo)이라고 불린다. 보통 철광석, 석탄, 곡물, 유류를 4대 벌크화물이라고 한다. 여기서 유류를 따로 분류하여 형성된 시장이 탱커시장이다. 건화물의 경우 벌크선시장으로 분류되며 정기선과 달리 탱커선과 벌크선은 부정기선으로 자율계약에 따라 화물을 찾아다닌다고 하여 부정기선(tramper)이라고 불린다. 국제운송을 이행함에 있어서 가장 중요한 부분이 바로 화물의 분류이며, 분류된 화물의 속성에 따라 다른 흐름을 가진다.

1) 정기선(Liner)

정해진 항만을 정해진 항로에 따라 정해진 스케줄로 규칙적 운항하는 선박을 의미한다. 해상운송을 정기적인 서비스로 제공하기 위해서는 많은 선박이 필요하며, 아울러 안정적인 공급이 필수적이기 때문에 과거에는 해운동맹을 중심으로 정기선 서비스를 제공하였다. 하지만 2008년 이후부터 유럽연합의 반독점금지로 해운동맹(shipping conference)은 사실상 와해되어 최근에는 전략적 제휴의 형태인 얼라이언스(alliance)체제로 정기선 서비스를 제공하고 있다.

2) 부정기선(tramper)

기항항만이나 항로가 화물의 수요와 공급에 따라 부정기적이기 때문에 운임은 화물과 선박의 수급에 따라 결정되므로 탄력적으로 변동된다. 그리고 부정기선은 주로 곡물, 광물, 목재와 같은 대량의 동종 살화물(bulk cargo)을 취급하며, 선복(shipping space)의 전부 또는 일부를 선주로부터 빌리는 용선계약(contract of charter party)을 체결하여 운영한다. 선주는 계약운송인 또는 사적운송인의 성격을 가지고 있다.

〈표 7-1〉 정기선과 부정기선

구분	개품운송계약(컨테이너 화물, 공산품)	용선계약
형태	불특정 다수의 화주로부터 위탁받은 개개화물을 운송	특정 대량화주와 특약에 의해 선박을 빌려주어 화물을 운송
선박	정기선(지하철, 시내버스 등과 유사)	부정기선(관광버스, 계약버스 등과 유사)
화주	불특정다수(free)– 안정적이어야 함	특정 화주
화물	general cargo(unitized cargo)	bulk cargo(wet or dry cargo)
계약	선하증권(B/L)	용선계약서(C/P)
하역비용	berth term(liner term)	berth term, FI, FO, FIO, FIOST
운임	공시요율(tariff rate) 준공공성	수요, 공급에 따른 시세(open rate)

2. 해상운송계약의 종류

1) 개품운송계약(affreightment in a general ship)

개품운송계약(affreightment in a general ship)은 선박회사가 불특정 다수의 화주와 화물운송계약을 개별적으로 맺는 것이며, 대부분의 공산품 화물로 파렛트, 컨테이너 화물등 단위화된 화물이 개품운송계약을 이용한다. 통상 컨테이너선을 이용한 정기선에 의한 운송에서 개품운송계약을 사용한다.

2) 용선운송계약(contract by charter party)

선복(ship's space)의 일부 또는 전부를 전세 내어 화물을 운송할 목적으로 선박회사와 용선자 간에 체결하는 계약이다. 부정기선(tramper)에 의해 대량화물을 운송하는 경우에 이용된다. 용선계약은 선복의 전체를 전세 내는 전부용선계약(whole charter)과 선복의 일부만 전세 내는 일부용선계약(partial charter)으로 나누어진다.

용선계약이란 선주가 대량 산화물(bulk cargo)의 운송이 필요한 화주에게 또는 선복이 일시적으로 부족한 다른 선주에게 선복의 전부 또는 일부를 빌려주어 사용하게 하는 것을 의미한다. 따라서 용선은 선복의 확보 내지 공여행위를 의미하기 때문에 정기선시장과 부정기선시장에 모두 이용될 수 있으나, 주로 부정기선 시장에서 이용된다. 용선계약은 정기선운송의 개품운송계약과 달리 그 내용의 전문성으로 인해 화주(용선자)와 선사(선주)가 직접 계약을 체결하기 힘들기 때문에 통상 용선중개인(broker)이 계약을 중개한다.

(1) 정기용선(time charter)

정기용선계약은 용선자가 선박의 전부를 용선기간 및 기타 조건을 정하여 빌리고, 그 대가로서 용선료(hire & charerage)를 지불하는 선박사용 계약으로, 통상 선박을 필요로 하는 다른 선주 또는 용선한 선박을 이용해 항해용선으로 운임을 획득하거나 재용선을 주어 시세차익을 얻으려는 운항업자(operators) 등이 용선자가 된다.

일정기간동안 선박소유자의 사용인인 선장 및 해원이 선박의 사용에 관하여 용선자의 지시를 받는다. 일정기간동안의 선박사용에 관한 용선료를 선박소유주에게 지급한다.

용선선박의 지연손해에 대하여 용선자가 부담한다. 정기용선계약은 선박 및 선원의 사용에 대한 대가의 형태로 용선료를 기간단위를 지급하기 때문이다. 용선자는 지연손해에 대한 위험을 부담하게 되므로 가능한 선적 및 양륙을 신속하게 하도록 노력하게 된다.

정기용선계약에 있어 지연손해에 대한 책임을 정기용선자가 부담하게 됨으로 인해 정박기간 또는 체선료 약관을 둘 필요가 없다. 반면 선박의 사용에 대한 부분에 집중해야 하므로 용선자가 선박을 사용할 수 없을 때에는 용선료의 지급을 중단하는 용선료 지급중단약관(off-hire clause)이 중요한 의미를 가진다.

표준계약서 약관에 있어서도 정기용선자는 선박의 사용과 관련하여 선박의 속력 및 연료소모량 규정이 중요한 의미를 가진다.

정기용선계약은 일정기간 선박에 대한 사용·수익권을 가지고 자신의 해운기업활동에 이용하는 해운기업의 주체로 운송인의 지위에 있는 경우가 많다. 선박소유자는 선박에 대한 위해를 방지하기 위해 통상적으로 항해제한구역을 설정한다.

(2) 항해용선(voyage charter)

항해용선계약(voyage charter)이란 선주(owner)가 용선자(charter)의 특정화물을 특정1개의 항구 또는 수개의 항구로부터 다른 1개의 항 또는 수개의 항구까지 해상운송을 하고, 해상운임(ocean freight)을 수취하기로 약정하는 일종의 용역계약으로서 통상 용선자는 화주가 된다. 따라서 항해용선은 실질적으로 화물운송계약에 가깝기 때문에 선주를 운송인, 용선자를 화주로 표현하기도 한다.

선박이나 선창을 빌리는 선복용선계약이 아니라 해상물건운송계약의 성질을 가진다. 항해용선계약에서 운송인으로서는 운임을 적재화물량으로 산정하고, 약정된 화물만 운송하면 되므로 운송인으로서는 화물 적재량이 중요한 관심사항이고, 선적항이나 양륙항에서 지체를 피하고자 한다.

선박소유자는 운송인이 되고 항해용선자는 화주인 경우가 일반적이다(운송형 항해용선). 항해용선자가 용선한 선박을 재항해용선하는 경우는 재항해용선계약(sub-voyage charter)이 되고 항해용선자는 선박소유자에 대한 화주의 지위를 갖지만 재항해용선자에 대해서는 운송인의 지위를 가지게 된다(기업형 항해용선).

항해용선계약에 있어 운임이 확정되면 지연손해에 대해서는 선박소유자가 부담하게 된다. 항차기간이 길어지면 선박을 다른 곳에 투입하여 운임을 획득할 기회를 놓치게 되지만, 항차기간이 단축되었더라도 운임은 감액되지 않으므로 선박소유자는 선박을 다른 곳에 투입하여 수익을 올릴 수 있기 때문에 지연 위험을 선박소유주가 부담하게 된다.

항해용선자는 선박 일부의 선창에 운송물의 운송을 의뢰하는 일부 용선을 할 수 있지만, 이 경우 운송인이 일부 선창의 운임만을 용선료로 청구할 수 있을 뿐 만재운송을 의뢰하였으나 자신의 귀책사율 인해 만재하지 못하였을 경우에 나머지 선복에 대하여 부적운임을 지급해야한다.

(3) 나용선 또는 선체용선(demise or bareboat charter)

나용선 계약 또는 선체용선계약은 용선자가 선원을 배승하지 않은 선박만을 용선하여 선원을 배승하고, 선박운영비를 일체 부담하여 선박을 운용하며, 선주에게 선박건조비 또는 구입비에 해당하는 자본비 성격의 용선료를 지불하는 선박사용계약을 의미한다. 통상적으로 다른 용선계약보다 상대적으로 계약이 장기이고, 통상 10년에서 15년, 경우에 따라 그 이상인 경우도 있다.

선체용선자 또는 선박임차인은 용선기간동안 용선선박의 점유·지배권 및 항해상의 지휘·명령권을 가지고 있다는 점에서 다른 용선계약의 용선자와는 법적 지위를 달리한다. 선박소유주가 용선자에게 계약기간동안 선박을 점유·이전시키며, 용선자는 해당 선박을 자신이 원하는 화물 운송을 위한 해상운송 수단으로 사용하여 수익을 가질 수 있다.

선박소유주가 아니라 선체용선자에게 선장 및 선원을 선임하고 해임을 할 수 있는 권한 있다. 선장과 선원은 선체용선자의 피용인 신분이 되며, 이들은 선체용선자 또는 선박임대차인의 대리인 또는 이행보조자가 된다.

용선기간동안 선체용선자는 용선선박의 자본비를 제외한 일체의 운영비(선원비, 선박 보수유지비, 윤활유비, 선체 및 P&I 보험료, 선박의 기부속 및 소모품비)와 화물운송을 위한 연료비를 포함한 일체의 선박운항비를 부담한다.

선체용선계약은 선박금융의 한 형태로 선박을 대상으로 한 '금융리스계약(finance lease contract)'인 '금융 선체용선계약(financing bareboat charter contract)'의 경우가 대부분을 차지하고 있다. 충분한 자본력을 가진 투자자나 선박소유주가 확보한 선박을 자본이 부족해 선박확보에 어려움을 겪고 있는 다른 선박 소유주에게 대선

(chartering out)하되, 계약만료 시 선체용선자가 소유권을 취득할 수 있는 금융리스 형태의 계약을 체결함으로써 금융차입계약의 성격을 띠는 선박금융기법의 하나가 되고 있다.

선체용선계약은 계약기간이 대부분 장기이고, 소유권취득조건부 선체용선계약이 대부분을 차지한다. 철광석이나 석탄과 같은 대량화물의 운송이나, 원유와 액화천연가스(LPG)와 같이 운송시 선내 특수한 구조를 요구하는 선박들 중 상당수가 소유권취득조건부 선체용선계약으로 운항되는 중이다.

선체용선자가 선박소유주의 선체용선계약으로 대선(chartering out)할 선박을 확보하는 과정에 참여하는 경우가 많다. 선박소유자는 선박을 장기 투자의 대상으로 보는 금융기관이 대부분인 것에 비교해, 용선자는 실제로 선박을 장기간 운항하고 사용해 수익을 창출하는 당사자이기 때문에 효율적이고 수익성이 보장되는 선박을 용선하고자 한다. 또한 용선기간만료 시 소유권을 취득하게 되어 자신의 선박이 되기 때문에 선박을 확보하는 과정에 적극적으로 참여한다.

선체용선자가 해운시황의 변동에 대한 부담과 선박의 운영 및 운항비용 증가에 대한 부담을 지게 된다. 선체용선자는 용선한 선박을 이용하여 화물을 운송함으로써 수익을 창출하므로, 선체용선자는 해운시장에서의 시황변동에 직접적으로 노출되며 운임수준에 따라 선체용선자의 수익이 크게 달라진다.

선박소유자는 계약기간동안 해운시황의 변동과 운항비 또는 운영비의 변동에 영향을 받지않아 안정적인 수익을 보장받을 수 있고, 회계상 수지가 분명해지므로, 그에 따라 기업의 예산편성 및 집행에 정확성을 기할 수 있다.

3) 용선비의 구성

용선비는 운항원가에 기초하며 운항원가는 선비 및 운항비로 구분된다.

① 직접선비는 선박을 운항가능한 상태로 유지하기 위한 비용으로 선원비, 수리비, 선용품비, 윤활유비 등

② 간접선비는 선박을 소유하는 데 필요한 비용으로 감가상각, 금리, 선박보험료 등

③ 운항비는 선박의 항해에 필요한 비용으로 연료비, 항비, 선적 및 하역비 등임

비용부담	정기용선(Time)	항해용선(Voyage)	나용선(BBC)
선주	직접선비, 간접선비	직접선비, 간접선비, 운항비	간접선비
용선인(주)	운항비	–	직접선비, 운항비

직접선비 : 선원비, 선용품비, 수리비, 검사비 등
간접선비 : 보험료, 선박등록세 등
운항비 : 항만사용료, 연료비, 운반비

4) 정기선 운임

정기선의 운임은 지급시기에 따라 선불운임과 후불운임으로 구분할 수 있다, 계산방법에 따라서는 등급운임, 체감운임, 지역운임을 구분된다. 공시여부에 따라서는 공시운임, 경쟁운임으로 구분된다. 부과방법에 따라서는 종가운임(ad valorem freight), 품목별운임(commodity Rate), 무차별운임(freight all kinds rate), 차별운임, 품목별박스운임, 할증운임, 특별운임, 최저운임 및 소포운임으로 구분된다. 적재정도에 따라서는 만재운임, 혼재운임, 부적운임(dead freight)이 있다. 참고로 부적운임은 화물의 실제 적재량이 계약량에 미달할 경우 그 부족분에 대하여 지불하는 운임이다.

- 지급시기 : 선불운임, 후불운임
- 계산방법 : 등급운임, 체감운임, 지역운임
- 공시여부 : 공시운임, 경쟁운임
- 부과방법 : 종가운임(Ad Valorem Freight), 품목별운임(Commodity Rate), 무차별운임(Freight All Kinds Rate), 차별운임, 품목별박스운임, 할증운임, 특별운임, 최저운임 및 소포운임
- 적재정도 : 만재운임, 혼재운임, 부적운임(Dead Freight)

(1) 정기선 운임 할증료

- Peak Season Surcharge, PSS(성수기할증료) : 급격하게 물량이 증가될 경우 컨테이너의 수급 불균형으로 인한 항만이 혼잡해지는 경우 선사에서 추가적인 인력 및 장비를 동원하게 되는데 이에 대한 비용상승으로 할증료를 부과
- bunker adjustment factor, BAF(유류할증료) : 급변한 유가인상분에 의한 추가

적인 비용을 보전하기 위하여 부과, BAF는 주로 유럽항로에 적용되며 fuel adjustment factors는 동남아 북미항로, EBS(emergency bunker surcharge)는 주로 호주항로에 적용된다.

- low sulphur surcharge, LSS(저유황사용할증료) : 저유황사용할증료는 IMO에서 2020년부터 선박 연료에 황함유량을 기존 3.5%에서 0.5%로 낮게 규제, 이미 많은 지역에서 적용 중
- currency adjustment factor, CAF(통화할증료) : 운임표기 화폐의 약세로 인한 손실을 보전하기 위하여 부과
- yen appreciation surcharge, YAS(엔고손실보충요금) : CAF와 유사하게 엔고로 인한 손실분 보전을 위하여 부과
- port congestion surcharge or charge, PCS or PCC(체선료) : 항구에서 대기 선박 적체로 장기간 대기할 경우 부과
- Suez canal surcharge, SCS(수에즈운하할증료) : 수에즈운하가 막힐 경우 희망봉 경유로 인해 발생되는 비용을 보전하기 위하여 부과
- war risk surcharge, WRS(전쟁위험할증료) : 전쟁지역이나 전쟁지역 경유 화물에 부과

(2) 정기선 운임 부대비용

- 터미널화물처리비(terminal handling charge, THC) : 수출화물의 경우 화물이 터미널에 입고된 순간부터 본선의 선측까지 또는 수입화물의 경우 본선의 선측에서 터미널의 게이트를 통과하기까지의 구간에서 화물의 이동에 따라 소요되는 비용으로 OTH(terminal handling charge at origin)와 DTH(terminal handling charge at destination)로 구분되는데 일반적으로 운임에 포함되어 결과적으로 화주가 부담한다.
- 컨테이너화물조작장작업료(CFS Charge) : 선적지와 도착지의 CFS에서 컨테이너 하나의 적재량을 채우지 못하는 소량화물(LCL)의 혼재 또는 분류작업으로 발생하는 비용으로 포워더가 화주로부터 징수하여 CFS 운영자에게 지불한다.
- 도착시화물인도비용(destination delivery charge, DDC) : 북미에 도착하는 화물

에 대하여 도착항에서 터미널 작업비용과 도착지의 내륙운송비용을 포함한 비용이다.

• 컨테이너세(container tax) : 항만, 배후도로, 건설 등 운송시설의 확충을 위하여 항만 배후도로를 운송하는 컨테이너차량에 대해서 부과하는 교통유발부담금이다.
• 서류발급비(documentation fee) : 선사에서 선하증권(B/L)과 화물인도지시서(D/O) 등의 서류를 발급할 때 발생하는 행정비용이다.
• 부두사용료(wharfage) : 화물입출항료로 수출시 항만시설 사용에 대한 톤 기준으로 부과한다.

(3) 추가비용

• 차별항운임(outport arbitrary) : 기지항(base port) 이외의 지역에서 적하 또는 양하되는 화물에 부과
• 환적료(transshipment charge) : 선박이 화물의 최종 목적항에 직접 기항하지 않기 때문에 화물의 환적으로 인해 추가로 발생하는 비용을 보전하기 위하여 부과
• 선택항료(optional charge) : 화주가 선적 당시에 최종 목적항을 둘 이상 정하여 최초항 도착전에 양하항을 지정하는 경우 적부상의 문제점을 감안하여 부과
• 항구변경료(diversion charge) : 화주가 선적시에 지정했던 항구를 본선 선적완료 후 변경할 경우 부과
• 과중료(heavy lift charge) : 화물의 단위당 중량초과로 특수장비를 이용할 경우 부과
• 장척료(long length charge) : 화물의 전장이 너무 길거나 커서 특수장비를 이용할 경우 부과
• 위험물할증료(dangerous goods premium) : 화물에 내재한 위험성으로 선적시 특별한 주의가 필요한 경우 화물에 부과
• 특별운항료(special operating service charge) : 항만 내 파업발생으로 선박이 예정된 항구에 기항하지 못하고 인접항에서 화물을 양하할 경우 추가로 소요되는 육상운송료 등을 보전하기 위하여 부과
• 포기선하증권발행비(surrender charge, SRD) : 원본의 선하증권 발행 이후 빠른

화물의 인수를 목적으로 원본을 반납하고 surrender B/L을 발행하는 경우 2번의 선하증권 발행이 되어 발생하는 비용으로 일반적으로는 surrender B/L만 발행함

- 봉인비(seal fee, SLF) : 컨테이너 봉인(seal)을 할 때 봉인사용료로 일반적으로 선사에서 화주들에게 부과하며 화주들 자체 봉인의 경우 선사가 인정하는 경우 추가비용 없음
- 컨테이너수급불균형비용(container imbalance charge, CIC) : 컨테이너 수급불균형에 따른 공컨테이너 운송비용 보전을 위해 부과

(4) 컨테이너 운송의 체선료와 지체료

- Demurrage(체선료) : DEM FEE라고 하기도 한다. 일반적으로 컨테이너는 선사에서 사용료를 내고 빌려서 사용한다. 무료기간(Free Days)을 초과하여 화물이 컨테이너 속에 계속 적재되어 있는 상황에서 반출도 일어나지 않고 터미널에 머물러 있을 때 발생하는 초과비용에 해당한다.
- Detention(지체료) : DET FEE라고 하기도 한다. 컨테이너를 통관하고 항구 또는 터미널에서 반출되었음에도 불구하고 빈 컨테이너가 지정된 장치장에 반납되지 않는 경우 발생하는 비용으로 화물을 내린 빈 컨테이너를 기간 내에 반납하지 않는 경우 발생한다.
- Storage(경과보관료) : STO FEE라고 하기도 한다. 항구마다 보세구역 또는 CFS에서 화물을 Frec Time내 반출하지 못하는 경우 초과된 기간동안 컨테이너와 제품을 보관하고 관리하는 컨테이너 터미널에서 청구하는 비용이다.
- Free Time, Free Days: Demurrage와 Detention 비용을 발생시키지 않는 기간을 의미하며 CY에 보관하거나 컨테이너를 반출하여 반납하기 전까지 사용할 수 있는 허용 기간이다.

5) 부정기선운임(Tramper Shipping Rate)

당시의 해운시황에 따라 선사와 화주 사이의 자유계약에 의해 결정되는 자유운임

을 원칙으로 운송수요와 선복의 공급과 관련하여 크게 변동하는 것이 특징이며, 해운시황에 따라 등락을 하기 때문에 정기선운임과 달리 안정되지 않고, 선적되는 화물의 톤(중량 혹은 용적)당 얼마의 형식으로 표시된다.

- Spot 운임(Spot Rate) : 계약 직후 아주 짧은 기간 내에 선적이 개시될 수 있는 상황에서 지불되는 운임이다.
- 선물운임(Forward Rate) : 용선계약으로부터 실제 적재시기까지 오랜 기간이 있는 조건의 운임으로 선주와 화주는 장래 시황을 예측하여 결정하는 운임이다.
- •기계약운임(Contract of Affreight, COA) : 장기간 반복되는 항해에 의하여 화물을 운송하는 계약의 운임이다. 연속항해운임과 유사하나 몇 년간에 몇 항해. 몇 년간에 걸쳐 연간 몇 만톤과 같이 약정되는 것이 일반적이다.
- 연속항해운임(Consecutive Voyage Rate, CVR) : 어떤 특정 항로를 반복적으로 연속하여 항해하는 경우에 약정된 연속항해의 전부에 대하여 적용하는 운임이다.
- 부적운임(Dead Freight, 공적운임) : 화물의 실제 적재량이 계약량에 미달할 경우 그 부족분에 대해 지불하는 운임이다.
- 선복운임(Lump Sum Freight) : 총괄운임이라고도 하며 화물의 개수, 중량 혹은 용적과 관계없이 일항해(trip) 또는 본선의 선복을 단위로 하여 포괄적으로 정해지는 운임이다.
- 일대용선운임(Daily Charter Freight) : 본선이 지정선적항에서 화물을 적재한 날로부터 계산하여 지정양륙항까지 운송한 후 화물인도 완료시점까지의 1일(24시간) 당 용선요율을 정하여 부과하는 운임이다.

(1) 항해용선(voyage charter or trip charter)계약

선주가 용선자의 특정화물을 특정항(들)으로부터 다른 항(들)까지 운송하여 주고 그 대가로서 해상운임(freight)을 수취하는 일종의 용역계약이자 운송계약이다. 통상 용선자는 단일 또는 복수의 화주이며, 단일화주의 경우는 전체용선, 복수의 화주인 경우는 부분용선(partial charter)을 한다. 항해용선은 가장 일반적인 부정기선 운송으로 먼저 항해용선계약(voyage or trip Charter)은 운임을 톤당 책정하여 계약체결을 한다.

① 선복용선계약(lump sum charter)은 선복의 일부 또는 전체로 계약체결을 진행한다. 일대용선계약(daily charter)은 하루의 운임을 기준으로 계약을 체결한다.

② 총용선(gross term charter)은 선주가 일체의 하역비(stevedorage) 및 항비(port charge)를 부담하는 조건으로 단, 부선작업(lightering)의 경우 부선료 및 부선노임을 화주가 부담하고 선주는 본선에서의 선내비용을 부담한다.

③ 순용선(net term charter)은 화주가 화물을 선박에 선적하고 양륙하는 비용과 함께 선적항과 양륙항의 항비 등을 추가로 부담하는 조건으로 해당 조건은 화주가 선주가 잘 모르는 항로를 이용하거나 화주가 선적 및 양륙시설을 보유하고 있는 경우 사용된다.

④ 표준항해용선계약서는 BIMCO(발틱국제해사협의회)에서 승인한 양식 중에서 표준항해용선계약서(GENCON, 1994)를 주로 사용한다. 용선계약선하증권(charter party B/L)을 CONGENBILL라고 하며, 현재는 CONGENBILL(2007)을 사용하고 있다.

(2) 항해용선계약서 주요 내용

• 계약의 당사자 및 그 대리인에 관한 사항
 - 선박소유자 : 선주, 선체용선자, 정기용선자, 항해용선자등 선박의 소유자
 - 용선자, 대리인

• 선박에 관한 사항
 - 선박의 명세 : 명칭, 총톤수, 순톤수, 재화중량톤수, 건조년도, 국적, 선급, 전장, 폭, 선창, 해치, 속도 등
 - 선박의 현재 위치 / 선적준비가능예상일/ Gearless or Gear 유무

• 선적항/양륙항에관한 사항

• 화물에 관한 사항: 화물의 종류 / 양

• 운임에 관한 사항
 - 운임률: 톤 or 용적 / 선후지급/ 운임지급통화, 방식 / 은행계좌 등

• 하역준비완료통지, 정박기간, 체선료및 조출료에관한 사항

• 화물의 선적/양륙 관련 사항

- FI/FO/FIO/FIOST/Liner Term
- 하역장치사용 : Gear vessel 무상제공, 하역장비 고장 시 체선 또는 정박기간 미산입
- FIO의 경우 하역인부가 선박 손상 시 용선자 책임

• 계약의 해제일에관한 사항
• 공동해손의정산장소에관한 사항 : 장소 미정 시 공동해손국제규칙인 요크앤트워프규칙에 의거 런던에서 정산
• 세금의 부담자에 관한 사항 : 선박(선주부담), 화물(용선자부담), 용선료에 대해서는 선주부담 미기재 시 용선자 부담
• 용선중개인및 중개수수료에 관한 사항 : 중개인은 부적운임에 대한 일정비율인 1.25%를 선주에게서 받으며, 계약파기 시 1/3을 받음
• 준거법, 분쟁해결방법에 관한 사항 : 항해용선계약에 적용할 법류(한국, 영국, 미국 등)
• 주요특약 : 쌍방과실충돌, 동맹파업, 전쟁위험, 이로, 양륙항결빙, 유치권(lien) 등

(3) 항해용선계약의 하역비 부담

오늘날 정기선은 통상 컨테이너선을 지칭하며 하역비는 운임에 포함되어 있다. 반대로 부정기선의 경우 화물의 하역비는 큰 비중을 차지하고 있기 때문에 선주와 화주간 부담을 결정해야 한다. 하역비는 부정기선 용선계약시 주로 이용되며 보통 화주와 선주의 선적 및 양륙시설보유나 활용정도에 따라 정해진다. 하역(cargo-working)은 운송, 보관, 포장의 전후에 부수하는 물품의 취급으로서, 선박 등으로 운송되는 물품의 적재, 적부, 양륙 등의 일체의 작업을 뜻한다.

항해용선계약에서 하역비 부담의 결정은 적재비용(loading charge) 및 양륙비용(discharge)과 관련된 하역인부의 임금(stevedorage)을 선주와 화주(용선자) 중에 누가 부담하는가를 합의하는 것이다. 일반적으로 부정기선에서 사용하는 정기용선(Time Charter), 항해용선(Voyage Charter), 나용선(Bare Boat Charter) 가운데 하역비는 항해용선계약에서만 협의를 한다. 더불어 정박기간(Laytime, Laydays) 역시 항해용선계약에서만 다루고 있다.

① 항해용선 하역비 조건

하역비는 항해용선에서 논의되는 사항으로 Berth Term, FI, FO, FIO, FIOST 등이 있는데 용선자와 선주 가운데 누가 해당 비용을 부담하느냐가 관건이다. 이에 대해 각 조건에 대해 선주를 주어로 두고 해석하면 이해하기가 매우 용이하다. 예컨대, FIOST는 선주가 화물을 In, Out, Stowage, Trimming에 있어 비용을 부담하지 않는다(free)로 해석할 수 있다. 즉, FIOST는 화물을 싣고, 내리고, 적재하고, 결박 및 고정작업을 하는 비용을 모두 용선자가 부담한다는 조건으로 해석할 수 있다.

- Berth term(liner term) 조건은 선주의 책임과 비용으로 화물을 선적하고 양륙하며 운임에 하역비가 포함됨. 주로 정기선에서 이용되지만 항해용선에서도 적용가능한데 항해용선에서 해당 조건을 사용하면 조출료와 체선료가 발생하지 않게 된다. 즉 화물을 적재할 때와 양륙할 때의 선내 하역비를 용선자가 부담하지 않고 선주가 모두 부담하는 비용 조건이다.
- FI 조건은 적재할 때의 선내 하역비는 용선자가 부담하고, 양륙할 때의 선내 하역비는 선주가 부담하는 비용 조건이다.
- FO 조건은 적재할 때의 선내 하역비는 선주가 부담하고, 양륙할 때의 선내 하역비는 용선자가 부담하는 비용 조건이다.
- FIO 조건은 화물을 적재할 때와 양륙할 때의 선내 하역비를 선주가 부담하지 않고 용선자가 모두 부담하는 비용 조건이다.
- FIOST 조건은 선적, 양륙, 적부, 트리밍의 비용이 모두 화주의 책임과 비용으로 이루어진다. 여기서 적부(stowed)는 화물을 선내에 적재하는 것을 의미하며, 트리밍(trimmed)는 살화물 등의 벌크화물을 다지는 작업이다. 실제 선적에 있어 컨테이너와 같은 규격화된 화물이 아닌 벌크화물의 경우 적부와 트리밍 작업을 제대로 하지 않는 경우 해상사고로 이어지기 때문에 중요한 부분이라고 할 수 있다. 특히 곡물적재와 같은 경우에 적부 및 트리밍 비용까지 포함한 모든 하역비용을 용선자가 모두 부담하는 조건이다.

② 항해운송의 체선료와 지체료

항해용선에서 선적 및 양하작업을 위하여 용선자에게 허용된 시간으로 선적 및 양하작업이 종료되어 선주는 각각의 항구에서 계약된 시간 내에 작업이 완료되었는지를 체결한 하역조건을 기준으로 산정하여 체선료와 조출료 및 미정산 운임을 정산한다.

정박시간(laytime)은 선적 및 양하작업을 위하여 용선자에게 허용된 시간으로 합의된 정박시간을 초과하면 용선자는 체선료(demurrage money)를 선주에게 지불하고 반대로 허용된 시간보다 일찍 하역을 종료하게 되면 선주는 용선자에게 조출료(despatch money)를 지급한다.

3. 선박의 종류

1) 화물선

- 유조선 : 원유운반선(crude oil tanker), 정유운반선(product carrier), 화학제품운반선(chemical tanker) dirty oil vs. clean oil
- 가스운반선(gas carrier) : LPG 및 LNG(멤브레인방식 vs. 모스방식) FPSO
- 건화물선(bulk carrier) : 곡물, 광물, 목재 등을 싣는 선박
- 일반화물선(general cargo carrier) : 다목적 벌크선
- 컨테이너선(container ship) : full container ship, semi-container ship(참고로 세미컨테이너선박은 1970년대까지 주로 운행했던 선박으로 주로 다목적선과 같은 용도로 쓰인다. 1950년대에는 500~800TEU밖에 컨테이너에 적양이 되지 못하였으나 1980년대부터 파나마 운하의 통과가 가능한 선박의 최대 치수를 의미하는 panamax라는 대형 컨테이너선이 등장하였으며 1990년대 이후로 대부분의 선박이 Full Container Vessel로 대체되어 현재로써는 세미 컨테이너선 (Semi Container Vessel)을 찾기가 어려워졌다.)
- 기타 : 자동차전용선(car carrier), 냉동선(reefer vessel), 다목적운반선 등

2) 여객선

- 객선, 화객선, 카페리 등

3) LASH(Lighter Aboard Ship)

- 컨테이너선의 변형으로 부선에 화물을 적재한 상태로 본선에 싣는 특수선박(참고로 Lashing 작업은 컨테이너를 선박에 고정하는 작업임)
- 바지(barge) : 무동력선

4) 특수선

- 예인선(tug boat), 방제선, 쇄빙선, FPSO(Floating Production, Storage & Off loading Unit, 부유식 원유생산 저장 하역설비) 등

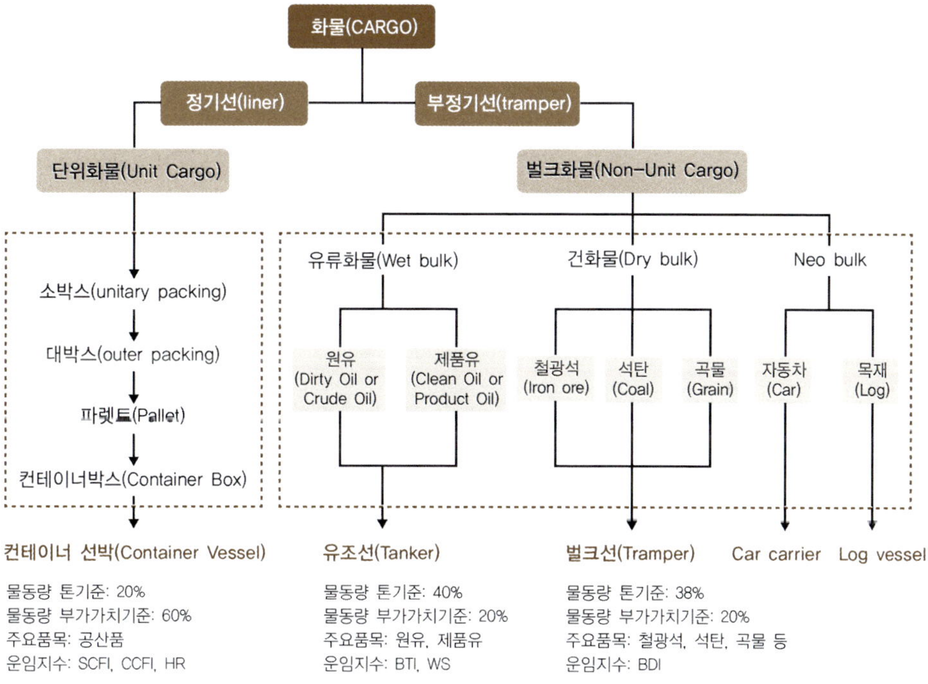

[그림 7-1] 화물에 따른 해운시장 구분

4. 컨테이너 운송

1) 컨테이너의 운송의 시작

1926년 미국 뉴욕과 시카고간 철도수송에 컨테이너 19개를 적재할 수 있는 철도운송 차량을 제작 투입하여 컨테이너가 최초 사용되었으며, 제2차 세계대전 중 미육군이 connex라 명명한 계획아래 군수품 수송에 해상 컨테이너가 최초로 등장하였다. 1956년 4월 26일 말콤 맥린(Malcom McLean)은 세계 2차 대전에 사용하던 유조선을 개조한 'Ideal X' 호(524 foot)에 58개의 금속 컨테이너 박스와 15,000톤의 벌크 오일을 싣고 미국의 뉴저지주 포트 뉴어크(Port of Newark, New Jersey)에서 텍사스주 휴스턴(the Port Houston, Texas)으로 첫 컨테이너 해상운송을 하면서 해상운송에 혁신을 가져왔다. 말콤 맥린의 이러한 아이디어는 1934년 중고트럭을 구매하여 운송사업을 시작하여 미국에서 5번째 규모의 트럭회사로 성장시키던 중 1937년에 break-bulk의 양하역의 비효율성과 과세의 문제 등에서 시작되었다(He was a man born to set trends, not follow them).

2) 컨테이너 코드표준(B.I.C Codes, ISO 6346)

국제컨테이너사무국(Bureau International des Conteneurs)에서 관리하는 ISO 6346은 국제표준 컨테이너 및 부속장비에 부여되는 고유번호를 말한다. 관리하는 사무국의 이름으로 BIC 코드라고도 부른다. 참고로 국제표준 컨테이너는 ISO 668에서 규정하는 국제표준일관운송용기를 말한다. 1961년에 미국표준협회(ASA)에서 처음으로 폭과 높이를 8피트로, 그리고 길이를 10피트(6미터) 단위로 10ft, 20ft, 30ft, 40ft의 4개 규격을 정하였고, 이 규격이 1961년에 국제표준화기구(ISO)에서 전 세계 표준으로 공식 채택되었다. 이후 ISO규격에 유럽에서 통용되던 5피트 및 $6\frac{2}{3}$피트 규격을 1964년에 추가하였으며, 1969년에 8피트 6인치 높이 컨테이너를 추가하였다. 이후 1995년에는 10피트부터 49피트 길이까지의 컨테이너들을 표준규격으로 인정하여 지금에 이르고 있다. ISO의 표준을 따르는 국제표준컨테이너는 총 15개의 고유한 디지털 코드를 2줄에 걸쳐 타각해야한다. BIC코드가 부여된 컨테이너는 국제거래에 있어 적합성이 부여되었다고 할 수 있으며, 국내에서만 사용한다면 반드시 BIC 코드를 부여해야하는 것은 아니다.

국제표준컨테이너에 표기하는 컨테이너 코드는 두 줄에 걸쳐 표기되어 있다. 첫줄의 컨테이너 코드는 소유자코드(owner code, 3자리), 유형코드(Category idntifier, 1자리), 일련번호(serial number, 6자리), 유효성검정(check digit, 1자리)로 구성되며 이 코드는 컨테이너 윗면과 아랫면에 두 번, 나머지 면에는 한 번씩 표기되어야 하며 번호의 높이가 10cm를 넘어야 한다. 일반적으로 알파벳과 숫자로 구성된 컨테이너 코드에서 소유자 코드의 알파벳 3자리는 소유회사를 의미한다. 소유자코드는 고유한 소유자로 통상 선주나 선사가 이에 해당하며 한번 발급된 소유자코드는 10년 동안 유지된다. 나머지 1자리는 유형코드(category identifier)이다. 유형코드는 J(컨테이너 부착형 부속장치, detachable freight container related equipment), R(냉동컨테이너, reefer (refridgerated) containers), U(컨테이너, freight containers), Z(트레일러, trailers and chassis)로 구분된다. 일련번호는 소유회사가 지정하며 마지막 체크디지트 1자리는 유효성 확인을 위한 숫자로 관리시스템에서 부여하는 숫자이다.

다음 줄에 표기되는 글자는 컨테이너 규격과 종류(Size & Type Code)를 의미하는 코드이다. 4자리로 구성되며 앞의 2자리는 컨테이너 규격을 나타내는 숫자이며 뒷의 2자리는 종류를 나타낸다. 앞의 2자리 중 첫 번째 숫자는 컨테이너 길이이며, 두 번째 자리는 너비와 높이를 조합한 숫자이다. 첫 자리는 10피트에서 40피트의 숫자로 1~4로 표기되며 45피트의 경우 알파벳 L이 부여되어 있다. 두 번째 자리는 2가 8피트6인치를 의미하며, 4가 9피트, 5가 9피트 6인치를 의미한다. 형식의 첫 자리는 기능별 뷰류로 G는 일반컨테이너, V는 통풍컨테이너, B는 드라이벌크 컨테이너, S는 특수컨테이너, R은 냉동컨테이너, H는 보온보냉컨테이너, U는 오픈탑컨테이너, P는 플랫폼 컨테이너, T는 탱크 컨테이너를 의미한다.

〈표 7-2〉 컨테이너 규격

길이	높이	
2 : 20 feet	2 : 8 feet 6 inches	TEU : 8' × 8.6' × 20' (2.438m × 2.581 × 6.058)
4 : 40 feet	4 : 9 feet	
L : 45 feet	5 : 9 feet 6 inches (HQ)	
M : 48 feet		

〈표 7-3〉 컨테이너의 종류와 코드

유형	내용	
일반 컨테이너	G0	밀폐된 컨테이너
	G1	통풍구가 있는 컨테이너
	G2	측면을 개방할 수 있는 컨테이너
	G3	측면을 일부 개방할 수 있는 컨테이너
통풍 컨테이너	V0	자연 통풍구가 있음
	V2	기계 환풍기가 있음
	V4	기계 환풍기가 부착되어 있음
드리이벌크 컨테이너	B0	폐쇄됨
	B1	밀폐됨
	B3	수평 상태에서 배출하며, 권장압력 150kPa
	B5	기울인 상태에서 배출하며, 권장압력 150kPa
특수 컨테이너	S1	가축 운반용
	S2	자동차 운반용
	S3	활어 운반용
냉동 컨테이너	R0	냉동 컨테이너
	R1	보온·냉동 컨테이너
	R2	자체 전원이 있는 냉동 컨테이너
보온보냉 컨테이너	H0	항온장치 외부부착, 열전도율 0.4W/㎡·K
	H1	항온장치 내부부착, 열전도율 0.4W/㎡·K
	H5	항온장치 미설치, 열전도율 0.4W/㎡·K
오픈탑 컨테이너	U0	일반 컨테이너
	U1	출입문 상단 대들보 제거 가능
	U2	측면이 개방되는 컨테이너
	U5	개방되는 문이 없는 컨테이너
플랫폼 컨테이너	P0	바닥만 있음
	P1	앞뒤로 벽이 있음
	P2	기둥이 있음
	P3	벽이 접힘
	P4	기둥이 접힘
탱크컨테이너	T0	위험물을 취급하지 않는 최고압력 45kPa 이하 탱크
	T1	위험물을 취급하지 않는 최고압력 150kPa 이하 탱크
	T6	위험물을 취급하는 최고압력 600kPa 이하 탱크
	T7	기체를 취급하는 최고압력 910kPa 이하 탱크

참고로 HQ 컨테이너는 구분의 용이성을 위해 양쪽 모서리 위쪽에 검정색과 노란색 띠를 표시하고 있다.

예시)

45G1 : 40피트 HQ 컨테이너

22G1 : 20피트 드라이 컨테이너

42U1 : 40피트 오픈탑 컨테이너

22T1 : 20피트 탱크 컨테이너

3) CSC 플레이트

(1) CSC 협약

국제 운송을 위한 통일된 국제 안전 규정을 보장하기 위해 모든 컨테이너는 유효한 선적 컨테이너 CSC 플레이트를 필요로 한다. CSC 인증은 해상 컨테이너를 다루고 운송하는 동안 인간의 생명을 위한 최고 수준의 안전을 유지함을 목적한다. 안전 컨테이너 협약(CSC)은 컨테이너가 선박을 통해 또는 기차 또는 트럭 내에서 육로로 운송될 때 힘에 대한 저항뿐만 아니라 컨테이너의 설계 요구 사항, 최소 기능 요구 사항, 부피, 무게 측정을 통합하는 국제 협약으로 UN과 국제 해사 기구가 공동으로 모인 이 협약은 1972년부터 채택되어 1977년 발효되었으며 우리나라는 1979년에 가입하였다. 참고로 CSC협약은 1972년 제네바에서 유럽경제이사회의 협조하에 국제연합(UN)과 국제해사 기구(IMO)가 합동으로 개최한 '컨테이너 운송에 관한 국제회의'에서 컨테이너의 운송 및 취급에 있어서의 고도의 인명 안전성 유지와 컨테이너의 국제운송 촉진을 위해 채택한 컨테이너의 제작, 시험, 검사, 보수점검에 관한 국제협약이다. CSC는 국제운송을 위한 강제인증이며 이외에도 도로, 철도, 또는 국가별로 추가적으로 인증해야하는 컨테이너 인증이 있다.

(2) CSC 승인내용

컨테이너 제작에 있어 CSC 형식승인을 위해 제출하는 서류(제조자)는 다음과 같다.

- 형식승인 시험 신청서(정부 서식, 별지 61호) : 선박안전법 시행규칙 제58조
- CSC 신청서(선급 서식) : 안전한 컨테이너를 위한 국제 협약(CSC)
- TIR 신청서(선급 서식, 해당 시 제출) : 국제도로 면세 통과 증서의 담보 하에 행하

는 화물의 국제 운송에 관한 관세 협약 및 컨테이너에 관한 관세 협약의 시행에 관한 규정(TIR)

- UIC 신청서(선급 서식, 해당 시 제출) : 국제 철도 연맹 규정에 의한 컨테이너의 승인 등에 관한 규칙(UIC)
- 컨테이너의 제조사양서, 구조도면 및 사용방법에 관한 설명서
- 컨테이너의 제조 및 검사설비개요서

선적 컨테이너 CSC 플레이트는 화물 컨테이너가 용량, 무게, 선적력에 대한 저항력, 그리고 컨테이너 치수에 대한 최소 기준에 대한 특정한 시험을 받을 자격이 있음을 나타낸다. 검사 이후 컨테이너는 컨테이너의 소유자와 원하는 용도를 식별하는 4자리 알파 코드를 얻게 되며, CSC 플레이트는 또한 ISO 표준뿐만 아니라 CSC에 따라 그것들의 진위 여부를 증명한다.

현재 모든 국제 화물 운송은 유효한 CSC 승인을 받아야 한다. 올바른 선적 컨테이너 CSC 플레이트가 없으면 컨테이너 유형이든 상관없이 국제 해상 운송을 위해 상품을 이동할 수 없다. 결과적으로 CSC 플레이트는 컨테이너의 규격과 인증을 나타낸다.

(3) CSC 검사

CSC 검사는 두가지 방법이 있으며 유효기간이 존재한다. 정기적 점검방법(Periodical Examination Scheme, PES) 또는 계속적 점검방법(Approved Continous Examination Program, ACEP)에 의한 검사를 필하여 컨테이너는 항상 검사유효기간 내에 있어야 한다.

정기건사방법 PES(Periodic Examination Scheme)는 CSC협약 부속서 I, 제2규칙 2항에 의거하며 해운관청의 승인을 받아서 실시한다. CSC 플레이트에 차기 보수일(The Next Examination Date, NED)을 표시하며 매 점검시마다 데칼을 교체해야한다. 제조일로부터 최초 보수점검일까지의 간격은 5년이며 최초 보수일 이후에는 매 30개월마다 보수점검을 해야 한다. 계속점검방법 ACEP(Approved Continuous Examination Scheme)은 CSC협약 부속서 I, 제2규칙 3항에 의거하며 해운관청의 승

인을 받아서 실시한다. CSC 플레이트에 ACEP 데칼(ACEP 넘버부여)을 부착하며 교체부착이 필요 없다. 일상점검과 정밀점검으로 이루어지는데 일상점검은 운송수단의 교환마다 이루어지며 정밀점검은 매30개월로 PES랑 동일하다. 아울러 ACEP 보유자들은 시스템에 의해 관리되며 10년마다 갱신된다.

단, 선적 컨테이너 CSC 플레이트는 검사 시스템과 상관없이 해상 컨테이너의 상태가 양호한 경우에만 유효하다.

4) 컨테이너운송의 장단점

(1) 컨테이너 운송의 장점

- 컨테이너는 하역의 기계화로 하역시간 및 수송시간 단축
- 운송수단간 환적이 용이하고 대량수송이 가능하여 시간 및 운송경비 절감
- Door to Door 서비스로 신뢰성 있는 서비스 제공가능
- 자체의 창고역할로 보관비용 절감
- 화물의 도난과 손상 감소
- 컨테이너는 화물의 동질화를 통해 표준화된 물류활동 구현 및 복합운송 실현 가능
- 단위당 운송비의 경제성으로 만약 컨테이너 선박 1만 1천TEU급의 화물을 철도운송으로 하고자한다면 약 71km(약 44 miles)의 길이가 필요함
- 운송수단 비교에서 친환경 운송수단으로 1985년부터 2008년 사이에 컨테이너선 연비는 30% 이상 좋아졌으며, 컨테이너 선박의 대형화물기에 비해 40배 적은 CO2를 배출하며, 대형트럭에 비해 3배 이상 적은 CO2를 배출함
- 운송수단 비교에서 에너지 효율성이 높은데 컨테이너 수송은 철도보다 에너지 효율이 2배반, 도로운송보다는 약 7배 정도 좋음

(2) 컨테이너 운송의 단점

- 하역장비, CY, CFS 등 대규모의 컨테이너 처리시설 필요
- 기항지 최소화로 기항지 이외로 수송되는 화물은 추가비용 발생
- 컨테이너 용기 제작 및 수리 그리고 임대 비용이 높음

• 컨테이너 용기의 신속회수 및 손상방지 등 재고관리 애로
• 선진화된 물류체계(하역설비 및 연계물류체계 등)가 갖추어지지 않은 곳에는 부적합
• 화물의 컨테이너화의 한계로 모든 화물에 적용하기는 불가능
• 갑판적 컨테이너 화물의 보험료 증가

5) 컨테이너 화물의 구분(FCL / LCL)

(1) FCL(Full container Load)

대량으로 수입하는 경우 하나의 컨테이너 또는 그이상의 컨테이너에 가득 채워 해상을 통해 운송하는 것을 말한다. 즉 한명의 화주가 컨테이너 전체를 채워 수입하는 것이다.

(2) LCL(Less than Container Load)

하나의 컨테이너에 여러 화주의 물건을 선적하는 방법으로 소량을 수입하거나 컨테이너 하나를 모두 채우기에 모자란 경우에 이용한다. LCL화물은 부피와 중량에 따라 운송료를 지불한다. CBM이라는 부피 단위를 사용한다. 1CBM은 길이, 너비, 높이가 각각 1m를 뜻한다.

5. 국제 운송관련 조약

1) 국제항공관련조약

(1) Warsaw Convention(바르샤바조약, 1929)

국제 항공운송 관련 규칙의 통일에 관한 최초의 국제규범이다. 동일 사건에 대한 각 국법의 충돌을 방지하고자 국제 항공운송인의 민사책임에 관한 통일법을 제정하였다. 국제 항공운송인의 책임을 일정 한도로 제한하였다(유한책임). 규정 내용을 보면 항공운송장의 법률적 성격, 운송인의 책임범위와 배상한도, 화주와 항공사의 권리로 구성되어 있다. 책임한도액은 다음과 같다.

- 여객 책임한도액 : 1인당 125,000 FGF(US$10,000)
- 위탁수하물 책임한도액 : kg당 250 FGF(US$20.00)
- 휴대수하물 책임한도액 : 1인당 5,000 FGF(US$400.00)
- 화물 책임한도액 : kg당 250 FGF(US$20.00)

(2) Hague Protocol(헤이그의정서, 1955)

헤이그 프로토콜은 바르샤바조약의 일부 조항개정한 것으로 운송인의 여객에 대한 책임한도액을 기존의 2배인 25만 FGF(포앙카레 프랑, US$20,000)으로 인상하였다. 여객 외 책임한도액은 위탁수하물은 kg당 250FGF(US$20.00), 휴대수하물은 1인당 5,000FGF(US$400.00), 화물은 kg당 250FGF(US$20.00)이다.

그 밖에도 의정서는 운송증권의 기재사항을 정리하고, 항공운송장의 양도성에 관한 원칙 규정을 두었으며, 화물·수하물의 운송에서 항공 상의 과실을 면책사유에서 제외하였다. 또한 각 국법에 따른 소송비용의 재정을 인정하고 '고의에 상당하는 과실'에 대한 국제적인 통일개념을 정립하였으며, 운송인의 사용인에 대한 유한책임의 원용을 인정(과실책임주의)하였다.

(3) Guadalajara Convention(과달라하라협약, 1965)

과달라하라협약은 ICAO의 법률위원회가 항공기 및 용기 등의 임대차 증가에 따른 새로운 조약의 필요성을 느껴 채택한 조약이다. 계약운송인 이외의 자가 이행한 국제 항공운송에 대한 일부 규칙을 동일하였다. 참고로 우리나라와 미국은 가입하지 않았다.

(4) Montreal Agreement(몬트리올 협정, 1966)

미국이 항공운송 사고 시 운송인의 책임한도액이 적다는 이유로 탈퇴하자 책임한도액 인상을 합의한 협정이다(절대책임주의). 여객에 대한 책임한도액을 소송비용을 포함하여 1인당 US$ 75,000로 인상하였다(소송비 제외 시, 1인당 US$ 58,000). 본 협정은 미국을 출발, 도착, 경유하는 국제운송에만 적용된다. 여객 운송에 관한 규정만을 두고 있어 화물운송에는 바르샤바조약이 적용된다.

(5) Guatemala Protocol(과테말라 의정서, 1971)

1965년 ICAO 총회에서 책임한도액의 개정 필요성을 제기하면서 1971년 과태말라 외교회의에서 통과하였다. 이는 헤이그 의정서의 개정의정서로 2003년 몬트리올 조약으로 승계발효되었다. 여객의 사상에 관한 운송인의 절대책임, 한도액의 정기적 자동수정, 화해촉진조항 등을 규정하였다.

(6) 몬트리올 제1, 제2, 제3, 제4 추가 의정서

기존의 항공조약 관련 조약 및 의정서에서 표시된 통화단위를 포앙카레 프랑(FGF)에서 IMF의 SDR 기준으로 변경하였다. 제1추가의정서(Montreal Additional Protocol No.1)는 바르샤바조약의 화폐단위인 포앙카레 프랑을, 제2추가의정서는 헤이그의정서, 제3추가의정서는 과테말라의정서의 포앙카레 프랑을 각각 SDR로 변경하는 것이며, 제4추가의정서는 화물·우편물 운송에 관한 개정의정서이다

(7) Montreal Convention(몬트리올 협약, 1999)

잦은 개정으로 복잡해진 바르샤바 체제와 각국의 차이를 통일하기 위한 목적으로 ICAO 국제항공법회의에서 몬트리올 협약은 채택되었다. 운송인의 배상책임을 강화하고 e-비즈니스 관련사항을 새로 규정하며, 5년을 주기로 물가상승률이 10% 이상일 경우 배상한도를 조정하는 등의 내용을 담고 있다. 2020년 기준 여객사망의 경우 128,821 SDR, 여객지연의 경우 5,346SDR/kg, 위탁수화물은 22 SDR/kg, 휴대수화물은 1,288SDR/kg, 화물은 22SDR/kg 책임한도액이 설정되어 있다.

2) 국제해운관련조약

(1) Hague Rules(헤이그규칙, 1921)

헤이그 규칙은 선하증권에 관한 규정 통일을 위한 국제협약이다. 헤이그규칙 적용요건은 먼저 헤이그규칙 체약국으로부터 해상운송을 해야 하며, 선하증권을 발행한 경우에 적용된다. 그리고 용선계약에서는 적용되지 않는 것이 원칙이나 일반 선하증권이 발행된 경우에는 예외적으로 허용되기도 한다.

헤이그 규칙은 해상운송인의 최소한의 의무와 책임을 규정하고, 과실책임주의를 채택하였다. 운송인의 책임구간은 선적 시부터 양하 시까지이며 책임한도액은 1포장(단위)당 100 스털링 파운드이다. 운송계약의 당사자는 특약에 의하여 본 규칙의 한도액 이상으로 운송인의 책임한도액을 정할 수 있지만 감할 수는 없다고 규정되어 있다. 또한 운송인의 선박의 감항능력에 대한 주의 의무를 규정(면책특약 금지)하고 있다. 운송인은 상업(상사) 과실에 대해서는 책임을 부담하며(운송물에 대한 주의 의무), 운송인은 선주 또는 용선자를 포함한다. 그리고 운송인의 항해과실은 면책이며 운송인 또는 사용인의 고의나 과실로 인하여 발생한 것이 아닌 이상, 선박 화재는 원칙적으로 운송인 면책으로 규정되어 있다.

(2) Hague-Visby Rules(헤이그-비스비 규칙, 1968)

헤이그규칙에 대한 개정 의정서이다. 해상운송인의 책임을 상향하고, 컨테이너에 관한 규정을 설정하였다. 책임한도액은 포장·단위당 666.67SDR 또는 kg당 2SDR 중 큰 금액이다. 헤이그비스비 규칙에서는 히말라야 약관을 명문화하였다. 히말라야 약관은 선하증권상 운송인의 이행보조자(사용인, 대리인, 하청운송인 등)의 면책을 규정한 약관이다. 마지막으로 화물손해배상 산정 기준의 명문화하였는데 물품 인도 시 도착지 가격 기준이다.

(3) Hamburg Rules(함부르크규칙,1978)

함부르크규칙은 해상물품운송조약에 관한 UN 협약으로 모든 해상운송에 적용된다. 헤이그규칙이 선진국 선주의 권익을 대변하고 있다는 개도국의 주장을 반영하여 화주의 권익이 신장된 선하증권 관련 국제규칙이다. 운송인의 면책조항을 삭제하고, 책임한도액을 대폭 상향 조정하였다. 책임한도액은 1포장(단위)당 835SDR 또는 1kg당 2.5SDR 중 큰 쪽을 적용한다. 지연손해에 대해서도 명문화 하였는데 인도 지연 시 운임 2.5배 이내에서 배상하도록 하였다. 아울러 추정과실책임주의 채택하여 운송인의 과실에 의한 것으로 추정하는 것을 적용하여 운송인 책임 확대하였다. 운송인의 책임구간은 인수에서 인도까지로 규정하였다.

(4) Rotterdam Rules(로테르담 규칙, 2008)

로테르담 규칙은 UNCITRAL(유엔국제상거래법위원회) 주도로 채택된 국제물품운송계약에 관한 UN 협약이다. 적용 범위는 해상운송이 포함된 복합운송으로 확대하였다. 전자선하증권도 일반 선하증권과 동일한 효력으로 인정하였으며, 항해과실 면책조항을 폐지하고, 화재면책 범위도 축소하였다. 손해 발생 구간이 밝혀지지 않은 화물손해는 해상운송에서 발생한 것으로 보도록 하였으며 지연인도 손해에 대해서는 운임의 2.5배를 배상해야 한다. 운송인의 책임한도액은 1포장(단위)당 875SDR 또는 1kg당 3SDR 중 큰 쪽을 적용한다. 마지막으로 과실추정주의를 채택하여 운송인의 감항능력 주의 의무는 전체 해상운송 기간으로 확대되었다,

(5) CMI Uniform Rules for Electronic Bills of Landing(전자선하증권의 CIM 통일규칙, 1990)

CMI 통일규칙은 오늘날 서류로 된 선하증권 대신 EDI Message로 대체한 Electronic B/L의 필요성이 증대함에 따라, Electronic B/L의 양도에 관하여 1990년 국제 해사위원회에서 '전자식 선하증권에 관한 통일규칙'을 제정하였다.

3) 국제 육상운송조약

(1) CMR(onvention on the Contract for the International Carriage of Goods by Road, 국제도로물품운송조약, 1956)

"제네바 국제협약(International Convention of Geneva)"이라고도 하는데 국제간 육로로 화물을 운송할 때 적용되는 운송조약으로 운송인의 책임에 관하여 규정한 조약이다. 화물을 운송할 때 해당되는 국가 중 어느 한쪽이라도 가입되어 있으면 적용된다. 운송인의 배상책임은 엄격책임주의(strict liability)로 면책사유 이외의 사유로 인한 화물 전체나 일부의 멸실·훼손·인도 지연에 대해 책임을 진다. 손해배상액은 운송인의 고의와 중대한 과실이 아닐 경우 화물 1㎏당 50금 프랑이며 중대한 과실의 경우 정상적인 책임한도액의 2배로 제한한다. 인도 지연의 경우 실제 손해에 관한 증명이 없으면 특정 운송 기간의 10% 지연에 대해 운임의 10%를 반환해야 하며,

증명이 있으면 그 손해액을 배상해야 한다. 이때는 해당 운임의 2배를 초과할 수 없도록 규정하고 있다. 그리고 운송 경로의 일부가 해상운송이 포함되어 있는 경우라 할지라도 선상에서 도로차량(road vehicle)으로부터 물품이 적출되지 않을 때에 전 운송구간은 국제도로운송으로 간주한다.

(2) CIM(International Convention concerning the Carriage of Goods by Rail, 국제철도물품운송조약, 1961)

1980년 5월 스위스 베른에서 채택된 조약(the Convention concerning International Carriage by Rail, COTIF)에 부속된 규칙으로 흡수되어 Uniform Rules concerning the Contract for International Carriage of Goods by Rail이 되었다.

6. 해운동맹

1) 해운동맹의 개요

해운동맹은 1875년 영국과 인도의 캘커타를 취항하던 4개의 선사가 해운동맹을 결성하면서 시작되었는데 이후 브라질, 중국, 남미동안항로 등에 동맹이 출현하면서 약 400여 개의 해운동맹이 형성되었다. 하지만 1970년대 후반부터 정기선시장에 뛰어든 신흥개도국의 세력과 함께 결정적으로 1984년 미국의 신해운법(Shipping Act of 1984)과 1998년 개정해운법(The Ocean Shipping Reform Act of 1998)이 해운동맹의 과점체제를 약하게 만들었으며 2008년 유럽연합(EU)에서 공동행위 및 경쟁제한행위의 금지로 해운동맹은 결국 와해되었다. 참고로 2008년 10월 18일부터 발효된 유럽의 공동행위 및 경쟁제한행위의 금지는 유럽지역을 운항하는 선사는 해운동맹, 컨소시엄, 전략적 제휴 등 어떠한 형태로도 운임 또는 할증료에 대한 협의, 가이드라인 설정 및 담합, 선복량 조정 및 감축 등을 포함한 모든 경쟁제한행위를 할 수 없으며 개별적 선사들 간 접촉 역시 규제와 처벌의 대상이 된다. 특히 컨테이너선박의 보편화로 차별적 서비스가 부재하며, 기존의 P2P(port to port) 운송에서 D2D(door to door) 운송으로의 변화로 선사 주도권이 약화되었으며, 무엇보다 주도권(hegemony)의 이동이 해운동맹 와해에 영향을 미쳤다.

결과적으로 해운동맹이 와해되기 시작하면서 지금의 해운시장은 큰 변화를 겪고 있으며 이러한 배경에는 세계 경제의 흐름과 해운시장의 수요와 공급문제가 발생하였다. 즉, 선사 주도적 해운시장은 화주 중심으로 변하기 시작하였으며, 기존의 동맹체제가 붕괴되면서 동맹과 비동맹선사들 간의 공조체제가 형성되기 시작하면서 기존의 폐쇄적 해운동맹이 아닌 개방적 해운동맹이 탄생하였다. 태평양항로안정화협정(Trans Pacific Stabilization Agreement, TSA) 등 개방형 해운동맹은 동맹과 달리 공동운임을 정하지 않고, 선사 간의 협정에 의한 선복량 조절을 통하여 시장운임 안정화를 도모하고 있다. 참고로 유럽의 공동행위 및 경쟁제한행위의 금지법에도 해운기업들은 운임 및 할증료에 직간접 영향을 미치지 않는 범위(운항선사 간 운임, 선복량, 비용 등의 정보교환은 금지)에서 시장정보수집, 분석 및 교환, 운항서비스와 관련된 협력 등의 공동행위는 허용되며, 컨소시엄도 시장점유율(market share)이 35% 미만인 경우에만 한시적으로 허용된다. 하지만 동맹이나 얼라이언스에 가입하지 않는 선사가 제도적으로는 유리하지만 정기선 시장의 특성상 해운동맹은 아니라도 얼라이언스의 가입은 필요하다. 결과적으로 오늘날 해운시장에서 규제를 피하기 위해 정기선 시장의 경우에는 경쟁력 강화를 위해 선사들이 전략적 제휴(alliance) 또는 기업인수합병(M&A)을 선택한다.

2) 해운동맹의 장단점 및 운영

해운동맹의 장단점은 해운동맹의 확산에 따라 선사들의 담합행위에 대해 영국과 미국이 1909년과 1914년에 조사한 해운동맹조사위원회의 보고서에서 파악할 수 있다. 해운동맹의 장점은 발착일의 정확성, 다빈도, 규칙성, 안정적 자본투자, 운임의 안정으로 생산 및 판매계획 수립에 긍정적 효과, 합리적 배선으로 과당경쟁방지, 운임부담력에 근거한 운임 공평성, 영세선사들의 생존 등이 있다. 한편, 해운동맹의 단점은 독점으로 인한 과대이윤, 서비스의 저하, 클레임의 회피, 보복적 차별대우, 운임의 거품, 물동량이 소량인 지역의 기피, 운임할려제 등의 배타적인 선사의 독점적행위가 있다.

해운동맹은 대내적으로 동맹내부의 경쟁을 최소화하기 위한 운임협정, 배선협정, 공동계산협정, 등의 방법이 있으며, 대외적으로 대외선사의 활동을 억제하기 위한 대항선을 운영한다. 화주들을 동맹에 구속하기 위한 각종 계약제도가 실시되고 있는데 계약운임제, 삼중운임제, 운임환급제, 우대운임제가 이에 해당한다.

3) 해운동맹 운임제

(1) 계약운임제(Contract rate system)

해상운임동맹이 동맹운임보다 낮은 운임으로 대처하는 비동맹선사의 저운임 공세에 대비하여 취하는 특별운임제도로 하주가 동맹선에만 적재하기로 계약할 때, 동맹은 일반하주보다 싼 운임률을 적용한다.

(2) 이중운임제(Dual rate system)

해운동맹이 맹외선과 경쟁하기 위하여 채택하고 있는 이중의 표정운임률을 말함. 동맹선 만을 이용하는 화주에게는 계약운임률(contract rate)을 적용하고, 맹외선도 이용하는 화주에게는 고율의 비계약운임률(non-contract rate)을 적용시킨다. 이중운임계약은 dual rate contract, loyalty contract, exclusive patronage contract라고도 한다.

(3) 운임할려제(Fidelity rebate system)

일정기간 동안 자기 화물을 모두 동맹선에만 선적한 화주에 대해 운임이 선불(先拂)이든 후불(後拂)이든 관계없이 그 기간 내에 선박회사가 받은 운임은 일정비율을 기간 경과 후에 환불하는 제도이다. deferred rebate system과는 달리 유보기간은 없이 일정기간 경과 후에 그 환불금을 전액 한 번에 지급한다.

(4) 경쟁격퇴선(Fighting ship)

해운동맹이 어느 항로에 있어서의 다른 맹외선을 몰아내기 위하여 사용하는 선박을 말하는데, 동맹이 맹외선 운항스케줄과 동일한 선박을 멤버회사 가운데서 선출하여 투입시켜 비동맹선과 경쟁시키는 것을 말한다. 이러한 Fighting ship의 운임은 정상적인 동맹운임보다 대폭 인하된 것으로서 맹외선이 철수되거나 혹은 출항하고 나면 운임은 곧 정상수준으로 돌아가고 Fighting Ship을 낸 선주의 결손을 동맹의 공동비용으로 보상하게 된다. 이러한 제도는 대다수 국가에서 금지하고 있으며, 해운동맹 와해 이후 적용하지 않는 시스템이다.

4) 동맹선사 간 협정

(1) 운임협정(rate agreement)

운임협정은 해운동맹에 공통되는 기본적 협정으로 운임경쟁을 지양하도록 한다. 운임률을 정해 공표하는 것을 공정운임표(tariff)라고 하며, 가맹선주는 공정운임표(tariff)를 준수해야한다. 이를 위반하는 경우위약금(Penalty)을 지급해야한다. 운임률의 변경은 동맹의 총회에서 결정한다.

(2) 항해협정(sailing agreement)

항해협정은 동맹선사간 적정한 배선수를 설정하고 유지함으로서 선복과잉에 의한 경쟁을 방지하려는 것을 목적으로 한다. 운임협정보다 강화된 경쟁방지수단에 해당하며 특정항로당 선복량을 동맹선사별로 할당하고 배선, 지역, 화물종류나 수량에 대한 협정이 있다. 초과분이 발생할 경우 이에 대한 위약금(Penalty)이 부과된다.

(3) 공동계산협정(pooling agreement)

공동계산협정은 동맹선사 간 특정항로에서 일정기간동안 발생한 운임에서 항해경비 및 하역비를 공제한 운임수입을 미리 정한 배분율에 따라 배분하는 것으로 운임공동계산제와 물량을 기준으로 하는 방법이 있다.

(4) 공동경영(joint service)

공동경영은 경쟁배제, 경비절감, 합리적이 배선을 목적으로 동맹 내의 가맹선사가 특정항로의 경영을 통합하는 협정이다.

(5) 중립감시기구(neutral body, N/B)

중립감시기구는 동맹선사 간 질서유지 및 내부협약을 준수하도록 하기 위해 동맹내에 두는 기구로, 회원사의 부당행위를 감독하고, 위반 시 이에 대한 위약금(Penalty)을 부과한다.

(6) 맹외선대책(outsider)

동맹에 가입하지 않은 맹외선 또는 비동맹선은 동맹선에 대항하기 위해 동맹선보다 10-20%저렴한 운임으로 운항한다. 이 경우, 특정항로에서 맹외선을 축출하기 위해 일정기간 해동항로에 대항선(fighting ship)을 투입하여 저운임으로 운행하며 맹외선을 공격한다. 여기서 발생하는 손실은 동맹선사가 공동으로 부담하며, 미국해운법과 각국해상법에서 금지하는 규정이다.

5) 해운동맹의 화주 유인책

(1) 계약운임제(dual contract rate system)

계약운임제는 해운동맹이 채택한 화주구속수단 중 가장 유효한 것이다. 일반화주인 비계약화주에게 일반운임률, 비계약운임률을 적용하고 동맹선사를 이용하는 화주에게 일반운임보다 낮은 계약운임률을 적용한다.

(2) 삼중운임제(triple rate system)

비계약운임률, 계약운임률, 특별계약운임률을 동시에 적용하는 제도로 비동맹선과 경쟁에서 화주를 확보하기 어려운 경우 사용된다.

(3) 운임환급제(freight rebate system)

운임환급제에는 성실환급제와 이연환급제가 있다. 일정기간 동맹선에 선적한 화주에게 운임의 일부분을 환급해주는 것으로 동맹선사에서 일방적으로 환급선언서

(rebate circular)를 발행하여 화주에게 통지한다.

(4) 성실환급제(fidelity rebate system)

화주가 동맹과 미리 계약을 맺지 않고 일정기간(4개월) 동안 동맹선을 이용한 선적명세서를 제시하여 리베이트를 요청하면 총운임액의 일정비율(약 9.5% 내)을 환급하는 제도이다. 일정계산기간이 지나면 유보기간 없이 즉시 지급한다.

(5) 이연환급제(deferred rebate system)

이연환급제는 성실환급제보다 환급시기가 한 기간 늦어지는 제도이다. 화주가 일정기간(6개월) 동맹선에만 선적하고 그 이후에도 동맹선에 선적할 경우 총운임액의 일정비율(통상10%)을 환급해 준다.

7. 항공운송

1) 항공화물운임요율

(1) 특정품목할인요율(specific commodity rate, SCR)

특정품목 중 대형화물에 대해 운송되는 기간과 품목의 최저중량을 지정하여 적용하는 할인요율이다.

(2) 품목분류요율(comodity classification rate, CCR)

- 일반화물요율의 백분율에 의한 할증(S) 또는 할인(R)에 의해 결정되며 class rate는 일반화물요율보다 낮은 경우와 높은 경우로 나누어진다.
- class rate의 할인(R)품목은 화물로 수송되는 수하물 및 신문, 잡지와 같은 정기간행물과 점자책 및 그 용구가 이에 해당한다. 단 calendar, price tag, poster 등은 적용 불가하다. 할증(S)요율이 적용되는 품목으로는 귀중품, 생동물, 유해, 유골, 자동차 등이 있다.

(3) 종가운임(valuation charge, VC)

귀금속과 같이 고가의 품목에 적용되는 운임으로 품목의 값에 따라 운임이 적용된다. 운송 중 사고가 발생 시 보상을 고려하여 선택하게 된다. 사고발생 시 최대 배상한도액이 존재하며 kg당 20달러이기 때문에 종가를 지불한다면 최대배상 한도액 이상의 실제 손해액을 배상받을 수 있기 때문이다.

(4) 일반화물요율(general cargo rate, GCR)

위와 같은 특수한 품목을 제외하고 일반화물요율이 적용된다.

- 최저운임(minimum charge, M) : 화물운송에 적용 가능한 가장 낮은 운임이다. 화물의 중량운임 또는 부피운임이 최저보다 낮은 경우 적용되며 요율표에 (M)으로 표기된다.
- 기본요율(normal rate, N) : 45kg 미만의 화물에 적용되며 모든 화물의 기본이 된다.
- 정량요율(quantity rate, Q) : 중량이 높아짐에 따라 항공화물의 요율은 일정한 단계(45kg, 100kg, 200kg 이상 등)별로 kg당 요율이 낮아진다. 45kg 이상의 화물인 경우 해당 화물의 중량에 따라 단계별로 낮은 요율이 설정된다.

8. 복합운송

1) 국제물류주선업자의 구분

(1) 포워더

단순포워더는 화주가 요청하는 운송을 위해 적절한 선박을 수배하여 화주가 의뢰하는 화물을 해당 선박에 선적하고 이후 발행된 선하증권을 화주에게 전해주는 업무를 수행한다. 자체적으로 House B/L을 발행하지 않고, Original B/L을 화주에게 단순히 전해주는 역할을 수행하기 때문에 단순포워더라 할 수 있다.

(2) 복합운송인 포워더(NVOCC)

단순포워더 기능이 아니라 일관운송 전반에 걸친 서비스를 제공하는 것을 목적으로 운송수단은 보유하고 있지 않지만 선박 및 다른 운송수단을 결합하여 독자적인 운송서비스와 자체 운임요율표를 보유하고 있다. 독립적인 운송인의 자격으로 전 구간에 걸쳐서 제공되는 일관운송서비스를 제공한다.

(3) Carrier형 복합운송인(VOCC)

운송수단(선박, 트럭, 항공기 등)을 보유하면서 복합운송업을 수행하는 자를 일컫는다(최근에는 해상운송인이 대표적인 Carrier형 복합운송인).

2) 복합운송인의 책임체계

(1) 통합책임체계(Uniform Liability System)

운송물의 멸실·손상·지연 손해가 복합운송의 어느 구간에서 발생하였느냐를 묻지 않고 복합운송인은 동일한 기준으로 책임지는 제도이다. 이는 비록 복합운송이 많은 구간운송으로 구성되지만 화주에게는 하나의 운송이고, 만약 복합운송인이 운송구간마다 서로 다르게 책임을 부담한다면, 사고가 어디에서 발생하였느냐에 따라, 그 배상액이 달라지는 불합리 때문에 하나의 기준으로 책임지게 하고 있다. 본 체계는 간명법을 취하기 때문에 이른바 엄격책임을 피할 수 없어, 유일한 면책사유로 불가항력적 사유만을 인정하고 있다(무과실책임원칙). 즉, 복합운송인은 면책사유로 멸실·손상·지연을 피할 수 없었고, 그 결과를 방지할 수 없었음을 입증하면 책임지지 않는다.

(2) 분할책임체계(Network Liability System)

손해발생구간을 판명·불명으로 나누어 각각 다른 책임체계를 적용하는 방식이다. 불명손해(concealed damage)는 그 손해가 해상구간에서 발생한 것으로 추정하여, 헤이그/비스비규칙을 적용하거나 별도로 정한 기본책임(basic liability)을 적용한다. 판명손해는 그 구간의 국내법이나 국제조약을 적용한다. 만약 손해가 항공구간에서 발생하면 바르샤바조약, 해상구간에서 발생하면 헤이그 비스비규칙을 각각 적용한다.

(3) 변형통합책임체계(Modified Uniform Liability System)

이는 분할체계와 통합체계의 절충방식으로 유엔조약이 채택한 책임체계이다. 유엔조약은 손해발생구간에 관계없이 동일한 책임을 적용한다는 점에서 통합체계를 채택한 것으로 보이나, 손해발생구간이 판명되고, 그 구간의 법정책임한도가 유엔조약의 책임한도(918.51SDR /package or 2.75SDR/kg)보다 높으면, 그것의 적용을 인정하여 분할책임체계를 가미하고 있어, Modified Network System or Flexible System이라 칭하기도 한다.

3) 국제복합운송경로

① Land Bridge

해상-육상-해상 복합운송경로에 있어서 유라시아 대륙이나 미주 대륙을 두 해상운송을 연결하는 다리의 역할로 인식하는 복합운송의 형태. 특히 동아시아로부터 유럽까지 도달하는 경로이다(ALB-CLB-MLB-MicriLB).

② SLB(Siberia Land Bridge)

극동지역에서 유럽까지 경로에 있어서 러시아의 보스토치니, 나호트카, 블라디보스토크, 바니노 등 4개 항만에서 시작하는 TSR(Trans Siberia Railway : 시베리아횡단철도로서 총 길이 9,288km로 급행으로 갈 경우 모스크바까지 7일 소요되며 궤간 1,524mm의 광궤)을 이용하여 러시아 서부 국경까지 운송하고 그 이후는 철도나 트럭으로 유럽으로 연결된다.

③ TCR(Trans China Railway)

중국횡단철도로 중국 연운항에서 출발하여 카자흐스탄 알라산쿠까지 총 길이 4,018km의 표준궤(궤간 1,435mm)로서 유럽까지는 TSR을 비롯한 4개의 노선으로 분기하여 유럽으로 연결된다.

④ TMGR(Trans Mongolia Railway)

몽고횡단철도(사실상 종단철도)로 중국 단둥, 베이징, 몽고의 울란바토르를 거쳐 TSR로 연결된다.

⑤ TMR(Trans Manjuria Railway)

만주횡단철도로 중국장춘철도라고도 불리며 TSR로 연결된다.

⑥ TKR(Trans Korea Railway)

한반도종단철도로 표준궤를 이용한다.

⑦ TAR(Trans Asia Railway)

아시아횡단철도로 TSR, TCR, TMGR, TMR, TKR을 연결하는 국제철도노선으로 북부노선은 유럽으로, 남부노선은 이란 및 터키로, 아세안노선은 아세안 국가 및 인도차이나 반도 국가들로 연결된다. 참고로 TSR 약 11,500km로 22일~28일 소요, TCR-TSR은 19일~21일 소요, All Water Service 약 23,000km로 33일~35일 소요된다.

⑧ ALB(America Land Bridge)

극동 아시아에서 미국 서부해안까지 해상운송, 미국을 철도운송으로 횡단하여 미국 동부해안에서 유럽까지 해상운송하는 경로이다. 미국 대륙을 다리로 이용한다는 개념이며, 동아시아 항만에서 미국 서안의 주요 항만(LA, LB)까지 선박으로 해상운송을 한 뒤에 철도운송으로 연계하여 미국 동안/남동부쪽 항만으로 운송 후 다시 해상으로 유럽지역 항만이나 유럽내륙까지 복합운송하는 방식입니다. 1967년 아랍과 이스라엘의 전쟁으로 수에즈운하가 봉쇄되면서 개발된 서비스로 아시아에서 유럽으로 이르는 새로운 경로로 인지되었다.

⑨ CLB(Canadian Land Bridge)

극동 아시아에서 캐나다의 벤쿠버까지 해상운송, 캐나다 횡단철도로 몬크리올까지 철도운송한 후 유럽까지 해상운송하는 경로이다.

⑩ MLB(Mini Land Bridge)

MLB는 미국의 서부에서 동부로의 운송에 있어 철도와 도로를 이용하여 운송하는 형태이다. 다만 미국 대륙 횡단이 아니라 미국 동부해안 또는 걸프 지역 항만까지 운송하는 해륙복합운송경로이다. ALB와 유사하게 1970년대 초에 서비스가 시작되었다.

ALB가 해상에서 육상으로 그리고 다시 해상운송의 과정을 거치는 3단계의 과정이라면 MLB는 해상에서 육상운송의 과정을 거치는 2단계 과정이다. 극동지역에서 미국, 캐나다의 서해연안항까지는 일반적으로 해상운송을 한 뒤 미국, 캐나다의 철도로 미국 동부연안 또는 멕시코만 일대의 각 지점 항만까지 수송하는 해륙복합운송의 형태이다.

⑪ IPI(Interior Point Intermodal)

Micro Land Bridge, Micro Bridge Service 등으로 불리며 미국 내륙지역까지 철도운송 한 후 수하주 문전까지 공로운송하는 것으로 MLB가 Port to Port 운송이라면 IPI는 Port to Place운송이라고 할 수 있다. 구체적으로 동아시아에서 출발하여 미국 태평양 연안까지 해상운송하고 철도나 트럭으로 미국 내륙지역으로 육상운송하는 방식이 된다. 미니랜드브릿지가 대륙횡단철도를 이용하여 항구에서 항구(Port to Port)로 화물을 운송하는 것과 대조적으로 마이크로 랜드브릿지는 항구에서 주요 도시(Port to Point)로 트럭을 이용해 화물을 운송한다.

⑫ RIPI(Interior Point Intermodel)

동아시아에서 파나마운하를 경유하여 미국 동해안으로 해상운송하고 그곳에서 철도나 트럭으로 내륙지역으로 육상운송하는 방식을 리버스 마이크로 랜드브릿지(Reversed Micro Land Bridge) 또는 리버스 인테리어 포인트 인터모델(Reversed Interior Point Intermodel, RIPI)이라고 한다.

9. 물품의 화인(Shipping Marks)

화인(Shipping Marks)은 다른 화물과 구분할 수 있도록 포장 속에 있는 화물에 대한 정보를 표시하는 것으로 포장단위마다 하나씩 부착한다. 일반적으로 박스(carton)로 포장해서 출고하는 제품이라면 박스에 마크를 부착하며 파레트(pallet) 단위로 출고하는 제품이라면 파레트 래핑 위에 부착하여 포장내부를 확인하지 않고 쉽고 빠르게 화물을 구분할 수 있다.

화인에 기재된 숫자 또는 기호는 제품을 관리하는데 사용되기에 공급자의 Packing List의 정보와 일치해야 한다. ① 주화인(Main Mark)은 특정한 기호(Symbol)를 표시하고 그 안에 수입자의 상호 등의 약자를 표시하며 ② 부화인 공급자의 약자를 표시하며 ③ 화번(Case Number)은 송장(Invoice), 적하목록(MF, Manifest), 기타 운송서류와 대조하여 식별, 확인하기 위해서 매외장에 표시하는 일련번호이다. ④ 착항표시(Port Mark)는 화물의 오송방지를 위한 필수적인 화인으로써 복수항로의 경우 New York via Seattle 등으로 표시한다. ⑤ 중량표시(Weight Mark)는 운임계산, 통관, 하역작업 등을 용이하게 할 수 있도록 순중량(Net Weight)과 총중량(Gross Weight)을 표시한다. ⑥ 원산지표시(Origin Mark)는 생산국을 외장의 맨 아래 표시하며 ⑦ 주의표시(Care Mark Side Caution Mark)는 화물취급상 특히 주의할 점(This side up, Freight, Keep dry)을 통상외장의 측면에 표시하며 ⑧ 기타의 표시로는 수입자의 요청에 따라 주문표시(Order No.), 지시표시(Attention Mark), 물품의 등급(Grade) 또는 품질표시(Quality Mark)가 있다.

<table>
<tr><td rowspan="4">Main Mark (주마크) ;
Principal Mark</td><td>Consignee's name (수취인의 이름)
ex) KMU Co.,Ltd.</td><td rowspan="4">KMU
Daegu, Korea
No : 3-8
MADE IN CHINA</td></tr>
<tr><td>Destination (도착지)
ex) Daegu, Korea</td></tr>
<tr><td>Carton Serial Number (상자번호)
ex) 8개상자 중 3번째인 경우 3/8 or 3–8</td></tr>
<tr><td>Country of origin (원산지표시)
ex) MADE IN CHINA</td></tr>
<tr><td rowspan="5">Weight &
Measurement Mark
(중량 및 용적표시)</td><td>ITEM (제품명)</td><td rowspan="5">ITEM NO : 13585
Q'TY : 1 PCS
G.W : 4 KGS
N.W : 3 KGS
MEAS : 50*40*55 CM</td></tr>
<tr><td>Q'TY (수량)</td></tr>
<tr><td>G.W Gross Weight (총중량)</td></tr>
<tr><td>N.W Net Weight (순중량)</td></tr>
<tr><td>MEAS Measurement Mark (용적)</td></tr>
<tr><td>Handle with
Care(주의마크)
Care Mark ; Caution
Mark ; Side Mark</td><td colspan="2">USE NO HOOKS, WITH CARE, KEEP DRY, THIS SIDE UP, OPEN HERE, FRAGILE 등
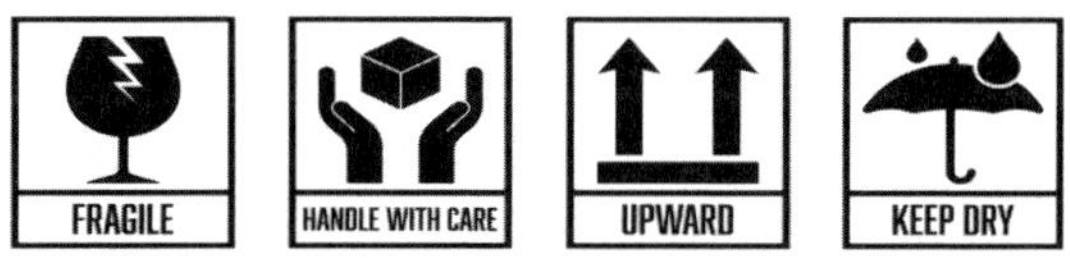
</td></tr>
<tr><td>Dangerous Goods
Markings
(위험물 표시)</td><td colspan="2">9개 등급의 위험물에 해당하는 화물을 운송하는 경우 상자에 위험기호가 적절히 표시되어야 한다. UN성능포장요건에 의해 잠재적으로 위험물을 운송하려는 회사는 UN기준을 따라야 한다.
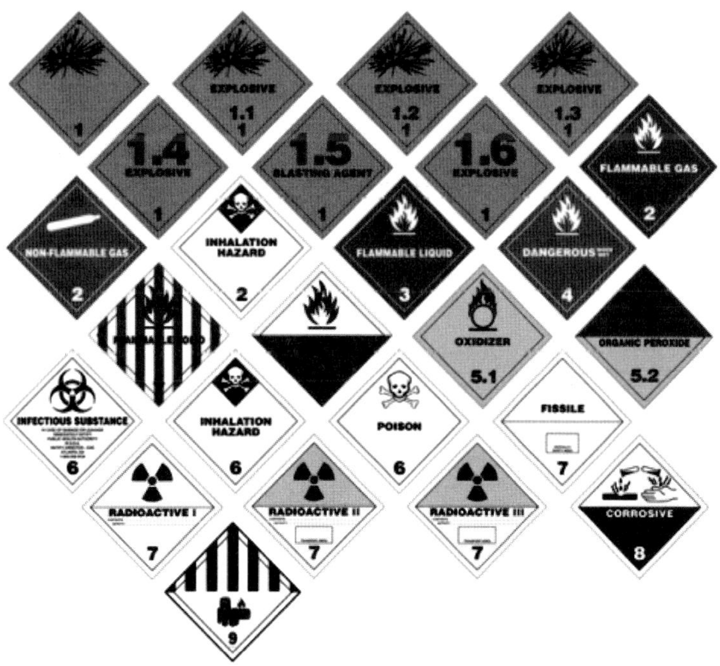
</td></tr>
</table>

실전문제

01. Which of the following is the best title for the passage?

A system used within some conference systems, whereby a shipper is granted a rebate of freight paid over a specified period subject to his having used Conference line essels exclusively during that period.

① Contract rate system

② Dual rate system

③ Fidelity rebate system

④ Fighting ship

해석

01. Which of the following is the best title for the passage? (다음 중 이 구절에 가장 적합한 제목은 무엇입니까?)

A system used within some conference systems, whereby a shipper is granted a rebate of freight paid over a specified period subject to his having used Conference line vessels exclusively during that period. (일부 동맹시스템 내에서 사용되는 시스템으로, 화주가 해당 기간 동안 독점적으로 동맹선(Conference line)을 이용한 경우에 따라 지정된 기간 동안 지불된 운임의 리베이트를 받는다.)

① Contract rate system (계약운임제)

② Dual rate system (이중운임제)

③ Fidelity rebate system (운임할려제)

④ Fighting ship (경쟁격퇴선)

정답 ③

• 해당설명은 독점적으로 해운동맹의 선박을 이용하는 경우 이용가능한 운임할려제에 대한 설명이다.

02. Select the best answer suitable for the following passage.

Chartering term whereby the charterer of a vessel under voyage charter agrees to pay the costs of loading and discharging the cargo.

① FI ② FO ③ FIO ④ FIOST

해석

02. Select the best answer suitable for the following passage. (다음에서 가장 알맞은 답을 선택하시오.)

Chartering term whereby the charterer of a vessel under voyage charter agrees to pay the costs of loading and discharging the cargo. (항해용선 선박의 용선자가 화물의 적재 및 양하 비용을 부담하는 것에 동의하는 용선계약 조건)

① FI(Free In)

② FO(Free out)

③ FIO(Free In and Out)

④ FIOST(Free in and Out Stowed and Trimmed)

정답 ③

• 지문에서 항해용선 계약조건은 FIO조건으로 용선자가 화물의 적재 및 양하비의 전부를 부담하는 것을 의미하며 이에 FIO가 정답이다.

03. Which can NOT be inferred from the following correspondence?

Dear Mr. Han With reference to your letter, we are pleased to inform you that we have been able to secure thve vessel you asked for. She is the SS Eagle and is docked at present in Busan. She is a bulk carrier with a cargo capacity of seven thousand tons, and has a speed of 24 knots which will certainly be able to make the number of trips in two months. Once the charter is confirmed, we will send you a charter party. Yours sincerely.

① Shipper has a lot of goods in containers.

② Time charter is appropriate for the transaction.

③ The charter party to be issued is not negotiable.

④ The writer is a chartering broker.

해석

03. Which can NOT be inferred from the following correspondence? (다음 서신에서 추론할 수 없는 것은 무엇인가?)

Dear Mr. Han (친애하는 한씨에게)

With reference to your letter, we are pleased to inform you that we have been able to secure the vessel you asked for. (귀하의 편지와 관련하여, 우리는 귀사가 요구한 선박을 확보할 수 있었음을 알려드리게 되어 기쁩니다.)
She is the SS Eagle and is docked at present in Busan. She is a bulk carrier with a cargo capacity of seven thousand tons, and has a speed of 24 knots which will certainly be able to make the number of trips in two months. (선박은 SS 이글호이며 현재 부산에 정박해 있습니다. 7천 톤급의 벌크선으로 24노트의 속도를 가지고 있어 확실히 두 달 동안 여러 번 운항 할 수 있을 것입니다.)
Once the charter is confirmed, we will send you a charter party. (용선계약이 확정되면 용선계약서를 보내드리겠습니다.)
Yours sincerely. (그럼 안녕히 계세요.)

① Shipper has a lot of goods in containers. (화주는 컨테이너에 많은 상품을 가지고 있다.)
② Time charter is appropriate for the transaction. (정기용선 계약방식이 해당거래에 적합하다.)
③ The charter party to be issued is not negotiable. (발급될 용선계약은 협상되지 않았다.)
④ The writer is a chartering broker. (글쓴이는 용선중개업자이다.)

정답 ①

• ① 서신에서 해당 선박은 bulk carrier이라고 언급하고 있기 때문에 화주(shipper)는 컨테이너 화주가 아닌 벌크화물의 화주임을 알 수 있다. ② 수신인이 배를 구하는 조건에 대해 두 달 동안 여러 번 운항을 할 수 있다는 내용으로 미루어 기간용선(time charter)을 원한다는 것을 알 수 있다. ③ 발행될 계약은 협상이 아직 확정적이지 않고 확정되면 용선계약서를 발송한다고 언급하고 있다. ④ 서신의 내용에서 charter party(용선계약서)를 언급하면서 용선계약을 진행하고 있는 상황으로 미루어 발신인은 수신인이 원하는 조건의 선박을 용선해주는 용선중개업자(chartering broker)이다.

04. What kind of charter does the following explain?

It is a charter, an arrangement for the hiring of a vessel, whereby no administration or technical maintenance is included as part of the agreement. In this case, the charterer obtains possession and full control of the vessel along with the legal and financial responsibility for it. Also the charterer pays for all operating expenses, including fuel, crew, port expenses and P&I and hull insurance.

① Demise charter
② Voyage charter
③ Time charter
④ Trip charter

해석

04. What kind of charter does the following explain? (다음의 어떤 종류의 용선을 설명하고 있는가?)

> It is a charter, an arrangement for the hiring of a vessel, whereby no administration or technical maintenance is included as part of the agreement. (이것은 협의의 일부에 관리와 기술적 유지가 포함되지 않는 선박임대방식의 용선계약이다.)
> In this case, the charterer obtains possession and full control of the vessel along with the legal and financial responsibility for it. (경우에 따라서, 용선계약은 선박에 대한 법적 그리고 재정적 책임과 더불어 소유권과 선박의 완전한 통제를 얻는다.)
> Also the charterer pays for all operating expenses, including fuel, crew, port expenses and P&I and hull insurance. (또한 용선자는 연료, 승무원, 항구비용, 그리고 P&I와 선체해상보험을 포함한 모든 운영경비를 지불한다.)

① Demise charter (나용선계약)
② Voyage charter (항해용선계약)
③ Time charter (정기용선계약)
④ Trip charter (항해용선계약)

정답 ①

• 관리와 기술적 유지가 포함되지 않는 선박임대방식의 용선계약은 나용선계약이다. 나용선계약에서는 선박소유주가 용선자에게 '선박만' 제공하게 된다. 때문에 선박 운항에 필요한 모든 운영경비(연료, 항구비용, 선체보험 등)는 용선자가 지불해야한다. 운영경비 뿐만 아니라 용선 기간 동안 선장과 선원의 임명과 고용의 권한도 용선자가 가지게 된다.

05. What is WRONG with the roles of freight forwarders?

① They act as an agent on behalf of shipper in moving the cargo to the destination.
② They are familiar with the methods of shipment and required documents relating to foreign trade.
③ They have primary responsibility for paying duties and taxes for import customs charges.
④ They assist the customers in preparing price quotations by advising on freight costs, port charges, cost of documentation, handling fee, etc.

해석

05. What is WRONG with the roles of freight forwarders? (다음 중 운송주선인의 역할이 아닌 것은 무엇인가?)

① They act as an agent on behalf of shipper in moving the cargo to the destination. (그들은 목적지까지 화물을 이동하는데 송하인을 대신하는 대리인 역할을 한다.)
② They are familiar with the methods of shipment and required documents relating to foreign trade. (그들은 운송수단과 해외무역거래에 따라 요구되는 서류들에 매우 잘 알고 있다.)
③ They have primary responsibility for paying duties and taxes for import customs charges. (그들은 수입품 통관에 대한 비용인 관세와 세금을 지불하기 위한 1차적 책임을 진다.)
④ They assist the customers in preparing price quotations by advising on freight costs, port charges, cost of documentation, handling fee, etc. (그들은 고객에게 운임, 항만료, 서류비용, 처리비용 등에 대한 조언을 함으로 견적가격을 내는 데 도움을 준다.)

정답 ③

- 운송주선인은 수출입 물품에 대한 집하, 입출고, 선적, 운송, 보험, 보관, 배달, 서류작업 등 많은 무역업무를 대리하지만 수출입통관에 따라 발생하는 관세 또는 세금 납세의 의무는 수입자에게 1차적 책임이 있다. 따라서 ③이 운송주선인에 대한 틀린 설명이 된다.

06. Which of the following best fits the blank?

( ) are used for taking goods from a port out to a ship, or vice versa. They can also do the same work as a barge.

① Car ferry
② Oil-tanker
③ Lighters
④ Trailors

해석

06. Which of the following best fits the blank? (빈칸에 들어갈 것으로 가장 알맞은 것은?)

(Lighters) are used for taking goods from a port out to a ship, or vice versa. They can also do the same work as a barge. (부선은 항구로부터 선박에 상품을 반출하거나 그 반대로 하는 경우에 사용된다. 또한 바지선과 같은 작업을 할 수 있다.)

① Car ferry (카페리)
② Oil-tanker (유조선)
③ Lighters (부선)
④ Trailors (트레일러)

정답 ③

• Lighters(부선)은 본선에 적재할 화물을 항구에서 가까운 거리간 이용되는 운송수단으로 바지선도 해당용도로 사용될 수 있다.

07. Which of the following words is NOT appropriate for the blanks below?

Demurrage and detention is mostly associated with imports although it may happen in the case of exports as well. ((a)) is a charge levied by the shipping line to the importer in cases where they have not taken delivery of the full container and move it out of the port/terminal area for unpacking within the allowed free days. ((b)), on the other hand, is a charge levied by the shipping line to the importer in cases where they have taken the full container for unpacking (let's say within the free days) but have not returned the empty container to the nominated empty depot before the expiry of the free days allowed. If a customer took the full box out of the port/terminal on the 7th of July which is within the free days (expiring on the 8th of July), but returned the empty container to the line's nominated depot only on the 19th of July. So, the shipping line will be eligible to charge the consignee ((c)) for 11 days from the 9th July (after expiry of free days) till the 19th July at the ((d)) fixed by the line.

① (a) Demurrage
② (b) Detention
③ (c) demurrage
④ (d) commission

해석

07. Which of the following words is NOT appropriate for the blanks below? (아래의 빈칸에 알맞지 않은 단어는 무엇인가?)

Demurrage and detention is mostly associated with imports although it may happen in the case of exports as well. (체선료와 지체료는 수출하는 경우 발생할 수도 있으나 주로 수입과 관련되어 발생한다.) (a. Demurrage) is a charge levied by the shipping line to the importer in cases where they have not taken delivery of the full container and move it out of the port/terminal area for unpacking within the allowed free days. (체선료는 수입자가 허용된 Free Days 내에 컨테이너 전체를 항구/터미널 지역 밖으로 반출하지 못한 경우에 선사에서 수입자에게 부과하는 요금이다.) (b. Detention), on the other hand, is a charge levied by the shipping line to the importer in cases where they have taken the full container for unpacking (let's say within the free days) but have not returned the empty container to the nominated

empty depot before the expiry of the free days allowed. (한편 지체료는 수입자가 모든 컨테이너를 인수했지만 (예를 들어 Free Days 내에), 허용된 일수 만료전 지정된 비어있는 컨테이너 장치장에 반환하지 않은 경우, 선사가 수입자에게 부과하는 요금이다.)
If a customer took the full box out of the port/terminal on the 7th of July which is within the free days (expiring on the 8th of July), but returned the empty container to the line's nominated depot only on the 19th of July. (만약 고객이 (7월 8일이 만료인) 허용되는 일수 이내인 7월 7일에 항구/터미널에서 컨테이너를 반출했으나, 빈 컨테이너를 지정된 창고에 7월 19일이 되어 반환된 경우.) So, the shipping line will be eligible to charge the consignee (c.commission) for 11 days from the 9th July (after expiry of free days) till the 19th July at the (d. demurrage) fixed by the line. (그렇게 되면, 선사는 수하인에게 7월 9일부터 (free days 만료 이후)부터 7월19일까지 총 11일에 해당하는 선사에서 정한 수수료로 체선료를 요구할 수 있다.)

① (a) Demurrage (체선료)
② (b) Detention (지체료)
③ (c) demurrage (체선료)
④ (d) commission (수수료)

정답 ③ , ④

• 7월 8일이 만료인 조건에서 고객은 7월7일에 만료일 이전에 반출하였으나 컨테이너의 반납을 7월 19일에 함으로 선사는 11일에 해당하는 지체료를 부과할 수 있다. 선사에서 정한 요율에 한해 지체료의 부과의 의미로 at the demurrage fixed by the line이 되어야 하기에 빈칸에 옳지 않은 단어로 ③, ④번 복수정답이 된다.

08. Select the right term for the following passage.

The freight is calculated on the ship's space or voyage rather than on the weight or measurement.

① Lumpsum Freight
② Dead Freight
③ Bulky Freight
④ FAK

해석

08. Select the right term for the following passage. (아래 지문에 따라 올바른 조건을 고르시오.)

The freight is calculated on the ship's space or voyage rather than on the weight or measurement. (화물의 운임은 무게나 용적에 따라 계산되는 것이 아니라, 선복의 단위 또는 항해 단위에 따라 계산된다.)

① Lumpsum Freight (선복운임)
② Dead Freight (부적운임)
③ Bulky Freight
④ FAK (무차별운임)

정답 ①

• 용선계약에서 화물의 개수, 중량 혹은 용적과 관계없이 일항해(trip) 또는 본선의 선복을 단위로 하여 포괄적으로 정해지는 운임을 나타내는 것은 Lumpsum Freight(선복운임)이다.

09. What does Blank refer to?

( ) literally means "as it arrives". It is used in contract for shipment of grain in bulk to signify that the consignor will accept the goods in whatever condition they arrive, so long as they were in good order at time of shipment, as evidenced by a certificate of quality issued by an impartial inspection agency.

① GMQ
② Tale Quale
③ Rye Term
④ Sea Damaged Term

해석

09. What does Blank refer to? (빈칸은 어떤 것을 의미하는가?)

(Tale Quale) literally means "as it arrives". (선적품질조건은 글자 그대로 " 도착하는 대로"를 의미한다.) It is used in contract for shipment of grain in bulk to signify that the consignor will accept the goods in whatever condition they arrive, so long as they were in good order at time of shipment, as evidenced by a certificate of quality issued by an impartial inspection agency. (그것은 대량곡물 선적계약에서 사용되며, 공정한 검사 기관이 발급한 품질인증서에 의해 증명된 것처럼, 선적 시에 양호한 상품인 것에 한해서, 송하인은 도착하는 어떤 조건에서도 물품을 인도받을 것을 나타낸다.)

① GMQ (판매적격품질조건)
② Tale Quale (선적품질조건)
③ Rye Term (곡물양륙품질조건)
④ Sea Damaged Term (S.D조건부선적품질조건)

정답 ②

• 1차 산품 중 곡물의 경우 부패성이 있기 때문에 품질결정시기는 매우 중요한 부분이다. 따라서 곡물거래에 대해서는 보다 구체적인 조건들이 사용되는데 TQ, RT, SD가 이용된다. 따라서 1차 산품인 곡물을 대량으로 선적하는 계약에서 주로 사용되는 선적지품질조건은 TQ조건으로 매도인이 물품의 품질에 대해 선적이 되는 시점까지만 책임을 진다.

10. 다음 내용은 해상운임 관련 부대운임 중 무엇에 대한 설명인가?

대부분의 원양항로에서 수출화물이 특정기간에 집중되어 화주들의 선복수요를 충족시키기 위해 선박용선료, 기기확보 비용 등 성수기 비용상승을 보전받기 위해 적용되고 있는 할증료

① Port Congestion Charge
② Peak Season Surcharge
③ Detention Charge
④ Demurrage Charge

정답 ②

• 특정기간에 화물이 집중되어 수요의 충족을 위한 추가적인 인력 및 장비를 동원하여 발생하는 비용에 대한 할증료는 Peak Season Surcharge, PSS (성수기할증료)이다.

11. 함부르크규칙(Hamburg rules)상 화물인도의 지연에 따른 운송인의 책임으로 옳은 것은?

① 화물운임의 2배반에 상당하는 금액
② 화물운임의 2배에 상당하는 금액
③ 화물운임의 3배반에 상당하는 금액
④ 화물운임의 3배에 상당하는 금액

정답 ①

• 함부르크규칙상 운송인의 책임한도액은 포장당 또는 단위당 835 SDR(특별인출권, special drawing rights) 또는 총중량의 kg 당 2.5 SDR 가운데 많은 금액을 배상액으로 한다. 지연손해에 대한 운송인의 한도액은 지연화물운임의 2.5배로 하되 운송계약하에서 지급되는 운임 총액을 초과할 수 없도록 하였다. 따라서 화물운임의 2배반(2.5배)에 상당하는 금액이 화물인도의 지연에 따른 운송인의 배상액이다.

12. 화물의 형태나 성질에 관계없이 컨테이너1개당 얼마라는 식으로 운송거리를 기준으로 일률적으로 책정된 운임은?

① ad valorem freight
② minimum all kinds rate

③ freight all kinds rate

④ revenue ton

정답 ③

• 화물의 품목, 형태, 성질에 관계없이 컨테이너와 같은 운송용구 중 하나를 기준으로 부과하는 운임은 무차별운임(freight all kinds rate)이다.

13. 항해용선계약에 대한 설명으로 옳지 않은 것은?

① GENCON 1994 서식이 이용되고 있다.

② 선복에 대하여 일괄하여 운임을 결정하는 용선계약을 lumpsum charter라고 한다.

③ 약정된 정박기간 내에 하역을 완료하지 못한 경우에 demurrage가 발생한다.

④ 용선자는 약정된 정박기간을 전부 사용할 수 있도록 하역작업을 수행하는 것이 바람직하다.

정답 ④

• 약정된 정박기간 이전에 하역작업을 수행하게 되면 예정된 기간보다 빠르게 하역작업을 완료할 시 지급하는 조출료를 받을 수 있기 때문에, 약정된 정박기간을 일부러 전부 사용할 필요는 없다.

• 선복용선계약(lump sum charter)은 선복의 일부 또는 전체로 계약체결을 진행한다. 일대용선계약(daily charter)은 하루의 운임을 기준으로 계약을 체결하는 것을 의미한다.

14. 다음 중 해운동맹의 운영 수단으로 성격이 다른 하나를 고르시오.

① Sailing Agreement

② Pooling Agreement

③ Fidelity Rebate System

④ Fighting Ship

정답 ③

• 해운동맹의 운영수단으로 크게 동맹선사간의 협정과 화주유인책으로 나눌 수 있다. 동맹선사간의 협정에는 운임협정(rate agreement), 항해협정(sailing agreement), 공동계산협정(pooling agreement), 공동경영(joint service), 맹외선대책(outsider)이 있으며 해운동맹의 운영에 있어 화주 유인책으로는 계약운임제(dual contract rate system), 삼중운임제(triple rate system), 운임환급제(freight rebate system)가 있다.

• 나열된 보기 4개 중 ③ Fidelity Rebate System은 화주유인책의 운임환급제 중 하나로 나머지 3개인 동맹선사간의 협정과 다른 해운동맹의 운영수단이 된다.

• 화주유인책 중 운임환급제(freight rebate system)는 성실환급제(fidelity rebate system)와 이연환급제(deferred rebate system)로 나누어진다.

15. 다음 중 해상운송에서 사용되는 할증운임으로 그 성격이 다른 하나를 고르시오.

① Heavy Cargo Surcharge
② Length Cargo Surcharge
③ Bulky Cargo Surcharge
④ Optional Surcharge

정답 ④

• 선택항료(optional charge)는 화주가 선적 당시에 최종 목적항을 둘 이상 정하여 최초항 도착전에 양하항을 지정하는 경우 적부상의 문제점을 감안하여 부과하는 할증운임이다. 나머지 Heavy Cargo Surcharge , Length Cargo Surcharge, Bulky Cargo Surcharge는 중량 용적에 따르는 할증운임의 성격으로 보기 중 다른 것은 ④이 정답이 된다.

16. 다음 항공화물운송에서 품목분류요율(CCR) 관련 할인요금 적용대상 품목으로 옳지 않은 것을 고르시오.

① 서적
② 카탈로그
③ 정기간행물
④ 점자책 및 Talking books(calendar, price tag, poster도 적용 가능)

정답 ④

• 항공화물운송에서 품목분류요율(CCR)에서 서적, 카탈로그, 정기간행물, 점자책 및 Talking books까지 할인요금의 적용대상 품목이 된다. 보기4번의 점자책 및 Talking books 뒤 나열된 (calendar, price tag, poster)는 할인적용이 불가능한 품목에 해당한다.

17. 다음 하역비부담 및 할증운임 조건에 대한 설명으로 틀린 것을 고르시오.

① Berth term은 정기선조건에 사용되어 liner term이라고도 하고 선적과 양륙비용을 선주가 부담한다.
② FIO는 선적과 양륙이 화주의 책임과 비용으로 이루어지는 조건이다.
③ Bulky cargo surcharge는 벌크화물에 대하여 할증되는 운임이다.
④ Optional surcharge는 양륙지가 정해지지 않은 화물에 부가되는 할증운임이다.

정답 ③

• Bulky cargo surcharge는 벌크화물에 대한 할증료가 아닌 용적 및 장척 할증료로, 부피가 이례적으로 큰 화물에 대한 할증료이다. Bulky라는 단어로 인해 벌크화물의 할증료로 해석하는 것에 유의해야 한다.

18. 미국의 신해운법(Shipping Act, 1984)상 특별히 인정되는 복합운송인을 고르시오.

① Carrier형 복합운송인

② CTO형 복합운송인

③ NVOCC형 복합운송인

④ 운송주선업자

정답 ③

• 복합운송인 포워더(NVOCC)는 단순포워더 기능이 아니라 일관운송 전반에 걸친 서비스를 제공하는 것을 목적으로 운송수단은 보유하고 있지 않지만 선박 및 다른 운송수단을 결합하여 독자적인 운송서비스와 자체 운임요율표를 보유하고 있는 국제물류주선업자로 미국 신해운법상 특별히 인정되는 복합운송인에 해당한다.

19. 다음 국제복합운송 경로에 대한 설명으로 옳은 것을 고르시오.

① ALB(American Land Bridge)는 극동아시아의 주요 항만에서부터 북미서안의 주요항만까지 해상운송하여 철도로 내륙운송 후 북미 동남부에서 다시 해상운송으로 유럽의 항만 또는 내륙까지 연결하는 복합운송 경로이다.

② MLB(Mini Land Bridge)는 극동아시아에서 캐나다 서안에 있는 항만까지 해상운송 후 캐나다 철도를 이용하여 몬트리올 또는 캐나다 동안까지 운송한 다음 다시 캐나다 동안의 항만에서 유럽의 각 항만으로 해상운송하는 복합운송경로이다.

③ MB(Micro Bridge)는 미국 서안에서 철도 등의 내륙 운송을 거쳐 동안 또는 멕시코만 항만까지 운송하는 해륙복합운송시스템이다.

④ SLB(Siberian Land Bridge)는 중국와 몽골을 거쳐 시베리아 철도를 이용하여 극동, 유럽 및 북미간의 수출입화물을 운송하는 복합운송경로이다.

정답 ①

• MLB(Mini Land Bridge) : 미국 대륙 횡단이 아니라 미국 동부해안 또는 걸프 지역 항만까지 운송하는 해륙복합운송경로이다.

• MB(Micro Bridge)는 아시아지역에서 북미 내륙지역까지 운송하는 서비스이다.

• SLB(Siberia Land Bridge) : 극동지역에서 유럽까지 경로에 있어서 러시아의 보스토치니, 나호트카, 블라디보스토크, 바니노 등 4개 항만에서 시작하는 TSR(Trans Siberia Railway : 시베리아횡단철도로서 총 길이 9,288km로 급행으로 갈 경우 모스크바까지 7일 소요되며 궤간 1,524mm의 광궤)을 이용하여 러시아 서부 국경까지 운송하고 그 이후는 철도나 트럭으로 유럽으로 연결된다.

20. 컨테이너와 관련된 설명으로 옳지 않은 것은?

① 컨테이너선의 대형화는 항구에서의 하역작업에 많은 시간을 요하는 한계성이 있다.

② 컨테이너의 한계성은 컨테이너에 적입하는데 한계상품이나 부적합상품이 있다는 것이다.

③ LCL화물들은 CFS에 반입되어 FCL화물로 혼재되어 목적지별로 분류된다.

④ 컨테이너의 사용으로 포장비용을 줄일 수 있고 선박의 정박일수도 단축할 수 있다.

정답 ①

- 컨테이너의 운송은 하역작업에 더 짧은 시간이 소요된다. 하역작업의 표준화와 기계화를 통해 시간을 단축할 수 있다.

21. 화물손해에 대한 해상운송인의 면책 사유로 옳지 않은 것은?

① 운송인은 항해 중 선장, 선원의 행위, 태만 또는 과실로 인하여 발생한 화물의 손해는 면책된다.

② 포장의 불충분성으로 인하여 발생하는 멸실이나 손상은 면책된다.

③ 선박의 화재로 인하여 발생한 화물의 손해는 면책되나 운송인의 고의로 인한 것이 아니어야 한다.

④ 운송인은 침몰, 좌초와 통상적인 풍파로 인하여 발생한 화물의 멸실이나 손상은 면책된다.

정답 ④

- 해상운송에 적용되는 헤이그-비스비 규칙상 운송인의 면책사항으로 침몰, 좌초 통상적 풍파로 인해 발생한 화물의 멸실이나 손상은 명시되어 있지 않다.

PART 08

선하증권

1. 선하증권(Bill of Lading, B/L)

1) 선하증권의 의미와 기능

선하증권(bill of lading, B/L)이란 화주(송화인)와 선박회사 간의 해상운송계약에 의하여 선박회사가 발행하는 유가증권이다. 선하증권은 선박회사가 화주로부터 위탁받은 화물을 목적지의 양륙항까지 운송하여 그 증권의 소지자에게 증권과 상환으로 운송화물을 인도할 것을 약속하는 요식 · 요인증권이자 제시증권이다. 아울러 선하증권은 유가증권이므로 인도나 배서(endorsement)에 의하여 전매될 수 있고, 소지인(bona fide holder 또는 bearer)은 선적화물을 소유하고 있는 것과 동일한 효과를 지니며 물품에 대한 지배권을 갖는다. 이러한 속성으로 선하증권의 인도는 물품의 인도와 동일한 효력을 갖는다.

선하증권은 이상의 정의와 특성으로 권리증권, 요인증권, 채권증권, 요식증권, 문언증권, 유통증권, 지시증권의 속성이 있으며, 무엇보다 선적화물수취증의 기본 기능을 가지고 있다.

〈표 8-1〉 선하증권의 기능

운송계약의 증빙	정기선운송에서는 별도의 운송계약서가 없고, B/L상에 운송계약의 내용이 상세히 기재되어 있어 운송계약의 정적인 증거서류로 인정됨.
화물수취증	운송인이 송하인으로부터 화물을 인수 또는 선적하였음을 추정적으로 증명함.
권리증권	목적항 에서 증권이 지시하는 정당한 소지인에게 물품을 인도할 것을 약정하고 있으므로 선하증권에 기재된 화물을 대표하며 선하증권의 양도는 양도와 동일한 효력을 가짐

선하증권의 대체서류에는 해상화물운송장(sea waybill, SWB)이 있다. 해상운송에서 선하증권 대신 사용하는 물품의 수령 및 운송계약의 증빙 서류로서, 물품의 신속한 인도를 위해 유통성 선하증권 대신에 도착지에서 화물을 인도받을 때 원본 서류의 제시가 필요 없는 비유통성 서류를 말한다. 선하증권은 기명식으로만 발행되는 단순 화물 수취증이자 운송계약의 추정적 증거로서 권리 증권성이 없다. 권리증권이 아니므로 서류 분실에 대한 위험이 없다. 화물의 통관, 수령을 신속하게 할 수 있다.

〈표 8-2〉 선하증권과 해상화물운송장 차이

구분	선하증권	해상화물 운송장
유통성	유통 증권	비유통성 서류
원본 요구	화물의 인도를 위해서 원본 선하증권의 제시가 필요함	해상화물운송장 원본의 제시 없이도 기명된 수하인 물품을 수령
발행 형식	다른 방법으로도 발행되나 일반적으로 지시식	기명식

2) 선하증권 기재사항

선하증권은 요식계약이다. 따라서 법정기재사항이 존재한다. 선하증권은 권리증권, 요인증권, 채권증권, 요식증권, 문언증권, 유통증권, 지시증권의 속성이 있으며, 무엇보다 선적화물수취증의 기본 기능을 가지고 있다.

(1) 법정기재사항

선하증권의 법정기재사항은 선하증권에 반드시 기재하여야만 효력이 발생하는 내용으로 선하증권의 표면(전면)난에 기재되는 내용을 말한다. 선하증권의 법정기재사항의 존재는 선하증권이 요식증권임을 의미한다. 선하증권은 준거법에 따라 그 요식이 다르다. 예컨대 헤이그룰과 함부르크룰의 선하증권 법정기재사항은 다르다. 우리나라에서는 헤이그룰을 따르고 있으며, 이를 기반으로 '상법'(제853조)에서 법정기재사항을 명시하고 있다. 따라서 준거법을 어떻게 하느냐에 따라 선하증권의 요식은 다르게 변할 수 있다. 하지만 최소의 주요 기재사항은 공통성을 가지고 있다.

선하증권을 발행할 때 우리나라 상법에 기초하면 선하증권에는 다음의 선하증권 기재사항을 기재하고 운송인이 기명날인 또는 서명하여야 한다. 단, 운송물의 중량·용적·개수 또는 기호가 운송인이 실제로 수령한 운송물을 정확하게 표시하고 있지 아니하다고 의심할 만한 상당한 이유가 있는 때 또는 이를 확인할 적당한 방법이 없는 때에는 그 기재를 생략할 수 있다. 아울러 운송인이 선하증권에 기재된 통지수령인에게 운송물에 관한 통지를 한 때에는 송하인 및 선하증권소지인과 그 밖의 수하인에게 통지한 것으로 본다.

〈표 8-3〉 선하증권 법정기재사항 (상법853조)

1. 선박의 명칭 · 국적 및 톤수
2. 송하인이 서면으로 통지한 운송물의 종류, 중량 또는 용적, 포장의 종별, 개수와 기호
3. 운송물의 외관상태
4. 용선자 또는 송하인의 성명 · 상호
5. 수하인 또는 통지수령인의 성명 · 상호
6. 선적항
7. 양륙항
8. 운임
9. 발행지와 그 발행연월일
10. 수통의 선하증권을 발행한 때에는 그 수
11. 운송인의 성명 또는 상호
12. 운송인의 주된 영업소 소재지

(2) 임의기재사항

임의기재사항에는 운송인과 송하인 사이의 특약사항으로 대부분이 운송인의 면책사항이 기재되어 있어, 본선항해번호(voyage no.) 화물도착통지처(notify party), 운임지급지 및 환율, 선하증권의 번호, 컨테이너 번호 및 봉인(sealing)번호, 선주의 면책조항(general clause or exceptions) 등이 있다.

면책조항에는 위험 제외에 관한 사항으로 천재지변(Act of God) 및 해난(perils of the sea), 전쟁위험 제 3자의 행위에 기인하는 위험 등이 있으며, 책임의 면책에 관한 조항으로 과실조항(negligence clause), 잠재하자조항(latent defect clause), 이로조항(deviation clause), 부지조항(unknown clause), 파손 및 누손조항(breakage, leakage clause), 고가품 조항, 위험품 조항 손해배상조항 등이 있으며, 기타 조항으로 뉴제이슨 조항(new Jason clause)[3], 공동해손조항(general average clause) 등이 있다.

3) 배서(Endorsement)와 소지인

어음의 수령인 및 그 후의 어음의 소지인이 일정사항을 증권배면에 기재하여 타인

1) 뉴제이슨 조항(New Jason Clause)은 통상 공동해손의 경우 발생원인(선원과실 포함) 여하를 불문하고 그 손해에 대하여 화주도 분담하는 반면 화물의 손해가 아닌 선체의 손해에 대해서는 기존의 화주의 분담책임이 없다는 해석에 대하여 선주도 선체의 손해를 화주에게 분담청구할 수 있다는 취지의 약관을 말한다.

에게 교부하는 행위를 말한다. 어음유통을 위한 권리의 양도방법인 요식의 부속적인 어음행위이다. 즉 배서는 신용장 환어음 매입 시 그리고 선하증권의 배서에 기명날인하여 유가증권에 특유한 간편한 양도방법이다.

(1) 선하증권(B/L)의 배서 형식

① 기명식 배서(Full Endorsement or Special Endorsement) : 피배서인(Endorsee)의 성명 또는 상호를 기재하고 배서인(Endorser)이 서명하는 방법이다.

ex) Endorsee : Deliver to A.B.C Co., LTD.Endorser : Korea Trading Co., LTD.(Signature)

② 지시식배서(Order Endorsement) : 지시식 선하증권(Order B/L)은 특정한 수하인을 기재하지 않고 Order만 기재하여 유통을 목적으로 하는 선하증권이다. 피배서인으로 Order of A.B.C. Co., LTD. 라고 기재하고 배서인이 서명하는 방법이다.

ex) Order of A.B.C. Co., LTD.

③ 백지식 배서(Blank Endorsement) : 피배서인에 대해서 아무 것도 기재하지 않는데 배서인이 서명하는 방식이다. 즉 어음이나 수표의 뒷면에 피 배서인을 지정하지 않고 배서인의 서명만 한다. 특정의 피배서인 또는 본권지참인이라고 기입하고 배서인이 서명하는 방법이다.

ex) A.B.C. Co., LTD. or Bona-fide Holder(Bearer)Korea Trading Co., LTD.(Signature)

(2) 소지인(BEARER)

환어음이나 선하증권과 같은 유통증권을 소지하고 있는 자를 말한다. 유가증권의 유통방식에는 배서양도와 교부가 있는데, 지시식인 경우에는 배서하여 양도하지만, 소지인(bearer) 앞으로 발행된 경우에는 소지인이 제 3자에게 교부하면 유통이 가능하다.

4) 선하증권 준거법

(1) 헤이그규칙

헤이그규칙은 1924년 선하증권이 발행되어 선하증권에 관한 법률관계와 해석에 대해 통일을 위해 규정한 '선하증권에 관한 통일조약(International Convention for the Unification of Certain Rules Relating to Bills of Lading)'이라는 정식명칭으로 제정되었다. 헤이그규칙은 운송인의 책임에 관하여 선장, 선원, 기타 운송인의 대리인의 항해 또는 선박 취급상의 행위와 태만 또는 과실(항해상과실)에 대해 운송인이 면책됨을 규정하고 있다. 한편 화물의 선적, 적부, 운송, 보관, 양륙 등에 대한 과실(상업상과실)은 면책되지 않는다고 규정하고 있다. 결과적으로 운송인의 대리인 또는 사용인의 고의 또는 과실에 기인하지 않는 모든 손해는 운송인의 면책으로 하고 있다. 단 멸실 또는 손상이 고의 또는 과실에 기인하지 않음을 증명해야 한다. 화물에 대한 운송인의 배상책임은 화물의 포장당 또는 단위당 100 스털링 파운드(Sterling Pound)로 한도하고 있다. 참고로 선하증권 주요 기재사항은 주요한 화인, 송화인이 서면으로 제출한 포장물품의 개수, 수량 또는 중량, 그리고 물품의 외관상 상태 기재로 비교적 단순하게 정의하고 있다.

(2) 헤이그-비스비규칙(Hague-Visby Rules)

헤이그규칙이 변화하는 해상운송의 여건에 부합하지 않는다는 판단아래 헤이그규칙의 개정이 요구되는 상황에서 1968년 '선하증권 통일조약 개정의정서(Protocol to Amend the International Convention for the Unification of Certain Rules of Law Relating to Bills of Lading)'의 명칭으로 일명 헤이그-비스비규칙이 채택되었다. 헤이그-비스비규칙은 운송인의 책임한도액을 상향하여 운송인의 책임의 무게를 무겁게 하였지만, 여전히 운송인의 면책조항을 두어 운송인 중심의 국제조약이라고 평가된다.

(3) 함부르크규칙

함부르크규칙은 1968년 헤이그-비스비규칙의 발효 이전에 개발도상국들이 UNCTAD에 기존의 운송인 중심의 조약이 아닌 화주의 권익을 보호할 수 있는 조약에 대한 요구로 새로운 선하증권조약안을 요구하였다. 결국 1978년 독일의 함부르크에서 개정된 유엔해상물품운송조약(UN Convention on the Carriage of Goods by Sea, 1978)이 만들어져 일명 함부르크규칙으로 개정되었다. 함부르크규칙은 기존의 헤이그규칙이 순수한 해상운송구간만을 커버하는 데 비해 컨테이너 운송과 관련하여 집화와 인도를 위하여 해상운송에 인접한 육상운송까지 커버하고 있다. 특히 운송인의 책임범위 확대, 항해과실 면책의 폐지, 화재 면책의 폐지, 면책 카탈로그 폐지, 지연손해에 관한 운송인의 책임 명문화, 클레임 제기기간 2년으로 연장 등이 주요 변경내용이다.

운송인의 책임한도액은 포장당 또는 단위당 835 SDR(특별인출권, special drawing rights) 또는 총중량의 kg 당 2.5 SDR 가운데 많은 금액을 배상액으로 한다. 지연손해에 대한 운송인의 한도액은 지연화물운임의 2.5배로 하되 운송계약하에서 지급되는 운임총액을 초과할 수 없도록 하였다. 참고로 함부르크규칙의 선하증권 기재사항은 송화인이 통고한 물품의 일반적 성질, 주요 화인, 위험물의 경우 위험성에 대한 명시적 문언, 포장 또는 개품의 수 및 물품의 중량 또는 수량, 물품의 외과상태, 운송인의 명칭 및 영업소, 송화인의 명칭, 수화인의 명칭, 선적항 및 인도일자, 양륙항, 증권발행수, 발행일자, 운송인의 서명, 운임, 갑판적 운송이 되는 경우 그 취지의 문언, 양륙항에서의 물품 인도 기간, 고액책임제한액 등이다.

5) 선하증권의 기명과 지시

선하증권은 그 자체로 권리증권이자 유가증권이다. 누구를 수하인으로 지정하느냐에 따라 소유권의 문제가 발생하며 수하인(consignee)이 누구로 표시되는가에 따라 발행방식이 나뉜다.

(1) 기명식 선하증권(Straight B/L)

화물을 받는 수하인(consignee)란에 수입업자의 이름이 구체적으로 표시된 선하증권이다. 수하인 란에 이름이 적혀 있지 않은 지시식 선하증권(order B/L)에 상대되는 개념으로, 주로 이삿짐이나 개인 물품 등의 화물 운송에 많이 이용된다. 무역거래에서는 유럽 국가들 간의 거래 또는 수입국에 수출업자의 대리인이 있을 경우에 국한하여 사용된다. 유통되지 않으므로 송하인의 배서는 필요하지 않으며, 특정인에게 화물을 인도해야 하므로 양도가 불가능하다. 하지만 발행인 배서양도를 금지하고 있지 않는 한 화물을 양도한다는 배서는 할 수 있다.

기명식선하증권은 선하증권의 수화인란에 물품의 수취인으로 수입업자나 은행 등의 특정인의 상호가 기재된 선하증권으로 기명된 특정인만이 물품을 인수할 수 있기 때문에 운송 중 물품의 전매나 유통이 제한적인 비유통증권이다. 따라서 배서양도할 수 없다. 하지만 우리나라 상법 제820조 및 제 130조에서는 기명식선하증권이라 하더라도 배서금지의 문구(no negotiable)가 없는 경우에는 배서에 의하여 양도할 수 있도록 규정하고 있다. 다만 양도가 행해질 때는 운송인에게 통지해야 한다. 일반적으로 기명식선하증권은 비유통성 때문에 선지급, 청산결제 등 유통이 필요 없는 거래에서 사용된다.

(2) 지시식 선하증권(Order B/L)

수하인란에 특정 이름이 기재되지 않고, 단순히 지시인(order)만 기재되어 있는 선하증권이다. 수하인의 이름이 기재된 기명식 선하증권(straight B/L)에 상대되는 개념으로, 대부분의 무역거래에서 원칙적으로 사용된다. 기명식 선하증권이 제3자에게 양도되지 않는데 비하여 양도될 수 있다. 수하인란에는 'to order' 또는 'to order of shipper'라는 문구가 기재되며, 수입업자의 구체적인 이름과 주소는 착하통지처란(Notify Party)에 기재한다. 'to order of shipper'의 경우, 송하인은 발행통수 앞부분에 백지배서 또는 특정 수하인이나 그가 지시하는 사람 앞으로 배서해야 한다. 배서가 없으면 송하인만이 화물을 인도받을 수 있다.

6) 수입화물의 선취

(1) 수입화물선취보증서(Letter of Guarantee)

수입화물선취보증서는 매수인이 은행의 보증으로 발급 받아 선사에 B/L 없이 제출하여 수입화물을 선취할 때 사용하는 서류로, 매수인이 물품을 Original B/L 없이 찾아갈 수 있게 하는 은행의 보증제도이다. 전자식 B/L을 발급하는 경우 L/G를 발급받을 필요가 없어진다. 실무적으로 수입화물이 수입지에 이미 도착하였음에도 불구하고 운송서류가 도착하지 않아 수입업자가 화물의 인수가 불가능할 때 동화물의 인수가 가능하도록 운송서류 원본을 제시하지 않고서도 화물을 인수하는 것과 관련한 모든 책임을 은행이 진다는 내용의 보증서이다. L/G의 발급은 운송서류의 원본을 인도하는 것과 동일한 효과를 가져오며 신용장조건과 일치하지 않는 서류가 내도하여도 화물이 수입업자에게 인도된 후이므로 수입업자는 매입은행에 대하여 수입어음의 인수 또는 지급을 거절할 수 없다. 따라서 L/G의 내용으로는, 선하증권이 도착하면 지체 없이 선박회사에 제출할 것을 명시하고, L/G에 의하여 인도된 화물에 대하여 발생되는 모든 손해는 화주 및 보증은행이 책임지며, 양육지 지급운임 및 기타비용과 선적지에서의 미납선임 및 비용 등 일체를 지급할 것을 명시하여야 한다.

은행은 L/G발급에 따라 화물에 대한 책임문제가 발생하기 때문에 L/G 발급 시에는 의뢰자의 신용에 따라 대금결제 및 담보제공을 요구하게 된다. 선취보증서 발급에는 다음의 서류가 필요하다.

〈표 8-4〉 수입화물선취보증서 발급에 필요한 서류

① 발급은행은 소정의 선취보증서 및 선취보증신청서 각각 1부씩을 작성, 보증신청서는 은행에서 보관하고 선취보증서는 수입자가 선사에 제출하여 화물을 인도받도록 한다.
② 선하증권 사본은 선취보증서 발행 증빙서류로서 은행에 제출한다.
③ 상업송장 사본은 L/G 등의 내용과 일치하는가를 심사하기 위한 자료로 은행에 제출하면 된다.
④ 선박회사의 화물도착통지서(Arrival Notice)
⑤ 기타 필요하다고 인정되는 시류(각시 등)

외국환은행이 L/G를 발급하게 되면 화물이 수입자에게 바로 인도되므로 매입은행에 대하여 서류상의 하자를 이유로 대금지급을 거절할 수가 없다. L/G발급은 선적서류의 원본을 인도하는 것과 동일한 효과를 발생시키므로 수입보증금으로 L/G 금액의 일정비율을 현금예치토록 한다. 선적서류가 내도되면 선하증권의 원본에 개설은행이 배서하여 선박회사에 제출, L/G를 회수한다.

(2) 수입화물대도(Trust Receipt)

수입화물대도는 신용장 개설은행이 매수인에게 금융을 제공하여, 선적서류를 인도한 후 신용을 지속적으로 공여할 필요가 있을 때, 담보를 수입화물로 하여 취득하는 것을 말한다.

기한부신용장을 개설한 은행은 선적서류를 인도한 후 일정기간 대금지급을 유예하면서 수입자에게 신용을 공여하고 해당 수입물품을 담보로 확보하는 경우를 말한다.

(3) L/G와 T/R의 차이

수입화물선취보증서(L/G)와 수입화물대도(T/R) 둘의 차이는 L/G의 경우 수입화물은 도착하여도 원본선적서류가 도착하지 않아 물품을 인수하지 못할 때 운송인에게 화주에게 물품을 인도하여도 된다는 것을 은행이 보증해주는 서류이다. T/R은 이에 비해 수입화물이 도착하고 원본선적서류도 도착하였으나 수입화주가 자금 부족으로 인해 은행에 대금 지불을 못하여 대금 지불 전에 먼저 수입화물을 인수하여 시장에 유통시켜 얻은 대금으로 은행에 대금을 결제하는 것을 말한다.

7) 선하증권의 종류

(1) 선적선하증권(shipped or on board B/L)

본선 상에 물품이 적재된 이후 발행되는 선하증권이다. 선하증권의 발행은 실질적인 물품의 선적을 의미한다. 증권면에 “shipped in apparent good order and condition on board the vessel” 또는 “loaded in apparent good order and condition on board the vessel”의 문언이 기재되어 있다.

(2) 수취선하증권(received B/L)

수취선하증권은 운송인이 물품을 수령한 후 선적 전에 발행하는 선하증권이다. 의미상으로는 부두수취증 또는 창고수취증의 의미이며, 증권면에 “received in apparent good order and condition for shipment on board the vessel”의 문언이 기재되어 있다. 참고로 수취선하증권에 선적 후 적재 완료되었다는 문언과 일자를 기입하고 발행자가 서명하는 것을 본선적재표기(on board notation)라고 하는데 이러한 문언이 기입되면 선적선화증권으로 전환된다. 이 경우 본선적재표기 선하증권(on board endorsement B/L)이라고 하며 이것은 선적선하증권으로 취급된다.

(3) 무사고선하증권(clean B/L)

무사고선하증권 또는 무고장선하증권은 물품이 본선에 양호한 상태와 신고된 수량대로 선직되어 선하증권의 비고(remarks)란에 운송물의 수량이나 포장상태에 이상상태가 기재되지 않은 상태로 발행된 것을 말한다. 신용장통일규칙 600(UCP 600)에서는 무고장선하증권만 수리가 가능하도록 규정되어 있으나, 부지약관(unknown clauses)이 있는 경우에도 무고장선화증권으로 간주된다. 부지약관은 운송물품의 내용 표시가 없이 “shipper's load and count” 또는 “said by shipper to contain” 등과 같이 화주에 의해 화물이 검수 및 적재된 경우에 해당한다. 그리고 무포장화물(unprotected, unboxed) 또는 외관상의 하자가 수선된 경우(repaired, mended, reviewed, repacked)에도 무고장선화증권으로 간주된다. 마지막으로 중고 포장재료 사용(second-hand packaging materials used), 낡은 포장재료 사용(old packaging materials used), 수리된 포장재료 사용(reconditioned packaging materials used), 해상운송을 위해 충분하지 않은 포장(packing may not be sufficient for the sea journey) 등 역시 무고장선하증권으로 간주된다.

(4) 사고부선하증권(foul or dirty B/L)

사고부선하증권 또는 고장부선하증권은 선사가 물품을 인수할 당시 파손, 유손 등 포장상태가 불완전하거나 수량이 부족하여 비고란에 이러한 사실이 기재되어 발급된 선하증권을 말한다. 예를 들면, 선하증권 비고란에 bags torn, cased broken, packaging holed, goods deformed, goods scratched, the packing is not sufficient for the sea journey 등이 이에 해당한다. 사고부선하증권의 경우 송화인이 파손되거나 문제가 있는 화물을 재포장하거나 보충해야 하지만 시간적 한계로 운송인인 선사에게 수출업자와 은행을 연대보증인으로 한 파손화물보상장(letter of indemnity, L/I)을 제출하고 무고장선하증권을 발급받는 방법을 이용하기도 한다. 즉

차후에 파손 화물에 대하여 문제가 제기된다면 송화인이 운송인에게 보상책임을 지게 되므로 문제의 화물에 대해 수화인과 보험회사에 사전 통보하여 차후 추가선적이나 가격공제 또는 할인 등의 양해를 구해야 한다. 아울러 보험회사는 L/I에 대해 보상책임이 없기 때문에 송화인은 보험회사에 고지해야 한다. 은행에서 수리하지 않기 때문에 화주는 이러한 하자로 인하여 생기는 화물의 손상에 대해서 화주가 책임을 지며, 도착항에서 선박회사가 수화인으로부터 손해배상을 요구받아도 선박회사는 면책된다는 뜻을 기재한 보상장을 제시하고 Clean B/L을 교부받을 수 있다. Dirty B/L, Foul B/L, Claused B/L, Unclean B/L이라 표현한다.

(5) 지시식선하증권(order B/L)

지시식선하증권은 수화인란에 특정인을 기재하지 않고 "to order", "to order of shipper", "to order of bank"라고 표기되어 유통을 목적으로 한 선하증권을 말한다. 지시식선하증권의 경우 선하증권 뒷면에 백지배서(blank endorsement)를 통하여 물품에 대한 권리를 이전시킨다. 지시식선하증권의 경우 송화인이 백지배서를 통해 은행에 인도하면 이 후에는 단순히 증권의 인도만으로 물품에 대한 권리가 이전된다. 일반적으로 단순지시식(to order) 또는 송화인 지시식(to order of shipper)이 많이 쓰인다.

(6) 기명식선하증권(straight B/L)

기명식선하증권은 선하증권의 수화인란에 물품의 수취인으로 수입업자나 은행 등의 특정인의 상호가 기재된 선하증권으로 기명된 특정인만이 물품을 인수할 수 있기 때문에 운송 중 물품의 전매나 유통이 제한적인 비유통증권이다. 따라서 배서양도할 수 없다. 하지만 우리나라 상법 제820조 및 제130조에서는 기명식선하증권이라 하더라도 배서금지의 문구(no negotiable)가 없는 경우에는 배서에 의하여 양도할 수 있도록 규정하고 있다. 다만 양도가 행해질 때는 운송인에게 통지해야 한다. 일반적으로 기명식선하증권은 비유통성 때문에 선지급, 청산결제 등 유통이 필요 없는 거래에서 사용된다.

(7) 유통선하증권(negotiable B/L)

유통선하증권은 증권으로 표시된 권리가 소지인 또는 증권면에서 지정하고 있는 지시인에게 배서 또는 교부로 자유롭게 양도될 수 있다는 취지가 명시되어 있는 증권으로 지시식, 지참식선하증권(bearer B/L)이 이에 해당한다.

(8) 유통불능선하증권(non-negotiable B/L)

유통불능선하증권은 권리의 양도나 유통이 불가능한 선하증권으로 기명식선하증권이 이에 해당한다. 특히 원본 외에는 모두 'non-negotiable'이라는 도장 또는 문구가 표시되어 있어 사본으로는 화물 상환과 은행 매입이 진행되지 않는다.

(9) 집단선하증권(master or groupage B/L)

집단선화증권은 운송할 화물이 LCL 화물인 경우 포워더가 화물을 혼재하여 동일한 목적지의 물품을 하나로 만들어 선적할 때 발행되는 선하증권이다. 즉, 포워더의 혼재화물에 대해 선사가 1건으로 발행하는 선하증권을 말한다.

(10) 혼재화물선하증권(house B/L)

혼재선하증권 또는 운송주선인선하증권은 화물 혼재를 주선한 포워더가 운송인으로부터 원선하증권(master B/L)을 받고 각 화주들에게 발행해 주는 선하증권이다. 일반적으로 포워더가 발행한 house B/L은 권리증권이 아니기 때문에 신용장상에서 이러한 선하증권을 매입한다는 표기가 없다면 수리되지 않는다. 다만 house B/L의 서명란에 포워더가 실제 선사(운송인)를 대행하여 발행한다는 "Acting as agent for..."라는 문구가 있다면 수리된다.

(11) 일관선하증권(through B/L)

통선하증권 또는 일관선하증권은 해상을 포함하는 2개 이상의 운송수단을 이용하여 운송하는 경우 최초의 운송인이 전구간의 운송에 대해 책임지고 발행하는 운송증권이다.

(12) 복합운송선하증권(combined transport B/L)

복합운송선하증권은 복합운송증권과 달리 반드시 해상운송을 포함하여 해상, 육상, 항공 중 적어도 두 가지 이상의 이종 운송방식을 이용하여 운송하는 경우 복합운송인이 전 구간의 운송에 대하여 채임을 지고 발행하는 증권이다. 특히 발송지와 도착지를 아우른다.

(13) 기간경과 선하증권(Stale B/L)

신용장상에 서류제시기간이 정해져 있는 경우에는 그 기간 내에 운송서류와 금융서류가 지정된 은행이나 매입은행에 제시되어야 하며, 이러한 제시기한이 없는 경우에는 통상 운송일자 후 21일 이내에 서류가 제시되어야 한다. 선하증권이 21일이 경과되어 은행에 제시된 경우 해당 선하증권은 기간경과 선화증권이라고 하고 수리가 거절된다. 하지만 'stale B/L acceptable'이라는 문구가 신용장에 기재된 경우 은행에서 매입하기도 한다. 참고로 stale은 썩은, 오래된, 신선하지 않은 등의 의미를 가지고 있어 서류가 기간이 경과된 경우에 stale document라는 표현을 사용한다.

(14) 제3자 선하증권(third party B/L)

제3자 선하증권은 무역거래를 통한 수익자가 송화인(수출자)이 아닌 제3자가 송화인이 되는 경우에 발행되는 선하증권으로 중계무역에서 주로 이용된다. 즉 무역거래의 수출자가 송화인이 아닌 실제 물품 선적자가 송화인이 되기 때문에 제3자 선하증권이라고 한다.

(15) 스위치 선하증권(switch B/L)

스위치 선하증권(switch B/L)은 신용장이나 무역관계서류상의 조건을 충족시키기 위해 최초의 선적항이나 최종 양륙항이 아닌 중계항에 있는 중계인의 명의로 전환한 선화증권을 말한다. 즉, 중계국의 운송인이 중계인에게 발행하는 중계무역용 선하증권이다. 제3자 선하증권과 switch B/L의 차이점은 수입자의 입장에서 원수출자를 파악할 수 있는 경우가 제3자 선하증권이라면 swtich B/L의 경우 중계지에서 선하증권이 재작성되어 원수출자를 알 수 없다는 것이다.

(16) 적색선하증권(red B/L)

적색선하증권은 전체가 적색으로 인쇄된 증권이며, 선화증권과 보험증권을 결합시킨 것으로 이 증권에 기재된 화물이 운송 중 사고가 발생하면 당해 화물에 대하여 선사가 보상해 주는 선화증권이다. 즉, 운송인이 화주를 대신하여 보험에 부보하였다는 보험조항이 기재된 선하증권을 말한다. 오늘날에는 거의 사용되지 않으며 보험에 관한 지식이 부족한 무역업자가 선사에 위임하여 발행되었다.

(17) 반납선하증권(surrender B/L)

반납선하증권은 수화인이 도착항에서 물품을 신속하게 인수할 수 있도록 송화인이 처음부터 선하증권의 원본을 선박회사에 반납하는 것을 말한다. 즉, 발행된 선하증권을 선사에 반납하는 것으로 송화인이 수화인에게 B/L을 보내는 절차를 생략하기 위하여 선사나 포워더에게 선하증권을 반납하는 것이다.

(18) 용선계약선하증권(charter party B/L)

화주가 살화물(bulk cargo) 형태의 대량화물을 운송하기 위하여 특정한 항해(voyage) 또는 일정기간(time) 동안 부정기선(tramper)을 용선하는 경우, 화주와 선박회사 사이에 체결된 용선계약(charter party)에 의하여 발행되는 선하증권을 말한다. 한편 신용장통일규칙 600(UCP 600)에서는 신용장 상에 'charter party B/L is acceptable'이라는 특약이나 허용한다는 명시조항과 선화증권으로써 일정한 요건을 갖추면, 은행에서 수리가 허용되는 것으로 규정하고 있다.

8) 부지약관(unknown clauses)과 무사고선하증권

부지약관은 운송자가 물품이 어떻게 검수되고 적재되었는지를 모른다는 의미로 하자가 발생할 경우 운송이의 책임이 없다. 단일 수출상이 하나의 컨테이너를 채우는 Full Container Load(FCL)가 되면 대부분 자신의 공장에서 수출통관 절차를 마친 후 자신의 공장에서 컨테이너에 화물을 적입(Stuffing)하고 컨테이너를 봉인한다. 이 경우 선박회사는 화물의 보존상태를 확인할 수 없기 때문에 화물파손의 책임을 벗어날 목적으로 선하증권에 부지약관을 표시한다.

부지약관은 운송물품의 내용표시가 없이 “shipper’s load and count” 또는 “said by shipper to contain” 등과 같이 화주에 의해 화물이 검수 및 적재된 경우에 해당한다. UCP600 제26조 “갑판적재”, “내용물 부지약관”과 운임에 대한 추가비용 b항에 의해 선적인이 적재하고 검수했다는 조항이 있는 운송서류는 은행에서 수리를 허용한다. 수출에 있어 수출의 포장에 대한 책임은 매도인에게 있다. 무사고선하증권 또는 무고장선하증권은 물품이 본선에 양호한 상태와 신고된 수량대로 선적되어 선하증권의 비고(remarks)란에 운송물의 수량이나 포장상태에 이상상태가 기재되지 않고 발행된 것을 말한다.

신용장통일규칙(UCP 600)에서는 무고장선하증권만 수리가 가능하도록 규정되어 있으나, 부지약관(unknown clauses)이 있는 경우에도 무고장선화증권으로 간주된다. 무포장화물(unprotectd, unboxed) 또는 외관상의 하자가 수선된 경우(repaired, mended, revewed, repacked)에도 무고장선화증권으로 간주된다. 마지막으로 중고 포장재료 사용(second-hand packaging materials used), 낡은 포장재료 사용(old packaging materials used), 수리된 포장재료 사용(reconditioned packaging materials used), 해상운송을 위해 충분하지 않은 포장(packing may not be sufficient for the sea journey) 등 역시 무고장선하증권으로 간주된다.

실전문제

01. Select the best translation.

By virtue of B/L clauses, the carrier and its agents are not liable for this incident. Therefore, we regret to repudiate your claim and suggest that you redirect your relevant documents to your underwriters accordingly.

① B/L약관에 따라서 운송인과 그 대리인은 본 사고에 대해 책임이 없으므로 당사는 귀사의 클레임을 거부하게 되어 유감이고 따라서 귀사의 보험업자에게 귀사의 관련서류를 다시 보내도록 제안합니다.

② B/L조항에 따라서 운송인과 그 대리인은 본 사고에 대해 책임이 없으므로 당사는 귀사의 요구를 부인하게 되어 유감이고 따라서 귀사의 보험업자에게 귀사의 관련서류를 지시하도록 제안합니다.

③ B/L조항에 따라서 운송인과 그 대리인은 본 사고에 대해 책임이 없으므로 당사는 귀사의 클레임을 거부하게 되어 유감이고 따라서 귀사의 보험중개업자에게 귀사의 관련서류를 재지시하도록 제안합니다.

④ B/L약관에 따라서 운송인과 그 대리인은 본 사고에 대해 책임이 없으므로 당사는 귀사의 클레임을 부인하게 되어 유감이고 따라서 귀사의 보험중개업자에게 귀사의 관련서류를 다시 보내도록 제안합니다.

해석

01. Select the best translation. (가장 잘된 번역을 선택하시오.)

By virtue of B/L clauses, the carrier and its agents are not liable for this incident. Therefore, we regret to repudiate your claim and suggest that you redirect your relevant documents to your underwriters accordingly. (B/L약관에 따라서 운송인과 그 대리인은 본 사고에 대해 책임이 없습니다. 따라서 당사는 귀사의 클레임을 거부하게 되어 유감이고 따라서 귀사의 보험업자에게 귀사의 관련서류를 다시 보내도록 제안합니다.)

정답 ①

① B/L약관에 따라서 운송인과 그 대리인은 본 사고에 대해 책임이 없으므로 당사는 귀사의 클레임을 거부하게 되어 유감이고 따라서 귀사의 보험업자에게 귀사의 관련서류를 다시 보내도록 제안합니다.

② B/L조항에 따라서 운송인과 그 대리인은 본 사고에 대해 책임이 없으므로 당사는 귀사의 요구를 부인하게 되어 유감이고 따라서 귀사의 보험업자에게 귀사의 관련서류를 지시하도록 제안합니다.

③ B/L조항에 따라서 운송인과 그 대리인은 본 사고에 대해 책임이 없으므로 당사는 귀사의

클레임을 거부하게 되어 유감이고 따라서 귀사의 보험중개업자에게 귀사의 관련서류를 재지시하도록 제안합니다.

④ B/L약관에 따라서 운송인과 그 대리인은 본 사고에 대해 책임이 없으므로 당사는 귀사의 클레임을 부인하게 되어 유감이고 따라서 귀사의 보험중개업자에게 귀사의 관련서류를 다시 보내도록 제안합니다.

02. Which of the following statement about a B/L is LEAST correct?

① A straight B/L is a NEGOTIABLE DOCUMENT.

② An order B/L is one of the most popular and common form of bill of lading issued.

③ When a straight bill of lading is issued, the cargo may be released ONLY to the named consignee and upon surrender of at least 1 of the original bills issued.

④ A straight B/L could be used in international transaction between headquarter and branch.

해석

02. Which of the following statement about a B/L is LEAST correct? (다음 중 B/L에 대한 진술 중 가장 정확하지 않은 것은?)

① A straight B/L is a NEGOTIABLE DOCUMENT. (기명식 선하증권은 유통 가능한 서류이다.)

② An order B/L is one of the most popular and common form of bill of lading issued. (지시식 선하증권은 가장 인기 있고 흔한 선하증권의 형태 중 하나이다.)

③ When a straight bill of lading is issued, the cargo may be released ONLY to the named consignee and upon surrender of at least 1 of the original bills issued. (기명식 선하증권이 발행될 때, 화물은 발행된 원본 중 적어도 1개를 양도한 경우에만 지정된 수취인에게 인도될 수 있다.)

④ A straight B/L could be used in international transaction between headquarter and branch. (기명식 선하증권은 본사와 지점 간의 국제 거래에서 사용될 수 있다.)

정답 ①

• 기명식 선하증권은 Consignee란에 수하인인 수입업자의 이름이 기재된 선하증권이므로 지시식 선하증권과는 다르게 유통이 되지 않고 특정인에게 화물을 인도해야 하므로 양도 또한 불가능하다. 따라서 ①의 유통 가능한 서류라는 말은 틀린 것이 된다. ③에서 수입상은 화물인도지시서(Delivery order)를 선박 대리점에서 수취하기 위해서는 이와 상환으로 정당하게 배서된 선하증권 원본 1통을 제출하여야 한다.

03. What is correct about the bearer in bill of lading operation?

① Bearer is someone who owns or possesses a B/L.
② Bearer is not able to assign the B/L to other.
③ Bearer is normally second consignor in negotiable B/L operation.
④ Bearer can not hold the B/L but endorse it to third party for assignment.

해석

03. What is correct about the bearer in bill of lading operation? (선하증권 절차에 있어 소지인에 대한 옳은 설명은?)

① Bearer is someone who owns or possesses a B/L. (소지인은 B/L을 소유한 사람이다.)
② Bearer is not able to assign the B/L to other. (소지인은 B/L을 타인에게 양도할 수 없다.)
③ Bearer is normally second consignor in negotiable B/L operation. (소지인은 일반적으로 유통 가능한 B/L의 두 번째 위탁인이다.)
④ Bearer can not hold the B/L but endorse it to third party for assignment. (소지인은 B/L을 보유할 수 없지만 배정을 위해 제3자에게 승인할 수 있다.)

정답 ①

- 선하증권 발행방식 중 소지인식 선하증권에 대한 내용으로 옳은 내용이다.

04. What is the subject of the passage below?

A written statement usually issued by the issuing bank at the request of an importer so as to take delivery of goods from a shipping company before the importer obtains B/L.

① Letter of Guarantee
② Letter of Surrender
③ Bill of Exchange
④ Trust Receipt

해석

04. What is the subject of the passage below? (다음 지문의 주제는 무엇인가?)

A written statement usually issued by the issuing bank at the request of an

importer so as to take delivery of goods from a shipping company before the importer obtains B/L. (매수인이 선하증권을 얻기 전에 선사로부터 수하물을 인도받을 수 있도록 매수인의 요청으로 개설은행에서 발행되는 서면의 진술서이다.)

① Letter of Guarantee (수입화물선취보증서)
② Letter of Surrender (권리포기증서)
③ Bill of Exchange (환어음)
④ Trust Receipt (수입화물대도)

정답 ①

• 수하물이 선하증권보다 먼저 도착한 경우 매수인이 물품을 Original B/L 없이 수령하기 위해 은행에 요청하여 발급받아 선사에 제출하는 수입화물 선취보증서에 대한 설명이다.

05. WHAT does the following explain?

This is non-negotiable transport document and simply evidences that goods are on the way and should only be used when title and financing are not issues. Its function is contract, receipt, and invoice for the goods carried by sea.

① Charter party B/L
② bill of lading
③ air waybill
④ sea waybill

해석

05. WHAT does the following explain? (아래 설명은 어떤 것을 의미하는가?)

This is non-negotiable transport document and simply evidences that goods are on the way and should only be used when title and financing are not issues. Its function is contract, receipt, and invoice for the goods carried by sea. (이것은 비유통성 운송서류이고 단순히 물품이 운송 중이라는 증거가 되며 소유권과 자금 조달이 문제가 되지 않을 때에만 사용되어야 한다. 이 서류의 기능은 해상 운송되는 물품의 계약, 수취증, 송장이다.)

① Charter party B/L (용선계약부 선하증권)
② bill of lading (선하증권)
③ air waybill (항공화물운송장)
④ sea waybill (해상화물운송장)

정답 ④

• 이 지문에서 추론할 수 있는 용어는 유통성 선하증권 대신에 사용되며 도착지에서 서류의 제시가 필요 없는 비유통성 서류를 다루는 내용이다. 이 내용은 해상화물운송장에 대한 내용이므로 따라서 답은 sea waybill인 4번이 답이다.

[6~8] Read the following letter and answer the questions.

> I have now received our (A)<u>assessor's</u> report with reference to your claim in which you asked for (B)<u>compensation</u> for damage to two turbine engines which were shipped ex-Liverpool on the Freemont on 11 October, for delivery to your customer, D.V. Industries, Hamburg.
> The report states that the B/L was claused by the captain of the vessel, with a (C) <u>comment on</u> cracks in the casing of the machinery.
> Our assessor believes that these cracks were the first signs of the weakening and splitting of the casing during the (D)<u>voyage</u>, and that this eventually damaged the turbines themselves.
> (   )
> I am sorry that we cannot help you further.

06. Which could NOT be replaced with the underlined (A), (B), (C) and (D) parts?

① A: surveyor
② B: compliment
③ C: remark
④ D: trip

07. Which could not be replaced with the underlined claused?

① commentary
② dirty
③ unclean
④ foul

08. Which of the following BEST fits the blank in the letter?

① I regret that we can accept liability for goods if they are shipped clean.
② I regret that we cannot accept liability for goods unless they are shipped clean.
③ I am very happy that we accept liability for goods as they are shipped clean.

④ I regret that we cannot accept liability for goods even though they are shipped clean.

해석

[6~8] Read the following letter and answer the questions.

I have now received our (A)assessor's report with reference to your claim in which you asked for (B)compensation for damage to two turbine engines which were shipped ex-Liverpool on the Freemont on 11 October, for delivery to your customer, D.V. Industries, Hamburg. (저는 함부르크에 소재하는 귀사의 고객인 D.V. Industries에 인도하기 위해 10월 11일 리버풀에서 Freemont호에 선적되었던 두 개의 터빈 엔진의 손상에 대한 보상을 요구하는 귀사의 클레임에 관한 손해사정인의 보고서를 수령하였습니다.) The report states that the B/L was claused by the captain of the vessel, with a (C) comment on cracks in the casing of the machinery. (보고서에는 선박의 선장에 의해 발행된 선하증권 조항에 기계 포장의 균열에 대한 언급이 있다고 명시되어 있습니다.) Our assessor believes that these cracks were the first signs of the weakening and splitting of the casing during the (D)voyage, and that this eventually damaged the turbines themselves. (당사의 손해사정인은 이러한 균열이 항해 중 포장의 악화와 갈라짐의 첫 징후이며, 그것이 결국 터빈 자체를 손상시켰다고 판단합니다.) (   ) I am sorry that we cannot help you further. (저희가 더 이상 도와드릴 수 없음을 유감스럽게 생각합니다.)

06. Which could NOT be replaced with the underlined (A), (B), (C) and (D) parts? (밑줄 친 (A), (B), (C) 및 (D) 부분으로 교체할 수 없는 것은?)

① A: surveyor(측량사, 감독관)
② B: compliment(칭찬하다)
③ C: remark(발언, 주목)
④ D: trip(여행)

정답 ②

- 해당 서신의 내용은 터빈 엔진 2대의 손상에 대한 보상에 대한 요청에 대해서 도와드릴 수 없다는 서신입니다. 해당 서신에서 나오는 compensation 의미는 좋지 않은 결과에 대해서 '보상하다' 의미 가지고 있습니다. 하지만 15번 문제에서 나오는 compliment 의미는 '칭찬하다' 의미 가지고 있습니다. compensation과 compliment는 서로 반의어 관계이기 때문에 compliment가 compensation를 대신하여 사용할 수 없습니다.

07. Which could not be replaced with the underlined claused? (다음 중 밑줄이 쳐진 claused를 대체할 수 없는 단어는 무엇인가?)

① commentary
② dirty
③ unclean
④ foul

정답 ①

• 밑줄에서 claused는 문맥상 사고부선하증권을 뜻한다. 사고부선하증권은 영어로 DirtyB/L, FoulB/L, ClausedB/L, UncleanB/L 로 표현할 수 있다. 따라서 commentary는 claused 를 대체할 수 없는 단어다.

08. Which of the following BEST fits the blank in the letter? (다음 중 서신의 빈칸에 가장 적합한 것은 무엇인가?)

① I regret that we can accept liability for goods if they are shipped clean. (유감스럽지만, 당사는 그것들이 무사고로 선적되었다면 상품에 대한 책임을 질 수 있습니다.)
② I regret that we cannot accept liability for goods unless they are shipped clean. (유감스럽지만, 당사는 그것들이 무사고로 선적되지 않았다면 상품에 대한 책임을 질 수 없습니다.)
③ I am very happy that we accept liability for goods as they are shipped clean. (당사는 그것들이 무사고로 선적되었으므로 상품에 대한 책임을 지게 되어 매우 기쁩니다.)
④ I regret that we cannot accept liability for goods even though they are shipped clean. (유감스럽지만, 당사는 그것들이 무사고로 선적되었음에도 불구하고 상품에 대한 책임을 질 수 없습니다.)

정답 ②

• 서신의 글쓴이는 운송인으로 보이고, 선적 시 사고부 선하증권을 발행하였으므로 운송 중 화물의 손상에 대해 면책된다. 따라서 무사고로 선적되지 않았다면 책임을 부담할 수 없어 유감스럽게 생각한다는 내용이 적절하다.

[9~10] Read the following and answer.

The most common negotiable document is the bill of lading. The bill of lading is a receipt given by the shipping company to the shipper. A bill of lading serves as a document of title and specifies who is to receive the merchandise at the designated port. In a straight bill of lading, the seller consigns the goods directly to the buyer.

This type of bill is usually not desirable in a letter of credit transaction, because (   ).
With an order bill of lading the shipper can consign the goods to the bank. This method is preferred in letter of credit transactions. The bank maintains control of the merchandise until the buyer pays the documents.

09. What is nature of straight bill of lading?

① non-negotiable bill of lading
② negotiable bill of lading
③ foul bill of lading
④ order bill of lading

10. What is best for the blank?

① it allows the buyer to obtain possession of the goods directly.
② the shipper can consign the goods to the bank.
③ the bank maintains control of goods until the buyer pays the documents.
④ the bank can releases the bill of lading to the buyer.

해석

[9~10] Read the following and answer. (지문을 읽고 질문에 답하시오.)

The most common negotiable document is the bill of lading. (일반적으로 가장 유통성있는 서류는 선하증권이다.) The bill of lading is a receipt given by the shipping company to the shipper. (선하증권은 선사가 화주에게 발급하는 수취증이다.) A bill of lading serves as a document of title and specifies who is to receive the merchandise at the designated port. (선하증권은 권리증권의 역할을 하며 지정된 항구에서 상품을 수령할 사람을 명시한다.) In a straight bill of lading, the seller consigns the goods directly to the buyer. (기명식 선하증권에서는 매도인은 상품을 매수인에게 바로 인도한다.) This type of bill is usually not desirable in a letter of credit transaction, because (it allows the buyer to obtain possession of the goods directly). (이러한 종류의 보통 신용장거래에는 일반적으로 적합하지 않다, 왜냐하면 (매수인이 물품의 소유권을 바로 가지게 하기 때문이다.))
With an order bill of lading the shipper can consign the goods to the bank.(지시식 선하증권에서 화주는 물품을 은행으로 위임할 수 있다.) This method is preferred in letter of credit transactions. (이 방법은 신용장거래에서 선호된다.) The bank maintains control of the merchandise until the buyer pays the documents. (은행

은 매수인이 대금을 지불할 때까지 상품에 대한 통제권을 유지한다.)

09. What is nature of straight bill of lading? (기명식선하증권의 특성은 무엇인가?)

① non-negotiable bill of lading (비유통성 선하증권)

② negotiable bill of lading (유통성 선하증권)

③ foul bill of lading (사고부 선하증권)

④ order bill of lading (지시식 선하증권)

정답 ①

• 기명식선하증권의 특성으로는 기명식선하증권은 선하증권의 수화인란에 물품의 수취인으로 수입업자나 은행 등의 특정인의 상호가 기재된 선하증권으로 기명된 특정인만이 물품을 인수할 수 있기 때문에 운송 중 물품의 전매나 유통이 제한적인 비유통증권이다. 따라서 배서양도할 수 없다.

10. What is best for the blank? (빈칸에 들어갈 것으로 가장 알맞은 것은 무엇인가?)

① it allows the buyer to obtain possession of the goods directly. (매수인이 물품의 소유권을 바로 가진다.)

② the shipper can consign the goods to the bank. (송하인은 물품을 은행으로 위임할 수 있다.)

③ the bank maintains control of goods until the buyer pays the documents. (매수인이 서류에 대해 대금을 결제할 때까지 은행이 물품에 대한 통제를 유지한다.)

④ the bank can releases the bill of lading to the buyer. (은행은 매수인에게 선하증권을 내줄 수 있다.)

정답 ①

• 선하증권이 매수인의 기명식으로 발행되는 경우 개설은행의 신용장 대금과 상관없이 매수인이 물품을 수령할 수 있다. 따라서 기명식선하증권은 신용장방식에 적합하지 않으며 은행으로 물품을 위임하거나, 은행이 물품에 대한 통제를 유지하지 않는다.

[11~12] Below is part of shipping letter of guarantee. Answer to each question.

Whereas (A)<u>you</u> have issued a bill of lading covering the above shipment and the above cargo has been arrived at the above port of discharge, we hereby request you to give delivery of the said cargo to the above mentioned party without presentation of the original bill of lading.
In consideration of your complying with our above request, we hereby agree to

indemnify you as follows :
Expenses which you may sustain by reason of delivering the cargo in accordance with our request, provided that the undersigned Bank shall be exempt from liability for freight, demurrage or expenses in respect of the contract of carriage. As soon as the original bill of lading corresponding to the above cargo comes into our possession, we shall surrender the (B)same to you, whereupon our liability hereunder shall cease.

11. Which is the right match for A and B?

① (A)carrier - (B)Letter of Guarantee
② (A)carrier - (B)Bill of Lading
③ (A)buyer - (B)Bill of Lading
④ (A)seller - (B)Letter of Guarantee

12. Which is similar to the word indemnify?

① register
② reimburse
③ recourse
④ surrender

해석

[11~12] Below is part of shipping letter of guarantee. Answer to each question.
(아래 지문은 수입화물선취보증서에 대한 부분이다. 각 질문에 대답하시오.)

Whereas (A)you have issued a bill of lading covering the above shipment and the above cargo has been arrived at the above port of discharge, we hereby request you to give delivery of the said cargo to the above mentioned party without presentation of the original bill of lading. (귀사에서 상기 선적물에 대한 선하증권을 발행하여 화물이 하역항에 도착했고, 당사는 귀사의 상기 화물을 원본 선하증권의 제시없이 언급한 당사자에게 인도할 것을 요청합니다.)
In consideration of your complying with our above request, we hereby agree to indemnify you as follows : (귀사의 위와 같은 요청에 따라, 당사는 귀사에 다음과 같이 보상할 것에 동의합니다.)
Expenses which you may sustain by reason of delivering the cargo in accordance with our request, provided that the undersigned Bank shall be exempt from liability for freight, demurrage or expenses in respect of the contract of carriage.

(운송계약과 관련된 운임, 체화료 또는 기타경비에 대해 무관하다는 전제 아래, 귀사에서 당사의 요청에 따라 화물의 인도로 인해 발생하게 될 경비.)
As soon as the original bill of lading corresponding to the above cargo comes into our possession, we shall surrender the (B)same to you, whereupon our liability hereunder shall cease. (상기 화물에 관련된 원본 선하증권이 당행에 들어오는 즉시, 동일한 것을 귀사에 양도할 것이며 이후 당사의 책임은 종료됩니다.)

11. Which is the right match for A and B? (A와 B에 적절한 것은 무엇인가?)

① (A)carrier (운송인) - (B)Letter of Guarantee (수입화물선취보증서)
② (A)carrier (운송인) - (B)Bill of Lading (선하증권)
③ (A)buyer (매수인) - (B)Bill of Lading (선하증권)
④ (A)seller (매도인) - (B)Letter of Guarantee (수입화물선취보증서)

정답 ②

• 본선에 화물적재 완료된 후 선하증권을 운송인이 송하인에게 발행한다. 따라서 A의 귀사는 운송인이 정답이다. 원본의 선하증권이 당행으로 들어오는 즉시 귀사에 동일한 것을 양도한다고 설명되어 있어 B의 동일한 것은 선하증권이된다. 따라서 A는 carrier 운송인, B는 Bill of Lading 선하증권이 정답이 된다.

12. Which is similar to the word indemnify? (보상하다와 비슷한 단어는 무엇인가?)

① register (등록하다)
② reimburse (배상하다)
③ recourse (상환청구)
④ surrender (인도하다)

정답 ②

• 유의어를 찾는 문제로 indemnify와 비슷한 단어는 reimburse가 된다. 그 외에도 compensate / recompense / repay / pay back / remunerate / recoup / requite / make restitution/amends to /settle up with / settle accounts with와 같은 유사한 의미의 단어가 있다.

[13~14] Read the following and answer.

Blank endorsement is an act that the (A)endorser signs on the back of Bill of Lading (B)with bearing a specific person when a bill of lading is made out (C)to order or shipper's order. The bill of lading then becomes a instrument and the (D)holder can present it to the shipping company to take delivery of the goods.

13. Which is WRONG in the explanation of blank endorsement?

① (A) ② (B) ③ (C) ④ (D)

14. What is correct about the bearer?

① Bearer is someone who owns or possesses a B/L.
② Bearer is not able to assign the B/L to others.
③ Bearer is normally bank in negotiable B/L operation.
④ Bearer can not hold the B/L but endorse it to third party for assignment.

해석

[13~14] Read the following and answer. (아래 지문을 읽고 답하시오.)

> Blank endorsement is an act that the (A)<u>endorser</u> signs on the back of Bill of Lading (B)<u>with</u> bearing a specific person when a bill of lading is made out (C)<u>to order or shipper's order.</u> (백지식 배서는 선하증권이 지시식 또는 송하인 지시식으로 작성된 경우 특정인을 기재하고 뒷면에 배서인이 서명하는 행위다.) The bill of lading then becomes a instrument and the (D)<u>holder</u> can present it to the shipping company to take delivery of the goods. (그 다음 선하증권은 소지인식 증권이 되고 소지인은 선사에 제출하여 물품을 수령할 수 있다.)

13. Which is WRONG in the explanation of blank endorsement? (백지식 배서에 대한 설명으로 옳지 않은 것은 무엇인가?)

① (A) ② (B) ③ (C) ④ (D)

정답 ②

- 백지식 배서는 본인만 서명하기 때문에 (without)이 들어가는 것이 옳다.
- 백지식 배서는 송하인이 피배서인 또는 특정인을 기재하지 않는다.

14. What is correct about the bearer? (소지인에 대한 올바른 것은 무엇인가?)

① Bearer is someone who owns or possesses a B/L. (소지인은 선하증권을 소유하거나 보유한 사람이다.)
② Bearer is not able to assign the B/L to others. (소지인은 선하증권을 타인에게 양도할 수 없다.)
③ Bearer is normally bank in negotiable B/L operation. (소지인은 유통성 선하증권

에서 보통은행에 해당한다.)

④ Bearer can not hold the B/L but endorse it to third party for assignment. (소지인은 선하증권을 소지할 수 없지만 제3자에게 배서할 수 있다.)

정답 ①

- 소지인은 증권을 보유하는 권리자이다. 따라서 올바른 것은 소지인은 선하증권을 소유하거나 보유한 사람이다.
- 소지인은 선하증권을 타인에게 양도할 수도 있으며 소지하고 있다.

15. 전자선하증권이 사용될 경우 사용이 감소될 문서는?

① Letter of Indemnity

② Manifest

③ Letter of Guarantee

④ Delivery Order

정답 ③

- 파손화물보상장(Letter of Indemnity)은 화주가 운송인에 대하여 화주가 화물파손에 대해 책임을 묻지 않겠다는 서류이며, 화물선취보증서(Letter of Guarantee)는 선하증권이 화물보다 늦게 도착하여 화물을 찾기 어려울 경우 신용장 개설은행으로부터 화물을 선취할 수 있도록 발급하는 서류이다. 화물인도지시서(Delivery Order)는 수화인이 선사에게 선하증권을 제출하고 터미널에서 화물을 본선에서 찾을 수 있도록 발급하는 서류이다. 적하목록(Manifest, M/F)은 선하증권 발행의 근거서류이며 본선에 적재한 화물목록을 본선의 선사에게 전달하는 내용을 담고 있다. 이 가운데 화물선취보증서의 경우 선하증권이 문서가 아닌 전자화된다면 화물보다 늦게 도착할 가능성이 획기적으로 줄어들 것이므로 전자선하증권의 사용으로 L/G의 경우 사용이 감소될 수 있다.

16. 선하증권의 기능에 대한 설명으로 옳지 않은 것은?

① 선하증권은 권리증권의 기능이 있기 때문에 정당한 소지인이 화물인도를 청구할 수 있다.

② 선하증권은 수취증 기능을 하므로 목적지에서 동일한 물품이 인도되어야 한다.

③ 선하증권이 일단 양도되면 그 기재내용은 양수인에 대해 확정적 증거력을 가진다.

④ 선하증권은 운송계약의 추정적 증거가 되며 운송계약서라고 할 수 있다.

정답 ④

- 선하증권은 운송조건을 기재하며 운송계약에 대한 추정적 증빙은 가능하지만 선하증권 자체를 운송계약서라고 볼 수 없다.

17. **다음 중 선하증권의 법적 성질에 대한 설명으로 옳지 않은 것을 고르시오.**

① 요인증권성 : 화물의 수령 또는 선적되었음을 전제로 발행한다.
② 요식증권성 : 상법 등에서 정한 기재사항을 증권에 기재하여야 한다.
③ 문언증권성 : 선의의 B/L 소지인에게 운송인은 B/L 문언에 대하여 반증할 수 없다.
④ 지시증권성 : 화물에 대하여 B/L이 발행된 경우, 그 화물을 처분할 때에는 반드시 B/L로써 한다.

정답 ④

- 처분증권성 : 화물에 대하여 B/L이 발행된 경우, 그 화물을 처분할 때에는 반드시 B/L로써 한다. (선하증권을 작성한 경우 물품에 대한 처분은 선하증권으로 해야 한다.)
- 지시증권성 : 증권발행인이 배서금지의 문구를 기재하지 않는 한 배서 또는 인도에 의해 소유권을 이전할 수 있다.

18. **다음 선하증권(B/L)에 대한 설명으로 적절하지 않은 것을 고르시오.**

① FOB 조건이나 CIF 조건처럼 본선 상에 물품의 인도를 의무화하고 있는 거래에서는 선적 선하증권을 제시해야 한다.
② 적색 선하증권(Red B/L)은 선하증권과 보험증권을 결합한 증권으로 선사가 보험회사에 일괄보험으로 가입하게 된다.
③ FIATA 복합운송선하증권은 운송주선인이 운송인이나 운송인의 대리인으로 행동한다는 것이 운송서류에 나타나 있지 않아도 수리된다.
④ 최초의 운송인이 전구간에 대하여 책임을 지고 화주에게 발행해 주는 선하증권을 통선하증권(Through B/L)이라 한다.

정답 ③

- FIATA 복합운송선하증권은 복합운송을 증명하는 선하증권을 의미한다. FIATA 복합운송선하증권은 자동수리가 가능하다. 신용장에서 해상선하증권을 요구한다 하더라도 UCP600 제26조의 요구사항을 충족하면 수리될 수 있다. 운송주선인이 대리인으로 행동하는 것이 아닌 운송인으로 복합운송을 체결하고 이에 대한 책임이 있다는 것을 나타낸다.

19. **B/L 상에 "Shipper's Load & Count"와 같은 문구가 있는 경우, 이에 대한 설명으로 옳지 않은 것은?**

① Liner를 이용한 운송이다.
② Container 운송이다.
③ 하역비는 FIO 조건이 적용된다.
④ B/L의 발행일자 외에 선적일자가 별도로 기재되어야 한다.

정답 ③

• 선하증권에 기재된 부지약관은 화물의 품명, 수량, 상태에 대해 운송인이 면책된다고 하는 약관이다. 정기선운송에서 사용되며 하역비용이 포함되어 청구되는 것이 일반적이기 때문에 화주가 별도로 적재 및 양하비용을 지불하는 FIO 조건에는 적용되지 않는다.

20. 선하증권에 대한 설명으로 옳지 않은 것은?

① 운송계약의 추정적 증거(prima facie evidence)이다.

② 운송인이 물품을 수취했다는 물품의 수령증이다.

③ 'said by shipper to contain'과 같은 부지약관이 있어도 신용장 거래에서 수리된다.

④ 권리증권으로 유통이 가능하며 'consignee'란에 수화인이 기재되어 유통될 수 있다.

정답 ④

• 수하인란에 수화인이 기재되어 있는 기명식 선하증권은 유통의 의사가 없는 경우 사용된다. 유통 및 배서 양도가 불가능한 비유통성 증권이다.

Trade English

PART 09

적하보험

1. 무역보험

1) 보험계약의 원칙

(1) 피보험이익(insurable interest)

피보험이익은 보험목적물에 문제가 생겼을 때 피보험자가 직접적으로 경제적 손실을 입게 되는 관계를 의미한다. 즉, 보험계약에 의해서 불확실한 미래의 사고로부터 재산상의 손해를 보상 받을 수 있는 이익을 피보험이익이라 한다. No insurable interest, no insurance라는 말처럼 보험의 목적은 특정의 경제주체가 보험목적물에 대하여 갖고 있는 경제적 이해관계, 즉 피보험이익을 보호하는 것이다. 피보험이익의 존재를 부정하는 것은 곧 보험의 목적을 부정하는 것이므로 보험계약이 체결되기 위해서는 피보험자는 반드시 피보험이익을 가져야 한다.

피보험이익은 일반적으로 경제성, 확실성, 그리고 합법성의 속성을 가진다.

(2) 소급보상의 원칙

통신시설이나 교통시설이 미발달된 18세기 후반에는 수입업자는 보험목적물을 직접 확인하지 않고 보험계약을 체결하기에 계약을 체결하기 전에 사고가 발생해도 알지 못할 때가 많았다. 보험계약 체결전의 사고발생은 보험목적물이 수입업자에게 피보험이익이 없기 때문에 보상을 받을 수 없게 된다. 이때 피보험자를 보호하기 위해 적하보험(cargo insurance)에 한하여 보험계약이 체결되기 전에 발생한 손해까지도 소급하여 보험자가 보상한다는 원칙의 소급보상의 원칙이 적용된다.

보험계약을 체결할 때 보험목적물에 대한 확인여부가 어려울 경우에는 "보험목적물의 멸실 여부는 불문한다."는 조건으로 보험계약을 체결하면, 보험계약이 체결되기 전 이미 발생한 손해에 대해서도 보험자가 보상한다는 것이다. 소급보상의 원칙은 피보험자에 의해서 악용될 여지가 있기 때문에 보험계약 당사자 모두가 보험사고의 발생 사실을 모르고 있는 경우에만 이 원칙이 적용된다(영국해상보험법 제6조 1항).

(3) 고지의무와 담보(duty of disclosure / warranty)

보험자는 고지내용에 따라 위험의 인수여부 또는 합리적인 보험료를 산정한다. 보험계약을 체결 시 보험자에게 보험목적물에 대해 중요한 사항을 고지해야 하는 이유인 것이다. 국제무역의 다양한 거래에 따라서 보험자와 보험목적물의 위치는 다르다. 통상적으로 수입지에 위치한 보험자와 보험계약을 맺는데 이에 대해 수입지의 보험자는 수입업자가 알려주지 않으면 보험목적물의 위험 속성과 정도를 파악할 수 없다. 따라서 합리적인 보험료를 선정하기 위해서는 피보험자가 보험목적물에 대한 구체적 사항을 보험자에게 알려야 하는 것이다. 영국의 해상보험 제 18조 1항에서도 모든 중요한 사항을 보험자에게 고지하도록 피보험자의 의무로서 규정하고 있다. 적하보험에서는, 운송선박명, 화물의 종류, 포장상태, 적재방법, 항로, 환적여부 등이 중요한 사항에 속한다. 고지의무를 위반 시 보험자는 보험계약을 취소할 수 있다. 우리나라 상법에 의하면 고지의무 위반에 대하여 보험자는 보험사고의 발생 전후를 불문하고 보험계약을 해지할 수 있다.

피보험자는 보험계약을 체결할 때 보험계약과 관련되는 조건을 약속하는데 이를 담보라 한다. 해상보험에서는 담보는 피보험자가 보험자에게 행하는 약속으로 그 내용의 중요성을 떠나 먼저 충족되어야 엄격성이 강조된다. 피보험자가 담보를 위반하면 그와 동시에 보험계약은 무효가 된다. 이에 발생하는 손해는 보험자에게 아무런 책임이 따르지 않는다(영국해상보험법 제33조 3항).

명시담보(express warranty)는 보험증권(insurance policy)에 기재되는 담보이며, 보험증권상에 명시는 되어있지 않으나 피보험자의 당연히 지켜야 하누 약속을 묵시담보(implied warranty)라 한다.

2) 보험계약의 당사자

(1) 보험자(insurer, assurer, underwriter)

보험자는 insurer, assurer, underwriter라고 불린다. 보험자는 보험계약을 인수하는 이로 보험계약을 통해 보험계약자에게 손실보장을 약속하는 당사자이다. 일반적으로 회사형태를 갖추고 영국의 로이즈같이 개인인 경우도 있다. 대부분의 국가에서 보험자가 주식회사의 형태를 띠며 보험 사업은 공공의 이익과 아주 밀접한 관계에 있기에 보험자의 자격에 대해서는 일정한 제한이 있다.

로이즈(Lloyd's)는 1871년 로이즈 법에 의해 외견상 법인격을 가지는 로이즈 조합이다. 영국이 개인보험업자들에 의해 해상보험이 발전되었기 때문에 전통적으로 개인보험업자를 허용한다. 영국에서는 보험계약을 체결할 수 있는 재력과 자격이 있다면 누구든 보험자가 될 수 있다. 이 개인보험자들의 모임단체가 바로 로이즈이다.

(2) 보험계약자(policy holder)

보험계약자는 본인 명의로 보험계약을 체결하고 보험료를 지불할 의무가 있는 당사자를 의미한다. 보험계약자는 보험계약의 체결에 직접적으로 관여하기 때문에 계약상 모든 의무를 부담한다.

(3) 피보험자(insured, assured)

피보험자는 발생된 손실에 대한 보상을 보험계약에 의해 받을 수 있는 위치에 있는 이를 의미한다. 즉 피보험자는 손해의 피해자로서 보상을 청구하기 위해 피보험이익을 가져야 한다. 피보험이익은 보험목적물에 대해 특정인이 갖는 경제적 이해관계를 의미한다. 피보험자는 피보험이익에 대한 주의와 손해를 방지하거나 경감하기 위한 합리적인 조치를 강구할 의무가 있으며 보험계약자와 피보험자는 동일인이 될 수도 있고 아닐 수도 있다. 동일할 시 본인을 위한 보험이며, 그렇지 않은 경우 타인을 위한 보험이라고 볼 수 있다.

CIF계약에서는 수출업자가 수입업자를 위하여 적하보험을 체결해야 한다. 보험료를 지불하는 보험계약자는 수출업자이며 보상청구는 수입업자가 하기에 피보험자는 수입업자가 된다. 대부분 수출업자가 자기를 피보험자로 하여 보험계약을 체결한 후 보험증권을 배서하여 수입업자에게 양도하는 형식을 취한다. 보험사고가 발생하는 경우 수입업자는 보험증권의 소지인으로서 손해보상을 보험자에게 요구한다.

3) 보험서류

(1) 보험증권(Insurance Policy)

보험증권이란 보험가입자가 보험목적물 매 건별로 보험회사(insurance company)

및 보험업자와 보험계약을 체결할 경우, 보험회사나 보험업자가 발급하는 보험계약 증명서류이다. 보험계약 성립의 증거로서 보험자가 피보험자의 청구에 의하여 교부하는 것으로 계약서는 아니지만 유가증권의 성격을 가지며 통상 배서나 인도에 의하여 양도된다.

(2) 포괄보험증권(Open Policy)

예정보험(open cover) 중의 하나로, 화물을 선적할 때마다 매건별로 개별적인 보험계약을 체결하지 않고 일정 화물에 대해서 포괄적으로 보험계약을 체결하는 데 발행되는 증권을 말하며, "open contract"라고도 한다. 한편, 포괄보험증권에 의해 개개의 화물에 부보되어 있음을 증명하는 약식서류를 보험증명서(insurance certificate)라고 한다.

(3) 보험증명서(Insurance Certificate)

수출업체가 매 수출 시마다 보험계약을 체결해야 하는 번거로움을 피하고 보험비용도 절감하기 위하여 그 업체의 일정 기간 동안(6개월, 1년)의 보험가입 예상물동량을 추출하여 보험회사와 포괄계약을 체결한 후, 실제로 보험가입의 필요가 발생할 때마다 보험회사로부터 그에 합당하는 보험서류를 받는다. 보험증권과 같이 유효한 보험서류로 인정된다.

(4) 보험서류와 부보범위(UCP600, 제28조)

〈표 9-1〉] UCP 600, 28조

[Article 28] Insurance Document and Coverage	[제28조] 보험서류와 부보범위
a. An insurance document, such as an insurance policy, an insurance certificate or a declaration under an open cover, must appear to be issued and signed by an insurance company, an underwriter or their agents or their proxies. Any signature by an agent or proxy must indicate whether the agent or proxy has signed for or on behalf of the insurance company or underwriter.	a. 보험증권, 보험증서 또는 포괄보험에서의 확인서와 같은 보험서류는 보험회사, 보험인수인 또는 그들의 대리인 또는 수탁인(proxies)에 의하여 발행되고 서명 된 것으로 보여야 한다. 대리인 또는 수탁인에 의한 서명은 보험회사 또는 보험중개인을 대리하여 서명했는지의 여부를 표시하여야 한다. b. 보험서류가 한 통을 초과한 원본으로 발행되었다고 표시하는 경우, 모든 원본 서류가 제시되

b. When the insurance document indicates that it has been issued in more than one original, all originals must be presented.	어야 한다.
c. Cover notes will not be accepted.	c. 잠정적 보험영수증(cover notes)은 수리되지 않는다.
d. An insurance policy is acceptable in lieu of an insurance certificate or a declaration under an open cover.	d. 보험증권은 보험증서나 포괄보험의 확인서를 대신하여 수리 가능하다.
e. The date of the insurance document must be no later than the date of shipment, unless it appears from the insurance document that the cover is effective from a date not later than the date of shipment.	e. 보험서류의 일자는 선적일보다 늦어서는 안 된다. 다만 보험서류에서 부보가 최소한 선적일자 이전에 효력이 발생함을 나타내고 있는 경우에는 그러하지 아니하다.
f. –	f. –
i. The insurance document must indicate the amount of insurance coverage and be in the same currency as the credit.	i. 보험서류는 부보금액을 표시하여야 하고 신용장과 동일한 통화로 표시되어야 한다.
ii. A requirement in the credit for insurance coverage to be for a percentage of the value of the goods, of the invoice value or similar is deemed to be the minimum amount of coverage required. If there is no indication in the credit of the insurance coverage required, the amount of insurance coverage must be at least 110% of the CIF or CIP value of the goods. When the CIF or CIP value cannot be determined from the documents, the amount of insurance coverage must be calculated on the basis of the amount for which honour or negotiation is requested or the gross value of the goods as shown on the invoice, whichever is greater.	ii. 신용장에 부보금액이 물품의 가액, 송장가액 또는 그와 유사한 가액에 대한 백분율로 표시되어야 한다는 요건이 있는 경우, 이는 요구되는 부보금액의 최소한으로 본다. 신용장에 부보 범위에 부보금액에 대한 명시가 없는 경우, 부보금액은 최소한 물품의 CIF 또는 CIP 가액의 110%가 되어야 한다. 서류로부터 CIF 또는 CIP 가액을 결정할 수 없는 경우, 부보금액의 범위는 요구된 결제(honor) 또는 매입 금액 또는 송장에 나타난 물품에 대한 총가액 중 더 큰 금액을 기준으로 산출되어야 한다.
iii. The insurance document must indicate that risks are covered at least between the place of taking in charge or shipment and the place of discharge or final destination as stated in the credit.	iii. 보험서류는 최소한 신용장에 명시된 수탁지 또는 선적지로부터 양륙지 또는 최종 목적지 사이에 발생하는 위험에 대하여 부보가 되는 것이어야 한다.
g. A credit should state the type of insurance required and, if any, the additional risks to be covered. An insurance document will be accepted without regard to any risks that are not covered if the credit uses imprecise terms such as "usual risks" or "customary risks".	g. 신용장은 요구되는 보험의 종류를 명시하여야 하고, 부보되어야 할 추가 위험이 있다면 그것도 명시하여야 한다. 만일 신용장이 "통상의 위험" 또는 "관습적인 위험" 과 같이 부정확한 용어를 사용하는 경우 보험서류는 특정위험을 부보하지 않는지 여부와 관계없이 수리된다.
h. When a credit requires insurance against "all risks" and an insurance document is presented containing any "all risks" notation or clause,	h. 신용장이 "전위험(all risks)"에 대한 부보를 요구하는 경우, 어떠한 "전위험(all risks)" 표시 또는 문구를 포함하는 보험서류가 제시되는 때에는, 제목에 "전위험(all risks)"이 포함되는가에 관계없이, 또한 어떠한 위험이 제외된다고 기재하는가에 관계없이 수리된다.
	i. 보험서류는 어떠한 제외문구(exclusion clause)에 대한 언급을 포함할 수 있다.
	j. 보험서류는 부보범위가 일정한도 본인부담이라는 조건 또는 일정한도 이상 보상 조건(a franchise or excess)(일정액 공제제도, deductible)의 적용

whether or not bearing the heading "all risks", the insurance document will be accepted without regard to any risks stated to be excluded. i. An insurance document may contain reference to any exclusion clause. j. An insurance document may indicate that the cover is subject to a franchise or excess (deductible).	을 받고 있음을 표시할 수 있다.

- 개별예정보험(Provisional policy) : 보험목적에 대한 일부가 확정되지 않은채 개별 화물에 대한 보험을 체결하는 경우
- 선명미상보험(Floating policy) : 화물이 적재될 선박명이 미정인 경우
- 금액미상보험(Unvalued policy) : 보험목적물의 보험금액이 미정인 경우
- 포괄보험신청서(open slip) : 포괄보험 신청서
- 예정보험은 해상보험뿐 아니라 운송보험, 재보험에서도 이용되며, 화재보험에서도 총괄보험이 이용된다. 이처럼 예정보험은 보험계약에 있어 폭넓게 이용될 수 있지만 실제로 해상보험 중 적하보험과 희망이익보험에서 가장 많이 이용된다.

4) 보험기간

(1) 보험기간(Duration of Risk)과 보험계약기간(Duration of Policy)

보험기간(Duration of Risk)은 위험부담기간, 책임기간의 의미를 가진다. 보험자가 피보험목적물에 대해 위험부담책임이 존속되는 기간을 뜻한다. 보험기간과 보험계약기간(Duration of Policy)은 개념상 차이가 존재하다. 보험기간은 보험자의 계약상 책임이 존속되는 기간이다. 보험계약기간은 보험이 유효하게 존속되는 기간을 의미한다.

화물의 선적 이후 보험계약이 체결되었다 하더라도 소급약관에 따라 위험이 노출되는 시점부터의 위험부담이 개시된다.

소급보험으로 인해 보험기간(Duration of Risk)과 보험계약기간(Duration of Policy)이 엄밀히 일치하지 않는 경우가 발생한다.

(2) 보험의 개시와 종료

ICC 협회적하약관의 제8조 운송약관(transit clause)은 3항으로 나누어진다. 제1항은 보험기간의 시기와 종기 그리고 매매계약조건과 보험기간에 대해서 설명한다. 제2항은 화물이 최종 양륙항에서 양륙 후 목적지를 변경한 경우의 보험의 종기에 대해 규정하고 있고, 제3항에서는 위험변동과 보험자의 책임에 대해 규정한다.

① 시기(始期)

운송의 시작을 위해 보험증권상 기재된 지정된 위치의 창고나 보관장소를 떠나 운송이 개시될 때

② 종기(終期)

- 목적지에서 수하인 또는 창고 혹은 다른 최종 창고나 보관장소에 인도될 때
- 피보험자가 운송과정에서 보관, 분배, 할당의 목적으로 목적지 도착 전 중간 창고로 이동되어 기타창고 또는 보관장소에 인도될 때
- 피보험자 또는 그 사용인이 통상의 운송과정이 아닌 보관을 목적으로 운송 차량 또는 기타 운송용구 또는 컨테이너를 사용하고자 선택한 때
- 최종 양하항에서 하역의 완료 후 60일이 경과 되었을 때
- 이 중 어느 것이든지 먼저 도래되는 때 종료된다.
- 적하보험은 기간보험이 아닌 구간보험으로서, 원칙적으로 운송이 시작되는 순간부터 보험이 개시되고 운송이 종료되는 시점에서 보험도 종료된다.
- 보험계약기간은 보험계약이 성립되고 소멸할 때까지의 기간이며 보험기간과 같을 수도 다를 수도 있다.

③ 보험 시기와 종기에서 통상의 운송과정

통상의 운송과정이란 화물의 종류에 따른 관례적인 운송방법을 말하며, 목적지까지의 가장 직선인 통로와 세관이나 기타 관청에서 행하여지는 화물검사기간 동안도 포함된다. 다음과 같은 상황에서도(단, 피보험자의 통제가 불가능한 경우) 담보기간은 계속 유효하다.

• 운송의 지연(Delay in Transit) : 보험계약자가 통제할 수 없는 운송의 지연 동안 담보는 계속된다. 하지만 지연을 근인으로 손해는 보상되지 않는다.
• 이로(Deviation) : 선박이 발항항이나 목적항을 변경함이 없이 보험증권에 항로를 특정한 때에는 그 항로를, 그렇지 않은 경우에는 통상적이고도 관습적인 항로(usual and customary course of voyage)를 벗어나거나 또는 보험증권에 정한 순서 혹은 지리적 순서에 따르지 않고 기항하는 것을 말한다. "이로" 중에도 담보는 계속된다.
• 항해의 변경(Change of the Voyage) : 위험이 개시된 후, 보험증권에 기재되어 있는 목적지가 변경되는 경우를 항해의 변경이라 하며, 보험계약자는 이를 보험자에 즉시 통보하여 보험자가 제시하는 조건과 추가보험료로 납입하는 경우에 한하여 계속 담보를 받을 수 있다. 항해의 변경에서는 항해를 변경할 의사가 명백히 나타나기만 하면 실제로 항로를 이탈하지 않았더라도 항해의 변경을 하고자 할 의사가 명백해졌을 때로부터 보험자가 보상책임을 면하게 된다.
• 환적(Transshipment) : 보험사고나 운송계약 조건상 선장에 의하여 중간항에서 화물이 양하, 재선적 또는 환적되는 중에도 담보 기간은 계속된다.

5) 보험금액(Insured amount)

(1) 피보험이익의 평가

① 보험가액(insurable value)

보험계약이 체결될 수 있는 금액이다. 이는 선박이나 화물 등 보험목적물의 실제 가치를 의미하는 것이다. 따라서 피보험자가 보험에 가입할 수 있는 손해액의 최고 한도액을 뜻한다. 보험가액을 정확하게 평가하는 것은 기술적으로 어렵기 때문에 보험계약을 체결할 때 보험자와 보험계약자간에 보험가액을 협정하기도 한다. 이 가액을 협정보험가액이라 하며 보험목적물의 협정보험가액이 기재된 보험증권을 기평가보험증권이라 한다(영국해상보험법 제27조 2항).

② 보험금액(insured amount)

보험금액은 피보험자가 실제로 보험에 가입한 금액으로, 이것은 보험자가 보상해

주는 최고보상액이다. 보험금액은 보험자가 보상해 주기로 약속한 최고의 금액이기 때문에 보험사고가 발생할 경우 보험자는 보험금액의 범위 내에서 보상한다. 보험금액은 보상액과 직결되기 때문에 보험료 산정의 기준이 된다. 보험가액이 높게 평가되더라도 보험료의 부담을 피하기 위하여 보험금액을 낮게 산정하면 그만큼 보상액도 낮아진다.

(2) 보험가액과 보험금액의 관계

① 전부보험

보험가액과 보험금액이 일치하는 경우로 보험목적물의 실제 가치 모두를 보험에 붙인 경우로 손해액을 보험가액의 범위 내에서 전액보상하기 때문에 이상적인 보험의 형태이다.

② 일부보험

보험목적물의 가액 일부만을 보험에 붙인 경우로 보험가액이 보험금액보다 크게 되어 보험료를 절감하여 비용지출을 줄이기 위해서지만 완전한 보상이 안 되기 때문에 미보상부분이 생길 수 있다.

③ 초과보험

보험금액이 실제 가치 이상으로 보험가액을 초과하여 체결하는 것으로 선의의 경우를 제외하고 모두 무효가 된다.

〈표 9-2〉 보험가액과 보험금액의 관계

보험의 종류	보험가액과 보험금액의 관계
전부보험 (Full-insurance)	보험가액 = 보험금액
일부보험 (Under-insurance)	보험가액 〉 보험금액
초과보험 (Over-insurance)	보험가액 〈 보험금액
하나의 보험에 둘 이상의 보험자와 보험계약을 체결하는 경우	
중복보험 (Double-insurance)	보험가액 〈 보험금액
공동보험 (Co-insurance)	보험가액 = 보험금액

④ 재보험(MIA 9조)

〈표 9-3〉 MIA 9조 Re-insurance.

9. Re-insurance.	9조 재보험
(1) The insurer under a contract of marine insurance has an insurable interest in his risk, and may re-insure in respect of it.	(1) 해상보험계약의 보험자는 자신의 위험에 대한 피보험이익을 가지고, 그 이익에 대하여 재보험에 가입할 수 있다.
(2) Unless the policy otherwise provides, the original assured has no right or interest in respect of such re-insurance.	(2) 보험증권상 별도의 규정이 있는 경우는 제외하고 원보험의 피보험자는, 재보험에 관한 어하한 권리나 이익도 갖지 않는다.

⑤ 중복보험(MIA 32조)

〈표 9-4〉 MIA 32조 DOUBLE INSURANCE

32. Double insurance.	32조 중복보험
(1) Where two or more policies are effected by or on behalf of the assured on the same adventure and interest or any part thereof, and the sums insured exceed the indemnity allowed by this Act, the assured is said to be over-insured by double insurance.	(1) 동일한 해상사업과 이익 또는 그 일부에 관하여 둘 이상의 보험계약이 피보험자에 의해서 또는 피보험자를 대리하여 체결되고, 보험금액이 본 법에서 허용된 손해보상액을 초과하는 경우, 피보험자는 중복보험에 의한 초과보험이 되었다고 말한다.
(2) Where the assured is over-insured by double insurance –	(2) 피보험자가 중복보험에 의해 초과보험이 되는 경우
(a) The assured, unless the policy otherwise provides, may claim payment from the insurers in such order as he may think fit, provided that he is not entitled to receive any sum in excess of the indemnity allowed by this Act;	(a) 피보험자는 보험증권에 별도의 규정이 있는 경우를 제외하고, 자기가 적절하다고 생각하는 순서에 따라 보험자들에게 보험금을 청구할 수 있다. 단, 피보험자는 본법에 의해 허용되는 손해보상액을 초과하는 일체의 금액을 수취할수 있는 권리는 없다.
(b) Where the policy under which the assured claims is a valued policy, the assured must give credit as against the valuation, for any sum received by him under any other policy without regard to the actual value of the subject-matter insured;	(b) 피보험자가 보험금을 청구하는 보험증권이 기평가보험증권인 경우, 피보험자는 보험의 목적의 실제가액에 관계없이 여타 보험증권에 의해 그가 수취한 일체의 금액을 평가액에서 공제하여야 한다.
(c) Where the policy under which the assured claims is an unvalued policy he must give credit, as against the full insurable value, for any sum received by him under any other policy;	(c) 피보험자가 보험금을 청구하는 보험증권이 미평가보험인 경우, 피보험자는 여타 보험증권에 의해 그가 수취한 일체의 금액을 전체의 보험가액에서 공제하여야 한다.
(d) Where the assured receives any sum in excess of the indemnity allowed by this Act, he is deemed to hold such sum in trust for the insurers, according to their right of contribution among themselves.	(d) 피보험자가 본 법에 의해 허용된 손해보상액을 초과하는 금액을 수취한 경우, 피보험자는 그 초과액을 보험자 상호 간의 상환청구권에 따라 각 보험자를 위하여 수탁한 것으로 간주한다.

2. 해상손해

1) 해상손해의 구분과 위험의 정의

(1) 해상손해의 구분

해상손해는 물적손해, 비용손해 및 배상책임손해로 구분된다.

① 물적손해(physical loss)

보험목적물 자체의 직접적인 손해(직접손해)를 의미하며 손해의 정도로 전손(total loss)과 분손(partial loss)으로 구분 짓는다. 전손은 보험목적물 전부의 손실이며 분손은 보험목적물의 일부가 소멸 또는 손상되는 것이다.

- 전손(total loss)은 현실전손과 추정전손으로 나누어진다. 추정전손은 물리적인 상태에서 완전한 전손이라고 할 수는 없지만 이를 복구하는 경제적 비용이 더 크게 들 경우 전손으로 인정하는 것으로 해상보험법에만 인정되는 형태의 손해다.
- 분손(partial loss)은 단독해손과 공동해손으로 나누어진다. 보험목적물에 이해관계가 있는 피보험자가 단독으로 부암하며 공동해손은 공동의 이익을 위해 희생된 손해에 대해 이해관계가 있는 당사자들 간 비용을 공동으로 분담하는 손해이다.

② 비용손해(expense loss)

보험목적물에 손해가 발생하는 것을 방지하기 위하여 또는 이를 구조하기 위하여 간접적으로 지출되는 새로운 비용을 의미하여 간접손해라고 하기도 한다.

- 구조비, 손해방지비용, 특별비용이 이에 해당한다.
- 손해방지비용은 보험목적물에 대한 보상과 별개로 손해방지에 대한 보상책임을 따로 지급한다. 보험자는 보험금액을 초과하더라도 피보험자가 손해방지를 위해 지출한 비용에 대한 보험금을 지급해야 한다.

③ 배상책임(liability loss)

피보험자가 제 3자에 대해 법적으로 배상책임을 부담하게 될 경우로 충돌로 인한 충돌손해배상이 대표적이다.

〈표 9-4〉 해상손해의 구분

<table>
<tr><td rowspan="6">물적손해
(Physical Loss)</td><td rowspan="2">전손
(Total Loss)</td><td colspan="2">현실전손(Actual Total Loss)</td></tr>
<tr><td colspan="2">추정전손(Constructive Total Loss)</td></tr>
<tr><td rowspan="4">분손
(Partial Loss)</td><td colspan="2">단독해손(Particular Average)</td></tr>
<tr><td rowspan="2">공동해손
(General Average)</td><td>공동해손희생
(G.A.Sacrifice)</td></tr>
<tr><td>공동해손비용
(G.A.expenditure)</td></tr>
<tr></tr>
<tr><td rowspan="3">비용손해
(Expenses)</td><td colspan="3">구조비 (Salvage Charge)</td></tr>
<tr><td colspan="3">손해방지비용(Sue and Labour Charge)</td></tr>
<tr><td colspan="3">특별비용(Particular Charge)</td></tr>
<tr><td rowspan="2">배상책임손해
(Liabilities)</td><td colspan="3">충돌손해배상책임(Collision liability)</td></tr>
<tr><td colspan="3">공동해손분담금(G.A. contribution)</td></tr>
</table>

(2) 해상보험에서 위험의 정의

위험이란 어떤 "손해발생의 가능성(chance of loss)"과 "손해발생에 관한 불확실성(uncertainty concerning loss)"이다. 위험은 리스크(risk), 페릴(peril), 그리고 헤저드(hazard)로 나뉘어진다.

① 리스크(risk)

확실하지 않은 상황의 불확실성을 의미한다. 미래에 대한 예측능력의 부족한 것에 원인을 두는 것이며, 보험의 risk는 객관적 리스크이다.

② 페릴(peril)

손해를 일으킨 우발적 사고의 원인으로 손해의 원인, 손실의 원천으로 주변에서 발생하는 것, 즉 손실의 원인이다.

③ 헤저드(hazard)

손실의 원인을 발생시켜 손실의 발생가능성 또는 손실의 정도를 증대시키는 행위 또는 여건을 의미한다. 그리고 헤저드(hazard)는 물리적 헤저드(physical hazard)와 도덕적 해저드(moral hazard)로 구분할 수 있다. 물리적 헤저드는 손실의 원인에 미치는 모든 물리적 상황이며, 인간의 힘으로 통제 가능한 것과 그러하지 못하는 것이 있다. 도덕적 헤저드는 주관적 심리적 정신적 상태로 인간의 의지로 고의적인 손실의 가능성을 증대시키는 경우를 의미한다.

결과적으로 리스크(risk)에 대해 페릴(peril)의 경우 직접적인 위험 원인이라고 한다면, 헤저드(hazard)의 경우 간접적인 위험 원인이라 할 수 있다.

2) 해상보험계약

해상적하보험계약은 낙성계약이기 때문에 보험계약자가 청약을 하고 보험자가 이를 승낙했을 때 성립한다. 하지만 위험을 담보하고 보험의 효력이 발생하는 것은 보험료를 1회 납부했을 시에 발생한다. 보험청약은 긴급한 경우에는 구두나 전화로 청약하기도 한다. 하지만 원칙적 소정의 청약서에 필요한 사항을 기입 후 서명 날인 후 보험중개인 또는 보험자에게 제출해야 한다. 아울러 보험계약은 쌍무계약이 아닌 일방계약이며, 등가계약이 아닌 요행계약이다. 그리고 협상과정을 통해 체결되는 계약이 아니기에 부합계약(contract of adhesion)으로 보험자에 의해 만들어진 계약을 선택하느냐 아니면 거절하느냐의 의사결정밖에 없다. 마지막으로 보험계약은 보험계약자가 보험자로부터 손실에 대한 보상을 받기 위해서는 계약에 정해진 조건을 충족시켜야하기 때문에 조건계약이다. 다시 말해 보험료의 납부, 손실의 입증, 손실의 즉각적 통보, 손실의 방지활동 등이 전제되어야 하며, 반드시 지켜야 할 의무라기보다는 충족해야 하는 조건으로 이해해야 한다.

해상보험은 보험자와 피보험자간에 체결되는 해상보험계약에 의해 구체적으로 시행된다, 즉, 해상보험이란 선박의 운항 또는 선박에 의한 화물의 운송 등 항해 사업에 따른 사고에 의해서 선박 또는 화물이 입은 손해를 보상하는 보험으로서, 해상보험이 발생하는 대상이 선박일 경우에는 선박보험(marine hull insurance)이고 그 대상이 화물일 경우에는 해상적화보험(marine cargo insurance)이 된다.

(1) 해상위험과 근인주의(maritime perils / principle of causa proxima)

해상위험은 해상에서 우연히 발생하는 사고나 재해이다. 보험자의 담보 여하에 따라 담보위험과 면책위험으로 구분된다. 담보위험은 보험자가 해상위험에 근거한 손해에 대한 보상을 약속하는 위험이다. 담보위험을 대상으로 해상보험계약을 맺으며 이로 인해 발생하는 손실만을 보상해 주는 계약이다. 보험자의 보상책임은 손해가 담보위험과 일정한 인과관계를 가지는 손해일 때만 발생한다. 손실의 범위가 넓으면 넓을수록 보험자의 책임이 커지기에 보험요율은 증가하게 된다. 면책위험은 손해가 발생하더라도 위험의 제한이나 일정사유로 인해 보험자의 책임이 면제되는 위험을 뜻한다. 면책위험은 법에 의한 규정이나 보험약관에 의해 정해질 경우도 있으며 면책위험은 절대적 면책위험과 상대적 면책위험으로 구분된다. 절대적 면책위험은 어떠한 경우에도 보험자의 책임이 면책되는 것을 의미하며 상대적 면책위험은 특약이 없는 한 면책되는 위험을 의미한다. 그 범위가 넓으면 넓을수록 담보위험이 줄기 때문에 보험요율은 낮아진다. 담보위험에 해당하더라도 면책위험에 해당될 경우 보험자의 책임은 면책된다. 담보위험과 면책위험이 상충하는 경우 면책위험이 우선하기 때문이다.

근인주의는 담보위험에 근인하여 발생하는 손해만 보상한다. 근인은 손실을 야기한 가장 지배적이고 효과적인 원인을 뜻하는데, 사고의 근인을 찾아 해당 근인이 담보위험에 속하는지 면책위험에 속하는지 조사해야 한다. 근인이 담보위엄에 속할 때만 보험자가 보상을 한다. 이러한 보상원칙을 근인주의라 하며 근인주의 하에서는 일단 근인이 규명되면 나머지의 모든 원인은 고려하지 않게 된다.

(2) 해상보험의 성질

- 낙성계약 : 보험계약자의 청약과 보험자의 승낙에 의한 합의만 있으면 보험계약이 성립한다.
- 불요식 계약 : 보험계약의 성립에 대하여 아무런 형식을 요구하지 않는다. 보험계약은 불요식계약이므로 보험 증권 발행도 보험계약 성립의 전제요건이 되지는 않는다.
- 유상계약 : 보험자의 보상약속에 대한 대가로 보험계약자는 보험료를 납입할 것을 약정한다.

- 쌍무계약 : 보험자는 보험사고에 따른 보험금 지급의무를 부담하고 보험계약자는 이에 대하여 보험료를 지급의무를 부담한다.
- 부합계약 : 보험계약은 보험자가 작성한 보험약관에 대해 보험계약자가 이를 포괄적으로 승인함으로써 효력이 발생한다.
- 사행계약 : 보험자의 보험금 지급의무는 보험계약자가 보험료를 모두 지급하였음에도 불구하고 우연한 사고가 생긴 때에만 발생한다.
- 최대선의계약 : 보험계약은 보험계약자가 자기가 알고 있는 중요한 사항에 대해 최대의 선의로 보험자에게 알려주어야 하는 최대선의에 기초한 계약이다
- 유한 책임계약 : 보험자는 보험계약에서 합의된 금액인 보험금액을 한도로 보험금을 지급한다.

(3) 해상보험의 분류

해상보험의 분류는 계약방식, 피보험이익, 보험기간에 따라 분류할 수 있다. 계약방식에 의한 분류는 보험계약 체결당시 보험목적에 대한 내용이 확정되었는지에 대한 여부에 따라 확정보험(Definite Policy)과 예정보험(open policy)으로 구분할 수 있다. 피보험이익에 의한 분류는 크게 선박보험(Hull insurance)과 적하보험(Cargo insurance)으로 나누어지며, 선박보험은 선박자체가 보험목적물이 되는 동시에 선박 내부의 기기와 운항에 필요한 연료 소모품, 수선비까지 모두 보험목적물로 할 수 있다. 적하보험은 운송물인 화물에 대한 부보만 하는 것이 아닌 해상위험으로 발생하여 상실된 희망이익을 부보하는 희망이익보험과 적하물을 담은 컨테이너까지 부보하는 컨테이너 보험까지 포함한다. 보험기간에 따른 분류는 항해보험(Voyage policy), 기간보험(Time policy), 혼합보험(Mixed policy)이 있다. 일정항해에 대한 단위를 보험의 기간으로 정하는 경우인 항해보험, 일정기간을 표준으로 정하는 기간보험 이 두 가지를 혼합한 혼합보험으로 나누어진다.

- 적하보험(cargo insurance) : 해상운송 중에 있는 화물을 보험의 목적물로 하는 보험
- 선박보험(hull insurance) : 운송수단인 선박 그 자체를 보험의 목적물로 하는 보험
- 기간보험(Time Policy) : 1년간 등의 형태로 시간상의 일정 기간을 기준으로 가입하는 보험

• 항해보험(Voyage Policy) : 특정한 항해를 기준으로 가입하는 보험

• 혼합보험(Mixed Policy) : 기간과 항해를 혼합한 보험(예 : 인천에서 뉴욕까지로 하되 단 양륙 후 30일을 한도로 함)

〈표 9-5〉 해상보험의 분류

계약방식에 의한 분류	• 확정보험(Definite Policy) 선적분에 대한 보험요건이 모두 확정된 상태에서 발행되며 위험의 개시 직전 건별로 체결되는 계약이다.
	• 예정보험 (open policy)구체적인 보험요건이 확정되지 않은 상태에서, 미래의 일정기간 동안 부보예정인 목적물 전체에 대해 포괄적으로 보험계약을 체결하는 형대로, 계약이후 요건이 확정될 때마다 보험자에게 통지하여 개별위험을 책임을 지게 하는 방식이다.
피보험이익에 의한 분류	• 선박보험(Hull insurance) : 선박을 보험목적물로 하여 항해에서 입은 사고에 의한 손해를 보상하는 보험이다. 선체뿐만 아니라 기관, 추진기, 나침반, 선박의 운항에 필요한 연료, 식료품, 소모품도 보험의 대상이 된다. 선박불가동손실보험, 선박건조보험, P&I보험, 선박수선에 대한보험(선박수선보험/선박수선자공사보험.선박수선자배상책임보험/선박수선비보험), 선비보험이 이에 해당한다.
	• 적하보험(Cargo insurance) : 해상운송의 대상인 운송물을 보험목적물로 그 적하에 대한 이익을 피보험이익으로 한다. 적하보험, 희망이익보험, 수입세보험, 컨테이너보험이 이에 해당한다.
보험기간에 따른 분류	• 항해보험(Voyage policy) : 일정항해 단위로 보험기간을 정하는 경우에 해당한다. 특정 장소에서 다른 장소까지 운송하는 것을 목적으로 하는 보험으로 통상 적하보험이 항해보험으로 계약된다.
	• 기간보험(Time policy) : 보험기간을 일정기간을 표준으로 정하는 보험의 형태로 보험자의 시간적한계가 일정한 기간동안 표시된다. 주로 선박보험, 선비보험 등이 기간보험으로 계약된다.
	• 혼합보험(Mixed policy) : 항해보험과 기간보험을 포함하는 보험으로 일정항해 및 일정기간을 정해 보험기간을 정하는 방법이다.

(4) 선주상호보험(P&I)

① P&I 보험의 개념

선박의 운항을 통해 수익을 창출하는 해운산업에서 발생하는 손해(배상책임)의 유형은 아주 다양함에도 불구하고 선박보험에서는 해당 선박의 손해(자동차보험의 자차보험) 및 충돌배상을 제외하고는 이를 담보하는 보험상품이 전무하여 해운경영에 있어서 만전을 기하기가 곤란하였다. 따라서 이러한 배상책임 손해를 상호 구제적으로 보상하기 위해서 탄생한 것이 "선주상호책임보험(Protection And Indemnity)"으로써, 실무적으로는 단순히 "P&I보험" 또는 "P&I"라 부르고 있다.

② P&I 보험의 특징

- 상호보험 : 일반적인 손해보험과는 달리 P&I보험은 상호보험 형태를 취하고 있으며, 회원(선사), 총회, 이사회 및 효율적 처리를 위한 관리회사와 연락사무소로 구성된다.
- 운영원칙 : 수입(보험료, 운영수익)과 지출(클레임, 운영비용)을 일치되도록 하는 것이 원칙이며, 비영리 상호보험의 특성 상 지출이 수입을 초과하는 경우 추가보험료를 갹출한다.
- 담보위험 : 선박보험에서 담보하지 않는 영역은 대부분 P&I에서 담보하는 것으로 보아도 무방하다.
- 공동운영 : 전세계 P&I보험 시장의 약 8~90%를 차지하는 13개의 주요 P&I Club이 International Group이라는 이름하에 대형사고 처리를 위한 기금(Pool)을 운영하고 있으며, 재보험도 공동으로 가입하고 있다.

3) 협회적하약관(Institute Cargo Clause)

(1) 협회적하약관 개요

협회적하보험약관(Institute Cargo Clause, ICC)은 런던보험협회(ILU)가 제정한 적하보험에 관한 약관을 의미하는 것으로 협회화물약관이라고도 한다. 협회적하보험약관은 1981년을 기준으로 구약관과 신약관으로 나뉜다. 구약관이 신약관으로 바뀌게 된 계기는 약관의 내용이 지나치게 고어체와 난해한 문장으로 되어 있고, 전위험담보약관의 담보범위가 불명확하기 때문에 분쟁이 발생하는 경우가 많았을 뿐만 아니라 분손담보약관과 단독해손부담보약관의 담보범위가 어떻게 다른 것인지 분명하지 못한 점이 많았기 때문이다. 신약관은 1981년 7월 1일에 개정되었으며 A/R을 ICC(A), WA를 ICC(B), FPA를 ICC(C)로 바꾸었다. 신약관과 구약관은 병행하여 사용되고 있다.

국제상업회의소(International Chamber of Commerce, ICC)는 은행·항공·육상운송 및 해상운송·컴퓨터·장거리 통신·정보 정책·상거래 관행·금융 서비스·보험 등 전자상거래에 관한 국제적이고 다방면에 걸친 연구 및 활성화를 목표로 설립된 국제기구이다.

(2) 구 협회적하약관(구ICC)

- 전위험 담보(All Risk, A/R) : 면책위험을 제외한 모든 위험을 담보한다.
- 분손 담보(With Average, W/A) : 전손은 담보하지 않고 분손만을 담보한다.
- 분손 부담보(Free Particular Average, FPA) : 분손(단독해손)은 보상하지 않는 조건이다.
- 전위험담보조건(All Risks, A/R) : 적하보험조건의 구약관으로 제품의 고유한 하자, 선박의 지연, 원자력 피해, 전쟁, 동맹파업 등을 제외한 모든 우발적 사고가 담보되는 조건으로, 그 손해에 대해서는 면책비율이 적용되지 않는다. 한편, 전쟁(war)이나 파업(strike), 폭동(riot) 및 소요(civil commotion), 즉 W/SRCC 등은 추가로 담보하면 된다. 우리나라는 현재 준전쟁국이므로 대부분의 수입업자가 CIF조건으로 수입 시에는 A/R에 W/SRCC가 추가로 부보된다.

〈표 9-6〉 All Risks Clause(전위험약관)

This insurance is against all risks of loss of or damage to the subject-matter insured but shall in no case be deemed to extend to cover loss damage or expense proximately caused by delay or inherent vice or nature of the subject-matter insured. Claims recoverable hereunder shall be payable irrespective of percentage.

이 보험은 보험목적물의 멸실 또는 손상의 모든 위험을 담보한다. 그러나 어떠한 경우에도 보험목적물의 지연 또는 보험목적물의 고유의 하자 혹은 성질을 근인으로 해서 생기는 멸실, 손상 또는 비용까지도 확장담보하는 것으로 간주하여서는 아니 된다. 이 보험에 의거하여 청구할 수 있는 보험금은 손해율의 다과에 관계없이 지급된다.

〈표 9-7〉 구협회적하약관의 손해담보 범위

담보조건			담보위험범위
A/R	W/A	FPA	부보화물의 전손 (Total Loss)
			2. 공동해손(General Average)
			3. 비용손해
			4. 본선 또는 부선의 좌초
			5. 적재, 환적, 하역작업 중 포장단위당 전손
			6. 하재, 폭발, 충돌, 접촉 및 피난항에서 양화작업에 기인한 손해
			7. 손해방지비용, 구조비용, 기항항이나 피난항에서의 특별비용

			7. 상기 4-6이외 단독해손
			8. 악천후에 의한 해수손
			9. 하기 면책사항 이외 모든 외부적 우발적 원인에 의한 손해
면책사유			1. 보험계약자 또는 피보험자의 고의적 불법행위로 인한 일체의 손해
			2. 화물의 고유의 하자, 성질, 자연감량, 운송지연으로 인한 손해
			3. 통상의 손실 등 위험요건을 구비하지 않은 사유에 의한 손해
			4. 화물의 포장 불량으로 인한 손해
			5. 전쟁, 폭동, 파업 등에 기인한 손해

(3) 신 협회적하약관(신ICC)

- 협회적하보험약관(A)(Institute Cargo Clause(A)): ICC(A)는 종래의 보험조건 중 전위험담보(All Risks, A/R)와 유사한 것으로서 그 명칭만 변경되었을 뿐 실질적인 내용상의 차이는 별로 없다. 따라서 ICC(A)에서는 일정한 면책위험을 제외하고는 모든 위험, 즉 피보험목적물에 발생하는 멸실·손상 또는 비용일체를 모두 담보한다. 이 ICC(A)는 모두 19개항의 약관을 두고 있으며, 그 중 제1항의 위험약관(risk clause)은 ICC(A)에서 보험자가 보상해 주는 책임범위를 구체적으로 규정하고 있다. 이 약관에서는 보험자의 면책위험을 제외한 일체의 피보험목적물의 멸실 또는 손상의 위험을 보험자는 담보한다고 규정하고 있다. 이는 보험자의 포괄책임주의를 표명하고 있어, 보험사고가 발생할 경우 그 손해의 원인이 무엇인가를 증명할 책임은 보험자에게 있다.
- 협회적하약관(B)는 A약관과는 제1, 4, 6조만 다르며 나머지는 동일하다.
- 협회적하약관(C)는 19개의 개별약관으로 구성되어 있지만, B약관과는 제1조만 다르고 나머지는 동일하다.

〈표 9-8〉 신협회적하약관 비교

(1) 협회적하약관 제1조 (ICC (A), (B) 그리고 (C))
① 위험약관 제1조 - ICC(A)
제1조 이 보험은 다음의 제4조, 제5조, 제6조 및 제7조에 규정된 사유를 제외하고 보험의 목적의 멸실 또는 손상에 관한 일체의 위험을 담보한다.
② 위험약관 제1조 - ICC(B)
제1조 이 보험은 다음의 제4조, 제5조, 제6조 및 제7조에 규정된 사유를 제외하고 다음의 멸실 또는 손상에 관한 위험을 담보한다.

1.1 다음의 사유에 합리적으로 기인하는 보험의 목적의 멸실 또는 손상.

1.1.1 화재 또는 폭발.

1.1.2 본선 또는 부선의 좌초, 膠沙(교사), 침몰 또는 전복.

1.1.3 육상운송용구의 전복 또는 탈선.

1.1.4 본선, 부선 또는 운송용구와 물 이외의 他物(타물)과의 충돌 또는 접촉.

1.1.5 조난항에서의 양하.

1.1.6 지진, 화산의 분화 또는 낙뢰.

1.2 다음의 사유에 기인하는 보험의 목적의 멸실 또는 손상.

1.2.1 공동해손희생.

1.2.2 투하 또는 갑판유실.

1.2.3 본선, 부선, 선창, 운송용구, 컨테이너, 지게차 또는 보관장소에 해수, 호수 또는 하천수의 침입.

1.3 본선 또는 부선으로의 선적 또는 하역작업 중에 바다로의 낙하 또는 갑판상에 추락한 포장단위 전손.

③ 위험약관 - ICC(C)

제1조 이 보험은 다음의 제4조, 제5조, 제6조 및 제7조에 규정된 사유를 제외하고 다음의 멸실 또는 손상에 관한 위험을 담보한다.

1.1 다음의 사유에 합리적으로 기인하는 보험의 목적의 멸실 또는 손상.

1.1.1 화재 또는 폭발.

1.1.2 본선 또는 부선의 좌초, 膠沙(교사), 침몰 또는 전복.

1.1.3 육상운송용구의 전복 또는 탈선.

1.1.4 본선, 부선 또는 운송용구와 물 이외의 他物(타물)과의 충돌 또는 접촉.

1.1.5 조난항에서의 양하.

1.2 다음의 사유에 기인하는 보험의 목적의 멸실 또는 손상.

1.2.1 공동해손희생.

1.2.2 투하.

(2) 협회적하약관 제4조 (ICC (A), (B) 그리고 (C))

① 일반면책약관 - ICC(A)

제4조 어떠한 경우에도 이 보험은 다음의 손해를 담보하지 아니한다.

4.1 피보험자의 고의의 불법행위에 기인하는 멸실, 손상 또는 비용.

4.2 보험의 목적의 통상적인 漏損(누손), 통상적인 重量損(중량손) 또는 容積損(용적손), 또는 자연소모.

4.3 보험의 목적의 포장 또는 준비의 불완전 또는 부적절에 기인하여 발생한 멸실, 손상 또는 비용 (本條 제4조 제3항에서 "포장"이란 콘테이너 또는 지게차에 積付하는 것을 포함하는 것으로 한다. 다만 이러한 積付(적제)는 이 보험의 개시전에 행하여지거나 또는 피보험자나 그 사용인에 의하여 행하여지는 경우에 한한다).

4.4 보험의 목적의 고유의 하자 또는 성실에 기인하여 발생한 멸실, 손상 또는 비용.

4.5 지연이 피보험위험에 기인하여 발생한 경우라도, 그 지연에 近因(근인)하여 발생한 멸실, 손상 또는 비용 (다만 위의 제2조에 따라 지급되는 비용은 제외함).

4.6 본선의 소유자, 관리자, 용선자 또는 운항자의 지급불능 또는 금전상의 채무불이행으로 인하여 발생한 멸실, 손상 또는 비용.

4.7 원자력 또는 핵의 분열 및/또는 융합 또는 기타 이와 유사한 반응 또는 방사능이나 방사성의 물질을 응용한 무기의 사용으로 인하여 발생한 멸실, 손상 또는 비용.

② 일반면책약관 - ICC(B), ICC(C)

제4조 어떠한 경우에도 이 보험은 다음의 손해를 담보하지 아니한다.

4.1 피보험자의 고의의 불법행위에 기인하는 멸실, 손상 또는 비용.

4.2 보험의 목적의 통상적인 漏損, 통상적인 重量損 또는 容積損, 또는 자연소모.
4.3 보험의 목적의 포장 또는 준비의 불완전 또는 부적절에 기인하여 발생한 멸실, 손상 또는 비용 (本條 제4조 제3항에서 "포장"이란 컨테이너 또는 지게차에 積付하는 것을 포함하는 것으로 한다. 다만 이러한 積付는 이 보험의 개시전에 행하여지거나 또는 피보험자나 그 사용인에 의하여 행하여지는 경우에 한한다).
4.4 보험의 목적의 고유의 하자 또는 성실에 기인하여 발생한 멸실, 손상 또는 비용.
4.5 지연이 피보험위험에 기인하여 발생한 경우라도, 그 지연에 近因하여 발생한 멸실, 손상 또는 비용 (다만 위의 제2조에 따라 지급되는 비용은 제외함).
4.6 본선의 소유자, 관리자, 용선자 또는 운항자의 지급불능 또는 금전상의 채무불이행으로 인하여 발생한 멸실, 손상 또는 비용.
4.7 보험의 목적 또는 그 일부에 대한 어떠한 자의 불법행위에 의한 고의적인 손상 또는 고의적인 파괴.
4.8 원자력 또는 핵의 분열 및/또는 융합 또는 기타 이와 유사한 반응 또는 방사능이나 방사성의 물질을 응용한 무기의 사용으로 인하여 발생한 멸실, 손상 또는 비용.
(3) 협회적하약관 제6조 (ICC (A), (B) 그리고 (C))
① 전쟁위험면책약관 – ICC(A)
제6조 어떠한 경우에도 이 보험은 다음의 위험에 기인하여 발생한 멸실, 손상 또는 비용을 담보하지 아니한다.
6.1 전쟁, 내란, 혁명, 반역, 반란 또는 이로 인하여 발생하는 국내투쟁, 또는 교전국에 의하거나 또는 교전국에 대하여 가해진 일체의 적대행위.
6.2 포획, 나포, 강류, 억지 또는 억류 (해적위험은 제외함), 또는 이러한 행위의 결과 또는 이러한 행위의 기도.
6.3 유기된 기뢰, 어뢰, 폭탄 또는 기타의 유기된 전쟁병기.
② 전쟁위험면책약관 – ICC(B) · ICC(C)
제6조 어떠한 경우에도 이 보험은 다음의 위험에 기인하여 발생한 멸실, 손상 또는 비용을 담보하지 아니한다.
6.1 전쟁, 내란, 혁명, 반역, 반란 또는 이로 인하여 발생하는 국내투쟁, 또는 교전국에 의하거나 또는 교전국에 대하여 가해진 일체의 적대행위.
6.2 포획, 나포, 강류, 억지 또는 억류, 또는 이러한 행위의 결과 또는 이러한 행위의 기도.
6.3 유기된 기뢰, 어뢰, 폭탄 또는 기타의 유기된 전쟁병기.

(4) 적하보험에서 면책위험

적하보험에서는 담보위험과 면책위험을 구분하고 있다. 담보위험의 부보범위에 따라 협회적하약관은 구약관과 신약관에서 각각 보험료에 따라 약관을 구분하고 있다. 면책위험은 보험자가 담보하지 않는 위험 즉, 면책위험에 기인하여 발생하는 손해에 대하여서는 보험자(보험회사)가 보상책임을 면하는 위험이다. 보험자의 보상책임을 제한하며, 최대 부보조건인 A/R, ICC(A)로도 담보되지 않는다. 이러한 면책위험은 신약관 기준으로 제4조, 제5조, 제6조, 제7조에서 기술하고 있다. 다만, 제6조와 제7조는 파업과 전쟁에 관한 약관으로 특별약관을 통해 면책위험에서 담보위험으로 변경이 가능하다. 아울러 ICC(A)에서 특징적인 부분은 면책위험가운데 해적행위에 대해서는 면책위험에서 제외되어 있다. 즉, ICC(A)는 해적행위를 담보한다.

1. 피보험자의 고의적인 불법행위
2. 통상적인 누손, 중량 또는 용적의 통상적인 손해, 자연소모
3. 포장 또는 준비의 불완전 혹은 부적합
4. 보험목적물 고유의 하자 또는 성질상의 손해
5. 항해의 지연으로 인한 손해
6. 원자력, 방사선 물질로 인한 손해
7. 선주, 관리자, 용선자, 운항자의 파산 또는 채무불이행
8. 불내항 및 부적합면책(unseaworthiness and unfitness exclusion)
9. 전쟁면책이나 동맹파업면책(특약으로 담보 가능)

• 영국해상보험법 면책 및 귀책손해(MIA 55조)

〈표 9-9〉 MIA 55조 면책 및 귀책손해

[Article 55] Included and excluded losses.	제55조 면책 및 귀책손해
(1) Subject to the provisions of this Act, and unless the policy otherwise provides, the insurer is liable for any loss proximately caused by a peril insured against, but, subject as aforesaid, he is not liable for any loss which is not proximately caused by a peril insured against.	(1) 본 법의 규정에 반하지 않는 경우와 보험증권에서 이와 달리 규정하고 있는 경우를 제외하고, 보험자는 피보험위험에 근인하여 발생하는 모든 손해에 대하여 책임이 있다. 그러나 전술한 경우를 제외하고, 보험자는 피보험위험에 근인하여 발생하지 않는 모든 손해에 대하여는 책임을 지지 않는다
(2) In particular—	(2) 특히,
(a) The insurer is not liable for any loss attributable to the wilful misconduct of the assured, but, unless the policy otherwise provides, he is liable for any loss proximately caused by a peril insured against, even though the loss would not have happened but for the misconduct or negligence of the master or crew;	(a) 보험자는 피보험자의 고의적 불법행위에 기인하는 모든 손해에 대하여 책임을 지지 않는다. 그러나 보험증권에 별도로 규정하지 않는 한, 보험자는 피보험 위험에 근인하여 발생하는 모든 손해에 대하여는 비록 그 손해가 선장이나 선원의 불법행위 또는 과실이 없었더라면 발행하지 않았을 경우에도 그 책임을 져야 한다.
(b) Unless the policy otherwise provides, the insurer on ship or goods is not liable for any loss proximately caused by delay, although the delay be caused by a peril insured against;	(b) 보험증권에 별도로 규정하고 있는 경우를 제외하고 선박 또는 화물에 관한 보험자는 지연이 피보험위험에 기인한 경우라도 지연에 근인한 모든 손해에 대하여는 책임을 지지 않는다.
	(c) 보험증권에 별도로 규정하고 있는 경우를 제외하고, 보험자는 통상의 자연소모, 통상의 누손과

(c) Unless the policy otherwise provides, the insurer is not liable for ordinary wear and tear, ordinary leakage and breakage, inherent vice or nature of the subject-matter insured, or for any loss proximately caused by rats or vermin, or for any injury to machinery not proximately caused by maritime perils.	파손, 보험의 목적의 고유의 하자나 성질에 대하여, 또는 쥐 또는 해충에 근인하는 손해에 대하여 또는 해상위험에 근인하여 발생하지 않는 기계의 손상에 대하여 그 책임을 지지 않는다.

3. 공동해손

1) 공동해손(General Average)

(1) 공동해손의 개요

공동해손은 해상운송의 물리적 손해에서 전손과 분손 가운데 분손에 해당하는데, 공동해손(General Average)이란 공동의 해상사업에서 공동의 안전을 위해 고의적(intentional)이고 합리적(reasonable)으로 발생시킨 이례적(extraordinary)인 희생 손해로 위험을 면하기 위한 목적으로 발생된 비용을 이해관계인이 서로 분담해주는 해상법상의 국제 규칙으로 요크앤트워프규칙(York-Antwerp Rules)이 있다.

해상보험에서는 해상법상에서 규정된 각 이해관계인이 지급해야 하는 공동해손분담금(contribution)을 보상해 주고 있다.

(2) 공동해손의 구분과 인정범위

공동해손은 보험목적물이 공동의 안전을 위하여 취해진 공동해손행위로 인해 발생된 손해를 말하며 공동해손희생손해와 공동해손비용손해로 구분된다. 공동해손행위는 적하 선박 운임 등 공동의 해상사업으로 해상에서 사고가 발생되었을 때 위험에 처한 공동의 안전을 위해서 선장 및 선주의 적절한 조치를 의미하며, 그러한 조치로 인해 발생한 손해와 비용을 이해관계자 모두 공동으로 균등한 손해액을 분담하는 것을 공동해손분담금이라 한다. 이는 명시적인 규정이 있는 경우를 제외하고, 지급하였거나 지급할 책임이 있는 경우 그러한 분담금을 보험자로부터 보상받을 수 있다.

공동해손의 인정 범위는 공동해손희생손해로 ① 적하의 투하 ② 투하로 인한 손상

③ 선박의 소화 작업 ④ 기계 및 기관손해 ⑤ 임의좌초 ⑥ 하역작업 중 발생하는 손해이며, 공동해손비용손해로는 ① 구조비 ② 피난항 비용 ③ 임시수리비이다. 참고로 협회적하약관에서 ICC(A), (B), (C) 모두 공동해손희생을 담보한다.

2) 해손정산인(Average Adjuster)

공동해손의 정산업무의 처리를 전문으로 하고 있는 개인 또는 회사를 말한다. 공동해손정산서의 작성이 주요 업무이지만 이밖에 공동해손분담금의 징수, 공동해손공탁금의 반환 등의 사무도 처리한다.

4. 분손과 전손

1) 분손(partial loss)

분손은 담보위험으로 인하여 선박이나 화물 등의 일부분만이 손해를 입인 경우를 의미한다. 분손은 전손의 상대적인 개념으로 전손에 속하지 않는 모든 손해는 분손으로 취급된다. 분손은 단독해손과 공동해손으로 구분되어 단독해손은 담보위험으로 인하여 발생한 보험목적물 일부의 손해를 피보험사가 단독으로 책임지는 것을 의미하고 공동해손은 공동의 안전을 위하여 희생된 손실이나 비용을 해상사업에 관련되는 이해관계자들이 공동으로 비례하여 분담하는 손해이다. 공동해손의 인정 범위는 적하의 투하, 투하로 인한 손상, 선박의 소화 작업, 기계 및 기관손해, 임의좌초, 하역작업 중 발생하는 손해이다. 공동해손이 아닌 분손은 모두 단독해손에 해당한다. 분손의 형태는 다양하게 나타난다. 분손에 대한 사정은 고도의 지식을 요하기 때문에 주로 해손정산인들이 영국의 해손정산인협회에서 규정한 별도의 실무규칙에 따라 손해를 사정하게 된다. 일부멸실은 화물의 일부가 멸실된 것으로 화물의 일부가 전손을 입은 경우와 같다. 일부손상은 화물의 일부가 손상된 것이다.

(1) 단독해손(Partial Average, P/A)

피보험 이익의 일부분이 멸실 또는 손상된 경우로 공동해손이 아닌 손해로 손해입은 자가 단독으로 부담하는 손해이다.

(2) 공동해손(General Average, G/A)

보험목적물이 공동의 안전을 위하여 취해진 공동해손행위로 인해 발생된 손해를 말하며 공동해손희생손해와 공동해손비용손해로 구분된다. 공동해손행위는 적하 선박 운임 등 공동의 해상사업으로 해상에서 사고가 발생되었을 때 위험에 처한 공동의 안전을 위해서 선장 및 선주의 적절한 조치를 의미하며, 그러한 조치로 인해 발생한 손해와 비용을 이해관계자 모두 공동으로 균등한 손해액을 분담하는 것을 공동해손분담금이라 한다. 이는 명시적인 규정이 있는 경우를 제외하고, 지급하였거나 지급할 책임이 있는 경우 그러한 분담금을 보험자로부터 보상받을 수 있다.

2) 전손(Total Loss)

전손(Total Loss)은 담보위험으로 인하여 보험목적물의 전부 멸실을 의미한다. 그러나 반드시 보험목적물이 완전히 소멸되는 것만을 의미하지 않고 전멸에 가까운 경우라도 전손으로 인정된다. 이때 손해의 정도가 전부가 아니라 약간의 이익을 제외한 나머지일 때 전손으로 간주한다. 보험목적물의 보존되어 있을 경우임에도 불구하고 피보험자의 접근이 불가할 경우 즉, 점유할 수 없으면 전손이 성립된다. 이때 손해는 물리적 손해만을 뜻하지 않는다.

(1) 현실전손(Actual total loss, ATL)

보험목적물의 완전한 손상, 원래의 성질을 잃은 상태, 피보험자가 다시 회복할 가능성이 없을 경우 성립된다. 복구 불가이기에 절대전손이라고도 한다. 보통 화물의 현실전손은 선박의 실질적인 전손으로 인한 화물의 전손, 화물의 투하, 화물의 매각, 화물인도의 과실일 때 일어난다.

• 실질적인 멸실 : 보험목적물이 파손되어 실질적으로 그 가치가 소멸되었다고 판

단했을 경우이다. 선박의 충돌, 좌초, 침몰로 완전히 파괴되어 복구불가능하거나 선박이나 적하물이 화재로 인해 전소된 경우 실질적 멸실로 본다.

- 보험목적물의 본래 성질의 상실 : 보험목적물이 적하로 존재하고 있으나, 적하로서 성질을 상실한 경우에 해당한다. 예를 들어 시멘트가 바닷물에 응결되었거나, 곡물류가 해수의 침투로 부패된 경우, 선박이 난파되어 회항이 불가능한 경우 등을 현실전손으로 인정한다.
- 보험목적물의 박탈 : 보험목적물이 적에게 포획되거나 합법적인 전리품으로 몰수되었을 경우 소유권을 박탈당하고 이를 회복할 수 없는 경우에 해당한다. 예를 들어 금괴가 바다에 빠져 소유권을 회복할 전망이 없는 경우도 이에 해당한다.
- 선박의 행방불명 : 상당한 기간이 경과했음에도 소식이 없고 행방이 불분명한 경우 선박의 행방불명으로 간주된다.

(2) 추정전손(Constructive Total Loss, CTL)

현실전손을 피할 수 없거나 보험목적물의 복구비용이 오히려 그 가액을 초과하여 그대로 현실전손을 처리하는 것이 경제적인 경우 피보험자가 적절한 위부를 수반하는 전손이다. 해상보험에서 추정전손은 보험목적물의 손해의 정도를 파악하기 불가능하거나 어려운 경우일 때 발생한다. 추정전손이 성립되기 위해서는 보험자와 피보험자간의 추정에 의사합치가 있어야 한다. 피보험자가 전손으로 추정한다는 사실을 보험자에게 통지 후 보험자가 동의를 해야 성립되는 것이다. 피보험자가 손해를 전손으로 추정하겠다는 의사표시를 해상보험에서는 위부라 한다. 영국해상보험법 제56조 2항에 따르면 추정전손은 해상보험에서만 유일하게 인정되는 전손이다.

- 선박 또는 화물의 점유권 박탈 : 선박과 화물에 대한 점유권을 박탈당해 회복이 불가능하거나 회복하는데 필요한 비용이 화물의 가액을 초과하는 경우에 해당하며 선박과 화물이 적에게 포획되어 회복될 가능성이 없는 경우이다.
- 선박 또는 화물의 손상 : 선박의 손상이 수리하는 비용이 선박가액을 초과할 것이라고 예상되거나 손상된 화물을 수리하여 목적지까지 운반하는 데 필요한 비용이 더 많을 것으로 예상되는 경우 추정전손이 된다.

5. 위부와 대위(abandonment and subrogation)

1) 위부(abandonment)

추정전손은 반드시 위부가 수반되어야 한다. 위부는 추정전손의 사유로 피보험자가 보험목적물에 대한 손해를 전손으로 추정도록 일체의 권리와 제 3자에게 구상권을 보험자에게 이전하고 전손에 해당되는 보험금을 청구하는 행위를 의미한다. 즉 추정전손으로 처리하기 위해서는 피보험이익을 위부해야 한다. 피보험자의 위부를 하겠다는 의사표시를 보험자가 승낙하면 추정전손의 성립, 거절하면 분손으로 처리된다. 이때 보험자의 승낙은 손해배상책임을 결정적으로 인정한 결과가 된다. 위부의 통지가 수락되면 철회불가이며 위부는 추정전손의 필수절차이지만, 피보험자의 절대적 권리는 아니다.

2) 대위(subrogation)

대위는 해상보험에서 보험자가 보험금을 지급하면 보험목적물에 관련되는 일체의 권리와 손해발생에 과실이 있는 제3자에 대한 청구권 등을 피보험자로부터 승계 받는데, 이것을 대위의 원칙이라 한다. 대위의 원칙에 의해서 보험자가 취득하는 권리는 보험목적물에 대한 소유권과 제3자에 대한 손해배상청구권으로 나누어지는데 전자를 보험목적물에 대한 대위라 하며 후자의 경우 제3자에 대한 대위라 한다. 즉 대위는 보험목적물에 대한 대위는 보험사고의 결과 잔존물이 잇는 경우 그 잔존물을 취득할 수 있는 권한을 말한다. 이 권한은 전손보험금을 지급한 경우에 한하며, 만약 보험자가 분손 보험금을 지급했다면 잔존물에 대한 소유권을 취득할 수 없다. 보험자는 보험자가 지급한 금액한도 내에서 잔존물의 권리를 취득할 수 있다.

실전문제

01. Select the best answer suitable for the blank.

Premium means the (A) or sum of money, paid by the (B) to the (C) in return for which the insurer agrees to indemnify the assured in the event of loss from an insured peril. The insurer is not bound to issue a (D) until the premium is paid.

	(A)	(B)	(C)	(D)
①	consideration	assured	insurer	policy
②	consideration	insure	assured	policy
③	fees	insurer	assured	certificate
④	fees	assured	insured	certificate

해석

01. Select the best answer suitable for the blank.

Premium means the (consideration) or sum of money, paid by the (assured) to the (insurer) in return for which the insurer agrees to indemnify the assured in the event of loss from an insured peril. The insurer is not bound to issue a (policy) until the premium is paid. 보험료는 보험에 가입한 사람이 보험에 가입한 사람에게 지불하는 대가 또는 금액을 의미하며, 보험자는 보험에 가입한 사람이 보험에 가입한 위험으로 인한 손실에 대해 보상하기로 동의합니다. 보험사는 보험료가 지급될 때까지 보험증권을 발행할 의무가 없습니다.

	(A)	(B)	(C)	(D)
①	consideration (대가)	assured (피보험자)	insurer (보험업자)	policy (보험증권)
②	consideration (대가)	insurer (보험업자)	assured (피보험자)	policy (보험증권)
③	fees (수수료)	insurer (보험업자)	assured (피보험자)	certificate (증명서)
④	fees (수수료)	assured (피보험자)	insured (피보험자)	certificate (증명서)

정답 ①

02. Choose the right one for the next underlined part.

Protection and Indemnity (P&I) insurance contained in an ocean marine policy covers: ___________

① Ordinary loss or damage in the voyage
② Loss of the shipper fees
③ Marine legal liability for third party damages caused by the ship
④ Damage to another vessel caused by collision

해석

02. Choose the right one for the next underlined part.(다음 밑줄 친 부분에 알맞은 것을 고르시오.)

Protection and Indemnity (P&I) insurance contained in an ocean marine policy covers: ___________ (해상보험계약에 포함된 선주상호보험은 _________을 보상한다.)

① Ordinary loss or damage in the voyage (항해 중의 통상적인 손실 또는 손상)
② Loss of the shipper fees (송하인 비용의 손해)
③ Marine legal liability for third party damages caused by the ship (선박에 의해 발생한 제3자의 손해에 대한 해상법상 책임)
④ Damage to another vessel caused by collision (충돌에 의해 발생한 다른 선박의 피해)

정답 ③

- 선주상호보험(Protection and Indemnity)은 선박의 운항과 관련하여 발생한 사고로 인해 제3자가 입은 손해에 대한 선주의 배상책임에 대비하여 선주 상호 간 자체적으로 운영하는 보험이다.

03. Select the best answer suitable for the blanks.

Excepted perils mean the perils exempting the insurer from liability where the loss of or damage to the subject-matter insured arises from certain causes such as (A) of the assured, delay, (B), inherent vice and vermin or where loss is not (C) by perils insured against.

① (A) wilful misconduct (B) ordinary wear and tear (C) proximately caused
② (A) wilful misconduct (B) wear and tear (C) proximately caused
③ (A) misconduct (B) wear and tear (C) caused
④ (A) misconduct (B) ordinary wear and tear (C) caused

해석

03. Select the best answer suitable for the blanks.(빈 칸에 가장 알맞은 답을 고르시오.)

Excepted perils mean the perils exempting the insurer from liability where the loss of or damage to the subject-matter insured arises from certain causes such as (A) of the assured, delay, (B), inherent vice and vermin or where loss is not (C) by perils insured against. 면책위험은 보험사의 책임이 아닌, 피보험자의 문제로 생긴 위험으로 예를 들어 고의적 피보험자의 불법행위, 연기, 일상적인 착용과 손상, 해충피해, 담보와 같은 것을 제외한 것을 의미하며 보험사에서 책임질 수 없다.

① (A) wilful misconduct (고의로 인한 불법행위), (B) ordinary wear and tear (통상적 누손), (C) proximately caused (근인하여 발생된)
② (A) wilful misconduct (고의로 인한 불법행위), (B) wear and tear (자연소모), (C) proximately caused (근인하여 발생된)
③ (A) misconduct (불법행위), (B) wear and tear (자연소모), (C) caused (발생된)
④ (A) misconduct (불법행위), (B) ordinary wear and tear (통상적 누손) (C) caused (발생된)

정답 ①

• 면책위험에 관한 설명으로 빈칸에 알맞은 내용은 ①이다.

04. Which of the following is NOT covered by ICC(C)?

① explosion
② washing overboard
③ jettison
④ general average sacrifice

해석

04. Which of the following is NOT covered by ICC(C)? (다음 중 ICC(C)에서 다루지 않는 내용은 무엇인가?)

① explosion (폭발)
② washing overboard (갑판유실)
③ jettison (버리다)
④ general average sacrifice (공동해손희생)

정답 ②

• ICC는 국제상업회의소로서 국제무역환경 개선과 시장경제 촉진을 목표로 하고있는 민간기

구이다. 인코텀즈 역시 ICC가 규정하는 무역조건에 관한 국제거래규칙이다. ICC(C)에서는 갑판유실을 책임지지 않는다. 갑판유실은 ICC(B)에서 보장하는 것이다.

05. What is NOT true about the Institute Cargo Clauses?

① Only difference between ICC (B) and ICC (C) is the additional risks covered under ICC (B) cargo insurance policies.

② ICC (B) covers loss of or damage to the subject- matter insured caused by entry of sea lake or river water into vessel craft hold conveyance container or place of storage but ICC (C) does not.

③ ICC (B) covers loss of or damage to the subject- matter insured caused by general average sacrifice but ICC (C) does not.

④ ICC (C) is the minimum cover for cargo insurance available in the market.

해석

05. What is NOT true about the Institute Cargo Clauses? (협회적하약관과 옳지 않은 것은?)

① Only difference between ICC (B) and ICC (C) is the additional risks covered under ICC (B) cargo insurance policies. (ICC (B)와 ICC (C)의 차이점은 ICC (B)의 적하보험증권에 담보되는 부가위험이다.)

② ICC (B) covers loss of or damage to the subject- matter insured caused by entry of sea lake or river water into vessel craft hold conveyance container or place of storage but ICC (C) does not. (ICC (B)는 선박, 부선, 선창, 운송도구, 컨테이너 또는 보관장소에서 해수, 호수 또는 하천의 유입에 기인하는 피보험목적물의 멸실 또는 손상을 담보하지만 ICC (C)는 그렇지 않다.)

③ ICC (B) covers loss of or damage to the subject- matter insured caused by general average sacrifice but ICC (C) does not. (ICC (B)는 공동해손희생에 의해 기인하는 피보험목적물의 멸실 또는 손상을 담보하지만 ICC (C)는 그렇지 않다.)

④ ICC (C) is the minimum cover for cargo insurance available in the market. (ICC (C)는 시장에서 이용되는 적하보험 중 최소담보조건에 해당한다.)

정답 ③

• 공동해손에 대해 발생하는 손해 및 구조료는 ICC (A), ICC (B), ICC (C)모두 담보한다. 따라서 ICC (C)는 공동해손희생에 의해 발생하는 피보험목적물의 멸실 또는 손상을 담보하지 않는다는 문장은 옳지 않다.

06. Which of the following statement on General Average in the marine insurance is NOT correct?

① Defined by York Antwerp Rules 1994 of General Average, these rules lay guidelines for the distribution of loss in an event when cargo has to be jettisoned in order to save the ship, crew, or the remaining cargo.
② A loss is deemed to be considered under general average if and only if the reason of sacrifice is extraordinary or the sacrifice is reasonably made for the purpose of common safety for preserving the property involved.
③ General average shall be applied only for those losses which are linked directly with the material value of the cargo carried or the vessel.
④ Any claims arising due to the delay, a loss or expense caused due to loss of market or any indirect loss must be accounted into general average.

해석

06. Which of the following statement on General Average in the marine insurance is NOT correct? (해상보험의 공동해손에 관한 설명으로 옳지 않은 것은 무엇인가?)

① Defined by York Antwerp Rules 1994 of General Average, these rules lay guidelines for the distribution of loss in an event when cargo has to be jettisoned in order to save the ship, crew, or the remaining cargo. (1994년 요크 엔트워프 규칙에서 정의된 공동해손에 대한 규칙은 선박, 승무원 또는 나머지 화물의 위험을 제거하거나 줄이기 위해서 화물을 폐기해야 하는 경우에 손실분배에 대한 지침을 제공한다.)
② A loss is deemed to be considered under general average if and only if the reason of sacrifice is extraordinary or the sacrifice is reasonably made for the purpose of common safety for preserving the property involved. (손실은 관련 재산의 보전을 위해 희생의 사유가 특별하거나 공동의 안전을 목적으로 합리적인 희생이 이루어진 경우에만 공동해손에 따라 고려되는 것으로 간주한다.)
③ General average shall be applied only for those losses which are linked directly with the material value of the cargo carried or the vessel. (공동해손은 운송화물 또는 선박의 물질적 가치와 직접적으로 관련된 손실에 대해서만 적용된다.)
④ Any claims arising due to the delay, a loss or expense caused due to loss of market or any indirect loss must be accounted into general average. (지연, 멸실 또는 시장손실로 인한 비용 또는 간접손실로 인해 발생되는 모든 클레임은 공동해손 계정에 의해 처리되어야 한다.)

정답 ④

• 공동해손(General Average)에 대한 문제로 공동해손은 공동의 안전을 위해 희생된 보험목적물과 공동해손비용손해인 구조비, 피난항비용, 임시수리비는 해당되지만, 간접손해는 공동해손으로 인정하지 않는다.

07. Which of the following is NOT appropriate for the blank below?

> Types of marine insurance can be differentiated as follows:
> (A) caters specifically to the marine cargo carried by ship and also pertains to the belongings of a ship's voyagers.
> (B) is mostly taken out by the owner of the ship to avoid any loss to the vessel in case of any mishaps occurring.
> (C) is that type of marine insurance where compensation is sought to be provided to any liability occurring on account of a ship crashing or colliding and on account of any other induced attacks.
> (D) offers and provides protection to merchant vessels' corporations which stand a chance of losing money in the form of freight in case the cargo is lost due to the ship meeting with an accident.

① (A) : voyage insurance
② (B) : hull insurance
③ (C) : liability insurance
④ (D) : freight insurance

해석

07. Which of the following is NOT appropriate for the blank below? (아래의 빈칸에 알맞지 않은 것은 무엇인가?)

> Types of marine insurance can be differentiated as follows : (해상보험의 종류에는 다음과 같은 구분이 있다.)
> (A) caters specifically to the marine cargo carried by ship and also pertains to the belongings of a ship's voyagers. (선박에 의해 운송되는 화물에 대해 적용되며 선박의 항해자들의 소지품과 관련된다.)
> (B) is mostly taken out by the owner of the ship to avoid any loss to the vessel in case of any mishaps occurring. (선주가 사고 발생 시 선박의 손실을 피하기 위해 체결한다.)
> (C) is that type of marine insurance where compensation is sought to be provided to any liability occurring on account of a ship crashing or colliding and on account of any other induced attacks. (이런 종류의 해상보험은 선박의 사고나 충

돌 그리고 다른 유도된 공격에 의해 발생하는 모든 책임에 대해 보상되는 것이다.)
(D) offers and provides protection to merchant vessels' corporations which stand a chance of losing money in the form of freight in case the cargo is lost due to the ship meeting with an accident. (사고를 당한 선박에 의해 화물이 멸실된 경우, 운임 손실 가능성이 있는 무역선 회사의 보호를 제공한다.)

① (A) : voyage insurance (항해보험)
② (B) : hull insurance (선박보험)
③ (C) : liability insurance (책임보험)
④ (D) : freight insurance (운임보험)

정답 ①

• 해상운송에서 화물이 보험의 목적물이 되는 보험은 항해보험이 아닌 적하보험이다. 보기 ①에 제시된 항해보험에서 선박의 항해자들의 소지품과 관련된 보험으로도 올바르지 못하다.

08. Select the wrong part in the following passage.

(A)Average adjuster is an expert in loss adjustment in marine insurance, particular with regard to hulls and hull interest. (B)He is more particularly concerned with all partial loss adjustments. (C)He is usually appointed to carry out general average adjustments for the shipowner on whom falls the onus to have the adjustment drawn up. (D)His charges and expenses form part of the adjustment.

① (A) ② (B) ③ (C) ④ (D)

해석

08. Select the wrong part in the following passage. (다음 지문에서 잘못된 부분을 고르시오.)

(A)Average adjuster is an expert in loss adjustment in marine insurance, particular with regard to hulls and hull interest. (해손정산인은 해상보험에서 손실정산, 특히 선체와 선체이익에 관련된 전문가이다.) (B)He is more particularly concerned with all partial loss adjustments. (그는 특히 모든 분손 정산에 대해 관련이 있다.) (C)He is usually appointed to carry out general average adjustments for the shipowner on whom falls the onus to have the adjustment drawn up. (그는 주로 정산을 해야하는 책임을 가지고 있는 선주들을 위한 공동해손 정산을 위해 임명된다.) (D)His charges and expenses form part of the adjustment. (그의 책임과 비용은 정

산의 일부분이 된다.)

① (A) ② (B) ③ (C) ④ (D)

정답 ②

• 해손정산인에 대한 설명으로 올바르지 않은 것을 찾는 문제로, 해손정산인은 해난으로 인한 선박 또는 화물의 손상 및 멸실에 대한 손해가 발생한 경우, 특히 모든 공동해손에 대한 정산을 정해진 규정에 따라 이해관계자의 부담액을 정산하는 전문가이다. 해손정산인은 해당 업무를 진행하는 개인 또는 회사가 될 수 있고 공동해손정산서 작성의 업무 외에 공동해손분담금의 징수 또는 공동해손공탁금의 반환과 같은 행정업무를 하기도 한다.

[9~10] Read the following and answer.

All risks is an insurance term to denote the conditions covered by the insurance. (A) It is to be construed that the insurance covers each and every loss all the times. In cargo insurance, the term embraces all fortuitous losses such as ( ) occurring during transit and (B) the term incorporates a number of excluded perils. In other words, all risks insurance is a type of property or casualty insurance policy that (C) covers any peril, as long as the contract does not specifically exclude it from coverage. This means that, (D) as long as a peril is not listed as an exclusion, it is covered.

09. Which is NOT suitable in the explanation of all risks insurance?

① (A) ② (B) ③ (C) ④ (D)

10. Which is NOT appropriate for the blank?

① inherent vice
② fire
③ earthquake
④ jettison

해석

[9~10] Read the following and answer. (아래 지문을 읽고 답하시오.)

All risks is an insurance term to denote the conditions covered by the insurance.
(전위험담보는 보험에 의해 보장되는 보험조건을 의미한다.)

(A) It is to be construed that the insurance covers each and every loss all the times. (보험이 모든 손해를 항상 적용한다는 의미로 해석되어야 한다.) In cargo insurance, the term embraces all fortuitous losses such as (fire, earthquake, jettison) occurring during transit and (B) the term incorporates a number of excluded perils. (적하보험에서 운송중에 발생하는 화재, 지진, 투하등과 같은 우연한 손해를 포함하고 여러 위험을 포함한다.)
In other words, all risks insurance is a type of property or casualty insurance policy that (C) covers any peril, as long as the contract does not specifically exclude it from coverage. (다시말해, 모든 전위험담보 보험은 계약이 특별한 보상범위에서 제외하지 않는 한, 모든위험에 대해 보상하는 일종의 재산 또는 사고보험 증권이 된다.)
This means that, (D) as long as a peril is not listed as an exclusion, it is covered. (이 의미는, 위험요소가 제외항목으로 나열되지 않는다면, 그것을 보장한다는 뜻이다.)

09. Which is NOT suitable in the explanation of all risks insurance? (전위험담보에 대한 설명으로 적절하지 않은 것은 무엇인가?)

① (A) ② (B) ③ (C) ④ (D)

정답 ①

- 전위험담보라 하더라도 보험목적물의 모든 손해를 보장하는 것은 아니다. 전위험약관에서도 "shall in no case be deemed to extend to cover loss damage or expense proximately caused by delay or inherent vice or nature of the subject-matter insured." ("어떠한 경우에도 보험목적물의 지연 또는 보험목적물의 고유의 하자 혹은 성질을 근인으로 해서 생기는 멸실, 손상 또는 비용까지도 확장담보하는 것으로 간주하여서는 아니 된다. ")라고 설명하고 있으며 구협회적하약관에서 면책위험을 제외한 모든 위험을 담보한다고 명시되어 있다.

10. Which is NOT appropriate for the blank? (빈칸에 들어갈 것으로 적절하지 않은 것은 무엇인가?)

① inherent vice (고유의 하자)
② fire (화재)
③ earthquake (지진)
④ jettison (투하)

정답 ①

- 55조 C항에 따르면, Unless the policy otherwise provides, the insurer is not liable for ordinary wear and tear, ordinary leakage and breakage, inherent vice or nature of the subject-matter insured, or for any loss proximately caused by rats or vermin, or for any injury to machinery not proximately caused by maritime perils.

• 보험증권에 별도로 규정하고 있는 경우를 제외하고, 보험자는 통상의 자연소모, 통상의 누손과 파손, 보험의 목적의 고유의 하자나 성질에 대하여, 또는 쥐 또는 해충에 근인하는 손해에 대하여 또는 해상위험에 근인하여 발생하지 않는 기계의 손상에 대하여 그 책임을 지지 않는다.
• 고유의 하자(inherent vice)나 성질에 대해서 책임지지 않는다고 규정되어 있다.

11. What does the following refer to under marine insurance operation?

After the insured gets the claim money, the insurer steps into the shoes of insured. After making the payment of insurance claim, the insurer becomes the owner of subject matter.

① Principle of Subrogation
② Principle of Contribution
③ Principle of Abandonment
④ Principle of Insurable Interest

해석

11. What does the following refer to under marine insurance operation? (해상보험하에 아래의 지문에서 가리키는 것은 무엇인가?)

After the insured gets the claim money, the insurer steps into the shoes of insured.(피보험자가 보험금을 수령한 이후, 보험자는 피보험자의 입장이 된다.) After making the payment of insurance claim, the insurer becomes the owner of subject matter.(보험금을 지급한 후에, 보험자는 피보험목적물의 소유자가 된다.)

① Principle of Subrogation (대위의 원칙)
② Principle of Contribution (분담의 원칙)
③ Principle of Abandonment (위부의 원칙)
④ Principle of Insurable Interest (피보험이익의 원칙)

정답 ①

• 보험자는 피보험자에게 보험금을 지급하게 되면 피보험목적물에 대한 권리를 피보험자로부터 승계받게 된다. 이를 대위의 원칙이라고 한다.

12. Select the right term for the following passage.

A principle whereby all parties to an adventure, who benefit from the sacrifice or expenditure, must contribute to make good the amount sacrificed or the expenditure incurred.

① General average
② Jettison
③ Particular charges
④ Particular average

해석

12. Select the right term for the following passage. (다음 내용에 따른 올바른 용어를 고르시오.)

A principle whereby all parties to an adventure, who benefit from the sacrifice or expenditure, must contribute to make good the amount sacrificed or the expenditure incurred. (모든 당사자들이 희생이나 비용으로부터 이익을 얻는 것이 희생이나 비용을 보상하는데 기여해야 한다는 원칙이다.)

① General average (공동해손)
② Jettison (투하)
③ Particular charges (단독비용)
④ Particular average (단독해손)

정답 ①

• 공동해손에 관한 문제로 공동해손이란, 공동의 해상사업에서 공동의 안전 및 이익을 위해 고의적이고 합리적으로 발생시킨 이례적인 희생손해인 공동해손의 유형에는 공동해손희생손해(GA sacrifice)와 공동해손비용손해(GA expenditure)로 구분된다. 이러한 공동해손에 대해 해상보험에서는 해상법상에서 규정된 각 이해관계인이 지급해야 하는 공동해손분담금(contribution)을 보상해주고 있다.

13. Which of the following BEST fits the blank?

In the event of ( ), the assured may claim from any underwriters concerned, but he is not entitled to recover more than the statutory indemnity.

① reinsurance
② double insurance
③ coinsurance
④ full insurance

해석

13. Which of the following BEST fits the blank? (보기 중 빈칸에 가장 알맞은 것은 무엇인가?)

In the event of ( ), the assured may claim from any underwriters concerned, but he is not entitled to recover more than the statutory indemnity. (이중보험의 경우, 피보험자는 관련 보험업자에게 청구할 수 있지만, 그는 법적인 보상금액 이상을 보장받을 수는 없다.)

① reinsurance (재보험)
② double insurance (중복보험)
③ coinsurance (공동보험)
④ full insurance (전액보험)

정답 ②

- The assured, unless the policy otherwise provides, may claim payment from the insurers in such order as he may think fit, provided that he is not entitled to receive any sum in excess of the indemnity allowed by this Act; (피보험자는 본법에 의해 허용되는 손해보상액을 초과하는 일체의 금액을 수취할 수 있는 권리는 없다.)

14. The following is related to insurance. What are the proper words to be filled in the blanks A and B?

In order to recover under this insurance, the (A) must have an insurable interest in the subject-matter insured at the time of (B).

① A : assurer, B : the loss
② A : assured, B : the loss
③ A : assurer, B : the insurance contract
④ A : assured, B : the insurance contract

해석

14. The following is related to insurance. What are the proper words to be filled in the blanks A and B? (아래의 지문은 보험과 관련된 것이다. 빈칸 A와B를 채울 단어로 적절한 것은 무엇인가?)

In order to recover under this insurance, the (assured,) must have an insurable interest in the subject-matter insured at the time of (the loss). (이 보험에 따라 손실을 보상받기 위해서 피보험자는 손실의 시점에 피보험목적물에 피보험이익이 있어야 한다.)

① A : assurer (보험자), B : the loss (손실)
② A : assured (피보험자), B : the loss (손실)
③ A : assurer (보험자), B : the insurance contract (보험계약)

④ A : assured (피보험자), B : the insurance contract (보험계약)

정답 ②

- 보험에 따라 손실을 보상받기 위해서는 assurer,(보험자)보험자가 아닌 assured,(피보험자); 보험이익을 받는 자가 손실의 시점에 피보험목적물에 피보험이익이 있어야 한다. 따라서 time of(시점에) 뒤에는 he insurance contract(보험계약)이 아닌 the loss(손실)이 빈칸의 적절한 단어가 된다.

15. 해상적하보험의 보험기간과 관련된 설명으로 옳지 않은 것은?

① 해상적하보험은 일반적으로 항해보험형태를 취한다.

② 운송약관(transit clause)에 따라 보험기간이 개시된 후 피보험화물이 통상의 운송과정을 벗어나더라도 보험자의 책임은 계속된다.

③ 2009년 협회적하약관(ICC)에서의 보험기간은 1982년 ICC상의 보험기간보다 확장되었다.

④ 보험기간과 보험계약기간은 일치하지 않을 수도 있다.

정답 ②

- ICC 협회적하약관의 제8조 운송약관(transit clause)에 따르면 보험기간이 개시된 후 통상의 운송과정을 벗어나게 되면 보험자의 책임은 종료된다.
- ICC 1982년과 2009년 모두 협회적하약관상 보험기간과 보험계약기간은 일치하지 않을 수 있다.

16. 협회적하약관(2009) ICC(A),(B),(C) 조건 모두에서 보상하는 손해로 옳지 않은 것은?

① 지진 · 화산의 분화·낙뢰

② 피난항에서의 화물의 양륙

③ 육상운송용구의 전복·탈선

④ 본선·부선·운송용구의 타물과의 충돌·접촉

정답 ①

- 지진·화산의 분화·낙뢰는 ICC(C)에서는 담보하지 않는 손해이다. 이 외에도 ICC(C)에서 담보하지 않는 손해에는 투하 또는 갑판유실. 본선, 부선, 선창, 운송용구, 컨테이너, 지게차 또는 보관장소에 해수, 호수 또는 하천수의 침입이 있다.

17. 협회적하약관(2009) ICC(A) 조건에서 보험자의 면책위험으로 옳지 않은 것은?

① 피보험자의 고의적인 위법행위

② 운항자의 지급불능

③ 동맹파업위험

④ 해적행위

정답 ④

- ICC(A)에서 제4조 일반면책약관에서 제시하는 위험에 대해 어떠한 경우에도 손해를 담보하지 아니한다. (학습의 제 4조, 6조 참고)
- ① 피보험자의 고의적인 위법행위 -> 제4조 일반면책약관 1항에 의해 손해를 담보하지 않는다.
- ② 운항자의 지급불능 -> 제 4조 일반면책약관 6항에 의해 손해를 담보하지 않는다.
- ③ 동맹파업위험 -> 제7조 동맹파업면책약관에 의해 손해를 담보하지 않는다.
- ④ 해적행위 -> 제 6조 전쟁위험면책약관 2항에 따라 포획, 나포, 강류, 억지 또는 억류 (해적위험은 제외함), 또는 이러한 행위의 결과 또는 이러한 행위의 기도. 해적행위는 담보된다.

18. 포괄보험제도를 활용한 해상보험 방법이 아닌 것은?

① Floating Policy
② Open Cover
③ Open Account
④ Open Slip

정답 ③

- 포괄보험, 포괄예상보험제도를 활용한 해상보험방법이 아닌 것은 Open Account(청산계정)으로 결제에 대한 내용이다.

19. 한국의 ㈜Haiyang은 베트남의 Hochimin Co., Ltd.로 Chemical 제품 15톤을 수출하기로 하였다. 거래조건은 CIP, 결제조건은 sight L/C이다. Hochimin Co., Ltd.가 거래은행을 통하여 발행한 신용장 상에 다음과 같은 문구가 있다. 이에 대한 설명으로 옳지 않은 것은?

+Insurance Policy in duplicate issued to Beneficiary's order and blank endorsed for the invoice value plus 10 pct.

① 보험증권의 피보험자란에 ㈜Haiyang이 기재된다.
② 보험증권 상에 Hochimin Co., Ltd.의 백지배서가 필요 하다.
③ 보험부보금액은 송장금액의 110%이다.
④ 보험증권은 총 2부가 발행된다.

정답 ②

- 보험증권의 피 보험자인 ㈜Haiyang이 수익자로 지시식으로 발행되었고 백지배서 할 것으로 요구하였으므로 개설의뢰인인 Hochimin Co., Ltd.의 배서는 필요하지 않다.

20. 보험에 대한 설명으로 옳지 않은 것은?

① 일부보험의 경우 보험금액의 보험가액에 대한 비율로 비례보상한다.

② 초과보험은 초과된 부분에 대해서는 무효이다.

③ 피보험이익은 보험계약 체결 시에 존재하여야 한다.

④ 해상적하보험의 보험가액은 보험기간 중 불변인 것이 원칙이다.

정답 ③

• 피보험이익은 일반적으로 경제성, 확실성, 그리고 합법성의 속성을 가진다. 피보험이익의 확실성으로 인해 사고가 날 때까지는 피보험물이 확실하게 있어야 한다. 없는 물건은 보상받을 수 없다. 다만 피보험이익이 보험계약 체결 시에 존재해야하는 것은 아니다.

21. 해상보험에 대한 설명으로 옳지 않은 것은?

① 해상보험은 가입대상에 따라 선박보험과 적하보험으로 나눌 수 있다.

② 해상적하보험은 우리나라 상법 상 손해보험에 해당된다.

③ 추정전손은 현실전손이 아니지만 현실적, 경제적으로 구조가 어려운 상태이다.

④ 현실전손인 경우에는 반드시 위부통지를 해야 한다.

정답 ④

• 위부는 추정전손이 발생한 경우 현실전손으로 보상받을 수 있는 전제조건이 되지만, 현실전손 또는 분손의 경우 위부통지가 요구되지 않는다.

22. 다음 해상손해의 보상에 대한 설명으로 적절하지 않은 것을 고르시오.

① 공동의 해상항해와 관련된 재산을 보존할 목적으로 공동의 안전을 위하여 이례적인 희생이나 비용이 의도적으로 지출된 때에 한하여 공동해손행위가 있다.

② 구조비(salvage charge)는 구조계약과 관계없이 해법 상으로 회수할 수 있는 비용이라고 정의하고 있어 구조계약과 관계없이 임의로 구조한 경우에 해당한다.

③ 손해방지비용(sue and labor expense)은 근본적으로 보험자를 위한 활동이라고 할 수 있기 때문에 손해방지 비용이 보험금액을 초과하는 경우에도 보험자가 보상한다.

④ 특별비용(particular charge)은 피보험목적물의 안전이나 보존을 위하여 피보험자에 의하여 지출된 비용으로서 공동해손비용과 손해방지비용은 제외된다.

정답 ④

• 특별비용(particular charge)은 피보험목적물의 안전이나 보존을 위해 지출된 비용으로 공동해손비용과 구조료를 제외한 비용이다.

23. 다음 해상손해의 형태 중 성격이 다른 하나를 고르시오.

① 구조료
② 손해방지비용
③ 충돌손해배상책임
④ 특별비용

정답 ③

• 해상손해의 유형에서 구조료, 손해방지비용, 특별비용은 비용손해에 해당하지만 충돌손해배상책임은 배상책임손해에 해당한다.

24. 해상보험에서 사용하는 용어에 대한 설명으로 옳지 않은 것은?

① 손인은 손해의 원인으로 좌초, 충돌, 화재 등을 들 수 있다.
② 위험은 손해발생 가능성을 말하는 것으로 반드시 손해로 연결되는 것을 말한다.
③ 위태는 손해발생의 가능성을 증가시키는 상태를 말한다.
④ 보험금액은 보험사고 발생 시 보험자가 보상하는 최고한도가 된다.

정답 ②

• 위험(risk)은 손해발생의 가능성을 말하는 것이지 반드시 손해가 되는 것은 아니다.

25. 보험관련 설명 중 옳지 않은 것은?

① 화물보험의 보험기간은 장소로 표시한다.
② 해상보험에서 부보되는 위험은 Warehouse to warehouse Clause에 의한 해륙혼합위험이다.
③ 소급약관이나 포괄예정보험은 보험계약기간과 보험기간이 일치하게 된다.
④ 전쟁위험의 보험기간은 화물이 육상에 있는 동안에는 해당되지 않는다.

정답 ③

• 보험계약기간과 보험기간이 반드시 일치하는 것은 아니다. 소급보험이나 예정보험의 경우 대표적으로 보험계약기간과 보험기간이 일치하지 않는 경우의 예가 된다.

26. 추정전손에 대한 설명으로 옳지 않은 것은?

① Constructive Total Loss이라고 하고 해석전손이라고도 한다.
② 화물손해 발행 시, 손상을 수선하는 비용과 화물을 그 목적항까지 운송하는 비용을 합산한 비용이 도착시의 화물 가액을 초과할 것으로 예상되는 경우가 추정전손에 포함된다.

③ 추정전손이 있을 경우에는 피보험자는 그 손해를 분손으로 처리할 수도 있고 보험자에게 보험목적물을 위부하고 그 손해를 현실전손에 준하여 처리할 수도 있다.

④ 선박이 행방불명되고 상당한 기간 경과 후까지 그 소식을 모를 경우는 추정전손으로 처리될 수 있다.

정답 ④

• 영국해상보험법에서 상당한 기간 이후에도 소식이 없을 경우 선박의 행방불명이라 하며, 현실전손으로 간주한다. 우리나라 상법에서는 선박이 2월간 존부가 불명확한 경우 선박이 행방불명한 것으로 보아 전손으로 추정한다.

27. 적하보험에 대한 설명으로 옳지 않은 것은?

① 객관적 위험이 이미 발생했거나 위험이 없는 경우, 보험계약당사자가 이 사실을 모르는 경우에는 보험계약 체결이 가능한데 이러한 보험을 소급보험이라고 한다.

② 보험금액이 보험가액보다 적은 경우의 보험은 일부보험(under insurance)이다.

③ premium은 보험자의 위험부담에 대한 대가로서 피보험자나 보험계약자가 보험자에게 지급하는 금전이다.

④ 피보험자는 보험계약이 체결될 때 보험목적물에 이해관계를 가져야 하나 손해 발생 시에는 보험목적물에 이해관계를 가질 필요는 없다.

정답 ④

• 피보험자의 피보험이익은 손해발생시에는 보험목적물에 이해관계를 가져야한다. 피보험이익의 존재를 부정하는 것은 곧 보험의 목적을 부정하는 것이므로 보험계약이 체결되기 위해서는 피보험자는 반드시 피보험이익을 가져야 한다. 피보험이익은 일반적으로 경제성, 확실성, 그리고 합법성의 속성을 가진다.

28. 신협회적하약관 ICC(B) 조건에서 보상하는 손해로 옳지 않은 것은?

① 쌍방과실충돌

② 공동해손·구조비

③ 약관상 면책사항 이외의 우연적 사고에 의한 손해

④ 본선·부선에의 선적 또는 양륙작업 중 바다에 떨어지거나 갑판에 추락하여 발생한 포장단위당의 전손

정답 ③

• ICC(B)에서는 열거된 위험에 대해서 담보한다. 따라서 약관상 면책사항 외의 우연한 사고에 대한 손해는 보상하지 않는다. "② 위험약관 제1조 – ICC(B) 제1조 이 보험은 다음의 제4조, 제5조, 제6조 및 제7조에 규정된 사유를 제외하고 다음의 멸실 또는 손상에 관한 위험을 담보한다."

29. 해상보험에서 위험에 대한 설명으로 옳지 않은 것은?

① Perils of the Seas는 해상고유의 위험으로 stranding, sinking, collision, heavy wheather를 포함한다.

② Perils on the Seas는 해상위험으로 fire, jettison, barratry, pirates, rovers, thieves를 포함한다.

③ 포괄담보 방식에서는 보험자가 면책위험을 제외한 모든 손해를 담보하는데, ICC(A) 또는 W/A가 여기에 속한다.

④ 갑판적, 환적, 강제하역, 포장불충분 등 위험이 변경되는 경우 보험자는 원칙적으로 변경 후 사고에 대해 면책된다.

정답 ③

- 포괄책임주의는 신약관 ICC(A)가 있고 구약관으로는 A/R이 있다. 담보하는 위험을 열거하지 않고 면책위험을 제외한 모든 위험을 담보하는 방식이다.
- ICC(B), ICC(C), W/A, FPA는 열거책임주의다.

30. 해상보험의 보상원칙으로 옳지 않은 것은?

① 보험사고가 발생하더라도 보험금액을 보상하는 것이 아니라 피보험자의 실손해만을 보상하는 실손보상원칙을 따른다.

② 적하보험은 기평가보험으로서 통상 CIF가액의 110%로 보험금액이 결정된다.

③ 보험자는 피보험자에게 보험금을 지급하면 피보험목적물에 대한 권리를 이전받는 대위원칙을 따른다.

④ 보험자는 피보험자가 입은 직접적인 손해뿐만 아니라 간접손해도 보상하는 손해보상원칙을 따른다.

정답 ④

- 보험자는 직접손해에 대한 보상책임이 있으며 간접손해에 대한 책임은 지지 않는다. 단, 직접손해가 발생하더라도 면책비율에 의해 면책되는 경우도 있으며 손해방지비용, 구조료, 공동해손비용 등과 같은 간접손해에 대해서 보상하는 경우도 있다.

PART 10

무역클레임

1. 무역클레임(Trade Claim)의 개념

1) 컴플레인(Complaint)과 클레임(Claim)의 차이

무역거래를 이행함에 있어 발생할 수 있는 컴플레인(Complaint)과 클레임(Claim)은 차이가 있다.

(1) 컴플레인(Complaint)

고객이 상품의 질 또는 서비스 등에 불만족해서 제기하는 불평 또는 불만을 의미한다. 무역거래 계약에서 발생되는 손해 배상 청구 등을 의미 하는 클레임과 차이가 있다.

(2) 클레임(Claim)

권리의 주장, 청구권, 채권의 신청이라는 의미로 계약의 위반에 의한 손해에 관하여 피해자인 당사자가 책임이 있는 상대방에게 제기하는 손해배상 청구의 소(訴)를 말한다. 여기서 '소(訴)'는 알리다, 호소하다, 그리고 고소하다의 의미를 가지고 있다. 무역거래에서 클레임은 무역계약의 이행을 하지 않음, 즉 계약의 불이행에 의하여 발생하는 것을 말한다.

2) 무역클레임(Trade Claim)의 의의

(1) 무역클레임

당사자 간의 수출입계약에 따라 이행하면서 그 계약의 일부 또는 전부의 불이행으로 말미암아 발생되는 손해를 상대방에게 청구할 수 있는 권리를 말한다. 주로 매도인이 공급한 상품이 품질불량, 포장불량, 규격상위, 수량부족, 가격, 인도조건의 상위, 인도 시기 지연 등으로 매매계약을 위반하였을 때 매수인이 입은 손해에 대하여 매도인에게 클레임(Claim)을 제기한다. 무역거래에서 발생하는 품질, 수량, 선적, 포장, 가격, 결제, 서류, 계약 등 모든 과정에서 발생할 수 있으며 이에 따라 클레임의 종류를 구분할 수 있다. 무역거래의 과정 중에서 발생하는 클레임이 아니지만 거래당사자들 사이에서 발생하는 손실에 대한 클레임이 발생할 수 있으며 이를 마켓클레임이라고 한다.

(2) 마켓클레임(Market Claim)

무역클레임의 일종으로 물품의 수량 또는 인도시기에 대한 불만이 아닌, 상품시가의 하락 으로 인한 손실을 보전하기 위해 제기하며 손상이 거의 없는 아주 경미한 손상 또는 시황의 악화, 시세의 변동 등을 이유로 불만을 제기하는 클레임이다.

〈표 10-1〉 클레임의 종류

품질에 관한 클레임	품질불량, 등급저하, 품질상위, 불량품 혼입, 품질상이품 혼입, 품질결함, 변질, 변색
수량에 관한 클레임	선적부족, 착화부족, 감량, 중량부족, 수량부족, 용적부족, 감량, 중량계산상위
선적에 관한 클레임	하역손상, 선적지연, 적부불량, 불착, 부정출하, 재선적, 분실, 유실, 항공운송의 두절
포장에 관한 클레임	포장불충분, 포장불량, 포장불완전
가격에 관한 클레임	가격조정, 초과지급, 초과비용지출, 반송비, 검증료, 벌금 또는 과태료, 채선료
결제에 관한 클레임	어음할인거부, 결제거부, 대금결제 지연
서류에 관한 클레임	부정확한 송장, 기재사항의 상위, 서류불비
계약에 관한 클레임	계약위반, 계약취소, 계약거절

2. 클레임 제기절차

1) 클레임 당사자의 확정

① 클레임 사유가 발생되면 우선 누구에게 클레임을 세기해야 할 것인가를 결정해야 한다.

② 클레임의 당사자는 계약당사자가 되는 것이 보통이지만, 예외로 계약당사자에게 책임이 없는 사유로 인하여(취급부주의 등) 발생된 손해에 대하여는 제3자에게 청구하는 경우도 있다. (예 : 운송인, 창고업자 등)

2) 클레임의 통지의무

① 클레임을 제기할 때에는 먼서 가장 빠른 방법으로 신속하게 클레임이 발생한 사실을 상대방에게 통지한 후 즉시 서면에 의한 정식의 클레임을 제기해야 한다.

② 클레임 통지는 모든 증빙자료를 갖추기 전에 먼저 클레임의 발생사실을 통보하는 것이다.

3) 클레임 제기기간

당사자 간에 제기기간에 대하여 약정이 있으면 그 기간안에 제기하는 것을 원칙으로 한다. 약정이 없는 경우는 나라마다 그 기간이 차별적이다. 따라서 나라마다 규정이 다르기 때문에 클레임 처리조항에 클레임 제기기간을 정하는 것이 바람직하다.

① 한국 : 즉시 통지, 즉시 발견할 수 없는 하자에 대해서는 6개월의 기간 내

② 일본 : 즉시 검사후 문제발견 즉시 통지

③ 미국 : 합리적 기간 내 물품검사 및 통지(Within Reasonable Time)

④ Warsaw Oxford Rules for CIF Contract(1932) : 합리적인 검사, 검사완료 후 3일 이내에 통보

⑤ 국제물품계약에 관한 UN 협약 : 단기간 내 검사, 합리적인 기간 내 통지, 어떠한 경우도 제척기간(일정한 권리에 대하여 법률이 예정하는 존속기간)은 2년으로 정하고 있다. 참고로 제척기간이란 어떤 종류의 권리에 대해 법률상으로 정하여진 존속기간을 말하며, 일정한 기간 안에 행사하지 않으면 해당 권리가 소멸된다.

4) 클레임의 청구

① 클레임 제기내용을 육하원칙에 따라 작성하되, 양당사자, 거래사실관계, 분쟁발생 경위, 청구내용 등을 기재한다.

② 수출입관련 클레임의 경우 계약번호, 일자, 품명, 수량, 선적항, 도착항, B/L 및 L/C번호 등도 포함한다.

5) 클레임을 입증하는 증빙서류

제기내용 및 사실관계를 입증할 수 있는 모든 자료, 서류를 제시해야 한다. 품질불

량이나 수량부족일 경우 검사보고서(Surveyor's Report) 클레임을 제기받은 경우 검토사항은 다음과 같다.

① 계약조건의 미비에 의한 것이 아닌가?

② 인도 후 합리적인 기간 내에 제기된 것인가?

③ 하자를 입증할 객관적인 입증자료가 있는가?

④ 물품의 검사는 공인검정기관에 의하여 합리적인 기간 내에 행하여졌는가?

⑤ 청구금액은 합리적인 산출에 의한 타당성을 지니고 있는가?

⑥ 당해 계약의 특성을 충분히 감안한 것인가?

3. 무역클레임의 해결방법

1) 클레임 제기 형태

클레임 제기의 형태는 크게 철회 또는 취소, 거절, 수락으로 구분할 수 있다. 클레임의 철회는 클레임을 제기한 자가 자기가 제기한 클레임을 스스로 철회 또는 취소하여 무효화시키는 행위이다. 클레임의 거절은 클레임을 제기받은 자가 클레임을 제기한 것에 대하여 부당성을 입증할 만한 증거와 이유를 제시하여 거절하는 것이다. 클레임의 수락은 클레임을 제기받은 당사자가 클레임을 수락하는 것으로 전면수락과 부분수락이 있다.

2) 클레임 해결 형태

클레임 해결의 형태는 손해배상금의 지급, 대금의 감액, 물품의 반송, 계약의 이행, 해결불능, 중재 또는 소송의 형태로 나타난다. 손해배상금의 지급은 제기된 클레임에 대하여 제기당한 당사자가 상대방에게 계약이 이행된 것과 같은 상태로 회복시킬 목적으로 입힌 손해를 금전적으로 보상하는 것이다. 대금의 감액은 물품대금을 분할하여 지급 또는 후지급의 경우 등 대금잔액이 남아 있는 상황에서 감액하는 방법이다. 물품의 반송은 화물의 인수를 거절하여 다시 선적지로 반송하는 것이다. 계약의 이행은 원 계약대로 의무를 이행하는 것이고, 해결불능의 경우는 클레임을 제기당한 당사자가 파산하거나 소재불명으로 해결이 불가능한 경우이다. 마지막으로 중재와 소송은 당사자 간 해결이 힘들 때 제3자를 통하여 해결하는 방법이다.

3) 클레임 해결방법

(1) 당사자 간 해결

당사자 간 관점에서의 해결방법에는 클레임의 포기, 타협과 화해 등이 있다. 클레임의 포기는 클레임을 제기한 당사자가 구상액이 작거나 다른 조건에 만족하는 경우 제기한 클레임을 철회하는 것을 말한다. 또한 향후 상대방과의 원만한 거래관계를 위해 클레임을 제기하여 분쟁의 사안을 인지시켰지만 철회나 취소를 할 수 있다. 타협과 화해는 클레임의 포기보다 다소 심각한 분쟁사안으로 쌍방 간에 클레임에 대하여 합리적인 해결방안을 찾는 것으로 적당한 청구액과 구상방법의 합의라고 할 수 있다. 물론 이 경우 쌍방 간에 직접적으로 타협하거나 중개인을 통해 교섭할 수 있다.

(2) 제3자에 의한 해결(ADR+소송)

쌍방 간의 관점에서 클레임이 해결되지 않는 경우 부득이 제3자의 역할이 발생하며 제3자를 통하여 클레임을 해결하는 방법으로는 보통 알선(intermediation), 조정(conciliation), 중재(arbitration) 그리고 소송(litigation)이 있다.

〈표 10-2〉 클레임의 해결방안

매매당사자 간의 해결	청구권의 포기	피해자가 상대방에 손해배상 받을 수 있는 청구권을 행사하지 않는 것으로 경미한 경우 클레임을 포기하고 단순경고로 차후주의를 요하는 방법이다.
	타협과 화해	당사자 간 합리적인 방법으로 타협화 화해를 통해 클레임 제기내용을 합의하는 방법이다. 분쟁해결 방법 중 가장 바람직하다.
제3자를 통한 해결	알선	국내외 상거래에서 발생하는 분쟁에 대하여 당사자의 일방 또는 쌍방의 요청에 의하여 제3자가 중간에서 사건에 개입하여 어느 일방에 치우치지 않는 공정한 입장에서 분쟁 당사자들이 원만한 합의에 도달할 수 있도록 조언하는 것이다.
	조정	분쟁의 당사자가 조정인의 도움을 받아 당사자 사이의 대화와 상호양해를 통하여 조리를 바탕으로 분쟁을 실정에 맞게 자율적으로 해결하는 제도이다.
	중재	사법상의 법률관계에 대한 분쟁의 전부 또는 일부를 법원의 판결이 아닌 중재를 통하여 해결하는 자주법정제도라고 할 수 있다. 제3자를 중재인으로

		하여 중재인에게 분쟁의 판정을 맡기고 판정에 복종함으로 분쟁을 해결하는 방법이다.
	소송	법원의 판정에 의해 분쟁을 국가의 공권력으로 해결하는 방법으로 무역거래의 경우 상대방은 각 국가의 법을 적용받기 때문에 당사자 상호 간에 외국판결의 승인 및 집행을 약정하는 경우를 제외하고 자국의 재판권이 상대국에 미치지 못한다는 한계점이 존재한다.

4. 대안적 분쟁해결 방법(Alternative Dispute Resolution, ADR)

일반적으로 무역에서는 클레임 해결에 있어 시간과 비용이 많이 소요되고, 법적 효력 생성에 문제가 생길 수 있는 소송을 제외한 대안적 분쟁해결방안(Alternative Dispute Resolution, ADR), 즉 알선, 조정, 그리고 중재를 선호한다.

1) 알선(intermediation)

국내외 상거래에서 발생하는 분쟁에 대하여 당사자의 일방 또는 쌍방의 요청에 의하여 제3자가 중간에서 사건에 개입하여 어느 일방에 치우치지 않는 공정한 입장에서 분쟁 당사자들이 원만한 합의에 도달할 수 있도록 조언하는 것이다. 대한상사중재원의 경우 일방당사자의 신청만으로 진행이 가능하며 모든 경비는 무료이다. 알선은 양 당사자 간의 자발적인 합의를 통한 해결절차이기 때문에 법률적인 구속력은 없다.

2) 조정(conciliation=mediation)

분쟁 당사자가 조정인의 도움을 받아 당사자 사이의 대화와 상호양해를 통하여 조리(條理)를 바탕으로 분쟁을 실정에 맞게 자율적으로 해결하는 제도이다. 조정은 당사자가 중재를 진행함에 있어 중재절차에 앞서 간편하게 해결하면서 중재판정과 동일한 효력을 갖는 것으로 당사자들이 조정안을 수락할 의무는 없지만 일단 수락하면 구속력을 갖는다. 조정은 조정인 선정일로부터 일정기간 이내에 조정이 실패하면 중재로 넘어간다. 분쟁을 조정에 의하여 해결하기로 하는 합의를 조정합의(調停合意)라고 하는데, 중재원의 조정을 이용하기 위해서는 분쟁 당사자 간에 체결한 계약서나 합의서 등에 '대한상사중재원의 조정규칙에 의한 조정 또는 대한상사중재원의 조정에 따라 해결하기로 합의한 경우', 즉 조정합의가 있는 경우에 해당해야 한다. 조정은 대한 사전 합의(조정 조항)나 사후 조정합의의 형식으로 할 수 있으며, 사법형 조정이나 행정형 조정의 경우 관련 법률에서 조정을 할 수 있는 근거 규정을 두고 있으므로 조정합의가 필요 없으나, 중재원의 조정은 당사자가 합의한 경우에 한하여 조정규칙이 당사자의 합의의 일부로 편입되어 적용된다. 조정은 비공개로 진행하고 그 결과도 공개하지 않기 때문에 당사자들의 비밀이 보장된다.

(1) 조정의 특징

조정은 당사자가 중재를 진행함에 있어 중재절차에 앞서 간편하게 해결하면서 중재판정과 동일한 효력을 갖는 것으로 당사자들이 조정안을 수락할 의무는 없지만 일단 수락하면 구속력을 갖는다. 조정은 조정인 선정일로부터 일정기간 이내에 조정이 실패하면 중재로 넘어간다.

(2) 조정합의

분쟁을 조정에 의하여 해결하기로 하는 합의를 조정합의(調停合意)라고 하는데, 중재원의 조정을 이용하기 위해서는 분쟁 당사자 간에 체결한 계약서나 합의서 등에 '대한상사중재원의 조정규칙에 의한 조정 또는 대한상사중재원의 조정에 따라 해결하기로 합의한 경우', 즉 조정합의가 있는 경우에 해당해야 한다. 조정은 대한 사전 합의(조정 조항)나 사후 조정합의의 형식으로 할 수 있으며, 사법형 조정이나 행정형 조정의 경우 관련 법률에서 조정을 할 수 있는 근거 규정을 두고 있으므로 조정합의가 필요 없으나, 중재원의 조정은 당사자가 합의한 경우에 한하여 조정규칙이 당사자의 합의의 일부로 편입되어 적용된다. 만일, 당사자 간에 조정합의가 없는 경우나 사후 조정합의가 곤란한 경우 일방 당사자(신청인)는 중재원에 조정참여 권유요청을 할 수 있고, 이 경우 중재원은 타방 당사자(피신청인)에게 조정참여 권유요청을 하고, 피신청인이 동의하면 조정절차를 진행하게 된다.

(3) 조정의 대상

조정의 대상은 조정제도 도입 및 시행을 위한 조정규칙(2012.7월 시행)에 명시한 것처럼 '사법(私法)상의 분쟁'으로서 '당사자 간의 계약, 기타 법률관계로부터 이미 발생하였거나 장래 발생할 분쟁'을 대상으로 하고 있다. 구체적으로 매매, 납품, 건설, 해사, 무역, 보험, 엔터테인먼트, 의료, 부동산 등 일반적인 민사, 상사 분쟁은 모두 조정의 대상이 된다.

(4) 조정의 장점

조정은 조정 절차의 시작부터 합의에 이르기까지 당사자의 의사를 충분히 반영하는 제도로 조정건에 대한 당사자의 합의는 법적인 기준이 아니라 당사자들의 기준이 적용되어 당사자 자치가 보장된다. 물론 조정에서는 당사자가 스스로 합의하므로 그 합의의 자발적인 이행률이 매우 높은 편이기 때문에 서로간의 입장에 대해 충분히 이해할 수 있으므로 향후 당사자 간의 관계가 지속될 수 있다는 장점이 있다. 형식절차측면에서 조정은 다른 분쟁 해결방법에 비해 절차의 엄격성이 요구되지 않아 신속한 해결이 가능하며, 비용이 저렴하다. 무엇보다 조정은 비공개로 진행하고 그 결과도 공개하지 않기 때문에 당사자들의 비밀이 보장된다.

3) 중재(arbitration)

중재는 사법상의 법률관계에 관한 분제의 전부 또는 일부를 법원의 판결이 아닌 중재를 통하여 해결하는 자주법정제도라고 할 수 있다. 즉 분쟁에 대하여 제3자를 중재인으로 하여 중재인에게 분쟁의 판정을 맡기고, 판정에 복종함으로 분쟁을 해결하는 방법이다. 무엇보다 국가공권력을 통한 강제집행권리가 있어 상이한 국가 간에는 소송보다는 소송 외 대안적 분쟁해결제도(Alternative Dispute Resolution, ADR)를 대표하는 것이 바로 중재이다.

(1) 중재의 특징

중재는 단심제로 소송에서 볼 수 있는 판결에 불복하여 진행하는 항소절차가 없다. 확정판결과 동일한 효력은 불복신청을 할 수 없음을 의미하며, 중재는 단심제로 확정판결과 동일한 효력을 가지고 있다. 특히 중재가 ADR로 국제적 신임을 얻는 이유는 바로 뉴욕협약(외국중재판정의 승인 및 집행에 관한 UN협약)을 통하여 외국중재판정에 대하여 상호 승인 및 강제집행을 보장하고 있기 때문이다. 2018년 기준 157개국이 가입된 상태로 동년 기준 WTO 가입국과 동일한 숫자로 그 의미를 알 수 있다.

중재는 소송과 비교하여 그 효력은 동일하지만 저렴한 비용과 함께 시간 소모가 적다. 비용의 경우 국내중재는 1억 원 기준 약 500만 원 정도라면, 국제중재는 3억 원 기준 약 1천100만 원 정도로 소송 대비 매우 저렴함을 알 수 있다. 시간의 경우 소송은 평균 2년 이상의 시간이 필요하지만, 중재의 경우 국내중재는 약 4개월, 국제중재는 약 6개월 정도 소요되어 매우 신속하다. 그리고 공정성을 위해 충분한 변론 기회가 부여되며, 분쟁분야의 전문가라 하더라도 분쟁당사자가 직접 중재인을 선임하거나 배척할 수 있다는 특징이 있다.

(2) 중재의 절차

중재는 중재계약이 있는 경우에만 가능한데 이는 당초 체결한 무역계약서 즉 원계약서에 중재조항이 기재되어 있어야 한다. 하지만 중재계약이 무효이거나 효력을 상실하였거나 이행이 불능일 때에 한하여 소송을 제기할 수 있다.

중재는 먼저 중재계약의 체결로 시작한다. 이후 분쟁이 발생한 경우 중재신청 및 조정절차로 중재기관에 중재를 신청한다. 중재를 신청하였더라도 중재기관은 양 당사자가 합의한 경우 조정을 시도하게 되는데 조정이 되지 않은 경우 중재를 진행한다. 이후 중재판정부를 구성하는데 이 경우 당사자 간의 약정된 선정방식이 있다면 우선한다. 판정부의 구성 이후 중재심문을 거쳐 중재판정으로 이어진다. 최종적으로 분쟁에 대해 중재인들의 중재판정이 확정되면 법원의 확정판결과 동일한 효력을 가지게 된다.

중재신청 → 중재인의 선정 → 중재심문 → 중재판정으로 절차가 이루어진다. 중재는 먼저 중재계약의 체결로 시작한다. 이후 분쟁이 발생한 경우 중재신청 및 조정절차로 중재기관에 중재를 신청한다. 중재를 신청하였더라도 중재기관은 양 당사자가 합의한 경우 조정을 시도하게 되는데 조정이 되지 않은 경우 중재를 진행한다.

이후 중재판정부를 구성하는데 이 경우 당사자 간의 약정된 선정방식이 있다면 우선한다. 판정부의 구성 이후 중재심문을 거쳐 중재판정으로 이어진다. 최종적으로 분쟁에 대해 중재인들의 중재판정이 확정되면 법원의 확정판결과 동일한 효력을 가지게 된다.

① 중재신청

클레임을 제기하는 당사자는 신청인이며 중재계약에 따라 대한상사중재원에 중재를 신청한다. 중재신청을 위한 구비서류는 중재신청서와 중재합의서, 중재조항이 포함된 계약서, 청구의 근거를 입증할 수 있는 서류, 중재비용 예납영수증 등이다.

② 중재신청의 접수 통지

사무국에서는 일방당사자가 중재신청서를 제출함에 따라 당해의 신청이 중재규칙 제10조의 규정의 적합여부를 확인하고 적합한 경우 신청서를 접수한다. 중재신청서가 접수되고 중재비용이 예납된 후 중재사건의 사무를 처리하기 위해 사무국 직원 중 중재서기를 지명한 후 사무국은 양 당사자에게 중재신청이 접수되었음을 통지함과 동시에 중재인 선정을 의뢰함으로써 중재절차는 개시된다. 이때 피신청인 측에 중재신청서 1부를 송부한다.

③ 답변서 제출 및 반대신청

피신청인은 신청인의 중재신청서를 검토하여 중재신청 접수통지의 수령일이 기준일이 되어 해당일자로부터 국제중재의 경우 30일, 국내중재의 경우 15일 이내에 답변서를 제출하여 답변할 수 있다. 사무국은 답변서를 제출받음과 동시에 그 답변이 적합한지 확인하여 이를 접수하고, 양 당사자에게 접수사실을 통지하며 신청인에게는 답변서 1부를 보낸다.

그리고 피신청인은 신청인의 중재신청에 대하여 반대의 중재신청을 할 수 있다. 중재판정부가 답변의 취지나 이유가 반대신청의 내용을 포함한다고 판단되는 경우 중재판정부는 피신청인에게 반대신청의 여부에 대해 요구할 수 있다. 중재판정부는 반대신청이 지연되거나 늦어 상대방의 이익에 해가 되거나 절차를 지연시키는 것으로 인정되는 경우 직권 또는 상대방위 신청에 의해 이를 불허할 수 있다.

반대신청의 접수 및 통지와 반대신청의 답변 등 반대신청 절차는 중재신청의 절차와 동일하며, 피신청인의 반대신청은 신청인의 중재신청과 병합심리한다.

④ 중재인 선정

중재판정부는 1인 또는 수인의 중재인으로 구성하여 접수된 중재사건을 사무국에서 심리하고 판정을 내리는 업무를 수행한다. 중재판정부는 당사자의 합의로 정해질 수 있다. 하지만 사무국에 의해 선정되는 경우 당사자가 반송한 중재인 후보자 선정명단에서 당사자들이 선호하는 우선순위에 따라 선정된다.

⑤ 심리절차

중재판정부는 심리의 일시, 장소와 방식을 결정하고, 사무국은 당사자에게 국내중재의 경우 10일, 국제중재의 경우 심리개시 20일전까지 이를 통지한다. 당사자 이외의 사람은 중재판정부의 허가를 받아야 심문에 출석할 수 있다. 중재판정부는 증인이 증언을 하는 중에 다른 증인의 퇴석을 요구할 수 있다. 중재판정부는 당사자를 직접 심문하며, 당사자의 서면합의가 있는 경우 서면심리로 대체할 수 있다. 심리절차는 비공개를 원칙으로 한다.

⑥ 중재판정

중재판정부에서는 당사자의 합의 또는 법률규정 중 특별한 규정이 없으면 심리종결일로부터 30일 이내에 판정을 내린다. 그리고 판정의 범위는 중재계약의 범위에서의 계약의 현실이행뿐만 아니라 공정하고 정당한 배상 또는 기타의 구제를 명할 수 있다.

중재절차에서 주장되었으나 해당 중재판정에 포함되지 않은 청구에 대한 추가판정은 당사자의 신청을 받은 날로부터 60일 이내에 추가판정을 할 수 있다. 사무국은 판정의 정본을 당사자 또는 대리인에게 송부한다. 원본은 송부사실을 증명하는 서면을 첨부하여 관할법원에 송부한다.

(3) 중재법 제 18조 임시적처분

① 당사자 간에 다른 합의가 없는 경우에 중재판정부는 어느 한쪽 당사자의 신청에 따라 필요하다고 인정하는 임시적 처분을 내릴 수 있다. <개정 2016. 5. 29.>

② 제1항의 임시적 처분은 중재판정부가 중재판정이 내려지기 전에 어느 한쪽 당사자에게 다음 각 호의 내용을 이행하도록 명하는 잠정적 처분으로 한다. <개정 2016. 5. 29.>

1. 본안에 대한 중재판정이 있을 때까지 현상의 유지 또는 복원
2. 중재절차 자체에 대한 현존하거나 급박한 위험이나 영향을 방지하는 조치 또는 그러한 위험이나 영향을 줄 수 있는 조치의 금지
3. 중재판정의 집행 대상이 되는 자산에 대한 보전 방법의 제공
4. 분쟁의 해결에 관련성과 중요성이 있는 증거의 보전

실전문제

01. Followings are the replies to customer complaints. Which of the following is NOT appropriate?

A. Thank you for taking time out of your busy schedule to write us and express your grievances on how our products and services do not meet up with your expectations. B. This is to confirm that I have seen your email. I look forward to receiving my consignment next week as you promised. C. However, we can neither receive the return nor refund you as you demanded. This is because of our company's policy. We make refunds only for orders whose complaints are received within two weeks of purchase. D. Despite our effort to deliver your order on time using Skynet Express Delivery Service, it's quite unfortunate that we didn't meet up with the time allotted for the delivery of those products.

① (A) ② (B) ③ (C) ④ (D)

해석

01. Followings are the replies to customer complaints. (아래 내용은 고객 불만에 대한 답신이다.) Which of the following is NOT appropriate? (다음 중 알맞지 않은 것은 ?)

A. Thank you for taking time out of your busy schedule to write us and express your grievances on how our products and services do not meet up with your expectations. (바쁜 와중에도 시간을 내시어 당사의 제품과 서비스가 귀사의 기대에 미치지 못했다는 글을 작성해주셔서 감사합니다.) B. This is to confirm that I have seen your email. (본 서신은 귀사의 이메일에 대한 확인입니다.) I look forward to receiving my consignment next week as you promised.(약속에 따라 다음 주에 당사의 화물을 수취하기를 기대하겠습니다.) C. However, we can neither receive the return nor refund you as you demanded. (그러나, 귀사의 요청한 것과 같이 반품을 받거나 환불해 드릴 수 없습니다.) This is because of our company's policy. (이것은 당사의 정책 때문입니다.) We make refunds only for orders whose complaints are received within two weeks of purchase. (구매 후 2주 이내의 구매내역에 대해 컴플레인을 제기한 주문자에 한하여 환불을 합니다.) D. Despite our effort to deliver your order on time using Skynet Express Delivery Service, it's quite unfortunate that we didn't meet up with the time allotted for the delivery of those products. (Skynet Express Delivery Service를 이용하여 귀사의 주문을 제 시간에 배송하려는 노력에도 불구하고, 해당 제품의 배송에 할당된 시간을 맞추

지 못한 점 대단히 죄송합니다.)

① (A) ② (B) ③ (C) ④ (D)

정답 ②

- '고객의 불만에 대해 답변을 하는 내용이 포함'되어야 한다.
  B는 고객의 불만에 대해 기업이 물품의 재발송 등의 처리를 해주기로 약속한 것에 대해 다시 고객이 확인을 하는 내용이다.
- A는 불만사항을 알려주셔서 감사하다는 답변, C는 고객의 반품 및 환불 요청에 대한 답변, D는 배송지연에 대한 클레임에 대한 답변이다.

02. Which of the followings is NOT appropriate for the reply to a claim letter?

① Upon investigation, we have discovered that defective goods sometimes filter despite rigorous inspection before shipment.

② Ten cases of T.V. Set for our order No. 10 per m/s "Chosun" have reached here, but we immensely regret to have to inform you that six units in C/N 10 are different in quality from the specifications of our Order.

③ As a settlement, we have arranged to reship the whole goods by the first ship available, with a special discount of 3% off the invoice amount.

④ After careful investigation, we could not find any errors on our part, because we took every effort to fill your order as evident from the enclosed certificate of packing inspection.

해석

02. Which of the followings is NOT appropriate for the reply to a claim letter? (다음 중 클레임 서신에 대한 회신으로 적합하지 않은 것은 무엇인가?)

① Upon investigation, we have discovered that defective goods sometimes filter despite rigorous inspection before shipment. (조사한 결과, 우리는 선적 전 엄격하고 정밀한 검사를 했음에도 불구하고 불량품이 새어나가는 것을 발견했습니다.)

② Ten cases of T.V. Set for our order No. 10 per m/s "Chosun" have reached here, but we immensely regret to have to inform you that six units in C/N 10 are different in quality from the specifications of our Order. (주문번호 10번에 의한 10개의 TV세트가 모터선 조선을 통해 도착했습니다. 그러나 우리는 회람 문서 10번 중 6대가 주문서의 양식과 다른 품질이라는 것을 알려드리게 되어 대단히 유감입니다.)

③ As a settlement, we have arranged to reship the whole goods by the first ship available, with a special discount of 3% off the invoice amount. (해결책으로, 우

리는 송장에 명시된 금액에서 3%의 특별할인과 함께 가장 빠른 선박으로 전체상품을 선적하겠습니다.)

④ After careful investigation, we could not find any errors on our part, because we took every effort to fill your order as evident from the enclosed certificate of packing inspection. (매우 철저한 조사 끝에, 우리는 저희 측에서 어떠한 오류도 발견하지 못했습니다. 왜냐하면 우리는 동봉된 포장명세서에 명시된 대로 당신의 주문을 이행하기위해 모든 노력을 기울였기 때문입니다.)

정답 ②

- ②번은 클레임을 제기하는 입장에서 작성된 서신의 내용으로 클레임의 서신에 대한 회신은 아니다.
- m/s : Motor ship
- C/N : circular note

03. Select the different purpose among the following things.

① The finish is not good and the gilt comes off partly.

② By some mistake the goods have been wrongly delivered.

③ When comparing the goods received with the sample, we find that the color is not the same.

④ All marks must be same as those of invoice in accordance with our direction.

해석

03. Select the different purpose among the following things. (보기 중 목적이 다른 것을 고르시오.)

① The finish is not good and the gilt comes off partly. (마무리가 좋지 않고 금박부분이 부분적으로 벗겨집니다.)

② By some mistake the goods have been wrongly delivered. (어떤 실수로 인해 물건이 잘못 배달되었습니다.)

③ When comparing the goods received with the sample, we find that the color is not the same. (받은 물건과 샘플을 비교했을 때, 우리는 같은 색이 아님을 발견했습니다.)

④ All marks must be same as those of invoice in accordance with our direction. (모든 마크(표시)는 우리의 지시에 따라 송장에 있는 것과 같아야 합니다.)

정답 ④

- ①,②,③의 목적은 받은 물건에 문제가 있는 상황에 대해 클레임을 제기하는 것에 있지만,

④는 클레임을 제기하는 것이 아니고 수입자가 수출자에게 주의사항을 당부하는 문구이다. 따라서 보기 중 목적이 다른 ④가 답이다.

04. Which of the following is appropriate for the blank?

In comparison with lawsuit case in a court, arbitration has advantages of the speedy decision, lower costs, nomination of specialized arbitrators, and ( ).

① international effect of judgement
② mandatory publication of arbitral award
③ legal approach by government
④ higher legal stability

해석

04. Which of the following is appropriate for the blank? (다음 중 빈칸에 가장 알맞은 것은 무엇인가?)

In comparison with lawsuit case in a court, arbitration has advantages of the speedy decision, lower costs, nomination of specialized arbitrators, and (international effect of judgement). 법원에서 이루어지는 소송과 비교할 때, 중재는 신속한 결정, 낮은 비용, 전문적인 중재인의 지명과 (판결의 국제적 효력)이라는 장점을 가진다.

① international effect of judgement (판결의 국제적 효력)
② mandatory publication of arbitral award (중재판정의 의무공개)
③ legal approach by government (정부의 법적 접근)
④ higher legal stability (높은 법적 안정성)

정답 ①

• 중재는 뉴욕협약에 의해 국제적 집행이 가능하며 소송은 각 국가의 법을 적용받기 때문에 자국의 재판권이 상대국에 미치지 못한다.

05. Which of the followings is NOT correctly explaining the arbitration?

① With arbitration clause in their contract, the parties opt for a private dispute resolution procedure instead of going to court.
② The arbitration can only take place if both parties have agreed to it.
③ In contrast to mediation, a party can unilaterally withdraw from arbitration.
④ In choosing arbitration, parties are able to choose such important elements as the applicable law, language and venue of the arbitration. This allows them to ensure that no party may enjoy a home court advantage.

해석

05. Which of the followings is NOT correctly explaining the arbitration? (다음 설명 중 중재에 대해 옳지 않은 것은 무엇인가?)

① With arbitration clause in their contract, the parties opt for a private dispute resolution procedure instead of going to court. (중재는 당사자 간 계약의 조항으로 포함되며, 법정에 가는 대신 사적인 분쟁해결 절차를 선택한다.)

② The arbitration can only take place if both parties have agreed to it. (중재는 쌍방이 합의한 경우에만 가능하다.)

③ In contrast to mediation, a party can unilaterally withdraw from arbitration. (조정과 다르게 당사자는 일방적으로 중재를 철회할 수 있다.)

④ In choosing arbitration, parties are able to choose such important elements as the applicable law, language and venue of the arbitration. This allows them to ensure that no party may enjoy a home court advantage. (중재를 선택하는 경우 당사자들은 해당 법률, 언어 및 중재장소와 같은 중요한 요소를 선택할 수 있다. 어떤 당사자도 자국의 법원에서 이점을 누릴 수 없도록 보장한다.)

정답 ③

• 조정에서의 자유로운 수락여부와 다르게 중재는 중재인의 판정에 대해 거부할 수 없으며 철회할 수도 없다.

06. Choose the INCORRECT one about arbitration?

① Arbitration decisions are final and binding on the both parties.

② Disputes are resolved more quickly by arbitration than by litigation, saving time and cost.

③ Both parties may choose the arbitrators, place, language.

④ Proceedings are open to the public and the arbitral award is disclosed.

해석

06. Choose the INCORRECT one about arbitration? (중재에 대해 틀린 것을 고르시오.)

① Arbitration decisions are final and binding on the both parties. (중재의 결정은 최종적이며 양측 모두에게 구속력이 있다.)

② Disputes are resolved more quickly by arbitration than by litigation, saving time and cost. (분쟁은 소송보다 중재를 통해 더 빨리 해결되므로 시간과 비용을 절약할 수 있다.)

③ Both parties may choose the arbitrators, place, language. (양측 모두 중재자,

장소, 언어를 선택할 수 있다.)

④ Proceedings are open to the public and the arbitral award is disclosed. (절차와 중재판결은 공개됩니다.)

정답 ④

• 중재는 비공개로 진행되며 중재판정이 공개되지 않는다.

07. 클레임 해결방법 중 하나인 알선(intercession)에 대한 설명으로 옳지 않은 것은?

① 공정한 제3자 기관이 당사자의 일방 또는 쌍방의 의뢰에 의하여 클레임을 해결하는 방법이다.

② 알선은 강제력이 있다.

③ 알선은 중재와는 달리 형식적 절차를 요하지 않는다.

④ ADR에서 타협 다음으로 비용과 시간차원에서 바람직한 해결방법이다.

정답 ②

• 제3자를 통한 클레임의 해결방법으로 알선(intermediation), 조정(conciliation), 중재(arbitration) 그리고 소송(litigation)이 있다. 그 중 알선과 조정은 강제력이 없으며 당사자들이 결과를 받아들이지 못하는 경우 중재 또는 소송을 통해 분쟁을 해결할 수 있다.

• 일반적으로 무역에서는 클레임 해결에 있어 시간과 비용이 많이 소요되고, 법적 효력 생성에 문제가 생길 수 있는 소송을 제외한 대안적 분쟁해결방안(Alternative Dispute Resolution, ADR)은 알선, 조정, 그리고 중재가 있다.

08. 극히 경미한 손상으로 클레임을 제기하기에 무리가 있는 경우나 무역계약 성립 후 시세가 하락하여 수입업자가 손해를 입을 것으로 예상되는 경우에 감가의 구실로 제기하는 클레임의 종류는?

① 일반적인 클레임

② 계획적 클레임

③ 마켓 클레임

④ 손해배상 클레임

정답 ③

• 해당 내용은 마켓클레임에 관한 내용이다.

09. 중재에 의하여 사법상의 분쟁을 적정, 공평, 신속하게 해결함을 목적으로 하는 중재법에 관한 설명으로 틀린 것은?

① 법원은 중재법에서 정한 경우를 제외하고는 이 법에 관한 사항에 관여할 수 없다.

② 중재합의는 독립된 합의 또는 계약에 중재조항을 포함하는 형식으로 할 수 있다.
③ 중재인의 수는 당사자 간의 합의로 정하나, 합의가 없으면 중재인의 수는 5명으로 한다.
④ 중재판정은 양쪽 당사자 간에 법원의 확정판결과 동일한 효력을 가진다.

정답 ③

• 중재법 제 11조 1항에 따라 중재인의 수는 당사자의 합의로 정한다. 그리고 중재법 제 11조 2항에 따라 합의가 이루어지지 않으면 중재인의 수는 3명으로 하며, 당사자가 각각 1인의 중재인을 정한 후, 선정된 2인의 중재인이 협의하여 의장중재인을 정한다.

10. 우리나라 중재법 상 임시적 처분의 주요 내용으로 옳지 않은 것은?

① 분쟁의 해결에 관련성과 중요성이 있는 증거의 보전
② 본안(本案)에 대한 중재판정이 있을 때까지 현상의 유지 또는 복원
③ 중재판정의 집행 대상이 되는 부채에 대한 보전 방법의 제공
④ 중재절차 자체에 대한 현존하거나 급박한 위험이나 영향을 방지하는 조치 또는 그러한 위험이나 영향을 줄 수 있는 조치의 금지

정답 ③

• 중재법 제 18조에 해당하는 임시적처분은 중재판정부에서 중재판정이 내려지기 전에 한 당사자에게 다음 각 호의 내용을 이행하도록 명하는 처분으로 한다. 그중 3호에 해당하는 내용이 [중재판정의 집행 대상이 되는 자산에 대한 보전 방법의 제공]으로 보기에서는 부채에 대한 보전방법의 제공이라고 되어 있기에 옳지 않은 내용이 된다.

11. 중재계약에 대한 설명으로 옳지 않은 것은?

① 중재조항은 직소금지의 효력이 있다.
② 중재계약은 주된 계약에 대하여 독립성을 갖는다.
③ 중재계약에는 계약자유의 원칙이 적용되지 않는다.
④ 중재는 단심제이다.

정답 ③

• 중재계약은 서면으로 체결될 것과 중재합의는 독립된 합의 또는 계약에 중재조항을 포함하는 형식으로 할 수 있다.
• 한국중재원에서 정의하는 중재계약서는 계약자유의 원칙에 따라 분쟁을 해소한다.
• 중재판결은 최종적이고 법원의 확정판결과 동일한 효력으로 불복의 항소가 불가능하다. 따라서 단심제의 특징을 가지고 있다.

12. 다음 분쟁해결조항 상 사용할 수 없는 분쟁해결방법을 고르시오.

Dispute Resolution. The Parties agree to attempt initially to solve all claims, disputes or controversies arising under, out of or in connection with this Agreement by conducting good faith negotiations. If the Parties are unable to settle the matter between themselves, the matter shall thereafter be resolved by alternative dispute resolution.

① Amicable Settlement

② Conciliation

③ Arbitration

④ Litigation

정답 ④

• 대안적 분쟁해결 방법 (ADR)에는 알선, 조정, 중재가 있다. 소송은 ADR에 해당하지 않는다.

• Dispute Resolution. The Parties agree to attempt initially to solve all claims, disputes or controversies arising under, out of or in connection with this Agreement by conducting good faith negotiations. If the Parties are unable to settle the matter between themselves, the matter shall thereafter be resolved by alternative dispute resolution. 분쟁해결. 당사자들은 이 계약으로 발생하거나 계약에 관련되어 발생하는 모든 클레임, 분쟁 또는 논쟁을 해결하기 위해 최초의 선의의 협상으로 해결하기로 합의한다. 당사자 간에 문제를 해결할 수 없는 경우, 그 이후 대안적 분쟁해결 방법을 통해 해결해야 한다.

13. 다음 중재제도에 관한 설명 중 옳지 않은 것을 고르시오.

① 중재계약은 계약자유의 원칙이 적용되는 사법상의 계약이라고 할 수 있다.

② 중재법정은 자치법정이라고 볼 수 있다.

③ 구제제도로서 중재판정취소의 소를 인정하고 있다.

④ 중재심문에는 증인을 출석시킬 수 있으며 선서도 시킬 수 있다.

정답 ④

• 중재법에 의해 중재인은 중재판정 전에 당사자를 심문해야 한다. 임의로 출석한 증인 또는 감성인을 심문할 수 있다. 그러나 증인 또는 감정인을 선서시킬 수는 없다.

14. 제3자가 개입되지만 제3자는 당사자로 하여금 일치된 해결안에 도달하도록 도와주는 대체적 분쟁해결방법(ADR)의 한 유형을 고르시오.

① 화해　　② 알선　　③ 조정　　④ 중재

정답 ②

• 대체적분쟁해결방법에는 알선, 조정, 중재가 있으며 알선은 중재나 소송과는 다르게 형식적인 절차가 없으며 법적구속력을 갖지 않아 제3자가 개입되지만 당사자로 하여금 일치된 해결안에 도달할 수 있도록 도와주는 유형으로는 알선이 있다.

15. 다음 중 분쟁의 해결방법에 대한 설명으로 부적절한 것을 고르시오.

① Amicable Settlement는 당사자 간 클레임을 해결하는 방법이다.

② 중재과정에서 Amicable Settlement에 이르는 경우도 있다.

③ 당사자 간 분쟁해결 방법으로 Mediation 또는 Conciliation도 고려해 볼 수 있다.

④ 중재는 서면에 의한 합의가 있어야 활용이 가능하다.

정답 ③

• Mediation 또는 Conciliation은 조정을 뜻하며, 분쟁 당사자가 조정인의 도움을 받아 당사자 사이의 대화와 상호양해를 통하여 조리(條理)를 바탕으로 분쟁을 실정에 맞게 자율적으로 해결하는 제도이다.

참/고/문/헌

도서

강성범 (2010). **비즈니스 문서 테크닉.** 영진닷컴.

강원진 (2004). **신용장론(제4판).** 박영사.

강원진 (2009). **무역계약론(제3판).** 박영사

강한균, 박석근, 이광봉, 정상국, 최두수 (2018). **국제통상학원론(제3판).** 삼영사.

김현수 (2021). **2021 퍼펙트 무역영어 1급.** 세종출판사.

대한상공회의소, ICC Korea, 한국금융연수원 (2013). 신용장통일규칙(UCP600)dp 따른 국제표준은행 관행(ISBP745) 공식번역 및 실무가이드. 대한상공회의소, ICC Korea, 한국금융연수원.

박대위, 구종순 (2012). **무역개론(제4판).** 유원북스.

박명섭, 신건훈, 한낙현, 허재창 (2008). **알기쉬운 해설과 이해하기 쉽게 구성한 해상보험.** 우용출판사.

박성철 (2014). **해상보험실무.** 도서출판 영민.

박세운, 정용혁 (2011). 국제무역규칙(UCP600, URDG758, ISP98). 한국금융연수원 도서출판부.

오학균, 김진권, 류동근, 김명재 (2013). **용선.** 두남.

이태희 (2020), **무역개론.** 이프레스.

임석민 (2022). **국제운송론(제8판).** 삼영사.

전순환 (2013). **무역실무(제3판).** 한올.

정석훈 (2006). 해상보험증권과 협회적하약관. 한국학술정보(주).

조현정 (2017). **도해로 이해하는 무역실무.** 유원북스.

치요다유코 (2005). **이 책 없이 외국기업과 계약하지 마라.** 두인비컨텐츠.

한국무역협회 (2021). **알기쉬운 무역실무 길라잡이(제21판).** (사)한국무역협회.

한국수출입은행 (2015). 알기쉬운 포페이팅. 한국수출입은행.

논문

가정준 (2007). 미국계약법의 구조와 이해. **재산법연구, 23**(3), 23–46.

김기창 (2017). 전자 서명 법제 개선 방향 – 전자 서명 정의, 법적 효력 및 공인 인증 제도의 문제점. **비교사법, 24**(4), 1883–1930.

김동윤 (2013). 국제표준은행관행(ISBP 745)의 주요개정사항 분석과 시사점. **통상정보연구, 15**(3), 177–197.

김상만 (2019). 인코텀스2020(Incoterms® 2020) 주요 개정 내용과 시사점. **법학논고, 57**, 259–258.

김종호 (2009). 국제무역거래에서 포페이팅(Forfaiting) 방식의 금융을 통한 위험의 헤지. **국제거래법**

연구, **18**(1), 217–249.

박세운, 한기문 (2011). 보증신용장통일규칙과 청구보증통일규칙 비교분석. **무역상무연구**, 51, 263–283.

오동민, 김철수 (2019). Incoterms®2020의 주요 개정내용과 실무상 유의점에 관한 연구. **무역통상학회지**, **19**(6), 107–128.

유하상 (2007). UCP 600 개정판 주요 내용의 비교분석과 실무적용상의 유의점. **대한경영학회지**, **20**(5), 2543–2566.

이병문, 박은옥 (2016). CISG상 계약의 성립에 관한 판례연구, **무역상무연구**, **69**, 1–22.

이시환 (2009). 1982년과 2009년 협회적하약관상의 보험기간 비교연구. **국제상학**, **24**(3), 267–284.

장은희, 정희진 (2017). BPO제도의 유용성에 관한 연구–L/C제도와의 비교를 중심으로–. **무역상무연구**, **73**, 21–42.

참고사이트

국제상공회의소, https://iccwbo.org

대구은행외환, https://www.dgb.co.kr/cms/fnm/sda_5/sda_55/sda_551/sda_5511/1186913_1384.html

무역실무가이드, http://busan-hcmc.org/cyber_trade/Lectures/Lesson29/Lesson29_04.html

부산광역시 베트남 대표무역 사무소, http://busan-hcmc.org/cyber_trade/Lectures/Lesson29/Lesson29_04.html

영국법령포털, https://www.legislation.gov.uk/ukpga/Edw7/6/41

우리은행외환센터, https://spot.wooribank.com/pot/Dream?withyou=FXFXG0038

한국무역신문, https://www.weeklytrade.co.kr

한국무역협회, https://www.kita.net

■ 저자약력

이태희

서강대학교 이학사, 경영학사
서강대학교 경영학석사
서강대학교 경영학박사
(현) 계명대학교 경제통상학부 부교수
(현) 한국경영컨설팅학회 편집위원장
(현) 관세사, 물류관리사 출제위원
(전) 영국 런던 Bayes Business School, Visiting Fellow

무역영어

초판발행 2024년 6월 25일 **1판 1쇄** 인쇄 | 2024년 6월 30일 **1판 1쇄** 발행

지은이 이태희
펴낸이 최용구 | **펴낸곳** 도서출판 **이프레스**
주소 (04316) 서울시 용산구 원효로 89길 19(원효로1가)
전화 02) 537-1720(영업부), 537-1721(편집부), 537-1711(팩스)
이메일 epress01@naver.com | **홈페이지** www.epress1.com
등록 2009년 12월 10일 제16-2710호
기획마케팅 최용구 장만동 송대용 최충구 | **책임편집** 석기은 황가연

ISBN 979-11-91348-65-1 93320
정가 30,000원